Poetas que Pensaram o Mundo

OBRAS ORGANIZADAS POR ADAUTO NOVAES

Os sentidos da paixão (1987)
O olhar (1988)
O desejo (1990)
Rede imaginária (1991)
Ética (1992)
Tempo e história (1992)
Artepensamento (1994)
Libertinos libertários (1996)
A crise da razão (1996)
A descoberta do homem e do mundo (1998)
A outra margem do Ocidente (1999)
O avesso da liberdade (2002)
O homem-máquina (2003)
Civilização e barbárie (2004)

Artepensamento
Coordenador Adauto Novaes
Assessoria Thiago Hasselmann e Pedro Hasselmann
Produtor Hermano Shigueru Taruma

Agradecimentos
Centro Cultural Banco do Brasil
Embaixada da França
Yole Mendonça
Luiz Cesar Rossato
Paulo de Tarso Jardim
Marcelo Martins Mendonça
Walter Nunes Vasconcelos
José Jacinto de Amaral
Celise Niero

Estes textos foram originalmente produzidos para o ciclo de conferências *Poetas que pensaram o mundo*. Concebido pela Artepensamento em 2003, o ciclo aconteceu nos CCBBs do Rio de Janeiro, de São Paulo e de Brasília, e no SESC da Esquina, em Curitiba. Contou com o patrocínio do Centro Cultural Banco do Brasil e co-patrocínio do SESC da Esquina. O curso foi reconhecido como extensão universitária pela Universidade Federal do Rio de Janeiro, por intermédio do Fórum de Ciência e Cultura, e pela Universidade Federal do Paraná.

ADAUTO NOVAES JOSÉ MIGUEL WISNIK FRANCIS WOLFF NEWTON BIGNOTTO CARLOS ANTÔNIO LEITE BRANDÃO JOÃO ADOLFO HANSEN MÁRCIO SUZUKI ANTONIO CICERO BENEDITO NUNES JORGE COLI OLGÁRIA MATOS MARCELIN PLEYNET MICHEL DÉGUY MARCELO COELHO HAQUIRA OSAKABE ANTONIO MEDINA RODRIGUES

Poetas que pensaram o mundo

ORGANIZAÇÃO DE ADAUTO NOVAES

COMPANHIA DAS LETRAS

Capa:
Moema Cavalcanti

Preparação:
Ana Paula Castellani

Editoração:
Editora Página Viva

Revisão:
Otacílio Nunes
Valquiria Della Pozza

Índice onomástico:
Luciano Marchiori

Dados Internacionais de Catalogação na Publicação (CIP)
(Câmara Brasileira do Livro, SP, Brasil)

Poetas que pensaram o mundo / organização Adauto Novaes. — São Paulo : Companhia das Letras, 2005.

Vários autores.
ISBN 85-359-0709-2

1. Crítica literária 2. Ensaios brasileiros 3. Poesia - História e crítica 4. Poetas - Crítica e interpretação I. Novaes, Adauto.

05-4545 CDD-809.1

Índice para catálogo sistemático:
1. Poesia : História e crítica 809.1

2005

EDITORA SCHWARCZ LTDA.
Rua Bandeira Paulista, 702, cj. 32
04532-002 — São Paulo — SP
Telefone: (11) 3707-3500
Fax: (11) 3707-3501
www.companhiadasletras.com.br

SUMÁRIO

PENSAR O MUNDO

Adauto Novaes

Uma dedicatória de Henri Michaux ao filósofo Maurice Merleau-Ponty resume de maneira sutil e precisa os problemas da relação entre arte e pensamento: "Poucas palavras, sem tese nem caminho real". Michaux escreveu sobre pintura, literatura, poesia, mas é principalmente sobre a palavra, instrumento de sua arte, que ele nos convida a meditar, como se ela guardasse uma força estranha que obriga o espírito a voltar-se contra si mesmo, no ato de criação. Mais: para ele, o livro pode ser um tédio se nele não houver livre circulação, e o caminho já estiver traçado.

Poetas que pensaram o mundo propõe uma multiplicidade de caminhos, e cada leitor, como observador de um grande quadro, começa por onde quiser. Convidar os poetas a mostrar caminhos é uma exigência do nosso tempo: a ciência — a tese de que fala Michaux —, que pretendeu responder a todas as questões, hoje não consegue dizer onde estamos e menos ainda para onde vamos. Alguns, pessimistas, afirmam que a conquista das coisas pela ciência positiva leva-nos à barbárie; os otimistas dizem que o futuro se esgotou, que vivemos em um presente efêmero, e que o passado já não conta. Este é um momento singular da história, sem as experiências do passado nem a perspectiva do futuro, as "duas maiores invenções da humanidade", segundo o poeta Paul Valéry. Sabemos apenas que nosso tempo é marcado pelo desaparecimento de todos os referenciais e, portanto, pela dificuldade de nos orientarmos no pensamento. Voltemos, pois, às artes, que não pretendem explicar o mundo por meio de conceitos e sim falar de experiências do mundo. Os ensaios aqui publicados partem de fragmentos poéticos que dão expressão a mundos mudos.

No prefácio às *Cartas persas*, de Montesquieu, Valéry afirma que a *ficção* nos leva menos ao sonho do que aos pensamentos, e conclui: "Como a barbárie é a era do *fato*, é necessário, pois, que a era da ordem seja o império das *ficções* — porque não existe potência capaz de fundar a ordem apenas sobre a repressão dos corpos sobre os corpos. É preciso a força da ficção [...] A ordem exige, portanto, a *ação de presença de coisas ausentes* [...] Um sistema fiduciário ou convencional desenvolve-se, introduz entre os homens ligações e obstáculos imaginários cujos efeitos são bem reais. Eles são essenciais à sociedade".

Em tempos de barbárie, recorramos, pois, aos poetas e suas cosmogonias, mesmo sabendo dos riscos da "velha querela" entre o saber dos poetas e a prática filosófica do *logos*. No livro coletivo *La politique des poètes*, Jacques Rancière aponta, nessa relação, um erro de origem: a "mais bela das tragédias", isto é, a constituição filosófica da política, excluía — escreve ele — sua contrafação, "a constituição poética da política, aquela que, ao incluir a tragédia dos poetas nas suas instituições, põe de volta seu regime de vida sob a legislação dos *muthoi* poéticos e do prazer sofredor do teatro, instalando nele o comando desregrado produzido pela aparência poética". Em recente entrevista ao jornal francês *Le Monde*, Jean-Pierre Vernant volta a esse tema reafirmando que o nascimento da tragédia é inseparável da organização cívica, da elaboração da democracia ateniense: "Por trás da tragédia" — diz Vernant — "há uma interrogação geral: qual a relação do homem com seus atos? Em que medida ele é realmente o autor dos atos? Seus atos não são a resultante de outros elementos dos quais ele só vai perceber mais tarde? [...] A presença daquilo que chamo o mundo, o universo, não é um universo simples. Ele é ambíguo e contraditório, uma vez que as divindades que intervêm na cena trágica também são cindidas. Não se trata de condenar, trata-se de mostrar as dificuldades de compreender o que é o homem nas suas relações com o universo ambíguo. A tragédia é uma forma dessa interrogação sobre o homem e o mundo, sobre o justo e o verdadeiro. Ela exprime uma profunda ambigüidade". Com o que acabam de dizer, os dois filósofos mostram, enfim, que a querela é a própria filosofia É ela que é posta em questão com as respostas no Livro X da *República*: "Que sabem e que ensinam os poetas? Que fazem os poetas? A resposta platônica na sua radicalidade é: *nada*". A dificuldade de origem em enquadrar o poeta pode ser lida em uma das conclusões de Rancière: o poeta participa do pensamento político de uma maneira muito singular que consiste em um não-pertencimento ao ignorar os usos da política. Esse "pertencimento não pertencente" está marcado no "conceito que geralmente lhe é apropriado, este conceito-limite que designa o fundamento e o abismo da política, o *telos* de sua instituição e a palavra de ordem de sua dissolução, este nome de liberdade que o poeta teria por vocação escrever no seu caderno escolar".

O que vale para a tragédia vale também para toda forma poética. A exemplo da tragédia grega, que inventa não apenas um estilo literário mas traz à tona também o homem trágico, as outras formas poéticas podem ser pensamentos que levam o homem a interrogar suas ações. O senso comum costuma simplificar a questão ao dizer que todo grande poeta é "tomado pela inspiração". Valéry nos adverte que essa maneira de definir o trabalho poético resulta da oposição que se faz entre poesia e pensamento. A inspiração dispensa o trabalho do pensamento, é pensamento que não se pensa e que se perde no próprio esquecimento. Valéry escreve em um ensaio célebre: "Diz-se 'Poesia e Pensamento abstrato' como se diz o Bem e o Mal, o Vício e a Virtude, o Quente e o Frio. A maioria das pessoas acredita, sem refletir, que as análises e o trabalho do intelecto, os esforços de vontade e precisão no qual se engaja o espírito não combinam com a ingenuidade da fonte, este excesso de expressões, esta graça e esta fantasia que distinguem a poesia, e que a fazem ser reconhecida desde as primeiras palavras. Se se encontra profundidade em um poeta, esta profundidade parece ser de outra natureza que não a de um filósofo ou de um sábio".

Essa maneira de pensar, mais do que expressar uma rivalidade, revela um entendimento errôneo do que seja poesia. Mais: implicitamente está dito que para ser poeta é preciso, primeiro, arruinar o pensamento. Ora, basta ver que todos os grandes poetas, a exemplo dos grandes pensadores, lidam com a mesma matéria e trabalham para o mesmo fim: poesia e pensamento são formas de interrogar o mundo, uma espécie de "ciência" das coisas e do homem no mundo — não no sentido de uma sociologia do saber, mas no sentido de invenção, de experiências sensíveis por intermédio do movimento, do entendimento e da relação entre as palavras. Nem poderia ser diferente: basta seguir o conselho de Carlos Drummond de Andrade — "Penetra surdamente no reino das palavras" — e ir ao dicionário para ver que "poesia", do grego *poíesis*, quer dizer criação, fabricação, ação de compor obras poéticas. Não que o poeta, nesse processo de fabricação, viva de teses, de provas ou da construção de um "caminho real". Mais que construir idéias, o poeta, como o filósofo, propõe *matrizes de idéias*, a serem retomadas pelos leitores e todos os seus pósteros: "Um poeta deve deixar vestígios de sua passagem, não provas", escreve o poeta-filósofo René Char.

Ora, as passagens do pensamento sempre são acidentadas e cheias de armadilhas. De Homero a Valéry, o pensamento pede prudência e astúcia contra os dogmas. Os dois poetas recorrem à mesma metáfora — o mar — para descrever as inclinações da alma, a coragem e as seduções do poder. Em Homero, o navegante Ulisses é seduzido pelo canto de potências estranhas e imaginárias, canto que "uma vez ouvido, abria em cada palavra um abismo e um convite a desaparecer nele", como analisa Blanchot. A astúcia de Ulisses foi se fazer prender no mastro do navio e tapar com cera os ouvidos de seus companheiros para fugir aos encantos das sereias. Mas a melancolia de Ulisses, como a de todo pensador, era saber que a imagem de Ítaca fugia dele constantemente. Valéry nos convida a pensar sobre a desordem do mundo atual e nossa fragilidade diante de tanta técnica: em uma passagem entre Toulon e Brest, em meio a um belo dia, de repente Valéry e a armada são cercados por uma bruma espessa nas paragens perigosas da ilha de Sein, rodeada de rochedos. Ele descreve a situação, retrato do nosso tempo: seis encouraçados, trinta navios leves, submarinos, de repente cegos à mercê do vento e das correntes, no meio de campos minados: o mínimo choque poderia detonar essas cidadelas carregadas: "estes grandes navios prodigiosamente maquinados, montados por homens de ciência, coragem, disciplina, dispondo de tudo o que a técnica moderna pode oferecer de potência e precisão, reduzidos de repente à impotência na obnubilação, condenados a uma espera ansiosa por causa de um pouco de vapor que se formou no mar". Canto das sereias e canto da técnica são promessas ou caminhos com intenção deliberada. O que existe de original nas narrativas citadas é que havia algo de maravilhoso nos dois projetos que não souberam cumprir suas promessas. Ou melhor, os homens se perdem pelas promessas que as sereias e a técnica não sabem e não podem cumprir. Sempre foi possível pensar — observa Blanchot — que todos os que se aproximaram do objetivo "não fizeram senão aproximar-se e morreram de impaciência por terem afirmado prematuramente: é aqui; aqui lançarei âncora [...] o encantamento, por uma promessa enigmática, expunha os homens a serem infiéis a eles mesmos, a seu canto humano e mesmo à essência do canto". Desconfiar da essência do canto produz novas disposições no pensamento. No lugar de um diálogo mudo do pensamento com o pensamento, a poesia, que opera não apenas no campo das idéias, altera a sensibilidade, e, em um processo sem fim, leva o pensamento a desconfiar do pensamento.

A dedicatória de Michaux é a tradução dessa desconfiança. É também um elogio a Merleau-Ponty, o filósofo que dedicou o melhor de sua vida à crítica da visão positivista na cultura, na filosofia e na política e que soube aproximar arte e pensamento. Lemos, por exemplo, em *A prosa do mundo*: "O que é insubstituível na obra de arte — o que faz dela não apenas uma ocasião de prazer, mas um órgão do espírito do qual o análogo encontra-se em todo o pensamento filosófico ou político, se ele é produtivo — é que ela contém, mais que idéias, *matrizes de idéias*; ela nos fornece emblemas cujo sentido jamais acabaremos de desenvolver, e justamente porque ela se instala e nos instala no mundo do qual não temos a chave; ela nos ensina a ver e nos dá a pensar como nenhuma obra analítica pode fazê-lo, porque nenhuma análise pode encontrar em seu objeto outra coisa a não ser aquilo que pusermos [...]. O que há de ambíguo e irredutível em todas as grandes obras de arte não é um defeito provisório da literatura [...] é o preço que é preciso pagar para se ter uma linguagem conquistadora que não se limite a enunciar o que já sabíamos, mas que nos introduza em experiências estranhas, em perspectivas que jamais serão as nossas e nos desfaça, enfim, de nossos preconceitos". O que Merleau-Ponty diz é que nenhuma obra, de arte ou de pensamento, pode ser total, e que toda verdadeira obra é feita de significações abertas. Restaria saber — na visão dele — se a filosofia não se limitaria a exercer, como em uma segunda potência e em uma espécie de reiteração, o mesmo poder de expressão elíptico que faz a obra de arte: "As metamorfoses da filosofia de Descartes são célebres: nós a esclarecemos com nossas luzes como a pintura moderna aclara El Greco ou Tintoreto". Em filosofia, como em arte, não há superação absoluta.

Assim, a importância daquilo que diz o filósofo e do que faz o artista mede-se pela extensão do poder que suas obras nos conferem sobre as coisas e sobre nós mesmos. O aforismo de Valéry sintetiza de maneira exemplar essa idéia que vemos realizada em toda a sua obra: "Nietzsche não é um alimento — é um excitante". Por excitante deve-se entender que a obra de arte ou a obra de pensamento convida o leitor não a um consumo passivo, um alimento apenas. Ele é chamado a participar da obra por meio das interpretações. Prioridade, portanto, do fazer sobre o saber. Sabemos que todo excitante provoca, e os efeitos são necessariamente repartidos entre os pares: ser excitado é ser afetado. Mais: todo grande poeta é um excitante particularmente poderoso, e é por isso que voltamos sempre a ele. Nietzsche "não representa uma 'filosofia' (felizmente para ele) — mas um compositor, um composto, um 'poeta' do sistema nervoso". Essa idéia nos remete ao original conceito de Valéry de "sensibilidade intelectual". Como observa o filósofo Jacques Bouveresse, "a idéia de que o intelecto também tem suas sensações, suas emoções e seus afetos, que bem ou mal existe uma sensibilidade do intelecto, uma poesia e uma poética possíveis das produções puramente intelectuais é, como se sabe, uma idéia que Valéry teve muito cedo e sobre a qual voltou freqüentemente". Em "Poesia e pensamento abstrato" Valéry diz o que entende por sensibilidade intelectual: "Por exemplo, uma aproximação brusca de idéias, uma analogia me tocava [...] Mas, desta vez, no lugar de um poema, era a análise desta sensação intelectual súbita que me possuía. Não eram versos que se desprendiam mais ou menos facilmente nesta fase; mas alguma proposição que se destinava a incorporar-se a meus hábitos de pensamento, alguma fórmula que deveria então servir de instrumento a pesquisas posteriores [...] Mas o efeito de poesia e a síntese artificial desse estado por alguma obra são coisas distintas; tão diferentes quanto o são uma sensação e uma ação. Uma ação seguida é muito mais complexa que qualquer produção instantânea, principalmente quando ela deve exercer-se em um domínio tão convencional quanto o da linguagem. Aqui vocês vêem em minha explicação a esse famoso *pensamento abstrato* que o uso opõe à *poesia*". Essa "sensação intelectual súbita" pode ser traduzida não com o trabalho da observação e do raciocínio indutivo, mas como produto da imaginação. Nesse sentido, um de seus escritos que mais se prestam à análise da poesia e do pensamento abstrato de tendência nada positivista está no *Cahiers 2*: "A Ciência deve-se a felizes acidentes, a homens sem razão, a desejos absurdos, a questões bizarras; a amadores de dificuldades, a divertimentos e vícios; ao acaso que fez encontrar vidro, a imaginações dos *poetas*". Em uma evocação do que ele designa o "poeta filósofo", Valéry escreve: "Nietzsche excitava em mim a combatividade do espírito embriagador da presteza das *respostas* [...] Ele me agradava também pela vertigem intelectual do excesso de consciência e de relações pressentidas, por certas *passagens no limite*, pela presença de uma vontade superior intervindo para se criar os obstáculos e as exigências sem as quais o pensamento só se saberia fugir. Notei nele não sei que íntima aliança do lírico e do analítico que ninguém ainda havia tão deliberadamente realizado [...] Nietzsche estava como que armado de filologia e de fisiologia combinadas".

A relação entre poesia e saber foi sempre objeto de todo grande poeta. Edgar Allan Poe, por exemplo, escreveu "Eureka" em 1848, poema que iria transformar radicalmente a poesia moderna e o próprio pensamento de Valéry. Influenciado pelo filósofo Schelling, "Eureka" seria, segundo o ensaísta Jean Starobinski, ao mesmo tempo "sonho e pensamento rigoroso, poema e saber". Nele, Poe relaciona valor estético e verdade científica "O universo, na perfeição da sua simetria, é simplesmente o mais sublime dos poemas. Ora, simetria e consistência são termos *reciprocamente* conversíveis: assim, a Poesia e a Verdade tornam-se um. Uma coisa é consistente em razão de sua verdade — verdade em razão de sua consistência. Uma perfeita consistência, repito, não pode ser senão absoluta verdade." Em Poe, a relação entre poesia e pensamento se faz pelas idéias de *consistência* e *simetria*, que são a ciência do universo. É sintomático que Valéry tenha publicado o seu ensaio sobre "Eureka" não nos *Estudos literários* mas nos *Estudos filosóficos*. Para ele, "o universo é construído sobre um plano cuja simetria profunda está presente, de alguma maneira, na íntima estrutura do nosso espírito. O instinto poético nos deve conduzir cegamente à verdade". Valéry cita essa proposição de Poe: "Cada lei da natureza depende em todos os pontos de todas as outras leis". Uma lição "científica" de unidade imaginária para todo grande poema.

Que linguagem é capaz de traduzir consistência e simetria? Ao escrever que "a poesia é incomunicável", Drummond estava propondo uma distinção entre uso prático da palavra e linguagem poética bem no estilo valeriano. Para os dois poetas, a linguagem da poesia é absolutamente intransitiva. A linguagem ordinária, isto é, a prosa, serve sempre de passagem da palavra para outra coisa exterior à linguagem, transição imediata e insensível a algo não verbal — eu falo, você faz — e tem como objetivo fazer-se compreender de imediato — a utilidade prática. A linguagem ordinária é "anulada no próprio momento em que é compreendida". Mas a linguagem poética, intransitiva e "incomunicável", "deve ter esse caráter *mágico*" cuja função é produzir excitações sobre "os nervos do espírito", criar "um estado de encantamento" muitas vezes sem referência com o real. O compromisso da linguagem poética é com a linguagem apenas. Assim, a poesia jamais pode ser tomada como "sistema de expressão", intermediário útil e cômodo para o espírito que quer compreender e se fazer compreender, "mas como uma potência de transformação e de criação, feita para criar enigmas mais que esclarecer", como escreve Blanchot, bem na linha de Paul Valéry, no seu comentário à estética de Mallarmé. Já se disse de forma reiterada que é a linguagem que funda a realidade humana e o universo e é nisso que consiste o enigma e mesmo o paradoxo da poesia: lidar com a realidade e com o segredo, com o visível e o invisível do mundo.

Os enigmas do universo são enigmas do nosso espírito. A essência da obra do poeta e da obra do pensador é, portanto, a mesma: ela é menos a descrição e a análise do que está diante de nós e mais o olhar daquilo que, na criação, se oculta de si mesmo. O poeta e o filósofo trabalham, portanto, o indizível, o impensado, o invisível: "Quando se trata de pensar", escreve Heidegger, "maior é a obra feita que não coincide com a extensão e o número de escritos, mais rico é, nesta obra, o impensado, isto é, o que, através dessa obra e apenas por ela, vem a nós como jamais pensado ainda". É por isso que pensamento e poesia são definidos como enigma. Que diferença pode haver, portanto, entre pensamento e poesia quando pensamento se define pela busca permanente do "jamais pensado ainda" e a poesia por aquilo que Valéry chama de "infinito estético"? A menos que se confunda pensamento com um tipo de positivismo que procura fixar o conceito, abolindo, portanto, o movimento das idéias, transformando-o em instrumento de poder apenas. No universo da sensibilidade, a "satisfação" momentânea faz renascer, indefinidamente, mais desejo. Poesia e pensamento têm isso em comum, "desejo que permanece desejo".

É certo que a poesia é a arte da linguagem, combinação de palavras que produzem, além de emoção, pensamento. Ou, como escreve Valéry, a forma-poema já é, ela mesma, uma maneira de pensar: "compreende-se", diz ele "o que é *forma* em matéria de arte *quando* se compreende que a *forma* dá (ou deve dar) tanto pensamento quanto *fundo*". Ora, no uso da vida prática, como observa Maurice Blanchot, a linguagem é um meio, um instrumento que utilizamos para nos fazer entender, é o caminho usado pelo pensamento "que se desfaz logo que o percurso acaba". Mas, no ato poético, "a linguagem cessa de ser instrumento e mostra-se na sua essência, que é a de fundar um mundo [...] Fundar as coisas pela palavra". Não é essa também a essência do pensamento, a de fundar mundos, tornar-se fundamento das coisas e da realidade humana?

Assim, *Poetas que pensaram o mundo* — ciclo de conferências em homenagem ao centenário de nascimento do poeta Carlos Drummond de Andrade — é um livro concebido não para falar de poesia apenas, mas de uma história do pensamento por meio da poesia. Para essa tarefa, filósofos e poetas-filósofos foram chamados: comecemos com Drummond, para quem, de acordo com a palestra de José Miguel Wisnik, "o mundo não dá poesia: esta só se faz através da penetração surda no 'reino das palavras' nas quais se esbate a interrogação de 'mil faces secretas' em cada face única, perguntando por uma chave que não está em lugar nenhum. A reflexão poética, em Drummond, supõe uma recusa sistemática do mundo, se compreendido como matéria assuntiva que se confirma a si mesma". Ou melhor, lemos ainda na interpretação de Wisnik que o poeta está no mundo mas não extrai poesia das coisas: "Vem daí que poesia e mundo, simultaneamente excludentes e includentes, se contenham e se neguem: que o mundo, visto a partir dela, se pertença e não se pertença a si próprio".

Da mesma maneira, o *De natura rerum*, o livro mais original e vigoroso da poesia latina, não é uma simples visão de mundo, como afirma o filósofo Francis Wolff em sua conferência. Ao recriar poeticamente a "rude e severa prosa" do filósofo Epicuro, Lucrécio mostra que a poesia é como o mel que reveste a amarga poção destinada a curar os males que os homens sofrem, principalmente o medo da morte e o temor dos deuses: "eles degustam o prazer dos versos e engolem ao mesmo tempo o tratamento filosófico", escreve Wolff. Em "Tudo é corpo ou vazio", Wolff expõe todo o materialismo de Epicuro-Lucrécio, para quem o ser, o único ser verdadeiro, é o corpo. E o não-ser, o vazio, e é nele que os corpos existem e graças ao qual eles se movem.Temer os deuses? Não. "Nós mesmos, nossos pensamentos, nossas almas, os deuses, tudo isso é corpo e vazio." É inquietante? — pergunta Wolff. "Não, é assim. Não existe nada além dos corpos, nada aquém do vazio. Nada a temer nem esperar. Tudo está aqui, presente, dado. Já Antonio Medina nos leva à Grécia arcaica para falar dos dois lados do épico na construção do mundo: um é o modo de apropriação guerreira e sua conseqüência mais forte, a recomposição contínua de uma ideologia aristocrática; o outro consiste na visão de mundo em que a própria guerra de pilhagem mostra sua limitação transcendental e que podemos chamar de leis da hospitalidade, tal como mostra o texto de Homero que narra o encontro de Glaucon e Diomedes."

As conferências de Newton Bignotto e Carlos Antônio Leite Brandão remetem às profundezas das intenções e contradições de dois dos maiores poetas da história: um é Dante com seu céu noturno, ou melhor, uma incursão pelo inferno e pelo purgatório; o outro é Shakespeare com os sonetos de amor, conflitos, esperanças e angústias. Há um Dante filósofo, diz Bignotto em sua palestra, que "conhece e analisa a filosofia tomista em busca de uma ordenação racional das estruturas do mundo". Há também um Dante que questiona a idéia de que existe apenas uma verdade "fundada na perfeita consonância entre fé e razão". Mas é na travessia pelo inferno e pelo purgatório que vemos o novo mundo que põe no centro das suas controvérsias o homem e suas misérias. Já a escolha dos sonetos de Shakespeare, escritos provavelmente entre 1593 e 1599, é vista como uma estratégia política para nossos tempos de incerteza. Carlos Brandão considera os sonetos uma das últimas manifestações de um mundo e de um pensamento pré-modernos: pensar sobre eles, afirma o autor, serve para avaliar se há naquilo que a modernidade marginalizou "alternativas para superarmos os limites do pensamento contemporâneo e construirmos nossa humanidade presente".

A "máquina do mundo", Canto X de *Os Lusíadas* de Camões, é laboriosamente analisada por João Adolfo Hansen, para quem o poema inclui todos os tempos: doutrina aristotélica da épica exposta na *Poética*, a emulação quinhentista das epopéias gregas (Homero) e latinas (Virgílio), a tópica renascentista do *uomo universale*, astronomia, ciências árabes, navegações..., enfim, uma consistente análise da mais importante das epopéias modernas.

O salto de Camões a Hölderlin, Baudelaire, Rimbaud e Valéry é grande, mas as questões que esses poetas põem têm enorme ressonância contemporânea. Amigo de Hegel e Schelling em Tübingen, Hölderlin é definido pela crítica como um dos mais originais e importantes pensadores do idealismo alemão. Mas foi sua obra poética, como nos lembra Antonio Cícero na conferência "Hölderlin e o destino do homem", que influenciou não apenas os dois amigos de Tübingen, mas também o pensamento de Heidegger e Walter Benjamin. A partir da análise de um dos mais famosos poemas, *Hipérion*, Antonio Cicero pergunta: como relacionar as investigações filosóficas e a poética de Hölderlin para entender a história e o destino trágico do homem?

O filósofo e poeta Michel Déguy retoma um fragmento do livro *Poésie perdue* de Paul Valéry para dizer que estamos não no "começo do mundo finito" como afirmara o poeta em 1895, mas sim no fim: para nós, do século XXI, observa Déguy, este "tempo do mundo finito" que se inicia por Valéry (mesmo que ele tivesse começado quatro séculos antes)... acabou. Denominamos este fim "mundialização": "Um findar que não acaba de findar, como todo fim, é nosso problema: é algo que (re)começa bem, ou algo que acaba mal? A 'globalização' tanto destrói quanto recompõe o todo". Déguy analisa a lucidez de Valéry, que inventa em prosa poética o que será teorizado quase cem anos depois ao escrever: "As questões, os enigmas necessários terão sido rebaixados. Nascer, sofrer, morrer não serão mais dificuldades. Haverá muito que a energia, os materiais, os seres vivos auxiliares estarão à disposição. O comércio e a indústria não mais existirão. Haverá uma única ciência e ela será quase inata. A Terra será apenas uma cidade. Nada mais será feito naturalmente — isto é, às cegas".

Em Rimbaud, a questão é a liberdade. Partindo de um poema

escrito em 1870, Marcelin Pleynet pergunta: "O que é que, embora livre por essência, busca sempre libertar-se?". No seu ensaio, Pleynet responde a outras perguntas feitas por ele mesmo na conferência: "O que se quer saber sobre Rimbaud? Que sua obra, inicialmente marginalizada na categoria de "poetas malditos", impôs-se de modo progressivo até despontar hoje como um acontecimento de grande importância na história da poesia e da prosa? Ou o que se procura saber é se, em conseqüência, e de forma não menos essencial, ela se apresenta hoje como o único pensamento capaz de esclarecer as muitas e sombrias contradições daquilo que se fez e se faz, em particular depois da Revolução Francesa de 1789, tantas vezes de maneira dramática em nome da liberdade?"

Dois textos a partir de *Flores do mal* de Baudelaire ajudam a compor o quadro do poeta diante da modernidade: a professora Olgária Matos vai dizer que em um mundo sem homens e sem deuses realiza-se a antinomia kantiana de um Deus diabólico e um Demônio divino, pois, para Baudelaire, Satã é, ao mesmo tempo, o Senhor do Mal e o Grande Vencido. Para o crítico de arte Jorge Coli, Baudelaire foi, por sua poesia, a consciência, a vítima e o herói da modernidade. Recebe de herança Sade, os românticos e a metrópole industrial. As análises de Coli tomam como ponto de partida os "Projetos para um epílogo" de 1861 das *Flores do mal,* onde se pode ver Baudelaire como consciência do mundo e como consciência poética de si no mundo moderno.

O filósofo Benedito Nunes define *A terra desolada* e *Quatro quartetos* de Eliot como a expressão de que História e espírito humano podem fundir-se para realçar a força da convergência da poesia. Ressaltando a concepção platônica e agostiniana do mundo inerente à poesia de Eliot, o autor mostra que é na História que se opera a ascese, a depuração do espírito, por meio do qual o tempo se transforma em eternidade.

Márcio Suzuki retoma toda uma tradição de pensamento para demonstrar que Goethe é a expressão do poeta filósofo. Suzuki cita a célebre carta de Friedrich Schiller que atribui a Goethe o desejo de construir "geneticamente" a natureza, "desde suas figuras mais simples até as mais complexas, e só pôde dar conta da enorme tarefa porque era conduzido pela mão do seu próprio gênio, por um 'instinto filosófico' que o levava de maneira inconsciente, mas certeira, aos resultados mais altos que a razão especulativa poderia obter". É a luta da alma com o espírito do mundo, observa Suzuki: não se pode querer entrar à força na "técnica secreta da natureza", mas é preciso deixar que essa técnica secreta, que o "instinto filosófico" fale por si mesmo. "Neste sentido, não é propriamente o poeta que reflete sobre o mundo. É antes o mundo que o invade e se pensa nele".

Mas como escrever o Livro do Mundo? Eis a pergunta que se põe Haquira Osakabe na sua análise de Fernando Pessoa a partir de *Livro do desassossego.* Um empregado de escritório — Bernardo Soares, semi-heterônimo de Fernando Pessoa — escreve, entre nomes de "fazendas e dinheiro", o Livro do Mundo, que inclui "os grandes navegadores, os grandes santos, os poetas de todas as eras, todos eles sem escrita, vasta prole expulsa dos que fazem a valia do mundo". "Há algo de demiúrgico nesse simples ato de sentar-se à escrivaninha e lançar-se ao registro de somas, perdas e de pretensas operações aritméticas ou contábeis", segundo Haquira Osakabe em sua conferência: "Assim, diz ele, o pesado livro vai tingindo suas páginas brancas da coloração da alma de seus autores, Pessoa, Bernardo Soares, ou, mais longinquamente, Vicente Guedes, e vai integrando em suas linhas e colunas o significado insuspeitado da existência que as personagens do escritório recobrem".

Por fim, Marcelo Coelho nos traz um dos poetas contemporâneos mais originais, Francis Ponge. Ele investe sua poesia no mundo dos objetos: um pedaço de carne, o sabão, o cigarro, a chuva, uma árvore. Cada coisa liberta-se do seu mestre, diz Marcelo Coelho, que cita o crítico Maurice Blanchot: "A árvore de Francis Ponge é uma árvore que observou Francis Ponge e se descreve como imagina como ele poderia escrevê-la". Mas o autor vai mais longe em sua conferência sobre Ponge: "Tomar o 'partido das coisas', dessubjetivar a poesia, entender o mundo externo sem fazer uso da perspectiva, do 'ponto de vista do sujeito', é tanto 'ser dito' pelo objeto quanto 'ser lido' pela linguagem. O poema que citamos, 'a ardósia', é a esse respeito significativo: apresenta-se como um elogio descritivo, duramente descritivo, da pedra 'em si mesma'. Mas uma rede de citações e de referências ao livro, à lousa, à leitura também se faz rapidamente notar; e, em camadas sucessivas de texto, poderíamos descobrir nesse poema referências a Du Bellay, Dante, Poe, Mallarmé: a lousa é também morte, ameaça, queda, catástrofe, *tombeau* do próprio poeta, que na obscura ardósia se reflete".

Poetas que pensaram o mundo propõe, pois, ao leitor, uma multiplicidade de caminhos. Não poderia ser de outra maneira: se o poeta procura interpretar os sonhos de uma época e encontra um campo de ruínas, seus poemas vão criar desvios e caminhos errantes, conscientes de que jamais chegarão a um fim e jamais encontrarão o *caminho real.*

Rio de Janeiro, junho de 2005

DRUMMOND E O MUNDO

José Miguel Wisnik

A MÁQUINA DO MUNDO

E como eu palmilhasse vagamente
uma estrada de Minas, pedregosa,
e no fecho da tarde um sino rouco
se misturasse ao som dos meus sapatos
que era pausado e seco; e aves pairassem
no céu de chumbo, e suas formas pretas
lentamente se fossem diluindo
na escuridão maior, vinda dos montes
e de meu próprio ser desenganado,
a máquina do mundo se entreabriu
para quem de a romper se esquivava
e só de o ter pensado se carpia.
Abriu-se majestosa e circunspecta,
sem emitir um som que fosse impuro
nem um clarão maior que o tolerável
pelas pupilas gastas na inspeção
contínua e dolorosa do deserto,
e pela mente exausta de mentar
toda uma realidade que transcende
a própria imagem sua debuxada
no rosto do mistério, nos abismos.
[...]

Carlos Drummond de Andrade,
Poesia completa, Rio de Janeiro, Nova Aguilar, 2003.

[...] *sejamos como se fôramos*
num mundo que fosse: o Mundo.
"Cantiga de enganar"

Começando pela superfície estatística, e mesmo que sob o risco do ridículo: talvez nenhum poeta, no Brasil ou no mundo, diga tanto a palavra "mundo", em seus poemas, como Carlos Drummond de Andrade (que tem ainda, por obra do acaso, um *duro mundo* inscrito no nome). E não se trata somente daqueles bordões que se tornaram tão conhecidos e tão representativos — o "mundo, mundo, vasto mundo", o "sentimento do mundo", a "máquina do mundo", os ombros que "suportam o mundo", o "não serei o poeta de um mundo caduco", o coração ora maior ora menor que o mundo. A sua poesia é atravessada por feixes de "mundos", inumeráveis, que acusam a alternância, tão reconhecível nele, entre a insistência implacável da totalidade, que parece interpelar o sujeito a cada passo, e a dolorosa irrelevância de que se reveste essa mesma busca, reduzida espasmodicamente a um cálculo ínfimo, uma pedra inexpelível.

Os exemplos, que comparecem já em alguns pontos cruciais de *Alguma poesia* (1930), multiplicam-se até o verdadeiro enxame de ocorrências em *Sentimento do mundo* (1940) e *A rosa do povo* (1945), estendendo-se num ciclo cujos rastros são nítidos e persistentes até pelo menos *Claro enigma* (1951), dispersando-se, ainda com marcas, em

Lição de coisas (1962), sem deixar nunca de retornar. Se pinçarmos alguns deles, entre muitos, ao longo desse tempo, veremos que compõem entre si uma espécie de litania latente, desencantada, convulsiva e insistente, mesmo que nada monotemática. Na poesia de Drummond, o *mundo* é uma entidade que "baixa" nas mais diversas e desniveladas situações — seja quando o sujeito escreve num domingo solitário, quando descreve a primeira experiência sexual, quando especula sobre o céu e a terra, quando vislumbra a luz indecisa de um farol, perdida na noite, quando está isolado, quando se sente abraçando a humanidade, quando é ultrapassado pelos acontecimentos e quando os abarca em si mesmo: "[...] o mundo parou de repente" ("Poema que aconteceu"); "Inabitável, o mundo é cada vez mais habitado" ("O sobrevivente"); "A rede virou, o mundo afundou" (Iniciação amorosa"); "É preciso ter mãos pálidas/ e anunciar o FIM DO MUNDO" ("Poema da necessidade"); "e só uma estrela / guardará o reflexo/ do mundo esvaído" ("Canção de berço"); "Por que fiz o mundo? Deus se pergunta/ e se responde: Não sei" ("Tristeza no céu"); "Vem, farol tímido,/ dizer-nos que o mundo/ de fato é restrito,/ cabe num olhar" ("Rua do olhar"); "O mundo te chama:/ Carlos! Não respondes?" ("Carrego comigo"); "Irredutível ao canto,/ superior à poesia,/ rola, mundo, rola, mundo [...]" ("Rola mundo"); "mas tu ganhavas o mundo e nele aprenderias tua sucinta gramática,/ a mão do mundo pegaria de tua mão e desenharia tua letra firme,/ o livro do mundo te entraria pelos olhos e te imprimiria sua completa e clara ciência [...]" ("Como um presente"); "Estou solto no mundo largo" ("Idade madura"); "Meus olhos são pequenos para ver/ o mundo que se esvai em sujo e sangue [...]" ("Visão 1944"); "neste salão desmemoriado no centro do mundo oprimido" ("Canto ao homem do povo Charlie Chaplin"); "Bela/ a passagem do corpo, sua fusão/ no corpo geral do mundo" ("Canto esponjoso"); "Tu não me enganas, mundo, e não te engano a ti" ("Legado"); "Certa palavra dorme na sombra/ de um livro raro./ Como desencantá-la?/ É a senha da vida/ e a senha do mundo./ Vou procurá-la.// Vou procurá-la a vida inteira no mundo todo" ("A palavra mágica").[1]

Para aferir o quanto esses "mundos" drummondianos são o índice ostensivo de uma escritura que não pode dispensá-los, é interessante constatar, por contraste, que a mesma palavra é praticamente ausente em João Cabral de Melo Neto: de *Pedra do sono* (1940-1941) a *A educação pela pedra* (1962-1965), por exemplo, a palavra "mundo" aparece duas solitárias vezes.[2] Uma vez, sintomaticamente, no poema "A Carlos Drummond de Andrade" (como quase não poderia deixar de ser), numa frase que toca precisamente o nosso ponto: "Não há guarda-chuva/ contra o mundo/ cada dia devorado nos jornais/ sob as espécies de papel e tinta". E, vinte anos depois, não no corpo mas no título do poema "Sobre o sentar-/estar-no-mundo", onde a atitude filosofante, sugerida pela expressão (sob cuja rubrica, aliás — "Tentativa de exploração e de interpretação do estar-no-mundo" —, Drummond reuniu, em antologia pessoal, parte fundamental de sua poesia),[3] é enquadrada ironicamente na atitude de quem se senta em "tábua-de-latrina,/ assento além de anatômico, ecumênico,/ exemplo único de concepção universal,/ onde cabe qualquer homem e a contento".

A poesia de João Cabral não postula o "mundo". Depois de um início subjetivista, onírico e nebuloso (*Pedra do sono*), ela conquista um estado de extroversão continuada, pelo menos a partir de *O engenheiro*, focalizando objetos que se bastam na sua presença. Levado por uma imaginação material da vontade, que experimenta a resistência das coisas, no domínio de uma consciência diurna e penetrante, o olhar poético mantém a necessária distância dos objetos — nem tão próximos a ponto de o sujeito se confundir com eles, nem tão distantes a ponto de ser evocados na ausência —, o que lhe permite reduzir o mundo ao alvo nítido da atenção. Reduzido fenomenologicamente à tela da atenção, e coincidindo com ela a cada vez, o "mundo" não é invocado nem chamado pelo nome. Podemos convir, no caso de Cabral, que isso não se coloca justamente porque "mundo" é *aquilo que extrapola a tela da atenção*, que suscita a atenção sem caber nela, que supõe uma atenção total que desborda as fronteiras do sensível e do inteligível, e que acabaria por emaranhá-los. A redução fenomenológica operada pela poesia cabralina, com sua potência própria, visa, entre outras coisas, a não se deixar emaranhar no emaranhado (do mundo).

Na poesia de Drummond, ao contrário, a atenção do sujeito é continuamente interpelada por aquilo que lhe escapa, que lhe extrapola os limites, que empenha o todo e põe o sujeito em causa. Por isso mesmo, desenvolve-se nela uma consciência aguda e reflexiva do limite, inseparável do seu empuxe totalizador. A apreensão da totalidade do mundo e seu limite se negam e se exigem. Enquanto a poesia de João Cabral trabalha por uma restrição programática da sua área de manobra, projetando uma totalidade reduzida e sem resto, dentro da qual operam os seus enigmas próprios, iluminados por uma luz perquiridora fora da qual é como se houvesse um vazio, os objetos em Drummond são como pontos negros que remetem continuamente a algo que escapa e desliza, movidos pelo compromisso inarredável da totalidade que acusa continuamente a sua própria impossibilidade de cumprir-se, fortalecendo-se, no entanto, disso mesmo.

Não é difícil pensar no contexto histórico dessa posição rigorosamente *saturnina*. Sem apostar numa explicação causal para os fatos poéticos (já que poesia é máquina que produz anti-história, que transfigura e contradiz o tempo),[4] é indispensável notar, em primeiro lugar, que a poesia de Drummond inaugura, no Brasil, uma reflexão sobre o (não) lugar do indivíduo solitário na massa urbana, que se identifica com ela e dela se desidentifica, que pertence compulsoriamente ao conjunto do qual se exclui, pois insiste em pertencer à multidão como seu índice reflexivo — além de se saber pertencente a ela como seu reflexo. Em segundo lugar, é uma poesia que se desenvolve no arco da montante e da precipitação da Segunda Guerra Mundial, vivida intensamente e a distância: o estado do mundo é a conflagração e a conflagração mundializada inclui e não inclui o sujeito, cujo "sentimento" remói um conflito universal próximo e longínquo, que clama com urgência dos confins da Europa e se insinua no cotidiano do Estado Novo (em que "o espião janta conosco"). E, ainda mais, a poesia de Drummond é a poesia de um tempo em que pensar o mundo é pensar expressamente, e cada vez mais, o (não) lugar da poesia no mundo: o mundo exclui a poesia, e a poesia insiste ainda em incluir o mundo.

Esse debate interno à obra, muitas vezes espasmódico, adquiriu novos contornos no seguimento do pós-guerra, quando a onipresença universal da mercadoria, da publicidade e da "comunicação de massas" (ver, por exemplo,"Ao Deus Kom Unik Assão" e "Diamundo", em *As impurezas do branco*, 1973)[5] se reflete num retiro estratégico para a memória e num esgarçamento da invocação poética ao "mundo" (*Boitempo*, 1968-1973-1979), invocação que perde força diante do poder avassalador do mundo propriamente dito. Acusando em parte o golpe do seu isolamento crescente, o lugar de linguagem da poesia no mundo contemporâneo — esse lugar raríssimo, não sobredeterminado por um sentido prévio e situado no avesso da persuasão de massa onipresente — rumina ainda assim a sua matéria nos livros finais de Drummond, desiguais e menos definidos que os livros marcantes do período em que nomearam a crista e o arco da história (1930-1962), mas contendo poemas e problemas que os estudos críticos parecem ter abordado pouco.

O nó de inclusões e exclusões cruzadas envolve, recapitulando, o sentimento de potência impotente do indivíduo na metrópole, a urgência da luta ideológica antifascista (e o surdo contracanto dogmático do comunismo), entranhados nas exigências de um lirismo que vive o sentimento do tempo mas repelindo energicamente, desde dentro, o apelo panfletário. Esse nó implica uma posição crítica que tira sua força exatamente de estar e não estar na multidão, de se engajar sem se encaixar na militância, e de fazer uma poesia participante e paradoxalmente autônoma, sem que isso signifique indefinição — ao contrário, é isso que lhe dá uma definição particular e dificílima.[6]

Várias dimensões de *mundos* impõem-se aí, desde logo. A primeira é a metrópole, isto é, a *cidade-mundo* moderna, em que a dimensão da pessoa é ao mesmo tempo potencializada e ultrapassada pela onipresença dos meios técnicos e pela mercantilização — a cidade que oferece ao indivíduo (em contraste com as limitações da "vida besta" da roça) o extraordinário campo de provas de sua liberação, ao mesmo tempo em que nulifica sua expressão individual na escala de massa e na universalização das trocas. A segunda é a *Guerra Mundial* que faz da cidade-mundo o teatro abalado pelo espectro totalitário, com seu inominável custo humano, girando a ameaça fascista no entrechoque crucial com as promessas, por sua vez conflitantes, das democracias liberais e do socialismo — promessas que precisam ser desentranhadas, na tangente, às cegas e a cada passo, da mais aguda negatividade. A terceira — ou quarta — dimensão dos *mundos* é a própria poesia moderna (a herdeira deslocada da *Máquina do Mundo* que se lê em Camões e na cosmologia simbólica de Dante), cuja vocação para a interpelação existencial e metafísica, "tentativa de intepretação do estar-no-mundo", ocupa renitentemente o lugar de uma indagação sobre o sentido da totalidade ali mesmo onde o sentido falta. A época moderna é, na expressão de Heidegger, a "época das 'concepções do mundo'" — aquela em que o mundo não é dado como o ser que antecede o homem, mas que se concebe como imagem inseparável da subjetividade.[7] Só no mundo moderno, por rebarbativo que isso possa parecer, o mundo é concebido como "concepção de mundo". Carlos Drummond de Andrade não resistiu, como se pode imaginar, a trazer a alegoria da Máquina do Mundo, o modelo cosmológico ptolomaico, pré-copernicano, pré-moderno, quintessenciado pela sua transfiguração poética no final de *Os Lusíadas* e ressonante d'*A Divina Comédia*, para o embate do contemporâneo, com toda a mais-que-ironia que isso implica, como tentaremos avaliar.

O que importa para a poesia é que essas dimensões não estão separadas e que são inseparáveis, nela, da sua dimensão de linguagem. Drummond deu um novo peso problemático aos temas modernistas da metrópole (percebidos por ele, desde Belo Horizonte, como um processo de irradiação crescente que faz potencialmente de cada cidade, mesmo periférica, uma cidade de cidades), e imprimiu um "sentimento do mundo" ostensivamente mais fundo e abrangente à questão urbano-industrial, mesmo falando de um lugar em princípio mais provinciano. Convocado ao engajamento, sob pressão da História, partiu para a militância poética com as armas da "poésie pure", aprendidas em Mallarmé e Valéry, dando um curto-circuito na poesia participante. A sua poesia *luta com palavras* e *luta com as palavras* aquilo que chamou de "a luta mais vã" ("O lutador", *José*), pois o questionamento da palavra pela palavra, aparentemente inócuo e absenteísta, toca a raiz do real, no (des)encontro trombado da Coisa com as coisas.

Ante o capital, que acirra a cidade-mundo, na cena mundial assaltada pelo fascismo e rebatida pelo socialismo remoto, o autonomeado poeta sustenta até onde pôde uma singular luta de poder frente à soberania totalizadora do mundo, retirando-se dele para incluí-lo, como o banido que encara surdamente, através do "reino das palavras", o soberano. O poder soberano pode ser vislumbrado, e a certa altura sintetizado, naquilo que ele chamou, de passagem, de "a Grande Máquina" ("o terrível despertar prova a existência da Grande Máquina/ e te repõe, pequenino, em face de indecifráveis palmeiras" — "Elegia 1938"), e seu contrapeso perdido é "A Máquina do Mundo" (*Claro enigma*, 1951) — que comparece aqui como a secreta e numinosa reserva simbólica, metafísica e poética — a acenar sibilinamente, como veremos, com um sentido total perdido e já irrecuperável, não só no presente mas na origem. A poesia de Drummond pode ser lida através das relações entre a Grande Máquina e a Máquina do Mundo, ou, em outros termos, entre a Máquina Mundana e a Máquina Poética disputando-se complexamente o Mundo, num jogo de inclusões e exclusões recíprocas que dissipa todo dualismo fácil, a começar pela autoconsciência irônica que assinala com seu grão corrosivo o despropositado desnível das forças envolvidas. Mas a ironia é mais funda: as Máquinas se contrapõem e se espelham, e maquinações surdas do ser do mundo contemporâneo, sentidas no crepúsculo de Minas, trabalham no sentido de confundi-las, como tentarei mostrar. Por ora, trata-se de dizer que o banido/soberano é Carlos, o *gauche*, e que o embate que se trava na poesia de Drummond, seu pensamento da história, não segue o esquema simples e convencional de forças opostas e inimigas que se disputam em lados contrários de um mesmo terreno. Tendo vivido uma época da mais intensa polarização ideológica, sem fugir à intervenção política — engajando-se na luta antifascista e, menos escancaradamente, embora ainda incisivamente, na luta entre socialismo e capitalismo, assumindo partido num "tempo de homens partidos", para abandonar, depois, a militância partidária em nome do "claro enigma" —, o embate que ela desnuda revela-se e revira pela borda: a Grande Máquina do poder soberano que (im)põe a lei e se põe fora dela (o soberano está fora da ordem que ele mesmo conserva a todo custo) e o herdeiro esquivo da Máquina do Mundo feita de palavras, o indaptado ao mundo que constrói um mundo à parte no qual o mundo se desvela ao avesso. Não só um lado contra o outro em confronto horizontal dentro do mesmo grande conjunto do mundo, mas o embate vertical, e de certo modo especular, daquelas forças que estão ao mesmo tempo *dentro e fora* dos conjuntos do mundo: o soberano fora-da-lei, isto é, o poder da Grande Máquina, e o fora-da-lei soberano, que joga com o "reino das palavras".[8]

PROCURA DA POESIA

A famosa frase da primeira estrofe do primeiro poema do primeiro livro de Drummond — "Vai, Carlos! ser *gauche* na vida" — marca uma sintomática iniciação em que o sujeito, lançado ao mundo pelo "anjo torto", adentra de maneira esquiva e excrescente, fazendo parte sem pertencer inteiramente ao conjunto que o inclui, dentro do qual ele falta ou sobra. Podemos dizer que esse nascimento poético, pela sua própria posição no conjunto da obra, figura uma entrada em campo — triunfal e trôpega — e configura desde o primeiro instante uma espécie de *inclusão excludente* do sujeito no mundo — um estigma auto-assumido e forte o suficiente para permanecer como marca indelével do seu percurso.

No outro lado da mesma questão temos o seu mais famoso poema sobre a poesia, em *A rosa do povo*, "Procura da poesia". Aqui, a maneira como o mundo entra na poesia também não é direta e cabal — à primeira vista, o mundo *não dá poesia*. A poesia se faz de algo imponderável que não é a fala sobre o mundo. Podemos dizer que o mundo só entra na poesia através de uma tortuosa *exclusão includente*. Ou seja, nem o poeta entra no mundo nem o mundo entra na poesia sem que sejam afetados pelo efeito de uma pertinência desviada, que só se dá quando se revira.

Vale a pena relembrar — sempre — o poema inteiro:

Não faças versos sobre acontecimentos.
Não há criação nem morte perante a poesia.
Diante dela, a vida é um sol estático,
não aquece nem ilumina.
As afinidades, os aniversários, os incidentes pessoais não contam.

Não faças poesia com o corpo,
Esse excelente, completo e confortável corpo, tão infenso à efusão lírica.
Tua gota de bile, tua careta de gozo ou de dor no escuro
são indiferentes.
Nem me reveles teus sentimentos,
que se prevalecem do equívoco e tentam a longa viagem.
O que pensas e sentes, isso ainda não é poesia.

Não cantes tua cidade, deixa-a em paz.
O canto não é o movimento das máquinas nem o segredo das casas.
Não é música ouvida de passagem; rumor do mar nas ruas junto à linha de espuma

O canto não é a natureza
nem os homens em sociedade.
Para ele, chuva e noite, fadiga e esperança nada significam.
A poesia (não tires poesia das coisas)
elide sujeito e objeto.

Não dramatizes, não invoques,
não indagues. Não percas tempo em mentir.
Não te aborreças.
Teu iate de marfim, teu sapato de diamante,
vossas mazurcas e abusões, vossos esqueletos de família
desaparecem na curva do tempo, é algo imprestável.

Não recomponhas
tua sepultada e merencória infância.
Não osciles entre o espelho e a
memória em dissipação.
Que se dissipou, não era poesia.
Que se partiu, cristal não era.

Penetra surdamente no reino das palavras.
Lá estão os poemas que esperam ser escritos.
Estão paralisados, mas não há desespero,
há calma e frescura na superfície intata.
Ei-los sós e mudos, em estado de dicionário.
Convive com teus poemas, antes de escrevê-los.
Tem paciência, se obscuros. Calma, se te provocam.
Espera que cada um se realize e consume

Com seu poder de palavra
e seu poder de silêncio.
Não forces o poema a desprender-se do limbo.
Não colhas no chão o poema que se perdeu.
Não adules o poema. Aceita-o
como ele aceitará sua forma definitiva e concentrada
no espaço.

Chega mais perto e contempla as palavras.
Cada uma
tem mil faces secretas sob a face neutra
e te pergunta, sem interesse pela resposta,
pobre ou terrível, que lhe deres:
Trouxeste a chave?

Repara:
ermas de melodia e conceito
elas se refugiaram na noite, as palavras.
Ainda úmidas e impregnadas de sono,
rolam num rio difícil e se transformam em desprezo.

Em primeira instância, é como se o mundo não fizesse parte do domínio reservadamente enigmático do poético, como se o mundo não entrasse na poesia: "Não faças versos sobre acontecimentos", "Não faças poesia com o corpo", "Nem me reveles teus sentimentos", "Não cantes tua cidade", "O canto não é a natureza nem os homens em sociedade", "(não tires poesia das coisas)", "Não dramatizes, não invoques,/ não indagues", "Não recomponhas tua sepultada e merencória infância".

A acreditar literalmente nos imperativos negativos que pontuam essa primeira parte do texto, e sem atentar para as glosas poéticas e já inteiramente mergulhadas no "reino das palavras", pelas quais passa cada um, a matéria do mundo e suas impressões sobre o sujeito não dão poesia — esta e aquela são linhas intangíveis: a poesia está fora dos acontecimentos; o corpo é opaco e adverso à "efusão lírica"; os sentimentos tentam ir mais longe do que podem com o benefício inerente do equívoco; a cidade, com suas máquinas e casas, seus movimentos e segredos, seu ruído e silêncio, bem como o marulho do mar, não alcança o canto, que não é natureza nem cultura, nem vida orgânica nem política; a poesia se dá na supressão de sujeito e objeto; inútil deblaterar sobre posses ilusórias; a infância desapareceu no tempo, como os "esqueletos de família". Mas a operação, aqui, já é dúplice:

acontecimentos pessoais ou políticos, sensações, sentimentos, a vida natural e social, os dramas concretos e as ilusões, o imaginário e a memória, em suma — teus hábitos e tudo que te é familiar, inseparáveis do que te é estranho e te ultrapassa —, são negados *para se recomporem, todos, pelo crivo da negação, enquanto enigma*:

> *Penetra surdamente no reino das palavras*
> [...]
> *Cada uma tem mil faces secretas sob a face neutra*
> *e te pergunta, sem interesse pela resposta,*
> *pobre ou terrível, que lhe deres:*
> *Trouxeste a chave?*

Como é sabido, os temas aparentemente recusados em "Procura da poesia" correspondem justamente, por ironia e provocação, aos temas preferenciais da poesia drummondiana. E eles são tramados, aqui, com motivos inconfundíveis da sua poesia: a urgência dos acontecimentos assombra o próprio livro *A rosa do povo*; uma erótica do "amar-amaro" se deixa adivinhar tão claramente na denegação de "tua gota de bile, tua careta de gozo ou de dor no escuro"; a "tua cidade", a ser supostamente evitada, se reconhece nas confidências do itabirano, nas pontuações de Belo Horizonte e Rio de Janeiro que se destilam nítidas ao longo da obra toda; "chuva e noite, fadiga e esperança", que "nada significam", estão tão próximas, por exemplo, do clima de "Elegia 1938"; o "não dramatizes, não invoques, não indagues" descreve a contrapelo a estrutura obsessiva de "José" ("e agora, José?"), cujo "terno de vidro" ressoa em "teu iate de marfim, teu sapato de diamante", sem falar na família ("Retrato de família", "Os bens e o sangue", "Viagem na família", "A mesa", "A Luís Maurício, infante") e na "merencória infância" ("No país dos Andrades, onde o chão/ é forrado pelo cobertor vermelho de meu pai,/ indago um objeto desaparecido há trinta anos,/ que não sei se furtaram, mas só acho formigas").

Se os temas genericamente denegados na primeira parte de "Procura da poesia" são expressamente os temas recorrentes da poética pessoal drummondiana, reunidos numa quase suma e tecidos com seus motivos caracteristicamente reconhecíveis, esse movimento cruzado comparece ainda no texto de maneira mais rente: se o que se supõe ser poesia não o é, como afirma o enunciado do poema, o alegado universo da não-poesia, que ele vai circunstanciando, já é *ao mesmo tempo* poesia, por um toque quase imperceptível e sibilino de sons e sentidos. Veja-se, por exemplo, que o "rumor do mar nas ruas junto à linha de espuma", dito aqui ser "música ouvida de passagem" que não alcança a dimensão do canto, é pura música da poesia, *rumor/mar/rua* da onda urbana reboando na linha da praia e na espuma sonora da frase. A poesia, transportada pela sua própria negação, se dá no lugar onde ela se diz não estar, estando.

Retomando: o poeta só está no mundo pelo efeito de uma *inclusão excludente*, pela qual ele falta e sobra, ante a ordem das coisas, e o mundo só está na poesia, em revanche, pelo efeito de uma *exclusão includente*, segundo a qual os seus conteúdos só entram depois de negados pela imersão na ordem das palavras, onde gozam de uma enigmática autonomia, a verificar. Mas isso se dá antes de mais nada através de um nó provocativo disfarçado, em que se diz que a poesia não está onde se supõe estar, ao mesmo tempo em que já está onde se diz expressamente não estar.

Esse espelhamento negativo sugere, sendo assim, que a presença de uma segunda pessoa, um *tu* ao qual o eu se dirige (*não cantes, não te aborreças, não recomponhas*), configura um diálogo interior tendo a consciência crítica como *alter ego*. A poética aí implicada não se apresenta, de fato, somente como a pedagogia magistral que parece ser (onde um poeta maior diz a um candidato a poeta: "não faça isso, não faça aquilo, faça aquilo outro") mas como a implacável auto-análise de alguém que enfrenta, no seu próprio território, exigências que se ferroam a si mesmas.

E voltando ao ponto: a matéria decisiva dessa poesia não são de fato os seus *assuntos*, cujo conjunto dos conjuntos constituiria imaginariamente o *mundo*. Pois a reflexão poética supõe na verdade uma transposição dos limites do "mundo", se compreendido este como a matéria assuntiva, genérica, que se confirma a si mesma por suas expressões previamente fixadas — acontecimentos, corpo, eu, sentimentos, natureza, sociedade, interligados pela ilusão de um sentido coeso. A projeção imaginária que entendemos por "mundo" não coincide com o algo inominável que na falta de nome se chama *mundo* (os acontecimentos e o corpo estão fora do alcance das palavras; o eu e seus sentimentos são ilusórios; a cidade e a sociedade são ficções cruéis que adentram a carne). O mundo não cabe no mundo, o real não cabe no concebível. A própria palavra *mundo*, aliás, constitui-se num signo-chave não porque designe o todo, mas justamente porque é o índice que gravita na periferia de uma palavra total ausente: embora nomeie a totalidade, nomeia aqui a sua falta e a sua impossibilidade, vivendo seu retorno insistente dessa gesticulação. "Mundo" é o conjunto total dos conjuntos do mundo e ao mesmo tempo aquilo que está fora desse conjunto, porque o que o define, na época "das concepções de mundo", é o limite da totalização que o esgota mas também a sua abertura inesgotável. Assim, o mundo — cosmos, natureza, história — está simultaneamente dentro e fora do mundo. (Essa metafísica tem expressão político-social nas figuras ambivalentes daqueles que estão dentro e fora da ordem: o poder soberano e, aqui ainda, o poeta, como caberá discutir). Numa redução vertiginosa, é como se todas as palavras em Drummond fossem de algum modo refrações ou reverberações da palavra *mundo*, apontando para a totalidade impossível que rebate ironicamente na famigerada rima inútil: Raimundo ("Mundo mundo vasto mundo,/ se eu me chamasse Raimundo/ seria uma rima, não seria uma solução"). Aqui, a subjetividade "Raimundo" contém o significante da totalidade, mas isso resulta em pífia e derrisória autoparódia.

Cabe então à poesia, que joga com esse não caber em si, do mundo, zerar o mundo, calá-lo — ele já fala demais. Assuntos não dão poesia. O que dá poesia é o mergulho no silêncio da linguagem. Como em muitos dos poemas estratégicos de Drummond, a afirmação, em "Procura da poesia", é extraída arduamente do esgotamento da negação: negando uma por uma as fórmulas aparentes com que se recobre a experiência crucial, a destinação da poesia é mergulhar no "reino das palavras", nas quais se esbate a interrogação de "mil faces secretas" em cada face única, perguntando por uma chave que não está em lugar nenhum, se não estiver em quem a busca. E como estaria?

Aqui cabem dois comentários.

Em primeiro lugar, não se trata, como pode parecer à leitura simplista, de fugir do mundo e se refugiar nas palavras, na torre de marfim da "poesia pura", numa posição precipuamente formalista-estetizante. Como já foi dito, *A rosa do povo* é um dos mais densos exemplos de poesia engajada, ao mesmo tempo que antipanfletária, e, além disso, ciosa de sua autonomia, pagando o preço desse desconcerto assumido. Mas a "penetração no reino das palavras" pressupõe uma "conexão real e vital entre experiência e poesia".[9] Chamado a dar um depoimento sobre "Poesia social", na *Folha carioca*, em 24 de abril de 1944 (enquanto preparava *A rosa do povo*, portanto), Drummond extrai sua intervenção de uma referência a Rilke, conscientemente irônico de não ser este, nem de longe, o exemplo do poeta social, conforme sinaliza sua observação em tempo de guerra:

> Confesso com humildade que não sou leitor apaixonado do poeta tcheco R. M. Rilke, hoje reivindicado tanto pelos metafísicos como pelos nazistas, mas gosto dele quando diz que a poesia não é sentimento, mas experiên-

> cia, e que para escrever um só verso é preciso ter visto muitas cidades, homens e coisas, conhecer os animais, sentir como voam os pássaros e saber que movimento fazem as flores ao se abrirem pela manhã; é preciso ter lembrança de mulheres sofrendo na hora do parto, de pessoas morrendo, de crianças doentes, de diferentes noites de amor; e depois é preciso esquecer tudo isso, esperar que tudo isso se incorpore ao nosso sangue, ao nosso olhar; que tudo isso fique fazendo parte de nós.[10]

O que está dito, antes de mais nada, e quase que para além das imagens usadas, é que o sentido da realidade, para o poeta, depende de ele expor-se ao "mais pungente experimento" (para usar ainda uma expressão de Rilke) da *vida a nu.* A experiência poética supõe as experiências humanas crucialmente básicas, vividas ou intuídas, delicadas e violentas, singulares e universais, a se imprimirem na "vida das [...] retinas tão fatigadas" e a se transformarem silenciosamente em quem as vive. Como aquelas enumeradas no poema de Drummond, elas só transparecem na poesia ao desaparecerem como tais. Porque não se trata de "sentimentos" de primeiro grau, desabafos, suspiros, confissões, testemunhos prontos, intenções, emanações afetivas do eu, acusações heróicas, mas de experiência decantada que se constitui em "sentimento do mundo" — trauma remoído e sublimação — que ganha atualidade imprevisível na linguagem.

Um adendo a esse primeiro comentário: diz Fernando Pessoa, em algum lugar da sua prosa, que pensar é discordar — *ao pensar, discordo de mim mesmo*; e sentir é compreender — *ao sentir, sou o outro.* Entenda-se: o pensamento é negador, e a razão negante, crítica, se problematiza continuamente; pensar é introduzir a autodiscordância inerente ao pensamento, que o move. Sentir é compreender o outro, no sentido de contê-lo e ser contido por ele num conjunto afetivo que transcende a diferença que separa o eu e o outro. O sentimento, na sua dimensão simpática, introduz nas agruras do pensamento "qualquer coisa assim como um perdão".[11] Drummond, poeta reflexivo e dissonante, discorda fundamente de si e do mundo, ao mesmo tempo em que sua poesia abre a margem da compreensão que a faz tentar abarcar/abraçar o outro — na direção de um imponderável perdão metafísico por existir.

Em Pessoa trava-se, a propósito, um balanço indecidível e só superável, em termos, quando modula o pensar (excludente) e o sentir (includente): se no pensamento *eu sou o outro de mim,* no sentimento *o outro é eu.* E se "o que em mim sente 'stá pensando", então *eu sou o eu de um outro, um não-eu* e ao mesmo tempo *sou o outro de mim que é eu*, sendo que as duas frases se equivalem e diferem, conforme investidas pela (a)pessoalidade, onde o eu se põe e desloca. Em Pessoa essa vertigem transpessoal dá lugar a um "drama em gente"; em Drummond o jogo entre o pensar e o sentir dá lugar a um "sentimento do mundo", corroído pela negação e só recuperado por aquele fio que resiste, em última instância, como a vibração da dor universal.

Um exemplo entre muitos, mas eloqüente, a propósito, é o de "Consolo na praia": exame corrosivo da desilusão da vida apontando, como muitas vezes, para o insofismável suicídio ("Tudo somado, devias/ precipitar-te, de vez, nas águas") — suicídio suspenso, no extremo e no limite, pela voz de um acalanto sutil ("Estás nu na areia, no vento.../ Dorme, meu filho"), que reconecta com a primeira frase do poema ("Vamos, não chores...") e o compreende todo na forma de uma consolação frágil que abraça e embala o que é puro abandono, na beirada do sentimento oceânico e da aniquilação, no "cais absoluto". Um outro poema, que também namora com o suicídio ("Noturno à janela do apartamento", *Sentimento do mundo*), serve à perfeição como interpretação deste: "A soma da vida é nula./ Mas a vida tem tal poder:/ na escuridão absoluta,/ como líquido, circula".

Um segundo comentário diz respeito ao "reino das palavras", o enigmático lugar a que se alude como cabendo ao sem-lugar da poesia. Aqui, vale recorrer a Paul Valéry, reconhecido como a referência marcante do pensamento poético em Drummond. Diz Valéry, numa passagem bem conhecida de "Poésie et pensée abstraite": "[...] uma palavra qualquer, perfeitamente clara quando você a escuta ou emprega na linguagem corrente, e que não dá lugar a nenhuma dificuldade quando engajada no trem rápido de uma frase ordinária, torna-se magicamente embaraçante, introduz uma resistência estranha, desmonta todos os esforços de definição tão logo retirada de circulação para ser examinada à parte, quando se procura nela um sentido após tê-la tirado de sua função momentânea [...]".[12]

Valéry utiliza uma metáfora para essa vocação movediça da palavra, desengatada da ordem imediata da praticidade: como uma pequena prancha jogada sobre um fosso, a palavra só resiste quando passamos sobre ela rapidamente. Mas se experimentamos a sua resistência, se paramos sobre ela e tentamos isolar seu sentido, o mais claro dos discursos se decompõe em enigmas, em abismo, e em "tormento do pensamento". A trama de palavras com que se tece o mundo, só aparentemente firme pelo automatismo dos seus encaixes, vacila quando uma entre elas desvela sua nudez "embaraçante".

Se repetida insistentemente, a palavra revira em som e entra numa pendulação enigmática com o sentido, que se apresenta e se afasta, abrindo-se entre eles o abismo em que caímos quando experimentamos sua resistência, frágil e poderosa, em outra velocidade e peso.

O que não deixa de ser uma explicação para o "estado de dicionário" em que pairam os poemas ainda não escritos, no surdo "reino das palavras": mais do que o lugar em que as palavras encontram seu significado, o "dicionário" é o "estado" em que elas não se seguram em nada senão nelas mesmas, como enigmas. Valéry usa ainda uma outra metáfora: quando pegamos uma palavra qualquer "pelas asas", isolando-a do encadeamento discursivo, a palavra, que parecia um *meio* dócil e unívoco, transforma-se agora num *fim* sem fim e se debate e palpita em seu núcleo incontível e perturbador, seja ela "acontecimento", "criação", "morte", "corpo", "bile", "cidade", "rumor", "natureza", "coisa", "mundo".[13]

Onde fica, então, o "reino das palavras"? Fica nelas mesmas, *quando desconectadas provisoriamente do mundo*, isto é, quando desligadas da cadeia incessante das falas comprometidas com a ordem das coisas, *para que o mundo se debata nelas*, e compareça não como replicação mas como resíduo, vestígio da experiência avassaladora — no limite, Coisa e pedra absoluta no meio do caminho.

Por isso mesmo, também, os poemas, "que esperam ser escritos", tal como aludidos na parte final de "Procura da poesia", parecem gravitar num mundo à parte, resplandecendo paralisados, em calma e intata frescura, na sua virtualidade. E assim, quando escritos, descobrem-se como se estivessem sempre latentes, já, na massa obscura da língua, de onde devem ser desentranhados ou convencidos a se mostrarem, pelo poeta, através de algo como uma sóbria negociação mineira ("convive", "tem paciência", "calma", "espera", "não forces", "não colhas", "não adules", "aceita-o", "chega mais perto"). Há nisso tudo uma dupla ironia e uma dupla relativização, cáustica e melancólica, do esforço empenhado na poesia: quando ficam prontos, parece que os poemas — inúteis — já existiam, e, uma vez existindo, se refugiam — incapturáveis — na noite, no sono, e se desfazem no esquecimento inerente ao destino das palavras, que "rolam num rio difícil e se transformam em desprezo".

Poesia e mundo se relacionam por escaramuças, na poesia de Carlos Drummond de Andrade — reciprocamente excludentes e includentes, se contendo e se negando, se espelhando e se enganando. Visto a partir da poesia, o mundo pertence e não se pertence a si próprio, e o poeta *gauche*, excrescente e singular, tem o coração-continente insoluvelmente maior e menor que o todo.

POEMA DE SETE FACES

Quando nasci, um anjo torto
Desses que vivem na sombra
disse: Vai, Carlos! ser gauche *na vida.*

As casas espiam os homens
que correm atrás de mulheres.
A tarde talvez fosse azul,
não houvesse tantos desejos.

O bonde passa cheio de pernas:
pernas brancas pretas amarelas.
Para que tanta perna, meu Deus, pergunta meu coração.
Porém meus olhos
não perguntam nada.

O homem atrás do bigode
é sério, simples e forte.
Quase não conversa.
Tem poucos, raros amigos
o homem atrás dos óculos e do bigode.

Meu Deus, por que me abandonaste
se sabias que eu não era Deus
se sabias que eu era fraco.

Mundo mundo vasto mundo,
se eu me chamasse Raimundo
seria uma rima, não seria uma solução.
Mundo mundo vasto mundo
mais vasto é meu coração.

Eu não devia te dizer
mas essa lua
mas esse conhaque
botam a gente comovido como o diabo.

O "Poema de sete faces" pode ser chamado de polifônico no sentido que Mário de Andrade deu a essa palavra no "Prefácio interessantíssimo" à *Paulicéia desvairada*, quando teorizou a poesia moderna: a ruptura da linearidade discursiva, que dá a cada uma das sete estrofes uma unidade autônoma e sem nexo aparente com a estrofe que a precede, produz um efeito de acumulação dissonante em que todas as estrofes ressoam como vozes independentes que se sobrepõem, à maneira — podemos dizer aproximativamente — da polifonia musical. Essa simultaneidade estilhaçada, que já foi associada ao cubismo (numa comparação também sugestiva mas de certo modo insuficiente, como a musical), é ao mesmo tempo veloz, não porque fale de velocidade, de automóvel, telegrama ou aeroplano, mas porque instaura um regime semiótico em que o chão se desloca a cada vez que parece se estabilizar.[14]

A primeira estrofe, já comentada, evoca a cena do ambivalente batismo em que um "anjo torto" lança o sujeito no mundo marcando-o com o signo do desajuste. A segunda projeta de imediato, sem preparação, uma cena urbana, indefinida e oscilante entre a cidade pequena e a cidade grande, em que assistimos a uma cadeia desencontrada de desejos: o desejo das casas (de espiar os homens), o desejo dos homens (de correr atrás das mulheres), o desejo das mulheres (não se sabe de quê). Essa corrente de desejos tem algo daquela outra, desencontradamente embaralhada, que encontramos no famoso poema "Quadrilha", do mesmo livro ("João amava Teresa que amava Raimundo que amava Maria que amava Joaquim que amava Lili que não amava ninguém" etc.). Mas também tem algo de "Cidadezinha qualquer" ("Devagar...as janelas olham.// Eta vida besta, meu Deus."). A cena está, talvez, no ponto de passagem entre o controle estreito dos papéis individuais exercido pelo olhar vigilante da vida provinciana, com sua proverbial lentidão niveladora ("Um homem vai devagar./ Um cachorro vai devagar./ Um burro vai devagar."), suas relações enquadradas ("Casas entre bananeiras/ mulheres entre laranjeiras/ pomar amor cantar"), como se vê em "Cidadezinha qualquer", por um lado, e a voragem dos desejos sem controle que afetam o mundo e se dispersam na cidade-mundo.

Na terceira estrofe, um novo estilhaço metonímico, agora caracteristicamente citadino: o bonde carregado de pernas, supostamente femininas (objetos parciais em série cromática e caótica), leva o sujeito a se dividir entre a pergunta comovida pelo sentido de tudo (no coração) e a fixação dos objetos passantes impressos nas retinas, cujo apelo libidinal passa por impassível ("os meus olhos não perguntam nada").

A divisão se desloca, na quarta estrofe, para um *ele* (o "homem sério, simples e forte"), descrito como reservado, recolhido e metonimicamente postado "atrás dos óculos e do bigode" — num lugar indeciso entre o que entremostra e o que esconde, entre o corpo e a face construída, entre a primeira pessoa, que fala no poema, e essa terceira, que aparece simultânea e possivelmente como a mesma, à maneira do quadro cubista que figurasse um rosto ao mesmo tempo por vários lados.

Esses signos concretos do processo generalizado de fragmentação — pulsionalizada —, que afeta coisas e pessoas, não fariam esperar a invocação bíblica que assoma na quinta estrofe, evocando a cena emblemática do abandono do filho divinizado e demasiado humano pelo Pai ausente. A frase inicial ecoa as últimas palavras de Cristo na cruz ("Deus meu, Deus meu, por que me abandonaste", Mateus 27:46), e sugere alguém abandonado às forças do acaso em meio à horizontalidade e à entropia, lançando ainda um apelo vertical ao lugar vazio do Criador.[15] Apelo vertical que parece sucumbir à horizontalidade chã que o rodeia, coloquial, irônica, metonímica, fragmentária, descentrada. Será preciso voltar a esse ponto. A estrofe é o próprio índice de um empuxe totalizador deslocado, de uma interrogação frustrada do sentido do todo, que se insinuou na terceira estrofe ("Para que tanta perna, meu Deus") e que insiste na sexta em registro cômico e paródico, justamente com a invocação tópica da entidade "mundo" (o "mundo mundo vasto mundo", inócuo na sua vastidão incontível, a ser abraçada e contida pela vastidão do coração ainda maior que o mundo). Tal afirmação de potência, que faz praça de sua desmedida através da abrangência ilimitada do sentimento íntimo, contrasta com a glosa paródica da impotência da poesia, visada aqui através de seus instrumentos mais elementares: a rima de "Raimundo", pífia e incapaz de solucionar o mundo, mesmo assim repisada compulsoriamente, a carreira de redondilhas que dão à estrofe o tom de uma declamação pueril, depois de um início ribombante de "mundos", e a rima em *ão*, interna ou externa ao verso (observe-se que mesmo o terceiro verso da estrofe, subitamente livre e prosaico pela extensão disparatada, pode ser lido também como um disfarçado e quebrado par de redondilhas — "seria uma rima, não/ seria uma solução").

A sétima estrofe lança uma piscadela final ao leitor, aludindo a um segredo ("eu não devia te dizer") que, agora revelado ("essa lua/ [...] esse conhaque/ botam a gente comovido como o diabo"), resulta em implícito comentário metalingüístico e irônico do poema como um todo: a aparente desarticulação de seus nexos, a polifonia desafinada de suas faces poliédricas, conscientemente construídas, apresentam-se de maneira sonsa e despistadora como produtos da comoção provocada pela lua e pelo álcool ("o lirismo dos clowns e dos bêbados", dizia Manuel Bandeira em sua "Poética" de *Libertinagem*, no mesmo ano de *Alguma poesia*). É algo como um "eu mesmo mentindo devo argumentar" ("eu não devia te dizer") da canção "Desafinado", de Tom Jobim e

Newton Mendonça, onde o eu lírico-irônico finge aceitar-se como desafinado perante a escuta inábil do seu ouvinte, dispondo no entanto a sua declaração de amor no limite fino da consonância e da dissonância. No caso do "Poema de sete faces", a desafinação polifônica, rigorosa, que mimetiza o campo disruptivo, acelerado e traumatizante a que é sujeitada a vida do indivíduo na metrópole, finge também ser coisa de bêbado, sem deixar de sê-lo: é que "lua" e "conhaque" podem ser lidos, aqui, como outros nomes daquilo que Walter Benjamin, tomando a expressão de Proust, chamou de "memória involuntária", isto é, a disposição espontânea que permite à sensibilidade moderna, traumatizada e insensibilizada pelos choques da grande cidade, comunicar-se ainda com a fonte da poesia.[16]

Do conjunto dessas estrofes em colisão, niveladas pela parataxe, ressalta a posição pseudocanhestra e canhota de um sujeito — o *gauche* — que funciona acintosamente com o hemisfério trocado, numa lógica diversa da pragmática do mundo produtivo, captando por dentro o circuito nervoso e elétrico que aciona a vida nas grandes cidades, com sua metralhadora de traumas e a decorrente couraça psíquica insensibilizante com que a vida mental se protege do bombardeio de estímulos. Entre a reserva aparentemente insensível do "homem atrás dos óculos e do bigode" e o excesso inesperado de comoção deflagra-se ironicamente o segredo de polichinelo: a enorme reserva de sensibilidade que se esconde por trás da aparente, ainda que tumultuada, insensibilidade. Drummond chamou de "um eu todo retorcido" a essa subjetividade convulsionada pela experiência moderna, e que eu estou descrevendo aqui em termos propositalmente colados aos de Georg Simmel em "A metrópole e a vida mental"[17] (autor que serviu, como se sabe, de fonte e estímulo ao Walter Benjamin intérprete de Baudelaire), para ressaltar a sua exemplaridade nessa direção, mesmo que absolutamente singularizada.

Em parte, esses temas estão na *Paulicéia desvairada* de Mário de Andrade e na *Libertinagem* de Bandeira, mas bem em partc: a poesia como libertação dos purismos e das métricas, a "impulsão lírica" (Mário) livremente associativa "dos bêbedos e dos clowns" (Bandeira), associada em ambos à consciência construtiva da linguagem, a divisão interior do sujeito exposto ao turbilhão da cidade (esse item sem dúvida bem mário-andradino). Drummond deu a esse campo aberto, em *Alguma poesia*, algumas reduções mais precisas, como a análise de algumas das instâncias constitutivas do mundo urbano — "a doce música mecânica" dos linotipos do jornal ("o fato ainda não acabou de acontecer/ e já a mão nervosa do repórter/ o transforma em notícia", "Poema do jornal"), a ordem unida e desunida do trânsito, suas manobras de massa, e as alterações profundas e sutis das modalidades de percepção do tempo e do espaço ("Sinal de apito" e "Cota zero" — "*Stop.* A vida parou/ ou foi o automóvel?"), assim como a carga de sensibilidade e insensibilização envolvidas em tudo isso. Deu lugar ao sentimento antenado de metrópole em plena capital estadual meio provinciana, contíguo e inseparável da experiência da "cidadezinha qualquer" do interior ("no elevador penso na roça,/ na roça penso no elevador"). Em *Alguma poesia* o mundo é, de fato, um leque gradual de cidades em meio às quais se entretém o ser Brasil, estando Belo Horizonte num lugar de fronteira entre a província, a província da província, a capital da capital e as capitais das capitais. Ver, por exemplo, o poema composto "Lanterna mágica", em que desfilam Sabará — "A dois passos da cidade importante/ A cidadezinha está calada, entrevada./ (Atrás daquele morro, com vergonha do trem.)" ; Caeté — "A igreja de costas para o trem./ Nuvens que são cabeças de santo./ Casas torcidas/ E a longa voz que sobe/ que sobe do morro/ que sobe..."; Itabira — "Na cidade toda de ferro/ as ferraduras batem como sinos./ Os meninos seguem para a escola./ Os homens olham para o chão./ Os ingleses compram a mina.// Só, na porta da venda, Tutu Caramujo cisma na derrota incomparável"; São João Del-Rei — "As ruas cheias de mulas-sem-cabeça/ correndo para o Rio das Mortes/ e a cidade paralítica/ no sol/ espiando a sombra dos emboabas/ no encantamento das alfaias"; Rio de Janeiro — "Mas tantos assassinatos, meu Deus./ E tantos adultérios também./ E tantos, tantíssimos contos-do-vigário.../ (Esse povo quer me passar a perna)"; Bahia — "É preciso fazer um poema sobre a Bahia...// Mas eu nunca fui lá". Ver também "Europa, França e Bahia": "Paris. A torre Eiffel alastrada de antenas como um caranguejo./ Os cais bolorentos de livros judeus/ e a água suja do Sena escorrendo sabedoria./ [...] Meus olhos espiam olhos ingleses vigilantes nas docas./ Tarifas bancos fábricas trustres craques./ [...] E a lua de Londres como um remorso./ Hamburgo, embigo do mundo./ Homens de cabeça rachada cismam em rachar a cabeça dos outros dentro de alguns anos./ A Itália explora conscienciosamente vulcões apagados,/ vulcões que nunca estiveram acesos/ a não ser na cabeça de Mussolini./ E a Suíça cândida se oferece/ numa coleção de postais de altitudes altíssimas./ Meus olhos brasileiros se enjoam da Europa./ [...] A Rússia é vermelha e branca./ Sujeitos com um brilho esquisito nos olhos criam o filme bolchevista e no túmulo de Lenin em Moscou parece que um coração enorme está batendo, batendo/ mas não bate igual ao da gente...// Chega! [...] Minha boca procura a 'Canção do exílio'./ Como era mesmo a 'Canção do exílio'? Eu tão esquecido de minha terra.../ Ai terra que tem palmeiras/ onde canta o sabiá!".

Cada legenda dessas sobre cada cidade na "Lanterna mágica" do mundo mereceria um comentário à parte. Alguns desses postais têm algo da poesia de Oswald de Andrade (especialmente os de "Lanterna mágica"), muito da influência mário-andradina (especialmente "Europa, França e Bahia") e contêm flashs interpretativos da história do mundo entre-guerras, e um sentimento enviesado do (não) lugar do Brasil no mundo. Drummond imprimiu ao ambiente da poesia modernista, em *Alguma poesia*, uma ancoragem ambivalente, ao mesmo tempo mais afundada na experiência provinciana e muito mais cosmopolita.

Mas, entre todas essas implicações, uma delas, nem tão evidente, se liga imediatamente ao nosso alvo: a fragmentação da cidade moderna convive e colide com a interpelação deslocada ao divino, na quinta estrofe ("Meu Deus, por que me abandonaste"). Essa interpelação soa como um clamor vão pelo sentido da totalidade em meio a um tiroteio metonímico, isto é, ali mesmo onde a totalidade é dificilmente postulável, e onde, das estrofes ao poema como um todo, os todos só se apresentam por partes e estilhaços. Octavio Paz chamou a atenção para esse lugar simbólico e seu papel na configuração da poesia moderna: o de um Cristo que se descola do Pai (e de um Pai que se esvazia da divindade) ao descobrir-se angustiosamente um não-Deus ("se sabias que eu não era Deus/ se sabias que eu era fraco"). Esse Cristo como o Grande Órfão, o abandonado, corresponde, na expressão de Nerval, "aux enfants du limon", isto é, *Los hijos del limo*,[18] nome do livro de Octavio Paz, traduzido em português por *Os filhos do barro* (ganharia, me parece, em ser traduzido como *Os filhos da lama*).

Segundo Paz, a aparição poética desse tema vertiginoso — que fica entre a irreligião e a religião —, o da morte de Deus, tema que soaria improcedente a um ateu estrito, teria ocorrido pela primeira vez no poema de Jean-Paul Richter, "Sonho", tendo como título completo "Discurso de Cristo morto no alto do edifício do mundo: não há Deus" (cuja primeira versão é de 1789 e a última de 1796, incluída no romance *Siebenkas*). Nele, o tema da morte "do Deus cristão, pai universal e criador do mundo" se entrelaça com o da "inexistência de uma ordem divina ou natural que regule o movimento dos universos", escandalizando ao mesmo tempo deístas e materialistas (que postulavam de todo modo, no século XVIII, "a existência de uma ordem universal", uma "necessidade inteligente" e um "mecanismo racional" comandando o mundo). O "Sonho" de Jean-Paul será retomado e adaptado por Nerval num conjunto de cinco sonetos sob o título "Cristo no Monte das

Oliveiras", tomando a dimensão de um mito moderno e prefigurando "o tema do eterno retorno que, aliado ao da morte de Deus, reaparece mais tarde em Nietzsche com uma intensidade e lucidez sem paralelo".[19] E virá a ser "sonhado, pensado e padecido por muitos poetas, filósofos e novelistas do século XIX e XX: [...] Dostoievski, Mallarmé, Joyce, Valéry...".[20]

O *filho da lama* é, assim, um órfão sacrificial que permanece como vítima num altar onde, por suprema derrisão, falta Deus ("Le dieu manque a l'autel, où je suis la victime", no poema de Nerval). O tema recorre na poesia que vai do romantismo à vanguarda, em alguns poetas tocados pelo transe em que o humano se diviniza da sua humanidade abandonada, pondo-o em abismo (no sentido mesmo de uma "mise-en-abîme" radical) com a divindade, como em Fernando Pessoa: "Deus é o Homem de outro Deus Maior:/ Adam Supremo, também teve Queda;/ Também, como foi nosso Criador,// Foi criado, e a Verdade lhe morreu.../ De além o Abismo, Sprito Seu, Lha veda;/ Aquém não a há no Mundo, Corpo Seu" ("No Túmulo de Christian Rosencreutz").[21] Nesse poema impressionante, o Mundo é o próprio Corpo de um Deus morto ("vivo e desnudo"?) cujo Espírito cai para além do Abismo inacessível e cuja Verdade insondável, comporta um Eterno Retorno em que Deus e Adão, criador e criatura, trocam infinitamente de papéis.

Giorgio Agamben coloca, pode-se dizer, a mesma questão, em termos heideggerianos (evidentemente longe do nível que ela atinge em Pessoa): toda a história do Ocidente pode ser pensada como "tempo do abandono", do "abandono do ente pelo ser, ou seja, nada menos que o problema da unidade-diferença entre o ser e o ente na idade da consumação da metafísica", quando "*o ser não é* [...] *outro senão o ser abandonado e remetido a si mesmo do ente*".[22] Ainda Heidegger, citado por Agamben: "Abandono do ser: que o ser abandone o ente, que este seja entregue a si mesmo e torne-se objeto da maquinação. Esta não é simplesmente uma 'queda', mas é a primeira história do próprio ser".

Esse comentário serve aqui para identificar o quanto a agilidade veloz e quase humorística do "Poema de sete faces", com o que ele comporta de análise da experiência urbana e humana, é perturbada internamente por uma indagação de fundo e de largo espectro, por um fragmento de totalidade inexpelível, que grita na quinta estrofe e rebate nas outras, particularmente na do "mundo mundo vasto mundo" que a segue, embora os registros e os tons mudem a cada passo, hilariante e perturbadoramente, escapando em um "mais-de-gozo" mais-que-irônico que jamais garante que as palavras digam propriamente o que estão dizendo, ou, se quisermos, em que dimensão estão dizendo o que dizem.

E no entanto, o nó da questão do filho abandonado por um pai total que nunca o foi, chame-se isso morte de Deus, "abandono do ente pelo ser", queda na contingência, é ao mesmo tempo um nó filosófico, religioso, poético e político, pois aquele que se descobre como o sacrificado num altar sem Deus, "como o ser abandonado *a* e *por* uma lei que não prescreve nada além de si mesma", ou seja, como pura "vigência sem significado", põe a nu a "estrutura ontológica da soberania" e seu paradoxo:[23] por que persiste então o sacrifício? Ou, em outras palavras, que forças profundas mantêm a dominação, tão mais entranhada quanto mais desnudada em sua carência de sentido?

Nos traços desencontrados da cidade moderna, com seu burburinho veloz ao rés das coisas, seu movimento libidinal projetado no movimento incessante dos objetos e suas disposições psíquicas hiperativas e insensibilizadas, Drummond injetou uma indagação sobre o destino maior desse abandono, que se insinua aí como uma cifra. É notável que a indagação não faça alarde de si, mas se disfarce quase como uma pura interjeição no caos, mimetizando seu próprio (não) lugar no mundo.

Cifra também no título — "Poema de sete faces" — que nos pergunta, sem interesse pela resposta: "Trouxeste a chave?". Sem querer saber se sabemos que o número sete é acaso, é conta de mentiroso e é o número dos céus das luminárias moventes da máquina do mundo ptolomaica — um resto de cosmogonia insistente, e o anúncio dessa insistência. No Canto XXII do "Paraíso", tendo subido ao oitavo céu — o das estrelas fixas, no limiar do Paraíso —, Dante Alighieri vislumbra desde o firmamento a terra toda ("L'aiuola che ci fa tanto feroci/ [...] tutta m'apparve da' colli alle foci" — "O canteiro que tão nos faz ferozes/ [...] todo corri, das fontes suas às fozes"), e o globo da terra e seu vil "semblante", canteiro da nossa ferocidade, é visto justamente, nesse ponto, através da lente das sete esferas planetárias que a separam e a ligam ao Céu: "Col viso ritornai per tutte quante/ se sette spere, e vidi questo globo/ tal, ch'io sorrisi del suo vil sembiante" ("A todas retornei, co' o olhar pujante,/ as sete esferas e, entre elas, vi este globo/ tal, que sorri pelo seu vil semblante").[24] Não estou postulando uma referência intencional, aqui, a Dante e a Camões, mas indicando o quanto, no poema inaugural de Drummond em livro, a terra, lançada na contingência e na imanência, se deixa ver ainda assim por uma lente de sete faces, inteiramente sem recuo, em cuja fragmentação pulsa um desígnio de totalidade.

O sempre surpreendente "Poema de sete faces" pode ser visto como uma suma concentrada, em intuição originária, de questões que voltam na poesia toda de Drummond.

Em *Alguma poesia* um outro poema, nesse caso pouco lembrado, ao contrário do "Poema de sete faces", é incontornável para o desdobramento do nosso assunto.

O SOBREVIVENTE

Impossível compor um poema a essa altura da evolução da humanidade.
Impossível escrever um poema — uma linha que seja — de verdadeira poesia.
O último trovador morreu em 1914.
Tinha um nome de que ninguém se lembra mais.
Há máquinas terrivelmente complicadas para as necessidades mais simples.
Se quer fumar um charuto aperte um botão.
Paletós abotoam-se por eletricidade.
Amor se faz pelo sem-fio.
Não precisa estômago para digestão.

Um sábio declarou a O Jornal *que ainda falta muito para atingir um nível razoável de cultura. Mas até lá, felimente, estarei morto.*

Os homens não melhoraram
e matam-se como percevejos.
Os percevejos heróicos renascem.
Inabitável, o mundo é cada vez mais habitado.
E se os olhos reaprendessem a chorar seria um segundo dilúvio.

(*Desconfio que escrevi um poema*).

O poema começa dizendo "Impossível compor um poema a essa altura da evolução da humanidade" e termina dizendo "(Desconfio que escrevi um poema)" — dizendo-o entre parênteses, como se sussurrasse outra vez o segredo "incomunicável". "O sobrevivente" reapresenta a seu modo aquele mesmo jogo de forças que envolve o nó de exclusões e inclusões: ante um mundo que exclui a possibilidade de poesia, a poesia inclui o mundo ou inclui-se teimosamente nele, como um corpo estranho que lhe é íntimo.

O ponto de inflexão é a Primeira Guerra Mundial: "O último trovador morreu em 1914". Walter Benjamin comenta, no ensaio sobre "O narrador", que os soldados voltaram mudos da guerra de 1914-19, para estranheza de suas casas, já que, nas guerras anteriores que a Europa conheceu, retornavam convertidos em narradores de sua experiência. "Com a guerra, evidenciou-se um processo que desde então não pôde ser sustado. Não se percebeu, ao final da guerra, que os indivíduos voltavam emudecidos aos seus lares? Não mais ricos e sim mais pobres em experiências que pudessem comunicar?" Um tal silenciamento de grandes proporções corresponde ao vertiginoso crescimento, no espaço de uma geração, das máquinas de guerra, que superam em muito a escala humana: "Uma geração que ainda usara o bonde puxado por cavalos para ir à escola, encontrou-se sob céu aberto em uma paisagem em que nada continuava como fora antes, além das nuvens" e, debaixo delas, "num campo magnético de correntes devastadoras e explosões, o pequenino e quebradiço corpo humano".[25]

O desencadeamento técnico da maquinaria de guerra em escala cósmica, que o futurista Marinetti estetizou como o índice fulgurante das novas possibilidades da arte, aparece aqui como o estrondo silenciador irreparável que a inviabiliza, não fosse a pulsão incorrigível que a faz rebrotar como os próprios percevejos humanos — mesmo que nada heroicamente. Pode-se dizer que Drummond antecipou a questão adorniana da impossibilidade da arte depois de Auschwitz, mas por intuir precocemente o avanço de uma biopolítica em que as máquinas de guerra são uma extensão da máquina das máquinas, as mesmas que, "terrivelmente complicadas", se ocuparão das "necessidades mais simples", fumarão charuto, quando acionadas, substituindo-se ao sujeito, abotoarão paletós "por eletricidade", farão amor virtual "pelo sem fio" e digerirão finalmente para gozo de si mesmas, entranhadas nas vísceras. Acredito que esses versos contundentes soassem em 1930 mais como uma blague chocante do que propriamente como uma profecia, mas o tempo lhes deu uma categórica verossimilhança.

Desenha-se aqui a presença de uma grande máquina do mundo, não, evidentemente, na tradição cosmológica pré-moderna, de que já falamos e falaremos adiante, mas como a invenção astuciosa de um poder que não deixará lugar sem traço da sua intrusão. E não como o olho vigilante do Grande Irmão, figurado externamente, mas como o poder que se torna extensão, desde dentro, dos nossos gestos mais cotidianos. O caldo de cultura disso tudo é o entrematar-se dos percevejos humanos, impuníveis e insacrificáveis,[26] que ressurgem desse entrematar-se num mundo inabitável "cada vez mais habitado". De paradoxo em paradoxo — percevejos que nascem de morrer, mundo que se habita de sua inabitabilidade — desponta o dilúvio de um choro suspenso, um choro potencial que inundaria o mundo como um segundo dilúvio, porque é do tamanho dele e coincide com ele. É a negatividade banhada no sentimento do mundo que dá lugar, aqui, ao poema inadvertido, nascido no limiar frágil em que ele parecia impossível.

Nesse jogo entre *impossível compor* e *desconfio que escrevi* Drummond equaciona o arco afirmativo de sua negatividade, que se sustentará teso até *Lição de coisas*. Poemas como "Áporo" e "A flor e a náusea", por exemplo, vivem disso. Como na conhecida frase do *Ulisses* de Joyce a história é, sim, um pesadelo do qual gostaríamos de sair. Mas, nesses livros de Drummond, se é impossível se abrigar na história, não temos nenhum outro abrigo fora dela.

SENTIMENTO DO MUNDO

Na "Autobiografia para uma revista", Drummond fez um balanço de sua obra na altura de *Sentimento do mundo*, publicado em 1940. Diz ele: "*Alguma poesia* — 1930 — traduz uma grande inexperiência do sofrimento e uma deleitação ingênua com o próprio indivíduo". Em *Brejo das almas* "o individualismo será mais exacerbado, mas há também uma consciência crescente de sua precariedade e uma desaprovação tácita da conduta (ou falta de conduta) espiritual do autor. Penso ter resolvido as contradições elementares da minha poesia num terceiro volume, *Sentimento do mundo* — 1940. Só as elementares: meu progresso é lentíssimo, componho muito pouco, não me julgo substancialmente e permanentemente poeta. Entendo que a poesia é um negócio de grande responsabilidade, e não considero honesto rotular-se de poeta quem apenas verseja por dor-de-cotovelo, falta de dinheiro ou momentânea tomada de contato com as forças líricas do mundo, sem se entregar aos trabalhos cotidianos e secretos da técnica, da leitura, da contemplação e mesmo da ação. Até os poetas se armam, e um poeta desarmado é, mesmo, um ser à mercê de inspirações fáceis, dócil às modas e compromissos".[27]

A lucidez dessa entrevista, que toca diretamente, e por um lado mais concreto, em questões da "Procura da poesia", guarda ainda uma outra afirmação digna de nota: "sou o autor confesso de certo poema, insignificante em si" (ele se refere a "No meio do caminho") "mas que a partir de 1928 vem escandalizando meu tempo, e serve até hoje para dividir no Brasil as pessoas em duas categorias mentais". A "pedra no meio do caminho", pedra de escândalo para o leitor convencional de poesia, é reconhecida aqui por seu "autor confesso" (ciente da transgressão de ter introduzido a opacidade do enigma na via central da poesia brasileira) como sendo ela mesma uma pedra de toque da recepção poética, capaz de iluminar, com sua obscuridade, o crivo que separa as "categorias mentais". Vale aproveitar aqui o ensejo para dizer que Carlos Drummond de Andrade, mesmo sendo o escritor complexo e perturbador que sabemos, é também um desses criadores de versos que "pegam", que parecem entrar para um certo repertório popular urbano e se agregam à língua como se fossem novas palavras em forma de sintagma (é o caso, além do próprio "no meio do caminho tinha uma pedra", de "e agora, José?", "Vai Carlos, ser *gauche* na vida", "João amava Teresa que amava Raimundo" etc.).

Independentemente disso, a "Autobiografia" marca um momento de redobrada autocobrança: "(Na solidão de indivíduo/ desaprendi a linguagem/ com que homens se comunicam)", diz uma passagem de "Mundo grande". O chamado geral dos intelectuais ao engajamento político, que se deu na década de 30, com a ascenção do nazi-fascismo e a influência da revolução russa, traz junto a imperiosa necessidade de compromisso social e superação do individualismo da parte do *gauche* negador do mundo. Trata-se de um capítulo desdobrado das discussões epistolares com Mário de Andrade na década de 20, em que Mário buscava afastar o jovem poeta mineiro de um certo pendor niilista e *blasé*, em que se misturavam o "ceticismo finissecular de Anatole France" com um europeísmo desencantado com o Brasil, traço que o poeta da *Paulicéia desvairada* denominou "moléstia de Nabuco".[28] *Sentimento do mundo* e *A rosa do povo* introduzem a situação nova de um *gauche* que, sem deixar de sê-lo, se requisita como cidadão do mundo, tendo como *alter ego* ideal o homem do povo enquanto artista, Charlie Chaplin. O excrescente (que se inclui sem pertencer) e singular (que pertence sem se incluir),[29] compromete-se agora a ser também o incluído incluidor ("O presente é tão grande, não nos afastemos./ Não nos afastemos muito, vamos de mãos dadas"), sem perder o nervo problemático — nunca é demais insistir — em que se debatem engajamento e poesia pura, o posicionamento político e as exigências do trabalho poético, a solidariedade e a ironia corrosiva.

Modulam-se aí, surdamente, as dimensões de multidão, massa e povo, que se interpenetram e se excluem. Se a *multidão* é a massa das diferenças, à qual o indivíduo pertence sem se reduzir (como, de certo modo, na dimensão arlequinal da *Paulicéia* de Mário), a *massa* é a multidão uniformizada pelo consumo capitalista ou pela voz de comando autoritária, fascista ou comunista, na qual o indivíduo se inclui sem se pertencer. Já o *povo* seria a entidade utópica em que a multidão-massa atingiria um limiar de auto-expressão coletiva, capaz não só do grito mas de voz; a ele o indivíduo pertence e nele se inclui, fazendo parte e fazendo-se representar. A contradição da vida na metrópole, que está na base da poesia de Drummond desde o princípio, é que ela suscita ao mesmo tempo a multidão das diferenças e a massa dos consumidores. A contradição do engajamento político, por sua vez, é que ele invoca a entidade povo mas instrumentaliza a massa. *A rosa do povo* abre portanto, desde o título, um viés utópico, cujos pontos de incongruência não deixam de estar estampados no livro, tendo como vértice problemático o transpasse da massa-multidão em povo. "Tal uma lâmina,/ o povo, meu poema, te atravessa" ("Consideração do poema"): a contundência do gesto indica a consciência da dificuldade envolvida. A complexidade da poesia de Drummond está ligada ao fato de ele não reduzir essas dimensões, mas atravessá-las continuamente num movimento reflexionante cuja malha imagética, sempre surpreendente, vai muito além dos esquemas com que tentamos mapeá-la.

O sentimento do tempo em que tudo isso se desdobra pode ser reconhecido num impactante — e atualíssimo — poema datado, "Elegia 1938":

Trabalhas sem alegria para um mundo caduco,
onde as formas e as ações não encerram nenhum exemplo.
Praticas laboriosamente os gestos universais,
sentes calor e frio, falta de dinheiro, fome e desejo sexual.

Heróis enchem os parques da cidade em que te arrastas
e preconizam a virtude, a renúncia, o sangue-frio, a concepção.
À noite, se neblina, abrem guarda-chuvas de bronze
ou se recolhem aos volumes de sinistras bibliotecas.

Amas a noite pelo poder de aniquilamento que encerra
e sabes que, dormindo, os problemas te dispensam de morrer.
Mas o terrível despertar prova a existência da Grande Máquina
e te repõe, pequenino, em face de indecifráveis palmeiras.

Caminhas entre mortos e com eles conversas
sobre coisas do tempo futuro e negócios do espírito.
A literatura estragou tuas melhores horas de amor.
Ao telefone perdeste muito, muitíssimo tempo de semear.

Coração orgulhoso, tens pressa de confessar tua derrota
e adiar para outro século a felicidade coletiva.
Aceitas a chuva, a guerra, o desemprego e a injusta distribuição
porque não podes, sozinho, dinamitar a ilha de Manhattan.

O final do poema detona uma imagem cuja potência inesperada é calculada na economia do texto como uma bomba. O leitor vai sendo entorpecido por uma sequência de *déficits* sombrios, cuja curva declinante, quando se aproxima do esperável ponto de extinção, explode subitamente em uma frase que é pura dinamite poética: "Aceitas [...]/ porque não podes, sozinho, dinamitar a ilha de Manhattan". "Tenho palavras em mim buscando canal,/ são roucas e duras,/ irritadas, enérgicas,/ comprimidas há tanto tempo,/ perderam o sentido, apenas querem explodir", diz uma passagem de "Nosso tempo", em *A rosa do povo*. Ou, em "A flor e a náusea", essa revelação, de passagem, de uma precoce vocação poética de homem-bomba: "Pôr fogo em tudo, inclusive em mim./ Ao menino de 1918 chamavam anarquista./ Porém meu ódio é o melhor de mim./ Com ele me salvo/ e dou a poucos uma esperança mínima".

Em "Elegia 1938" temos, novamente, um diálogo que contém um solilóquio, como em "Procura da poesia". Ou, mais especificamente, em "Consolo na praia", onde uma primeira pessoa, dirigindo-se a uma segunda na qual se desdobra, faz um implacável balanço de fracassos. É uma forma mental recorrente em Drummond: o processo acusatório através do qual a consciência verruma, no recesso da culpa individual, o rebaixamento da dimensão ativa do sujeito, desnudando de maneira implacável a sua impotência frente ao mundo. Esse processo, que se dá de sujeito para sujeito, ou, *do sujeito para o sujeito*, é ao mesmo tempo um diagnóstico de alcance geral, porque aquilo que ele flagra, no âmbito torturado da consciência individual, é um círculo vicioso entre a impossibilidade objetiva e a linha de fuga subjetiva, entre os sinais da inviabilidade geral do "mundo caduco" ("onde as formas e as ações não encerram nenhum exemplo") e as pequenas e grandes fraquezas do indivíduo ("sabes que, dormindo, os problemas te dispensam de morrer"), entre a "vigência sem significado" ("o terrível despertar prova a existência da Grande Máquina") e a tibieza do sujeito assujeitado ("tens pressa de confessar tua derrota/ e adiar para outro século a felicidade coletiva"), que se alimentam reciprocamente.

Entre a denúncia moral da fraqueza evasiva com que o sujeito procura, em vão, escape ao pesadelo real da história, que se apresenta nas formas mais cotidianas, e a constatação efetiva de que o pesadelo real da história não apresenta saídas ao sujeito, gira uma energia reprimida, sem passagem nem para dentro nem para fora: é ela que explode na frase final. Nesta se combinam a impotência do conteúdo, acumulada ao longo da enumeração de grandes e pequenas derrotas ("não podes, sozinho"), com a potência, o desplante e a eclosão da imagem ("dinamitar a ilha de Manhattan"). A imagem realiza, com a força da palavra, aquilo que a análise dá como impossível, e condensa o choque imensamente disparatado entre o indivíduo e o símbolo-sede da Grande Máquina que avassala o mundo. Pode-se dizer que toda imagem forte é uma imagem que se revira, que guarda a potência ambivalente do seu contrário. Aqui, o foco de potência e impotência, a oscilação de *pode-e-não-pode*, que contém o núcleo da estranheza real do verso, é justamente aquilo que veio a atualizar-se no 11 de Setembro, dando ao poema uma inadvertida dimensão profética, embora Carlos Drummond de Andrade não se enquadre no modelo do vate-profeta nem o fundamentalismo islâmico tenha qualquer afinidade com a disposição radicalmente moderna e laica do seu discurso. Mas o impacto traumático do evento liga-se justamente àquilo que está no próprio cerne dessa imagem poética: *só o impossível acontece*, e de um modo tal que a psique não consegue, ou mal consegue, realizar. E, aqui, incidindo sobre o símbolo da soberania global, cuja queda ganha as proporções da "violência divina", na acepção de Walter Benjamin — não a violência que põe a ordem, ou a que a conserva, mas a que a (de)põe, fazendo ver, por um instante, a nudez de toda soberania.[30]

É uma consciência desse tipo, envolvendo o flagrante desnível especular entre o poder soberano e o *gauche*, agora à esquerda, que atravessa o momento de maior contundência engajada na poesia de Drummond, ao final do poema "Nosso tempo": "O poeta/ declina de toda responsabilidade/ na marcha do mundo capitalista/ e com suas palavras, intuições, símbolos e outras armas/ promete ajudar a destruí-lo/ como uma pedreira, uma floresta,/ um verme". A frase instaura-se como paródia solene do discurso jurídico ("o poeta declina de toda responsabilidade"), resvalando pela paródia do panfleto político ("na marcha do mundo capitalista"), enquanto envereda decididamente pelo domínio do poético ("com suas palavras, intuições, símbolos e outras armas"), para reverter, a partir deste, a soberania do mundo a seu favor, concluindo com uma gradação decrescente em que o muito grande, no horizonte da promessa, fica ínfimo a seus pés ("promete ajudar a destruí-lo/ como uma pedreira, uma floresta,/ um verme"). Essa atilada *boutade* de protesto, que é meta-irônica sem deixar de ser uma afirmação de combate e de esperança, e que rebate com um *posso* aquele *não podes* da "Elegia 1938", sem deixar de contê-lo, lida com a irônica especularidade opositiva entre o poder do mundo e o da poesia, de que viemos falando, envolvendo o embate vertical e desniveladamente reversível daquelas forças que estão ao mesmo tempo *dentro e fora* dos conjuntos do mundo: o soberano fora-da-lei (ver, a propósito, o impressionante "Intimação", com o qual se encerra *Lição de coisas*) e o fora-da-lei soberano, que joga com o "reino das palavras". A seqüência decrescente pedreira-floresta-verme lembra aqui, a propósito e ao avesso, o poema "Áporo", em que, ao contrário, um verme aprisionado no subsolo cava até achar escape em flor, antieuclidiana orquídea.

Chegando um pouco mais perto do texto, em um dos seus detalhes, a primeira estrofe do poema, que projeta desde o início um quadro de esgotamento e crise de paradigmas, isto é, de um mundo sem a força da exemplaridade e sem legitimidade, embora vigente no seu funcionamento reprodutivo, introduz uma oposição sutil em que o crivo fino da escolha vocabular atesta mais uma vez o domínio de um poeta-pensador: "*trabalhas* sem alegria para um mundo caduco"/ "*praticas laboriosamente* os gestos universais". A oposição insinuada entre *trabalho* e *labor* lembra a distinção de Hannah Arendt, em *A condição humana*[31] (não como citação e referência, evidentemente, já que o poema é anterior ao livro, mas como um índice do rigor conceitual que investe esta poesia). O trabalho é entendido, por Arendt, como a esfera da produção de um habitat imaterial para a existência, de algo que abrigue a nossa condição mortal e dialogue com ela, sem se consumir no uso imediato — ao contrário, renovando-se com o uso; o labor como a esfera da reprodução da existência, que se consome em seu próprio ciclo e no seu consumir-se. No poema, o trabalho liga-se a uma exemplaridade que guardaria um valor simbólico, agora caducado, enquanto o labor corresponde aos "gestos universais" da sobrevivência e das necessidades orgânicas, o agasalho, a subsistência, o alimento, o sexo. A esfera do trabalho, cuja maior expressão é, para Arendt, a arte, encontra-se mitigada, em dimensão universal, e convertida no labor estéril que se reproduz no limite das carências mínimas, com o agravante da chuva, da guerra, do desemprego e da injusta distribuição.[32]

O núcleo é o mundo da dominação desvelado em seu sem-sentido, e que parece, ainda assim, redobrar o seu poder graças a esse mesmo desvelamento. No centro do poema um sono de morte (com o seu "poder de aniquilamento") figura como a única escapatória tanto da vida como da morte ("sabes que, dormindo, os problemas te dispensam de morrer"). O despertar é a prova — o incontornável real — da Grande Máquina, "e te repõe, pequenino, em face de indecifráveis palmeiras". O que dizer dessas "indecifráveis palmeiras"? Elas estão aí, singulares, irredutíveis, incabíveis, soberanas em seu enigma, impassíveis, sobrantes, diferentes de todo o resto e indiferentes às chaves que trouxermos — elas são o mundo em si. A fresta mínima e imensurável entre elas e a Grande Máquina é o enigma maior, que voltará, em *Claro enigma*, com "A Máquina do Mundo".

A MÁQUINA DO MUNDO

A leitura d'"A máquina do mundo" exige um fôlego espiritual que não pode nos faltar, a essa altura. Em sua leitura do poema, Alfredo Bosi[33] indica os pontos de respiração, que incorporo aqui à transcrição do texto.

(a) o encontro no meio do caminho

E como eu palmilhasse vagamente
uma estrada de Minas, pedregosa,
e no fecho da tarde um sino rouco

se misturasse ao som de meus sapatos
que era pausado e seco; e aves pairassem
no céu de chumbo, e suas formas pretas

lentamente se fossem diluindo
na escuridão maior, vinda dos montes
e de meu próprio ser desenganado,

a máquina do mundo se entreabriu
para quem de a romper já se esquivava
e só de o ter pensado se carpia.

(b) a abertura da máquina do mundo e o anúncio de sua fala

Abriu-se majestosa e circunspecta,
sem emitir um som que fosse impuro
nem um clarão maior que o tolerável

pelas pupilas gastas na inspeção
contínua e dolorosa do deserto,
e pela mente exausta de mentar

toda uma realidade que transcende
a própria imagem sua debuxada
no rosto do mistério, nos abismos.

Abriu-se em calma pura, e convidando
quantos sentidos e intuições restavam
a quem de os ter usado os já perdera

e nem desejaria recobrá-los,
se em vão e para sempre repetimos
os mesmos sem roteiro tristes périplos

convidando-os a todos, em coorte,
a se aplicarem sobre o pasto inédito
da natureza mítica das coisas,

assim me disse, embora voz alguma
ou sopro ou eco ou simples percussão
atestasse que alguém, sobre a montanha,

a outro alguém, noturno e miserável,
em colóquio se estava dirigindo:

(c) o discurso do mundo

"O que procuraste em ti ou fora de

teu ser restrito e nunca se mostrou,
mesmo afetando dar-se ou rendendo,
e a cada instante mais se retraindo,

olha, repara, ausculta: essa riqueza
sobrante a toda pérola, essa ciência
sublime e formidável, mas hermética,

essa total explicação da vida,
esse nexo primeiro e singular,
que nem concebes mais, pois tão esquivo

se revelou ante a pesquisa ardente
em que te consumiste... vê, contempla,
abre teu peito para agasalhá-lo".

(d) a epifania do universo

As mais soberbas pontes e edifícios,
o que nas oficinas se elabora,
o que pensado foi e logo atinge

distância superior ao pensamento,
os recursos da terra dominados,
e as paixões e os impulsos e os tormentos

e tudo que define o ser terrestre
ou se prolonga até nos animais
e chega às plantas para se embeber

no sono rancoroso dos minérios,
dá volta ao mundo e torna a se engolfar
na estranha ordem geométrica de tudo,

e o absurdo original e seus enigmas,
suas verdades altas mais que tantos
monumentos erguidos à verdade;

e a memória dos deuses, e o solene
sentimento de morte, que floresce
no caule da existência mais gloriosa,

tudo se apresentou nesse relance
e me chamou para seu reino augusto,
afinal submetido à vista humana.

(e) a recusa do eu

Mas, como eu relutasse em responder
a tal apelo assim maravilhoso,
pois a fé se abrandara, e mesmo o anseio,

a esperança mais mínima — esse anelo
de ver desvanecida a treva espessa
que entre os raios do sol inda se filtra;

como defuntas crenças convocadas
presto e fremente não se produzissem
a de novo tingir a neutra face

que vou pelos caminhos demonstrando,
e como se outro ser, não mais aquele
habitante de mim há tantos anos,

passasse a comandar minha vontade
que, já de si solúvel, se cerrava
semelhante a essas flores reticentes

em si mesmas abertas e fechadas;
como se um dom tardio já não fora
apetecível, antes despiciendo,

baixei os olhos, incurioso, lasso,
desdenhando colher a coisa oferta
que se abria gratuita a meu engenho.

(f) o fechamento do mundo e a volta do eu à condição de caminhante

A treva mais estrita já pousara
sobre a estrada de Minas, pedregosa,
e a máquina do mundo, repelida,

se foi miudamente recompondo,
enquanto eu, avaliando o que perdera,
seguia vagaroso, de mãos pensas.

O andamento do poema segue um fluxo majestosamente subordinante, hipotático, todo ao avesso, por exemplo, do fluxo descontínuo e paratático do "Poema de sete faces", seguindo um caminho volteado de frases em ordem indireta no qual se reconhece uma empostação latinizante e uma glosa altiva do estilo camoniano. Ao mesmo tempo, é escandido em esfrofes de três versos decassílabos que ressoam as cadências da "terza rima", tal como se vê n'*A Divina Comédia*, embora, aqui, não rimadas e incorporadas ao verso branco modernista. Tais alusões estilísticas a Dante e a Camões, incluídas na malha fina da estrutura estrófica e sintática do poema, não são meramente ornamentais. Elas remetem a dois grandes poemas totalizantes em que a ordem universal se abre aos olhos do poeta-personagem — Dante em *A Divina Comédia* e Camões/Vasco da Gama em *Os Lusíadas* — através de um périplo que atravessa o mundo como um todo e ao final do qual a verdade máxima se oferece à vista. No primeiro caso, o cosmo tripartite do medievo (Inferno, Purgatório, Paraíso) e a visão mirífica da divindade, no segundo a terra recém-circunavegada pelos portugueses e a divinização de sua história — ambos subsumidos pela cosmologia ptolamaica, cuja reversão pela teoria copernicana, de conseqüências simbolicamente desestabilizadoras — e perigosas sob Inquisição —, Camões terá evitado incorporar ao seu poema.[34]

Que Drummond faça emergir estilisticamente, no texto, uma linguagem poética associada ao grande impulso de esgotamento simbólico do mundo, pela revelação de seu sentido, não deve ser tomado como pretensão direta de confundir-se com os clássicos pastichando seu estilo, numa recaída ao tradicional depois de todas as escaramuças modernistas, nem de pastichar os clássicos para liquidar sua classicidade, como faria um pós-moderno. Não há dúvida de que o risco e a ambição do lance investido n'"A máquina do mundo" são máximos, mas a primeira questão, aqui, é que, ao contrário das máquinas do mundo pré-modernas, o segredo não se revela, para ironia e derrisão do tom assumido, e, quando parece se revelar, algo do estado do mundo impede o poeta de tomar para si a revelação, numa espécie de mais-que-ironia potencializada. A escolha estilística implica pois um descompasso que vai rente ao texto e é inseparável da suntuosa cadeia verbal que nele se desdobra.

Nas quatro primeiras estrofes dá-se um encontro, em meio à estrada crespuscular de Minas, numa atmosfera fusional em que "um sino rouco" se confunde com os passos do poeta, em solo pétreo, e as aves escuras com a "escuridão maior" que vem de fora ("dos montes") e de dentro ("de meu próprio ser desenganado"). É nessa boca da noite, sorvedouro lento das formas e dos sons, assim como dos limites que distinguem o externo e o interno, que a "máquina do mundo" resolve entreabrir-se numa aparição inexplicada — ou só explicável por aparecer caprichosamente para quem desistiu de desvendar o seu segredo, depois de muito procurá-lo. O encontro se dá "nel mezzo del cammin" (Bosi o sugere), de um caminho pedregoso: no meio do caminho tinha a Coisa. "Uma antecipação do núcleo temático de 'A máquina do mundo' encontra-se no texto em prosa 'O enigma', de *Novos poemas*, cuja situação lhe é simétrica: 'As pedras caminhavam pela estrada. Eis que uma forma escura lhes barra o caminho'. Até as pedras, aqui antropomorfizadas, se conjuram em um 'esforço de compreender' a Coisa, mas esta é 'interceptante'. 'Barra o caminho e medita, obscura'".[35]

Assim, o poeta da opacidade do enigma, da pedra no meio do caminho, e do caminho barrado das pedras, depara-se, a contragosto ("para quem de a romper já se esquivava/ e só de o ter pensado se carpia"), com a iminência da revelação, espantosa pela serena gratuidade com que parece oferecer-se agora, depois de ter-se mostrado impenetrável ao longo de uma existência de procura.

A segunda parte repisa esse conteúdo: a máquina abre-se "majestosa e circunspecta", nem estridente nem ofuscante, sem magnificar minimamente o assombro, e sem minimizar, também, o poder do arbítrio com que chama, para "o pasto inédito/ da natureza mítica das coisas", justamente aquelas pupilas já "gastas na inspeção/ contínua e dolorosa do deserto" e a "mente exausta de mentar/ toda uma realidade que transcende/ a própria imagem sua debuxada/ no rosto do mistério, nos abismos". O poeta está no ponto exato da posição saturnina, isto é, no gume insolúvel entre a totalidade e o limite, ao qual ele insiste em permanecer fiel, diante de uma promessa que, tendo desconhecido todos os imensos esforços investidos por aquele que usou e perdeu "quantos sentidos e intuições restavam", quer apresentar-se agora, subitamente, como se não tivesse custo.

Curiosamente, esse anúncio da máquina do mundo na estrada pedregosa de Minas se faz na forma de uma espécie de recado do morro silencioso: "assim me disse, embora voz alguma/ ou sopro ou eco ou simples percussão/ atestasse que alguém, sobre a montanha,// a outro alguém, noturno e miserável,/ em colóquio se estava dirigindo". N'"O recado do morro", a novela de Guimarães Rosa, também, logo depois que se alude ao poder do morro da Garça de avisar coisas, e de seus descarregamentos subterrâneos, se diz: "[...] em seu pousado, o da Garça não respondia, cocuruto. Nem ele, nem outro, aqui à esquerda, próximo, superno, morro em mama erguida e corcova de zebu" (p. 22). "[...] os morros continuavam tranqüilos, que é a maneira de como entre si eles conversam, se conversa alguma se transmitem" (p. 21).[36] A metafísica mineira trabalha no silêncio: mineiro com mineiro, ninguém está falando nada entre eles, só o tudo — como se fosse por si só.

Mas, em seguida, é a máquina que fala, fazendo a publicidade ostensiva de sua máxima oferta — a daquele bem inapreçável e arredio ao grau absoluto, aparentemente o mais buscado entre todos por esse saturnino renitente, isto é, o conhecimento oculto ("essa ciência formidável, mas hermética") e, com todas as letras, "essa total explicação da vida,/ esse nexo primeiro e singular", vale dizer, a chave do mundo tornado transparente em sua totalidade.

E é nada menos do que isso que se apresenta, na seqüência, independente das reservas manifestas do sujeito poético, que, negando-a, acaba por afirmar em ato a visão do todo, num conjunto espantoso de sete estrofes de faces infinitas — a epifania do universo. Delas, só posso tentar dizer que fazem o movimento de uma fita de Moebius, ao descer das "mais soberbas pontes e edifícios" através dos poderes da técnica e da ciência dominando faustianamente tanto "os recursos da terra" quanto as propriedades anímicas de todo o ser terrestre, as humanas paixões, impulsos e tormentos, a cadeia animal e vegetal, e indo culminar ao fundo "no sono rancoroso dos minérios" ("por essa única fenda, entreaberta em um átimo", diz Bosi, "é possível divisar as Minas, Itabira e suas pedras, o subsolo de orgulho, a dor da memória"),[37] para retornar em seguida, revirada sobre o todo, dando "volta ao mundo" e tornando "a se engolfar/ na estranha ordem geométrica de tudo", repercorrendo-a agora sob as espécies do "absurdo original e seus enigmas", da "memória dos deuses" e do "solene/ sentimento de morte, que floresce/ no caule da existência mais gloriosa".

Nesse movimento de torsão sobre si mesmo, entrevisto aqui no vertiginoso relance em que o todo se apresenta "afinal submetido à vista humana", o mundo se dá, no primeiro momento, através da escalada do labor teórico e tecnológico que domina toda a escala da existência até o fundo insconsciente da terra (que é sono, rancor e minério), ponto de viragem a partir do qual retorna sobre a "estranha ordem geométrica de tudo", expressando-se não mais em termos do poder da ciência e da técnica dominantes, que supõem o capital, mas investido das forças irredutíveis do enigma, do mito e da morte. É como se tivéssemos, aqui, dois vieses do mesmo mundo, cujo ponto de colagem e deslocamento permanece como o enigma dos enigmas: o mundo da dominação e o mundo indominável.

Esse é o aleph drummondiano. Entre parênteses: a Máquina do Mundo é um dispositivo poético totalizador através do qual se dá a ver, num único ponto do universo, a totalidade dos pontos, quando, uma vez ultrapassada arduamente a opacidade do mundo, as partes transparecem, cada uma, num ponto mirífico do todo. Na Ilha dos Amores, ao final d'*Os Lusíadas*, um globo pairando no ar e atravessado de luz, do qual se vêem o centro, a superfície e a quintessência, os círculos do Empíreo, o primeiro Mobile, o céu zodiacal e os sete céus planetários, tendo no centro a Terra e os elementos (Canto X, 80-91), dá a ver em seu núcleo, com luxuriante riqueza de detalhe, toda a costa da África bordejada a partir da Europa cristã, ramificando-se em confins das Arábias, Ásias e ainda dos extremos da inomeada América (Canto X, 92-143), no passado e no futuro, magnificando em êxtase a história portuguesa.[38] Bem pensada, a máquina do mundo camoniana é um estonteante aleph da empreitada lusitana (que gira e roda, toda, num só ponto luminoso). No seu conto famoso, "El aleph", Jorge Luis Borges, leitor de Dante e Camões, parodiou o dispositivo, despido agora de seus paramentos teológico-políticos e lançado ao caos da contingência, preservando no entanto o princípio do ponto numinoso, agora casual, em que o universo todo implode simultâneo em luz visível. O conto é um alucinante comentário meta-irônico sobre a ambição totalizante da literatura, onde o protagonista, Borges, às voltas com a memória obsessiva de uma certa Beatriz de Viterbo, convive com um escritor, Carlos Argentino Daneri, que pretende copiar, num fastidioso e interminável poema pan-descritivo, aquilo que vê no aleph do seu sótão, prestes a ser demolido.[39]

O conto de Borges é de 1949, o poema de Drummond, de 1951. De certo modo, ambos vislumbram, cada um a seu modo, em sua "máquina de produzir anti-história", o mundo do pós-guerra, remundializado sob nova ordem, em que as potências disputam o domínio global em toda escala. Retomando: o aleph drummondiano está no ponto onde se cruzam a Grande Máquina e a Máquina do Mundo[40] como dispositivo simbólico totalizador, com a interrogação sobre a margem virtual que permanece sobrante, no encontro das duas. A suspeita que paira aqui, para o mineiro metafísico hiperdesconfiado, é que a Grande Máquina e a Máquina do Mundo não se distinguem o suficiente para que uma não englobe a outra. E que o modo ostensivo da aparição, caprichoso e publicitário, impondo-se afinal independente da vontade do sujeito, sob a forma do arbítrio e do poder soberano, configura-a como o seu Outro, frente ao qual, independente de todo anseio "de ver desvanecida a treva espessa", ele baixa os olhos, num movimento paradoxalmente altivo, "incurioso, lasso,/ desdenhando colher a coisa oferta/ que se abria gratuita ao (seu) engenho".

Vai daí que, sob a noite total, "a máquina do mundo, repelida,/ se foi miudamente recompondo,/ enquanto eu, avaliando o que perdera,/ seguia vagaroso, de mãos pensas". É significativo, nessa passagem final, que a máquina não vá se *decompondo* na escuridão, mas se *recompondo*: a máquina do mundo é o mundo, e só se destaca dele num instantâneo fulgor da intuição, que a máquina poética guarda em palavras.

RELÓGIO DO ROSÁRIO

Claro enigma termina com "A Máquina do Mundo" e com "Relógio do Rosário": os dois poemas formam um par complementar, e a rigor indissolúvel. Estamos novamente no crespúsculo de Minas, que agora se adensa na treva momentânea e profunda que se desprende do som do Relógio da Matriz do Rosário, equivalente daquele "sino rouco" que se fundia aos passos do caminhante da estrada pedregosa, emergindo da "memória involuntária". Ali onde se entreabria a máquina, aqui se abre a epifania da dor universal, o "choro pânico do mundo", a dor fusional do indivíduo com o vasto coro, "dor de tudo e de todos, dor sem nome", do rei e da roca, que transpassa os seres e as esferas, mais real que o amor. A máquina é uma projeção da visão, a dor um mergulho no som; uma regida pelo pensamento, que discorda, a outra, o próprio sentimento do mundo, com o qual se une.

Era tão claro o dia, mas a treva,
do som baixando, em seu baixar me leva

pelo âmago de tudo, e no mais fundo
decifro o choro pânico do mundo,

que se entrelaça no meu próprio choro,
e compomos os dois um vasto coro.

Oh dor individual afrodisíaco
selo gravado em plano dionisíaco,

a desdobrar-se, tal um fogo incerto,
em qualquer um mostrando o ser deserto,

dor primeira e geral, esparramada,
nutrindo-se do sal do próprio nada,

convertendo-se, turva e minuciosa,
em mil pequena dor, qual mais raivosa,

prelibando o momento bom de doer,
a invocá-lo, se custa a aparecer,

dor de tudo e de todos, dor sem nome,
ativa mesmo se a memória some,

dor do rei e da roca, dor da cousa
indistinta e universa, onde repousa

tão habitual e rica de pungência
como um fruto maduro, uma vivência,

dor dos bichos, oclusa nos focinhos,
nas caudas titilantes, nos arminhos,

dor do espaço e do caos e das esferas,
do tempo que há de vir, das velhas eras!

Não é pois todo amor alvo divino,
e mais aguda seta que o destino?

Não é motor de tudo e nossa única
fonte de luz, na luz de sua túnica?

O amor elide a face... Ele murmura
algo que foge, e é brisa e fala impura.

O amor não nos explica. E nada basta,
nada é de natureza assim tão casta

que não macule ou perca sua essência
ao contato furioso da existência.

Nem existir é mais que um exercício
de pesquisar de vida um vago indício,

a provar a nós mesmos que, vivendo,
estamos para doer, estamos doendo.

Mas, na dourada praça do Rosário,
foi-se, no som, a sombra. O columbário

já cinza se concentra, pó de tumbas,
já se permite azul, risco de pombas.

Quando se dissipa o som, e a treva interna que vem dele, fica o ouro sobre azul da praça, novamente iluminada pelo dia, a rima imperfeita de "tumbas" com "pombas", alusão à recorrência dessa rima em "Le Cimetière marin" de Paul Valéry[41], e a palavra "columbário", que as condensa (pois significa *nicho sepulcral em que se guardam cinzas funerárias* e, ao mesmo tempo, *pombal*).[42] Pega pelas asas, em "estado de dicionário", a palavra se debate e pulsa, em morte e vida.[43]

NOTAS

(1) Para todas as citações da obra de Drummond, neste ensaio, ver Carlos Drummond de Andrade, *Poesia completa,* Rio de Janeiro, Nova Aguilar, 2003.

(2) Uma terceira ocorrência da palavra "mundo" se dá num poema claramente atípico, "Os três mal-amados", poema dramático trabalhando com o procedimento da enumeração caótica. Ver João Cabral de Melo Neto, *Poesias completas (1940-1965),* Rio de Janeiro, José Olympio, 1979. Na obra subseqüente do autor prevalece a mesma tendência: palavra "mundo" apenas no poema dramático "Auto do Frade". Ver João Cabral de Melo Neto, *A educação pela pedra e depois,* Rio de Janeiro, Nova Fronteira, 1997.

(3) Trata-se da *Antologia poética,* organizada pelo autor (Rio de Janeiro, Record, 2001).

(4) Cf. Octavio Paz, *Los hijos del limo — Del romanticismo a la vanguardia.* Barcelona, Seix Barral, 1974, p. 9.

(5) O tema insinua-se em "Eterno" (*Fazendeiro do ar,* 1954), define-se em "Os materiais da vida" (*Vida passada a limpo,* 1958), estende-se a "Vi nascer um Deus" (*Lição de coisas,* 1962), ganha contundência redobrada em "Ao Deus Kom Unik Assão", "Diamundo" (já citados, de 1973), "Receituário sortido", "Jornal de serviço" (*Discurso de primavera,* 1977) e "Eu, etiqueta" (*Corpo,* 1984), este último sobre a onipresença da logomarca. Em "Diamundo" e "Jornal de serviço", com o subtítulo "24 H de informação na vida do jornaledor", Drummond trabalha com colagens exaustivas de fragmentos de jornal e de informações de agências de notícias, como se a referência e a interpelação ao "mundo" se subtituíssem por uma transcrição caótica e despessoalizada de fragmentos de mundo em espécie.

(6) Para uma discussão do caráter de classe — no caso, do lugar ideológico da classe média — implicado nessa posição, e do contexto da luta ideológica e partidária, ver Vagner Camilo. *Drummond — da Rosa do Povo à Rosa das Trevas,* São Paulo, Ateliê Editorial, em especial o capítulo 2, "As razões do pessimismo: sectarismo ideológico no contexto da Guerra Fria".

(7) Martin Heidgger, "L'époque des 'conceptions du monde'". *Chemins qui ne mènent nulle part,* Gallimard, 1994.

(8) Estou utilizando aqui algumas formulações de Giorgio Agamben em *Homo sacer — o poder soberano e a vida nua* (Belo Horizonte, UFMG, 2002), que me parecem ter correspondência com figurações do poder na poesia de Drummond. Entre elas se inclui o nó das relações de exclusão inclusiva e inclusão excludente, logo abaixo, que adapto das suas reflexões sobre "Lógica da soberania" (Parte 1) e "Homo sacer" (Parte 2).

(9) Cf. John Gledson, *Influências e impasses — Drummond e alguns contemporâneos,* São Paulo, Companhia das Letras, 2003, p. 55.

(10) Citado por John Gledson, cit., p. 55.

(11) Refiro-me ao poema de Fernando Pessoa: "Tenho dó das estrelas/ Luzindo há tanto tempo,/ Há tanto tempo.../ Tenho dó delas.// Não haverá um cansaço/ Das coisas,/ De todas as coisas,/ Como das pernas ou de um braço?// Um cansaço de existir,/ De ser,/ Só de ser,/ O ser triste brilhar ou sorrir...// Não haverá, enfim,/ Para as coisas que são,/ Não a morte, mas sim/ Uma outra espécie de fim,/ Ou uma grande razão —/ Qualquer coisa assim/ Como um perdão?". *Obra poética,* Rio de Janeiro, Nova Aguilar, 2001, p. 148.

(12) Paul Valéry, "Poésie et pensée abstraite", em *Oeuvres,* t. i., Bibliothéque de la Pléia-

de, Gallimard, 1968, p. 1317. "[...] tel *mot*, qui est parfaitement clair quand vous l'entendez ou l'employez dans le langage *courant*, et qui ne donne lieu à aucune difficulté quand il est engagé dans le train rapide d'une phrase ordinaire, devient magiquement embarrassant, introduit une résistance étrange, déjoue tous les efforts de définition aussitôt que vous le retirez de la circulation pour l'examiner à part, et que vous lui cherchez um sens après l'avoir soustrait à sa fonction momentanée [...]". A tradução no corpo do texto é minha.

(13) O poema "Isto é aquilo", em *Lição de coisas*, pode ser visto como uma lâmina em que se expõe em processo esse "estado de dicionário" poético.

(14) Para uma leitura finíssima, e rente ao texto, dos muitos matizes do "Poema de sete faces", ver Alcides Villaça, "Drummond: primeira poesia" em *Teresa Revista de Literatura Brasileira*, nº 3, área de Literatura Brasileira, Departamento de Letras Clássicas e Vernáculas da Faculdade de Filosofia, Letras e Ciências Humanas da Universidade de São Paulo (São Paulo, Editora 34, 2002), pp. 16-50. Para uma leitura também minuciosa, que considera a relevância do chiste e a reunião "em viés paródico", de "três modalidades de poesia: a cômico-satírica, a elegíaca e a idílica", no "Poema de sete faces", Davi Arrigucci Jr., *Coração partido*, São Paulo, Cosac & Naify, 2002, pp. 34-52.

(15) A mesma frase aparece no Velho Testamento, em Salmos 22, sugerindo a interpretação de que Cristo estivesse rezando-a, *in extremis*. Mas pode-se dizer que ela é re-significada no Novo Testamento, acentuando a distância abissal entre o Pai e o Filho na pungência da Paixão. E ela será re-significada na poesia moderna, qundo aparece ligada ao tema de um Cristo órfão perante a morte de Deus (ver adiante).

(16) Cf. Walter Benjamin, "Sobre alguns temas em Baudelaire", em *Iluminaciones II*, Madri, Taurus, 1972, pp. 123-70.

(17) Georg Simmel, "A metrópole e a vida mental" em *O fenômeno urbano*, Otávio Velho (org.), Rio de Janeiro, Zahar, 1979, pp. 11-25.

(18) Ver nota 4.

(19) Octavio Paz, cit., p. 76.

(20) Octavio Paz, cit., p. 75.

(21) O poema é citado por Paz. Está em Fernando Pessoa, op. cit., p. 76.

(22) Agamben, cit., pp. 66-7.

(23) Agamben, cit., p. 67.

(24) A tradução utilizada é de Italo Eugenio Mauro em Dante Alighieri, *A Divina Comédia — Paraíso*, São Paulo, Editora 34, 1998, pp. 59-160. O modelo cosmológico então vigente coloca, entre a Terra e o Empíreo, o céu cristalino do Primum Mobile, o céu das estrelas fixas e os sete céus planetários: o da Lua, de Mercúrio, de Vênus, do Sol, de Marte, de Júpiter e de Saturno. Alfredo Bosi faz referência a esta passagem, em sua interpretação de "A máquina do mundo", de Drummond, como se verá adiante. O mesmo modelo vige ainda em *Os Lusíadas*, quando se descreve a Máquina do Mundo, incluindo os sete céus: "Debaixo deste grande Firmamento,/ Vês o céu de Saturno, Deus antigo;/ Júpiter logo faz o movimento,/ E Marte abaixo, bélico inimigo;/ O claro Olho do céu, no quarto assento,/ E Vênus, que os amores traz consigo,/ Mercúrio, de eloqüência soberana;/ Com três rostos, debaixo vai Diana" (estrofe 89 do Canto X).

(25) Walter Benjamin, "O narrador — Observações acerca da obra de Nicolau Lescov", Em Walter Benjamin, Max Horkheimer, Theodor W. Adorno, Jürgen Habermas, *Textos escolhidos*, Os Pensadores, vol. XLVIII, São Paulo, Abril Cultural, 1975, pp. 63-4.

(26) Na sua análise da "Lógica da soberania", Giogio Agamben recupera uma figura intrigante do direito romano, o "homo sacer", que se define como suscetível de ser morto impunemente, e vedado à morte sacrificial, isto é, um ser de exceção impunível e insacrificável, fora tanto da ordem jurídica quanto da religiosa. Na sua interpretação, a biopolítica contemporânea, em que os homens se tornam, no limite, matáveis como piolhos (a expressão é sua), generalizaria a condição do *homo sacer*, desvelando uma lógi-

ca em que, para o soberano, todos são *homines sacri*, e para o *homo sacer*, todos são soberanos. Ver Agamben, cit., p. 121.

(27) Carlos Drummond de Andrade, "Autobiografia para uma revista", em *Obra completa*, Rio de Janeiro, Aguilar, 1968, pp. 546-7.

(28) Cf. Silviano Santiago. "Introdução à leitura dos poemas de Carlos Drummond de Andrade", em Carlos Drummond de Andrade, *Poesia completa*, cit., pp. XIII e XV. Segundo Silviano, "coube a Drummond transformar o equívoco cosmopolita, gerado pela macaqueação do colono nos trópicos, em certeza inabalável, verdadeiro motor do seu fazer poético. A fatalidade da formação intelectual provinciana torna-se a garantia de uma poesia cosmopolita" (p. XVI), extraindo-se do veneno o antídoto.

(29) Ver Agamben, cit., p. 31.

(30) Ver Agamben, cit., p. 71.

(31) Hannah Arendt, *A condição humana*, Rio de Janeiro/São Paulo, Forense Universitária, 2001 (1ª ed. Chicago, Chicago University Press, 1958). Em especial os capítulos III, "Labor", e IV, "Trabalho".

(32) Um outro poema faz também, por si e por este, o diagnóstico do "Nosso tempo": "Escuta o horrível emprego do dia/ em todos os países de fala humana,/ a falsificação das palavras pingando nos jornais,/ o mundo irreal dos cartórios onde a propriedade é um bolo com flores,/ os bancos triturando suavemente o pescoço do açúcar,/ a constelação de formigas e usurários,/ a má poesia, o mau romance,/ os frágeis que se entregam à proteção do basilisco,/ o homem feio, de mortal feiúra,/ passeando de bote/ num sinistro crepúsculo de sábado" ("Nosso tempo").

(33) Alfredo Bosi, "'A máquina do mundo' entre o símbolo e a alegoria", *Céu, inferno*, São Paulo, Duas Cidades, 2003, pp. 99-121.

(34) Cf. João Adolfo Hansen, "A Máquina do Mundo", aqui, pp. 157-97.

(35) Alfredo Bosi, cit., p. 111. Silviano Santiago tratou pioneiramente desse núcleo problemático em "Camões e Drummond: a máquina do mundo", *Hispania* (3), set. 1966, v. XLIX.

(36) João Guimarães Rosa, "O recado do morro", em *Ficção completa*, v. 1, Rio de Janeiro, Nova Aguilar, 1994. pp. 624-5.

(37) Alfredo Bosi, cit., p. 114.

(38) Ver Hansen, cit.

(39) Lembro-me aqui de uma conferência de Emir Rodriguez Monegal, no final da década de 70, na Unicamp, em que ele estabelecia a relação entre *El aleph* e *A Divina Comédia*. Para uma ampla reflexão poética e cosmológica sobre o tema da máquina do mundo, ver Haroldo de Campos, *A máquina do mundo repensada*, São Paulo, Ateliê Editorial, 1999.

(40) Alfredo Bosi estabeleceu a relação entre os dois poemas, "Elegia 1938" e "A máquina do mundo", e suas respectivas máquinas. Ver op. cit., p. 110.

(41) "Ce toit tranquille, où marchent des colombes,/ Entre les pins palpite, entre les tombes;" e "Le blanc troupeau de mes tranquilles tombes,/ Éloignes-en les prudentes colombes". "Le Cimetière marin" em Paul Valéry, cit., pp. 147-51.

(42) Ver Vagner Camilo, cit., cap. 9, "Ouro sobre azul: revelação final", pp. 299-312.

(43) Agradeço a João Camillo Penna o acompanhamento valioso e as muitas sugestões; a Marina Wisnik o auxílio na pesquisa dos "mundos"; e a Mariana Diniz a dedicada transcrição da conferência, que, embora não aproveitada literalmente, guiou a redação deste texto.

TUDO É CORPO OU VAZIO

Francis Wolff

DE NATURA RERUM

Ergo praeter inane et corpora tertia per se
nulla potest rerum in numero natura relinqui,
nec quae sub sensus cadat ullo tempore nostros
nec ratione animi quam quisquam possit apisci.
Nam quae cumque cluent, aut his coniuncta duabus
rebus ea invenies aut horum eventa videbis.
coniunctum est id quod nusquam sine permitiali
discidio potis est seiungi seque gregari,
pondus uti saxis, calor ignis, liquor aquai,
tactus corporibus cunctis, intactus inani.
servitium contra paupertas divitiaeque,
libertas bellum concordia cetera quorum
adventu manet incolumis natura abituque,
haec soliti sumus, ut par est, eventa vocare

Lucrécio,
De natura rerum, livro I, 445-448

DA NATUREZA

Portanto, além dos corpos e do vazio, não fica, no número das coisas, nada que caia em qualquer momento na denúncia dos nossos sentidos ou que possa ser percebido pelo raciocínio do espírito. Tudo aquilo que tem um nome, encontrá-lo-ás ou inerente a uma destas coisas ou como acidental. É inerente tudo o que não se pode separar ou abstrair do corpo sem a destruição deste, como, por exemplo, o peso da pedra, o calor do fogo, o fluido da água, a tangibilidade de todos os corpos, a intangibilidade do vazio. Mas a escuridão, a pobreza e a riqueza, a liberdade, a guerra, a paz, tudo aquilo que, por chegar ou partir, não modifica a natureza dos corpos, tem, segundo o nosso costume e como é justo, o nome de acidental.

Tradução de Agostinho da Silva

Quase nada sabemos de Lucrécio (Titus Lucretius Carus), poeta romano do século I a. C., contemporâneo de Cícero, e que, segundo uma lenda tardia, provavelmente uma calúnia de origem cristã (ela se encontra na *Crônica* de são Jerônimo), suicidou-se por amor e deixou assim seu gigantesco poema *Da natureza* (*De natura rerum*) inacabado.

Era fatal que a tradição cristã se vingasse daquele que nos deixou a mais longa obra materialista da Antigüidade, o mais importante poema filosófico de todos os tempos, o principal testemunho que nos resta da doutrina epicuriana. Sim, era fatal que o acusassem de se ter oferecido a morte o autor desse imenso hino à vida mortal. Era fatal que o acusassem de ter morrido de paixão amorosa, a ele que condenava vivamente toda paixão e concebia o amor apenas como erótica dos corpos, era fatal que o acusassem de loucura, a ele, o filósofo poeta para quem a filosofia e a poesia só têm no fundo um único objetivo: livrar-nos de nossas loucuras, curar-nos de nossas paixões...

O que resta de Lucrécio em nada pertence a ele, e melhor assim! Pois, segundo ele, *tudo é corpo ou vazio*. Eis, portanto, que há mais de 2 mil anos seu corpo se dissolveu para sempre, seus átomos se dispersaram no vazio, sua matéria regenerou outros corpos, nesta terra ou noutra parte, em outro mundo, e reanimou para sempre outros corpos vivos. O corpo de Lucrécio não existe mais, mas sua obra, mais de 7 mil versos, não deixa de viver...

Parece-me justo que Lucrécio seja incluído entre os poetas que pensaram o mundo, por ser um dos poetas que, mais e melhor, pensaram o mundo, o mundo como um todo — ou melhor, precisamente, os mundos, isto é, o universo, todos esses mundos que jamais formam um todo. Com efeito, Lucrécio é antes de tudo o pensador, e o poeta, da pluralidade dos mundos, e mesmo da infinidade dos mundos.[1]

LUCRÉCIO PENSADOR DOS MUNDOS

Como Lucrécio *vê* então este mundo, estes mundos? Digo exatamente "ver", pois o poeta, nele, "vê" e mostra, enquanto o filósofo, que ele é também, pensa e demonstra. Lucrécio vê e pensa, seu pensamento é iluminado por suas visões.

Toda a natureza, segundo ele, consiste fundamentalmente apenas em corpo e vazio. Somente os corpos e o vazio existem. E o resto? E tudo o que nos cerca? Os homens, os cavalos, as montanhas, a lua, e também o azul do céu, a suavidade do ar, o pôr do sol, e a beleza, o amor, a tristeza, será que isso não existe? Sim, isso existe, mas não verdadeiramente, não absolutamente. São apenas propriedades (*conjuncta*) ou ainda acidentes (*eventa*) dos corpos e do vazio...

> Toda a natureza é constituída por duas coisas: existem os corpos e existe o vácuo em que se acham colocados e em que se movem em diferentes direções. (I, 419-421)*
>
> [...]
>
> Portanto, além dos corpos e do vazio, não fica, no número das coisas, nada que caia em qualquer momento na denúncia dos nossos sentidos ou que possa ser percebido pelo raciocínio do espírito. Tudo aquilo que tem um nome, encontra-lo-ás ou inerente a uma destas coisas ou como acidental. (I, 445-450)

Por essa tese, Lucrécio resolve à sua maneira, retomada de Epicuro, o problema mais constante e mais fundamental de toda a filosofia antiga: a questão do ser... Trata-se de responder à questão: o que é que é? o que é que é realmente? — ou seja, duplamente, o que existe *verdadeiramente* por trás das aparências? e o que existe *fundamentalmente* por trás do fluxo das mudanças permanentes? A resposta varia, é claro, segundo os filósofos, desde o início da reflexão grega. Para

* Todos os trechos de *Da natureza* citados neste artigo foram extraídos da tradução de Lucrécio da coleção "Os pensadores" (2ª ed., São Paulo, Abril Cultural, 1980). (N. T.)

uns, físicos, a questão resume-se em saber de que, no fundo, o mundo é feito; para Parmênides, o primeiro a abordar de frente a questão do ser, a resposta só pode ser esta: somente *o ser*, entendido como o que *é* sempre, e que portanto é sempre *o mesmo*, é sem poder *não ser*, e portanto é sem jamais vir a ser (o que implicaria que ele não *era*, portanto que não é *sempre*), é sem devir (o que implicaria que ele *não* é *mais* o que é, portanto que não é sempre), somente *isso* é verdadeira e fundamentalmente. Platão, Aristóteles, todos os outros filósofos da Antigüidade tentaram achar uma resposta à questão do ser que concordasse com essas exigências lógicas, ao mesmo tempo que explicasse o próprio mundo: descobrir o que é verdadeiramente *a partir do mundo*.

Mas, no fundo, embora diferentes e opostas as respostas que os filósofos deram a essa questão, eles concordavam com os critérios do ser. Ser, ser verdadeiramente, é em primeiro lugar ser de modo *independente*. Se uma coisa X existe, mas se sua existência depende da de outro ser Y, cuja existência não depende de nada mais, então X "existe menos" que Y, já que a existência de X depende da de Y, enquanto a de Y não depende da de X. (Pedro "existe mais" que seus cabelos, pois pode perfeitamente continuar a viver tendo se tornado careca, enquanto seus cabelos, uma vez cortados, rapidamente definham; mas seus cabelos "existem mais" que a cor deles, por exemplo, porque podem continuar a existir perdendo a cor, enquanto sua cor não pode existir sem eles!) Segundo critério: *a eternidade*. Ser, ser verdadeiramente, é ser sempre, portanto ser sempre o mesmo — não mudar, pois isso seria *devir* outro diferente de si, e portanto não ser mais o que se é. Se um ser não é eterno, é que ou ele vem a desaparecer, ou que ele "vem a ser": no primeiro caso, ele passa do ser ao não-ser; no segundo, do não-ser ao ser; em todo caso, ele não é verdadeiramente já que não é necessariamente; ele pode passar a ser ou cessar de ser por razões que não se devem ao que ele é, a seu ser; em troca, um ser que é verdadeira e completamente, existe sempre e é sempre o mesmo. Esses dois critérios são aplicados diferentemente — e *implicitamente* — por Platão e Aristóteles, por exemplo, e conduzem o primeiro à chamada "teoria das formas separadas" (somente elas "são", nesses dois sentidos fortes do verbo "ser") e o segundo à sua teoria da substância e das formas encarnadas na matéria. Mas esses dois mesmos critérios, sobretudo, conduzem Lucrécio (como haviam conduzido seu mestre Epicuro)... aos corpos e ao vazio. "Tudo é corpo e vazio" significa, em primeiro lugar, que somente os corpos e o vazio satisfazem aos dois critérios do ser: eles existem independentemente de todo o resto e existem eternamente. Os outros seres — supondo que existam — dependem deles para existir, seja enquanto *propriedades* do vazio ou dos corpos (são atributos essenciais, como o peso para os corpos de pedra, ou o calor para o fogo, ou ainda a vida para um corpo de planta, ou a sensibilidade para um corpo de animal), seja enquanto *acidentes* dos corpos ou do vazio — são atributos passageiros, cuja presença ou ausência não afetam a existência das coisas das quais dependem: por exemplo, a cor para os cabelos ou a juventude para um homem.

Assim o vazio existe... O vazio é a imensidão infinita do espaço, sempre igual e em toda parte idêntico, a extensão ilimitada e eterna em que os corpos podem estar situados e se mover. Ele existe plenamente, jamais veio a ser e jamais poderá deixar de ser.

E os corpos? Certamente os corpos existem, basta olhar ao redor de nós. Mas basta também olhar para ver que, aparentemente, nenhum corpo possui essa existência absoluta, plena e inteira. Ao contrário: os corpos vivos nascem e morrem, passam a existir e deixam de existir; os corpos naturais se transformam uns nos outros, ciclicamente, a chuva cai na terra, evapora-se no ar, tudo se transforma, nada é fixo, permanente, eterno. E no entanto... Suponhamos que, por trás de todos esses nascimentos e mortes, por trás de todas essas transformações, a matéria, uma matéria única e homogênea, permanece, matéria comum a tudo o que existe, a despeito das diferenças aparentes entre corpos, homens, cavalos, montanhas, astros — mas também água, ar, fogo, terra, mas também cores, odores, sabores etc. —, a mesma para todos os corpos. Suponhamos que tudo o que existe, de forma transitória, precária, diferenciada, repouse sobre uma mesma base material, nem transitória (ela é eterna), nem precária (ela é absolutamente firme e sólida), nem diferente (ela é a mesma para todas as coisas). Todos os corpos, embora sua aparência seja diferente, suas qualidades opostas, fixas ou transitórias, são feitos de uma mesma matéria, e esta, por sua vez, existe sob a forma de uma infinidade de partículas minúsculas, fisicamente indivisíveis (em grego: *atomoi*), que, sendo absolutamente sólidas, são portanto indestrutíveis e portanto eternas, de diferentes formas e dimensões, o que permitiria explicar o conjunto das diferenças aparentes dos corpos que nos cercam.

Ou seja: há o vazio e há corpos, os átomos, situados nesse espaço vazio. Tudo está aí, não há nada mais. Esses corpos no vazio, o que fazem? Eles são móveis, submetidos a seu peso e aos choques incessantes que recebem da parte dos outros átomos. Esse movimento constante dos átomos que se entrechocam ao infinito no vazio infinito nunca começou e nunca terá fim. Eis aí nosso mundo — ou melhor, o universo em sua realidade — tal como se ofereceria ao olhar penetrante da razão; este não veria homens, animais, água ou fogo, vivos ou mortos, cores ou formas, mas apenas uma infinidade de corpos atômicos em movimento eterno no vazio infinito. E nós mesmos, a olho nu, conseguimos às vezes, num raio de sol que atravessa a obscuridade de um quarto, perceber essa realidade:

> Do que acabo de dizer temos nós sempre presente, ante os olhos, o traslado e a imagem. Observa os raios do Sol que entram dando sua luz na obscuridade de uma casa: verás que na própria luz dos raios se misturam, de modos vários, numerosos corpos diminutos, e, como se fosse em eterna luta, combatem, dão batalhas, por grupos certos se guerreiam e não há pausa, agitados como estão pelos encontros e pelas separações freqüentes. Podes imaginar por isto o que será a perpétua agitação no vago espaço dos elementos das coisas, na medida em que um pequeno fato pode dar idéia de grandes coisas, e elementos para seu conhecimento. (II, 112-124)

Eis como o poeta Lucrécio vê o mundo. Pode-se no entanto ser mais preciso e passar do mundo aos mundos. Pois, desses movimentos atômicos sempiternos no vazio imenso formam-se ao acaso, aqui ou acolá, por agregação, corpos compostos, eles próprios provisoriamente estáveis, pois o que choques puderam fazer outros choques podem desfazer; corpos compostos que, eles próprios, aqui ou acolá, ao acaso, podem se agregar entre si, formando amontoados maiores, imensos, mundos eles próprios provisoriamente estáveis, submetidos ao nascimento, ao desenvolvimento, à morte, mundos infinitos no universo infinito, alguns deles semelhantes ao nosso, outros diferentes do nosso. Em alguns desses mundos, provisórios, precários, formam-se também, ao acaso, corpos, alguns dos quais são vivos; entenda-se com isso que eles, e somente eles, têm a possibilidade de se perpetuar por um certo tempo, seja em sua individualidade corporal (regeneração pelo alimento), seja na identidade de sua espécie (geração pela reprodução).

Tal é a natureza das coisas (*natura rerum*) segundo Lucrécio, sua visão dos mundos. O essencial consiste no seguinte: o universo se mantém "sozinho"! Não há senão corpos e vazio. Nós mesmos, nossos pensamentos, nossas almas, os deuses, tudo isso é corpo e vazio. Não há sequer unidade do mundo, há uma infinidade de mundos mortais e finitos. Não há nada fora do universo, nenhum espírito criador ou deus salvador, não há origem do universo, nenhuma inteligência o fez ou o quis, não há um fim do universo, ele é sem repouso nem objetivo. A natureza é só e é livre, absolutamente livre. Não há espírito puro, não há finalidade nem sentido. O universo existe. Desde sempre e para sempre. Não há que se perguntar por quê nem em vista de quê. Ele é, eis tudo.

> Se retiveres tudo isso, já bem conhecido, logo a natureza te aparece como livre, isenta de senhores soberbos e realizando tudo espontaneamente, sem qualquer participação dos deuses. (II, 1090-1092)

Resta, evidentemente, uma questão: se não há deuses no mundo, ou melhor, se os deuses que existem fora dos mundos não são nem criadores nem providenciais, como se explicam a ordem do mundo, o belo arranjo da natureza, a regularidade dos movimentos do céu, das leis da vida? Esse problema é certamente o mais difícil.

Aqui é preciso abrir parênteses. Se acreditarmos num Deus criador e providencial, teremos um problema que muitos consideram insolúvel, o problema do mal (dito, desde Leibniz, da "teodicéia"). A questão é: como se explica o mal do mundo se sua causa (Deus) é boa? Como se explicam os males, os sofrimentos, mas também as imperfeições do mundo, em suma, a *desordem*?

Para um materialista, como Lucrécio, o problema é inverso: se tudo é corpo e vazio, isto é, se tudo obedece a um acaso cego, como se explica que nem tudo seja simples caos, que haja uma natureza, movimentos regulares, em suma, uma ordem natural, certamente imperfeita, instável, mas nem por isso o puro caos da agitação desordenada dos grãos de poeira num raio de sol? Há, de fato, um *mundo*, há mundos ("mundo" traduz nas línguas latinas a palavra grega *cosmos*, que significa "ordem").

Lucrécio responde a esse problema pelo poder do infinito.

> Foi por eles próprios, espontaneamente, batendo ao acaso, que os elementos, depois de se terem unido de mil modos, mas em vão e inutilmente, formaram por fim as bases de que sairiam os princípios das grandes coisas, da terra, do mar, do céu, das espécies de seres vivos. (II, 1058-1063)

> Não é por certo em virtude de um plano determinado nem por um espírito sagaz que os átomos se juntaram por uma certa ordem; também não combinaram entre si com exatidão os movimentos que teriam; mas, depois de terem sido mudados de mil modos diferentes através de toda a imensidade, depois de terem sofrido pelos tempos eternos toda espécie

de choques, depois de terem experimentado todos os movimentos e combinações possíveis, chegaram finalmente a disposições tais que foi possível o constituir-se tudo o que existe. (I, 1021-1030)

O que isso significa? Significa que, quando buscamos uma causa à ordem que vemos, isto é, *a este mundo*, confundimos essa ordem com o todo do universo. E nos perguntamos: por que esse todo é ordenado? Como no homem a ordem vem de uma inteligência ordenadora, imaginamos — por antropomorfismo — uma inteligência na origem da ordem. Mas essa ordem que vemos, esse mundo finito (que teve um começo e que terá um fim, que tem limites no espaço) não é senão uma pequena ilha ordenada em meio a um oceano de desordem. Ao acaso, no infinito do tempo e do espaço, um mundo ordenado se forma. Raramente, muito raramente, mas que importa? Se o tempo é infinito e o espaço é infinito, então o que tem muito poucas chances de acontecer acontece *necessariamente* uma vez de tempo em tempo na eternidade. Para ilustrar esse ponto, pode-se utilizar o modelo a que Lucrécio recorre com muita freqüência: o das letras do alfabeto — comparação tanto mais fácil para ele quanto em grego, por exemplo, *stoicheion* designa ao mesmo tempo o elemento físico (o átomo) e a letra, um pouco como a palavra latina *elementa*. Para fazer compreender a teoria atomística, ele compara todos os elementos indivisíveis que compõem todos os corpos reais ou possíveis dos mundos, às letras do alfabeto que compõem todas as palavras da linguagem. Com cerca de 25 letras, pode-se escrever as milhares de palavras de uma língua, e mesmo todas as palavras de todas as línguas possíveis. Com apenas algumas dezenas de espécies de átomos diferentes (isto é, de formas e de tamanhos diferentes), pode-se, por simples combinação, formar milhares, milhões de corpos diferentes do mundo, ou mesmo de todos os mundos possíveis. A que se assemelharia então o universo lucreciano, segundo essa comparação? A uma espécie de biblioteca de Babel, segundo o modelo da célebre novela de J. L. Borges. Todos lembram que este imagina homens vagando numa imensa biblioteca, na qual todos os livros têm uma aparência idêntica: mesmo número de páginas, de linhas por página, de caracteres por linha, cada caractere sendo uma letra do alfabeto ou um sinal de pontuação. Essa biblioteca contém todos os livros possíveis que obedecem a essa simples combinatória. Nessa biblioteca, muito grande, imensamente grande (no entanto finita, ao contrário do universo lucreciano!), um viajante pode passar horas, dias, semanas a folhear milhares e milhares de livros antes de achar simplesmente uma frase coerente escrita numa língua por ele conhecida. Mesmo assim sabemos *a priori* que essa biblioteca contém livros inteiramente escritos e coerentes, e inclusive *todos* os livros já escritos ou por escrever em todas as línguas do mundo, até mesmo os livros que poderiam ter sido escritos, todas as suas variantes, em todas as línguas, e as peças que Shakespeare jamais escreveu, e uma continuação inédita das *Flores do mal* de Baudelaire, e um *De natura rerum* de Lucrécio em versão cristã etc. É sem dúvida algo vertiginoso. O universo lucreciano é ainda mais rico, infinitamente mais rico que o de Borges, por ser infinito? Mas a imensidão do "universo" borgiano é suficiente para perceber a infinidade da "biblioteca" lucreciana: os átomos são as letras, o espaço vazio é o espaço branco da página ou o espaço no teclado da máquina de escrever. Um corpo composto é como uma palavra que tem sentido. Mas ela só pode ter sentido se respeitar as regras de combinação das palavras entre si, no interior de uma dada língua. O mesmo acontece com um corpo, que só pode subsistir, "ter um sentido", segundo as leis naturais de composição, de produção, de subsistência e de compatibilidade dos corpos entre si, ou seja, segundo as leis naturais de um mundo. Um mundo é uma língua. Mas é claro que uma língua, um mundo, são raros, muito raros, em relação a tudo o que é matematicamente, estatisticamente possível.

Eis portanto a que se assemelha o universo lucreciano: a uma biblioteca de Babel vista, ou melhor, lida a partir de um de seus livros. Imaginemos, pois, um homem que, ao acaso, no primeiro dia, na primeira hora, abre um livro e topa ao acaso com um livro qualquer mais ou menos coerente, escrito em português, apesar de alguns erros e imperfeições (nem precisa ser *A Ilíada* ou a *Bíblia*): esse homem acharia necessariamente esse livro maravilhoso, em todo caso suficientemente bem-feito para que ele queira saber quem é o autor e mesmo prestar um culto a um gênio capaz de inventar tal livro. Não pode ser fruto do acaso, ele diria a si mesmo, deve existir um espírito ordenador que combinou essas palavras, inventou essa história, criou esses personagens etc. E a essa inteligência suprema ele não deixaria de prestar um culto e de esperar outros milagres similares. No entanto ele não sabe (por não ver o conjunto da Biblioteca) que esse livro é apenas um livro perdido em meio a um oceano de contra-senso, e que ele deve apenas a seu próprio espírito (nascido, ele também, ao acaso de uma composição de átomos no espaço infinito) o fato de atribuir-lhe um sentido e de julgá-lo extraordinário. E no entanto esse livro é apenas um pobre livro, tão fortuito quanto os demais, nem bons nem maus, puros frutos dos jogos da combinação com a eternidade. E no entanto tudo é somente corpos cegos e vazio infinito.

Mas o poema de Lucrécio não é uma simples visão do mundo — dos mundos. O poema não é somente a exposição de uma física materialista, a mais poderosa, sem dúvida, de toda a Antigüidade. É antes de tudo um remédio aos males de que padecem os homens. Expliquemo-nos.

Lucrécio é poeta *e* filósofo. Mas há várias maneiras de ser filósofo e várias maneiras de ser poeta. Do filósofo, a Antigüidade nos legou, basicamente, três modelos.

O filósofo *interrogador*, à Sócrates: aquele que nos interpela, que questiona nossas certezas, provoca a dúvida, o questionamento das evidências mais enraizadas, que nos leva a interrogar-nos sobre o que nunca havíamos interrogado, sobre o que nos parecia liso, sem problema, que nos leva a perguntar o que somos e o que devemos fazer, quando agimos maquinalmente, com nossos pressupostos, nossos preconceitos, nossas opiniões simples e aceitas.

O segundo modelo é o de Aristóteles, o filósofo *erudito*: aquele que busca, ao contrário do primeiro, com um rigor de argumentação, de experiência fora do comum, responder a todas as nossas questões, totalizar e unificar todo o saber possível, apresentá-lo de uma maneira ao mesmo tempo completa e coerente, a partir dos primeiros princípios até as últimas conseqüências.

Há um terceiro modelo, do qual Epicuro é o representante por excelência: o filósofo médico. E Lucrécio é um desses. Epicuro é um desses. Ele dizia: "Vazio é o discurso do filósofo pelo qual o homem não é curado de algum sofrimento". O filósofo epicuriano é médico, dirige-se a um doente particular e tenta administrar-lhe o remédio que lhe convém. Eis por que, assim como Epicuro se dirige sempre, nos textos que chegaram até nós, a um "discípulo", destinatário singular — também enfermo, Heródoto, Meneceu —, Lucrécio dirige-se a Mêmio, doente crônico e discípulo indócil, a fim de convertê-lo definitivamente à "verdadeira doutrina" (ele parece ainda preso à religião oficial, a da mitologia, religião oficial que Lucrécio condena com uma violência inédita), mas também a fim de curá-lo de seus males, aliás ligados a suas crenças religiosas. Pois, para um epicuriano, não se trata de transmitir verdades gratuitas, por verdadeiras que sejam. Trata-se de modificar, por essas verdades, a vida daqueles a quem se dirige: transformar as convicções, dissipar as ilusões, mudar seus hábitos, exortar a novos princípios de existência — e sobretudo acalmar os desejos vazios e os temores vãos.

Quais desejos e quais temores? Segundo os epicurianos, todos os homens são infelizes porque padecem de quatro males fundamentais: o desejo vazio, isto é, o desejo de desejar sempre mais, sem limite, sem nunca poder ser satisfeito e três temores: temor da dor (convém não esquecer o que representava a dor no mundo antigo, sem anestesia, sem calmante analgésico eficaz) e sobretudo dois grandes temores que são o obstáculo supremo à felicidade: temor da morte e temor dos deuses. É a esses dois temores que responde o conhecimento da natureza das coisas (isto é, a física), é a eles portanto que Lucrécio pretende responder escrevendo seu poema *De natura rerum*.

No início do poema, Lucrécio explica esses dois objetivos. Começando pelo primeiro, combater o medo da morte:

> [É preciso] sobretudo ver, com sagaz inteligência, donde provém a alma e qual é sua natureza e quais são essas coisas que, vindo ao encontro da gente acordada, mas abalada pela doença ou mergulhada no sono, aterrorizam os espíritos, dando-nos a ilusão de que estão diante de nós e os podemos ouvir, aqueles cujos ossos tocados pela morte se encontram recobertos de terra. (I, 130-135)

Depois, o segundo objetivo, combater o medo dos deuses:

> O terror oprime todos os mortais, apenas porque vêem operar-se no céu e na terra muitas coisas de que não podem de nenhum modo perceber as causas, e cuja origem atribuem a um poder dos deuses. (I, 151-154)

Compreende-se por que Lucrécio faz da religião seu inimigo principal — para não dizer único. Pois a religião repousa, segundo ele, sobre a exploração desses dois temores humanos.

> [...] se os homens vissem termo certo às suas dores, de qualquer modo ganhariam valor e resistiriam à religião e à ameaça dos vates; mas não há, agora, nenhuma razão nem possibilidade alguma de se resistir, visto que são penas eternas as que se têm de temer depois da morte. (I, 107-111)

A religião explora esse duplo temor ao inventar uma alma imortal sujeita às penas infernais dos deuses após a morte. Vê-se inclusive que, desse modo, ela explora os três temores dos homens: temor da morte, temor dos deuses, temor da dor ilimitada causada pelos deuses após a morte.

Mas se tudo é corpo e vazio, então nada há a temer da morte nem a temer dos deuses. E a filosofia (epicuriana) é a verdadeira alternativa à religião.

Percebe-se o que é a verdadeira filosofia: é a filosofia plena, não vazia, é a filosofia que medica. Certo. Mas, e a poesia? Por que a poesia? Em quê ela é concernida pela função terapêutica? Por que escrever em versos quando alguém se pensa médico das almas?

Lucrécio explica:

> Primeiro, porque te ensino importantes assuntos e procuro libertar-te o espírito dos apertados nós religiosos; depois, porque sobre um tema obscuro vou compondo tão luminosos versos, a tudo tocando com a graça das Musas. Isto mesmo parece perfeitamente justificado; assim como os médicos, quando tentam dar às crianças o repugnante absinto, primeiro põem, no bordo da taça, loiro, fluido e doce mel, de modo que, pela idade imprevidente e pelo engano dos lábios, tomem a amarga infusão do absinto e, não significando este engano prejuízo, possam deste modo readquirir a saúde, assim também eu, como esta doutrina parece muito desagradável a quem a não tratou, e foge diante dela, horrorizado, o vulgo, quis, em verso eloqüente e harmonioso, expor-te as minhas idéias, e ungi-las, por assim dizer, do doce mel das Musas; a ver se por acaso posso manter o teu espírito encantado com meus versos, enquanto penetras toda a natureza e as leis de sua formação. (I, 931-950)

Nesse trecho, vê-se que Lucrécio se fixa três objetivos ao compor seu poema. Primeiro objetivo: a divulgação. Trata-se de traduzir uma doutrina grega libertadora em latim, e conferir-lhe assim um valor universal. Já que ela se destina a todo homem e pode trazer-lhe alívio de seus sofrimentos, é preciso traduzi-la em todas as línguas ou na língua universal da época, o latim, a fim de fazer que o mundo inteiro a conheça.

Segundo objetivo: esclarecer — isto é, desenvolver, fazer ver, mostrar. O conceito dirige-se ao raciocínio, ele é difícil, obscuro; as imagens dirigem-se aos sentidos, à imaginação. Elas provocam a emoção, ilustram o conceito por meio de exemplos.

Terceiro objetivo: encantar. É a célebre imagem do mel. A filosofia, a verdadeira filosofia, como vimos, a que não é nem vazia nem vã, deve medicar: cuidar dos homens para que eles sejam felizes. A poesia, a verdadeira, a que não é nem vazia nem vã, é auxílio médico. Ela é o mel que permite engolir o remédio amargo da doutrina filosófica. Ela dá prazer enquanto a filosofia exige esforço. A criança degusta o mel e ingere o remédio. O discípulo saboreia a poesia e é tratado pela filosofia, que ele ingere ao mesmo tempo sem perceber. Ele sente prazer em vez de sentir o esforço. Duplo benefício: ele tem o prazer imediato do mel e o alívio a longo prazo propiciado pelo remédio. Usufrui da poesia e ao mesmo tempo impregna-se da verdade. Lê, relê, aprende de cor, assimila a doutrina graças aos versos, a seu ritmo, à sua musicalidade, *assimila*-os no sentido mais biológico do termo, os faz seus, eles se tornam uma parte dele mesmo, de sua própria substância e de seu pensamento. As letras do *De natura rerum* tornam-se, aos poucos, átomos de seu próprio espírito, elementos que compõem seu pensamento, isto é, de seu corpo, já que tudo é corpo ou vazio.

Nada está mais distante da poesia gratuita do que Lucrécio. Mas nada está mais distante dele, também, como vimos, que a idéia de filosofia gratuita. Uma filosofia gratuita não seria apenas uma filosofia falsa ou ilusória. Seria uma filosofia vazia que alimenta o desejo vão de saber mais e nunca satisfaz esse desejo, não acalmando nenhum sofrimento. Do mesmo modo, uma poesia gratuita seria uma poesia vazia, isto é, sem pensamento. Uma poesia bonita, estética, puramente formal.

Pois, o que é a poesia? Não é difícil responder em poucas palavras a que gênero ela pertence: à arte da linguagem. Mas há muitas delas: a retórica é arte da linguagem (arte de convencer), o romance é arte da linguagem (arte da narrativa), o teatro é arte da linguagem (arte da representação dialogada) etc. O que faz a especificidade da poesia? A poesia é uma arte da linguagem que toma por matéria, não essa ou aquela função da linguagem (convencer, narrar, dialogar etc.), mas, aquém de todas essas funções, a própria matéria da linguagem, aquilo de que ela é necessariamente feita: o som das palavras. As palavras têm um ou vários sentidos, convencionais, mas não há relação, na língua comum, entre o som das palavras e seu sentido. São signos ditos "arbitrários", nada liga logicamente "a natureza" ao som "*natureza*". De maneira mais geral, no uso habitual da linguagem, tudo o que faz a matéria mesma da linguagem — isto é, no primeiro nível, os sons (ou ainda os "significantes", distintos dos "significados"), mas também, no segundo nível, as regras semânticas que relacionam o sentido das palavras entre si (homonímia, sinonímia, proximidade, níveis de sentido, conotações, evocação, "sabores"), e ainda, no terceiro nível, as regras sintáticas que relacionam as palavras entre si no eixo horizontal da frase (ordem das palavras, proposições bem ou mal formadas etc.) —, tudo isso *deve ficar despercebido*, desaparecer por trás de sua função principal: comunicar. Assim, no uso cotidiano, trivial, da linguagem, quando as pessoas se compreendem mutuamente, não se ouve mais o som das próprias palavras, mas apenas seu sentido. Inversamente, a partir do momento em que se ouve o som delas, não se é mais capaz de compreendê-las. É o que ocorre quando somos confrontados a uma língua estrangeira que não nos é familiar: ouvimos apenas uma estranha música. Ora, a poesia toma justamente por objeto essa matéria sonora, isto é, joga com as sonoridades (as assonâncias, as aliterações, as rimas etc.), os ritmos (por exemplo, os diversos modos de versificação, a contagem regular das sílabas, a acentuação das palavras, a alternância regular das sílabas breves e das longas etc.), em suma, faz de uma matéria sonora bruta e *insignificante* uma forma ordenada e significante, pois toda arte poética consiste não em fazer música pela música (como aquele "que faz versos" contando nos dedos!), mas em construir uma relação engenhosa, sutil, eloqüente, entre essa matéria posta em forma (o som) e o próprio discurso (o sentido). Ao contrário da língua comum, fundada sobre a convenção de uma relação *arbitrária* significante/significado, que permite a comunicação, a língua poética se funda na invenção de uma relação *necessária* significante/significado, que acrescenta a expressão de um sentido, dado pela matéria sonora, à comunicação do sentido veiculado pelas palavras. De modo que há três maneiras de fazer má poesia:

• porque não se sabe pôr os sons da linguagem em música;

• porque não se sabe dar sentido ao discurso (diz-se estar fazendo "poesia pura", quando na verdade nada se tem a dizer);

• porque não se sabe construir uma relação, tão essencial quanto secreta, entre a forma sonora e o discurso, como se houvesse de um lado uma bela música, bem-feita, e de outro palavras interessantes, justas, profundas, mas sem nenhuma relação entre as duas, cada qual cantando para si, a música nada dizendo que se acrescente ao sentido, que se case com ele e forme com ele uma terceira forma, unida, única, inusitada, singular. Essa é a condição das mais profundas emoções poéticas.

Dito isto, talvez haja também dois modelos de poeta, dois modelos de bons poetas, conforme a maneira pela qual conseguem ser bem-sucedidos nesse terceiro nível, o da imbricação da arte e do pensamento. Sim, há duas maneiras de conseguir casar bem o som e o sentido numa forma única, ou seja, de unir "arte" e "pensamento" num só conceito portador de emoção: "artepensamento".

De um lado, há os poetas do *singular*, os que procuram dizer o único: seja isso a disposição de sua subjetividade individual (seu "estado de alma"), seja, mais objetivamente, a visão única oferecida por um lugar (paisagem, bairro, casa etc.), a emoção particular de um momento particular, ou a soma de afetos em que é apreendido um objeto determinado e familiar; enfim, poetas que buscam encerrar em palavras e por palavras que, por definição, são comuns e gerais, o que justamente escapa ao comum e ao geral, o que depende da singularidade pura. Sua arte permite pensar (isto é, apreender) o que ordinariamente escapa ao pensamento, isto é, ao conceito. Para eles, a poesia é a arte de pensar pela linguagem o que é rebelde à linguagem — e portanto ao pensamento. É a arte de apreender pelas palavras aquilo que — dificilmente — é apreendido pelos sentidos: o único. É a arte de dizer o puramente sensível.

Em oposição a esses poetas líricos, haveria os poetas filósofos, "à Lucrécio", os que permitem pensar o mundo e não a singularidade das coisas. Do mesmo modo que a filosofia está a serviço da felicidade (ela deve acalmar as perturbações), essa poesia está a serviço da filosofia (ela deve tornar o remédio agradável). De maneira mais geral, a poesia é então a arte que permite tornar o pensamento suportável. Não é a arte de pensar pela linguagem a individualidade nua e única, mas, ao contrário, uma arte que toma por objeto o conceito mais geral e mais amplo (o mundo, a infinidade dos mundos), o conceito mais universal, porque se dirige a todos os homens sem exceção, à condição humana em geral, e quer tornar esse conceito sensível, visível, palpável.

Há os poetas que conseguem pensar o sensível e há os poetas que conseguem fazer sentir o pensamento. Lucrécio é, certamente, um destes, e talvez o maior de todos os que tentaram pensar o mundo. Dito em outras palavras: há poetas que povoam o vazio de corpos singulares, há outros, como Lucrécio, que abarcam num só olhar os mundos infinitos dos corpos no vazio. Pois, finalmente, tudo é corpo ou vazio.

Tradução de Paulo Neves

NOTA

(1) Lucrécio distingue o mundo (*mundus, haec summa rerum*, essa suma das coisas) do universo (*summa summarum*, a suma das sumas), formado de uma infinidade de mundos.

A CONDIÇÃO HUMANA

Newton Bignotto

INFERNO, VII, 73-96

Colui lo cui saver tutto transcende,
fece li cieli e diè lor chi conduce
sí, ch'ogne parte ad ogne parte splende,

distribuendo igualmente la luce.
Similemente a li splendor mondani
ordinò general ministra e duce

che permutasse a tempo li ben vani
di gente in gente e d'uno in altro sangue,
oltre la difension d'i senni umani;

per ch'una gente impera e l'altra langue,
seguendo lo giudicio di costei,
che è occulto come in erba l'angue.

Vostro saver non ha contasto a lei:
questa provede, giudica, e persegue
suo regno come il loro li altri dèi.

Le sue permutazion non hanno triegue;
necessità la fa esser veloce;
sí spesso vien chi vicenda consegue.

Quest' è colei ch'è tanto posta in croce
pur da color che le dovrien dar lode,
dandole biasmo a torto e mala voce;

ma ella s'è beata e ciò non ode:
con l'altre prime creature lieta
volve sua spera e beata si gode.

Dante Alighieri,
La Divina Commedia, Milão, Ulrico Hoepli, 1987.
A Divina Comédia, São Paulo, Editora 34, 1998.

INFERNO, VII, 73-96

Ele, cujo saber tudo transcende,
fez os céus e lhes deu quem os conduz:
se em toda parte cada parte esplende

é que igualmente lhes reparte a luz;
do mesmo modo pra pompa mundana
designou uma ministra e deu-lhe jus

de ir permutando a riqueza profana
de um pra outro sangue, e de gente em gente,
livre do alcance da cobiça humana.

Logo, uma gente impera, e languescente
fica a outra então conforme o arbítrio dela,
que é oculto como na relva a serpente.

É vão vosso querer controvertê-la:
em seu reino prevê, julga e procede
ela só, como, noutro, outro deus zela.

Sua contínua permutação não cede;
necessidade o giro lhe apressura,
assim sempre aparece quem sucede.

Ela é posta em odiosa conjuntura —
mesmo por quem mais deveria louvá-la —
com vã calúnia e infundada censura;

mas, beata, não ouve a vossa fala;
co' as outras primas criaturas, leda
gira sua roda, e sua ventura embala.

Tradução de Eugenio Mauro

Em toda viagem há vários mundos que se cruzam. Ao começar seu caminho o viajante carrega consigo um mundo preenchido com suas lembranças, seus medos, seus desejos e amores. Ao longo do caminho outro mundo se desenrola, cheio de paisagens e de cores, que interpelam e modificam a bagagem inicial, fazendo surgir um cruzamento de experiências e de sensações que multiplicam os caminhos inaugurais. Toda obra poética propõe a seu leitor um mundo que é o resultado de um olhar que encontra outro olhar que um dia se pôs a andar pelas paragens da humanidade e inscreveu seus traços no território da linguagem. Se os mundos dos grandes poetas podem se multiplicar, isso se deve ao fato de que são capazes de multiplicar aqueles dos que os lêem. Talvez não possamos restituir inteiramente a bagagem que carregaram para dentro de seus caminhos, e talvez não estejamos à altura da aventura que nos oferecem em seu universo de palavras e letras, mas certamente estaremos diante de uma obra maior do espírito se, aos primeiros sons de seus versos, sentirmos a necessidade de continuar a escutá-los para além das imagens e idéias que nos acorrem nas primeiras linhas.

A Divina Comédia, de Dante, ou simplesmente a *Comédia*, como era conhecida no tempo em que foi escrita, abre os trilhos de uma das maiores aventuras que o espírito humano concebeu. Devemos ser modestos na pretensão de descobrir os mundos que descortina, mas, como sugere Borges, "não temos o direito de nos privar de ler a *Divi-*

na Comédia, e de lê-la de forma ingênua".[1] Depois de mais de sete séculos de leituras e de interpretações sabemos tanto sobre a época de Dante que podemos nos iludir quanto à possibilidade de decifrar seus versos com as ferramentas da erudição. Basta, no entanto, começar a lê-los para deixar-nos surpreender pela angústia inicial do poema, para sermos tragados pela força e pela sedução de uma viagem que começa sob o signo do medo e da tensão. O meio do caminho e a selva obscura fazem parte hoje dos caminhos principais da poesia ocidental, mas não perderam em nada sua capacidade de evocação. Mesmo sabendo que as jornadas do poeta o conduzirão até o paraíso para junto de sua musa, não é possível não sentir o peso de uma narrativa que se inicia e que não concede aos leitores a facilidade das fórmulas poéticas simples e repetidas, que cada época conhece. Como diz Dante: "Ah que a tarefa de narrar é dura/ essa selva selvagem, rude e forte,/ que volve o medo à mente que a figura" [*Ahi quanto a dir qual era è cosa dura/ esta selva selvaggia e aspra e forte/ che nel pensier rinova la paura*].[2]

A viagem do poeta, e não resta dúvida de que se trata de uma viagem que ele deseja empreender na companhia de seus leitores, não pretende ser uma excursão planejada, dessas que revelam o segredo de seus caminhos desde os primeiros passos. O poeta se encontra no meio da selva e não sabe como lá foi parar: "Como lá fui parar não sei;/ tão tolhido de sono me encontrava,/ que a verdadeira via abandonei" [*Io non so ben ridir com'i v'intrai,/ tant'era pien di sonno a quel punto/ che la verace via abbandonai*].[3]

A marca de sua poesia é a indefinição de sua vida aos trinta e cinco anos, a dificuldade da procura da virtude, pois esse parece ser o caminho do qual ele se perdeu sem nem mesmo se dar conta. Mas precisamos estar atentos aos signos que anunciam a viagem se não quisermos nos perder muito rapidamente em nossa própria selva.

A VIAGEM DE DANTE

Lembremos, pois, em primeiro lugar, de analisar a bagagem que o poeta traz consigo ao se perder em sua busca por uma vida mais harmônica. Podemos é claro nos perguntar se de fato ele estava à procura de algo, quando se viu na obscuridade. Logo no início ele sugere que havia perdido a *diritta via*, que no curso de seus anos deveria ter-lhe conduzido para a virtude. É precisamente essa perda do caminho que torna o poema tão fascinante. Cada um de nós, em cada época, gostaria de poder subir diretamente o monte depois de uma noite tenebrosa. A verdade, no entanto, é que a consciência de nosso desvio vem acompanhada do sentimento de impotência. Dante diante das três feras, dos três vícios sobre os quais tanto se discutiu — a luxúria, a soberba e a avareza, segundo muitos —, teve de recuar: "e pouco a pouco pra trás impelido,/ eu regredia pra lá onde o Sol cala" [*che, venendomi 'incontro, a poço a poço/ mi ripigneva là dove 'l sole tace*].[4]

Tivesse ele enfrentado diretamente os desafios e os derrotado sem dificuldades, nos veríamos privados de um guia pelos caminhos tortuosos de nossa própria humanidade. A *Divina Comédia* permanece um poema atual exatamente porque não precisa ser decifrada para nos interpelar em nossas fraquezas e medos. Quantos versos provocam ainda discussões acaloradas entre os especialistas, sem que isso altere a força e o fascínio dos encontros que vão se produzindo ao longo do livro e das realidades que vão se abrindo a nossos olhos! Por isso esse é o primeiro item da bagagem de Dante que devemos reter ao iniciar a viagem: o poeta que nos fala o faz de um lugar que todos conhecemos: o da fraqueza e da fragilidade de nossa condição.

Antes, no entanto, de lembrar mais alguns traços do mundo que conduziram o poeta à "selva escura", cabe dizer até onde acreditamos poder acompanhá-lo em sua travessia. Como dissemos no início, a direção de nosso olhar inicial trai o alcance de nosso caminho.

Buscaremos em Dante o espelho de nossa fragilidade e o reflexo de nossos medos, mas não podemos deixar de lembrar que seu caminho foi guiado pelas mãos hábeis de Virgílio e pela certeza do encontro com Beatriz. Em nosso texto vamos nos preocupar com as marcas da contingência, com os mundos obscuros que a *fortuna* nos abre, mas não é lícito fazer do poeta florentino o profeta do desespero. A presença de sua amada é um "princípio de esperança" que ilumina o trajeto todo do poeta, mesmo se dele pretendemos reter apenas a universalidade das ameaças que rondam os que se perderam na "selva obscura" ou a danação daqueles que fizeram de sua vida um desastre irremediável.

Ao prestar atenção ao poeta da contingência e do livre-arbítrio não estamos querendo propor uma interpretação global da *Divina Comédia*. Apenas recortamos nas paisagens complexas de seus versos aquelas que mais nos aproximam das experiências terríveis que, na época de Dante, como no curso dos séculos, nos fazem membros de uma comunidade para a qual vencer as três feras é um desafio permanente e quase sempre votado ao fracasso.

BEATRIZ E O "DOLCE STIL NUOVO"

Lembremos, pois, de Beatriz, antes de percorrer alguns dos desvãos do "Inferno" e do "Purgatório". Dante fala de sua amada e a conduz ao centro de sua vida e de suas esperanças em poeta que sabe o valor das musas e que abriu uma nova clareira no mundo da poesia. Com efeito, quando ainda na juventude escreve a *Vita nuova*, ele se faz herdeiro de uma poesia renovada no curso do século XIII pela influência da poesia provençal e pelo acento italiano que ela ganhara com os poemas de autores como Guido Guinizzelli e Guido Cavalcanti.

Os poetas provençais fizeram das amadas seres elevados e etéreos. No jogo complexo de suas referências e de suas alusões inventaram um mundo para poucos, um código que dava acesso, àqueles que o conheciam, a um universo único de significados. De fato, como já observou Auerbach,[5] tratava-se de uma aristocracia do espírito, que admitia muito dificilmente o acesso a seus lugares e a seus valores. O coração puro estava reservado a uma nobreza, que não desprezava o acento social de seus membros, mas que os distinguia ainda mais por suas qualidades morais e sua capacidade de aceder a domínios transcendentes, distantes das preocupações corriqueiras dos homens. Por isso sua poesia era marcada pelo otimismo e por um tom cavalheiresco, que casava bem com uma sociedade que tinha por referência a organização feudal do corpo social. A poesia provençal se confundia com a procura da pureza mística e, por isso, fazia da busca de um coração nobre uma obra de amor muito superior aos simples enlaces entre amantes. Nesse caminho os provençais nos legaram uma poesia na qual a busca da forma perfeita, e o uso das línguas vulgares, confundia-se com a afirmação de uma distância quase intransponível entre os poucos eleitos e os homens comuns.[6]

Ao migrar para a Itália essa poesia levou consigo as experiências formais e o acento místico, mas perdeu sua inflexão aristocrática e cavalheiresca. Guido Guinizzelli — considerado por Dante o pai do *dolce stil nuovo* e seu mestre,[7] por ser "daqueles que rimas de amor usaram, graça e ternura provendo"[8] —, apesar de ligado a experiências antigas da poesia siciliana, soube renovar os objetos poéticos tomando-os não apenas das fontes que inspiravam o misticismo cristão, mas também do amor, que vai ganhando aos poucos contornos subjetivos.[9] Com sua pena as evocações ainda são por demais intelectuais, como provam os versos iniciais de uma de suas canções, que Dante não cessou de admirar:[10]

Num coração nobre o amor sempre se abriga
como faz o pássaro na floresta sob os ramos,
E a natureza não criou o amor
antes do coração, nem o coração antes dele.
Desde que o sol apareceu,
no mesmo instante resplandeceu a luz,
que não foi a primeira.
O amor escolheu a nobreza como habitação
*Assim como o calor habita a luz do fogo.**[11]

Mas esse poeta tão intelectual em sua cadeia de concordâncias e equivalências soube construir um edifício métrico e melódico de grande beleza e leveza. O amor equiparado às forças naturais não perde nada de sua proximidade com os seres humanos ao ser guindado às esferas mais elevadas das camadas de seres. Amar continua a ser um atributo das almas nobres, mas o conteúdo desse amor admite cada vez mais a presença de uma sensibilidade que não quer mais se esconder numa série indecifrável de referências e de ritmos.[12]

Com Guido Cavalcanti a figura da musa se desprega de um conjunto de referências sucessivas a elementos da natureza, para produzir uma idéia trágica do amor. Servindo-se de conceitos aristotélicos e por vezes averroístas para sustentar sua visão de mundo, o poeta faz do amor o produto da alma sensível. O intelecto dura para sempre, mas a parte sensitiva da alma, em contato direto com as coisas terrenas, é a responsável pelos acidentes que compõem a vida amorosa. Encontramos uma prova inequívoca da concepção de Cavalcanti da natureza do amor logo no início de uma de suas canções: "Dama me pergunta por que quero falar/ de um acidente que é freqüentemente cruel/ por vezes mesmo mortal, que chamamos amor" [*Donna me prega, per ch'eo voglio dire/ D'un accidente – che sovente – è fero/ Ed è sì altero – ch'è chiamato amore*].[13]

A presença da amada deixa o poeta perdido em seus sentidos. O terrível do amor é que não podemos escapar de seus efeitos quando ele se apresenta. O impacto da visão da amada é tamanho que todo o controle imposto pela razão para a operação do intelecto se esvai diante de um fenômeno que a natureza comanda segundo suas próprias

* *Al cor gentil rempaira sempre amore/ Come l'ausello in selva a la verdura;/ Né fe' amor anti che gentil core,/ Né gentil core anti ch'amor, natura:/ Ch'adesso con' fu 'l sole,/ Si tosto lo splendore fu lucente,/ Né fu davanti 'l sole;/ E prende amore in gentilezza loco/ Cosi propriamente/ Come calore in clarità di foco.*

leis. A essência do amor é o desejo, que não conhece limites: "A essência aparece quando o querer é tamanho/ que excede a medida natural/ pois o repouso não conhece jamais" [*L'essere è quando — lo voler è tanto/ Ch'oltra misura — di natura — torna/ Poi non s'adorna — di riposo mai*].[14]

Dante trilhará o mesmo caminho do amigo. Em sua obra *Vita nuova*, quando pela primeira vez toma contato com Beatriz, a visão de sua doce figura é o primeiro sinal da presença do amor. O amor se mostra, portanto, pelos sentidos, mas também pela evocação. O poeta vê Beatriz passando pelas ruas de Florença, e essa experiência, ou esse "acontecimento", como prefere Auerbach, é um fato decisivo para a construção da tópica amorosa do poeta. Ao primeiro impacto dos sentidos, que lembra a concepção amorosa do amigo Cavalcanti, segue-se o momento em que a dama saúda o amado e deixa em seu corpo uma marca definitiva:

Tão nobre e casta parece
a dama quando saúda
que toda língua trêmula se torna muda
*e os olhos não ousam olhá-la.**[15]

A idéia da saudação e seu efeito imediato sobre a alma sensível eram compartilhados por muitos amigos de Dante, mas ela receberá outro significado quando diante da morte da amada o poeta se vir diante da necessidade da evocação. A tragédia do amor cantada por Cavalcanti ganha um contorno diferente da simples mecânica de um sentimento fora de controle. Beatriz é no começo da *Vita nuova* uma jovem capaz de despertar o mais alto sentimento por sua simples presença, e isso ocorreu com Dante como com quase todos os poetas florentinos do *dolce stil nuovo*. A morte da amada, no entanto, abriria um caminho diferente para seus sentimentos. A lembrança continuada de sua figura muda de forma decisiva a maneira como lhe aparece o mundo.

A evocação amorosa se torna aos poucos algo muito poderoso. Dante o sente quando no começo do capítulo XXIV vê Beatriz se aproximar na companhia da amada de um seu amigo: "estando eu assentado pensativo em um lugar, de repente senti começar em meu coração um tremor, como se estivesse em presença da dama".[16] A morte de Beatriz irá transportar o poeta para outras esferas. Nos primeiros tempos sua dor foi

* *Tanto gentile e tanto onesta pare/ La donna mia quand'ella altrui saluta,/ Ch'ogne língua deven tremando muta,/ E li occhi no l'ardiscon di guardare.*

tamanha que ele era obrigado a se esconder dos olhares que o surpreendiam mergulhado em lembranças, que tocavam seu corpo, como outrora ele sentia a presença da amada.[17] Aos poucos esse amor, que Dante assumira como algo acidental, significando com isso que só existe se tocar diretamente os sentidos — "pois o amor não possui um ser em-si como uma substância, mas é um acidente em uma substância"[18] —, esse amor vai revelando outros mundos, fazendo do anjo desenhado pelo poeta em seus dias de esquecimento[19] um habitante real do paraíso. Ao fim da *Vita nuova* o poeta prepara o terreno que acolherá Beatriz na *Divina Comédia.* A linda jovem de seus poemas ganhará contornos metafísicos. Ser de carne e osso, capaz de produzir a mágica do amor com um simples olhar e de transtornar o poeta com sua breve saudação, transforma-se no objeto da dor de toda uma cidade. Aos peregrinos que indiferentes atravessam Florença a caminho de Roma ele adverte: "Ela perdeu sua beatriz;/ E as palavras que dela podemos dizer/ têm a virtude de fazer chorar cada um" [*Ell' ha perduta la sua beatrice;/ e le parole ch'om di lei pò dire/ Hanno vertù di far piangere altrui*].[20]

A musa ganha o direito de viver junto dos anjos no paraíso e o amor do poeta se vê transfigurado por uma imagem, que deixa o terreno dos sentidos para ocupar aquele do intelecto e das virtudes perfeitas. O amor de Dante por ela está intacto no início da *Divina Comédia*, mas o lugar de sua dama ao lado do criador retira-lhe o frescor da bela jovem da juventude do poeta, para conferir-lhe a gravidade dos sentimentos eternos. A Beatriz capaz de conseguir favores nos céus para seu amado já não saúda a todos e desafia os acidentes que vêem nascer o amor dos homens. Por isso mesmo se transformou num "princípio de esperança", para aquele que não ousava sequer olhar nos olhos apiedados de outras mulheres no ano da morte de sua amada.[21]

UNIDADE E DIFERENÇA NA FILOSOFIA DE DANTE

Na bagagem de Dante a filosofia ocupa um lugar muito especial.[22] Tocado pela leitura de Boécio, ele chegará a pensar em deixar a poesia como forma principal de expressão para se dedicar mais intensamente aos problemas filosóficos. Seu guia nessa empreitada, que transparece com força no *Convívio*, será Aristóteles e os filósofos tomistas. Com esses últimos ele fará o mergulho em um mundo povoado pela razão e por sua força ordenadora. Os princípios aristotélicos irão constituir suas idéias sobre a organização do mundo material assim como sobre a ordem moral. O leitor da *Divina Comédia* encontra ao longo do caminho dos dois poetas sucessivas evidências de que a filosofia tomista fornece a base para a compreensão das principais estruturas que sustentam o mundo de Dante.

Do ponto de vista da física, Ptolomeu é o mestre do poeta. No "Paraíso" os círculos concêntricos que povoavam a cosmologia medieval são fundidos com o mundo moral de seus personagens para dar uma idéia de harmonia muito próxima daquela dos discípulos de Tomás de Aquino. De fato, o que prevalece no pano de fundo filosófico da obra é a idéia de uma ordenação do mundo que estende seus laços por todas as esferas da existência. O enorme esforço de conciliação do pensamento de Aristóteles com as verdades da Bíblia encontra em Dante uma poderosa caixa de ressonância. Mas não são apenas as concepções tomistas que estão presentes na *Divina Comédia*. Se a relação entre fé e razão lhe parecia inabalável, a longa tradição medieval de elogio da contemplação ganha força no "Paraíso", quando Beatriz conduz o poeta pela via ascendente, que pode levar ao desejo último de todos os que desejam a graça: a "visão de Deus". Nesse sentido os elementos fundamentais da filosofia de Agostinho estão presentes como sinal da pertença de Dante ao universo dos valores cristãos medievais.

Mas seria um equívoco pretender que o poema tenha servido apenas para propagar idéias e valores comumente aceitos. A adesão de Dante à filosofia cristã medieval foi tão verdadeira quanto intensa e, por isso mesmo, ele não deixou de tomar posições claras, ainda que isso pudesse estar em desacordo com uma certa ortodoxia da fé. O caso mais conhecido é o da presença de Siger de Brabante no paraíso, ao lado de Tomás de Aquino, que elogia um pensador que não admirava. Apontando à sua esquerda ele afirma:

> *Este, depois, ao qual a volta aguardo*
> *do teu olhar, guarda o espírito austero*
> *que o advento de sua morte julgou tardo;*
> *é a luz eterna de Siger severo*
> *que, á rua da Palha ensinando, gravame*
> *a si causou silogizando o vero.**[23]

Siger foi o maior representante do averroísmo no século XIII e acabou sendo vítima da acusação de heresia por suas doutrinas sobre a

* *Questi onde a me ritorna il tuo riguardo,/ è 'l lume d'uno spirto che 'n pensieri/ gravi a morir li parve venir tardo:/ essa è la luce etterna di Sigieri,/ che, leggendo nel Vico de li Strami/ silogizzó invidïosi veri.*

"dupla verdade". Pouco importa que a idéia de que ele defendia uma "dupla verdade" tenha lhe sido atribuída por seus inimigos e represente uma leitura empobrecida de seu pensamento. O fato é que Siger defendia uma separação entre teologia e filosofia e acreditava que era perfeitamente possível chegar a conclusões opostas nos dois domínios.[24] Ora, Tomás de Aquino não só não podia concordar com isso como desaprovava essa idéia como contrária a todo o esforço que dedicara para conciliar sua fé com a filosofia de Aristóteles. Siger, ao contrário, tomou a sério a tarefa de pensar o mundo com as ferramentas da razão e apenas dela, o que o conduzia a posições muitas vezes diversas daquelas sustentadas pela Igreja e pelos tomistas.[25]

A disputa sobre o significado da presença de um averroísta como representante da filosofia no paraíso, ao lado de figuras eminentes da fé cristã, transformou-se num desafio para um grande número de estudiosos de Dante, que estão longe de chegar a uma conclusão única. De nosso lado não tentaremos resolver esse enigma, que continua a desafiar os eruditos. Para nós basta lembrar que esse fato é suficiente para demonstrar que qualquer tentativa de reduzir a poesia do grande poeta florentino a um conjunto de representações de uma visão tomista do mundo está condenada ao fracasso. Não há dúvida de que a estrutura de pensamento de nosso autor tem na filosofia escolástica um de seus sustentáculos, mas é ainda mais verdadeiro que ela existe como uma grande criação do espírito cujas fronteiras estão longe da simples cópia e da figuração de idéias abstratas. Dante pensa o mundo na *Divina Comédia*, mas o faz com as armas da imaginação poética, que o leva para territórios muito diferentes daqueles descortinados pela estrita observância das regras da argumentação.

Não sabemos as razões que levaram Dante a colocar no paraíso personagens que, quando vivos, eram antagonistas.[26] O certo, no entanto, é que em outros momentos de sua obra ele demonstrou claramente que queria se demarcar de seu guia filosófico. O terceiro item de sua bagagem nos oferece a oportunidade para mostrar esse aspecto de seu pensamento. A política, ou melhor, a defesa da dignidade da política é o elemento complementar que o acompanha em sua viagem pelos reinos da *Divina Comédia*. Esse gosto pelo território da ação teve para o poeta um significado muito maior do que o de uma especulação sobre uma das dimensões de nossa humanidade. Integrando-se ativamente à vida pública de Florença a partir de 1295, nosso poeta se envolveu nas disputas entre as facções que atuavam na cidade, ocupando cargos na administração e tomando partido no perigoso jogo de alianças, que naquela época marcavam a política na Itália. O resultado de sua posição contrária ao alinhamento total de Florença ao papado foi seu exílio em 1302, que o condenou a viver fora de sua pátria pelo resto da vida.[27]

Ao refletir sobre as estruturas da política na *Monarquia*, Dante lançou mão de um procedimento que lembrava as reflexões de Siger e o distanciavam de Tomás de Aquino. Apesar de o Império ser uma força decadente em sua época, Dante defendeu a idéia de que lhe cabia o domínio nas coisas terrenas e não à Igreja, que reivindicava abertamente o poder sobre todos os homens, em todas as situações, em função de seu lugar na condução da vida espiritual. Baseada na distinção, elaborada por Agostinho, entre a "cidade terrestre" e a "cidade de Deus", uma boa parte da cristandade acostumou-se a pensar a política como uma atividade derivada, cuja função principal era permitir o pleno desenvolvimento daqueles que seriam agraciados e receberiam o dom de penetrar nos reinos mais elevados da contemplação das verdades eternas.[28]

Dante nunca negou o valor da contemplação. O "Paraíso" é uma demonstração clara de que ele acreditava firmemente na possibilidade da iluminação pessoal e no caráter libertador da graça. O que ele procurou mostrar, no entanto, é que na vida em comum dos homens também é possível falar de "beatitude", mesmo se ela está longe de ter o mesmo significado atribuído aos que podem contemplar a realidade das esferas superiores. Como mostrou Kantorowicz, ao separar *Humanitas* de *Christianitas* o poeta não apenas separou claramente o domínio da ação na terra daquele da contemplação, mas mostrou que há valor em bem agir na cidade.[29] Há, pois, um duplo sistema de poder que comanda a vida em comum dos homens, o que implica a necessidade de uma dupla referência para se pensar o poder: a Igreja e o Império. Pouco importa se na época de Dante essas forças não possuíam a capacidade de organizar a vida das comunidades italianas e do restante dos reinos e principados da Europa. O fundamental é que o poeta soube compreender que a vida dos homens não cabe nos quadros estreitos de uma visão de mundo unitária, na qual a política é uma atividade secundária.[30] Bem agir na cidade é também parte de nossa humanidade, mesmo se isso representa o risco de acabarmos nos círculos do inferno.

O PAPEL DA LIBERDADE

Ao iniciar sua caminhada, o poeta leva consigo a convicção de que o homem é um ser destinado à liberdade. Na *Monarquia* ele chega a afirmar: "É na maior liberdade possível que o gênero humano se encontra melhor. Isso aparece claramente se o princípio da liberdade se descobre aos nossos olhos".[31] O tema da liberdade e do livre-arbítrio é recorrente na obra do poeta e constitui um dos pilares de sua maneira de olhar para a humanidade. Longe de creditar a um destino funesto a responsabilidade pela queda dos que estão no inferno, ou pelas penas dos que esperam no purgatório, Dante procura compreender a trajetória de cada um à luz do que podemos escolher e das circunstâncias que nos levaram a fazer o que fizemos. Contra a visão de um homem impotente em um mundo que lhe é hostil e incompreensível, ele prefere buscar a compreensão de um mundo que só é plenamente humano pelas mãos dos que aqui vivem, mesmo quando erram e são condenados.

Um dos momentos mais belos de sua procura pelo sentido do livre-arbítrio encontra-se no meio de sua ascensão pela montanha do purgatório. Dante atravessava uma densa cortina de fumaça na qual estavam envoltos os "iracundos", quando foi abordado pela alma de um lombardo chamado Marcos. Ao saber que Dante ainda estava vivo, ele recorda que uma boa parte dos homens gosta de atribuir a forças que lhe são exteriores a causa de todos os males.[32] Sabedor, no entanto, dessa tendência, ele não hesita em colocar a culpa nos homens: "Logo, se o mundo agora se desvia,/ busque-se a causa em vós, que em vós se aninha./ Pra tal, agora te serei o guia" [*Però, se 'l mondo presente disvia,/ in voi è la cagione, in voi si cheggia;/ e io te ne sarò or Vera spia*].[33]

A novidade do poeta não está na afirmação da natureza do livre-arbítrio. Nesse terreno ele segue quase literalmente Tomás de Aquino. A força de sua interrogação está na exploração dos meandros de nossa liberdade e sua íntima conexão com os atos mais banais do cotidiano. Por isso Dante não é mais otimista do que os autores medievais que consulta quanto à verdadeira natureza dos homens decaídos. Mas se de fato podemos nos voltar para o mal, cabe lembrar que Deus permite aos homens encontrar um caminho na terra para bem agir por meio do estabelecimento das leis:

De pouco bem logo sente o sabor;
e aí se engana, e à procura corre,
se freio ou guia não dobra o seu amor,
pela lei necessária, que a socorre;
e é necessário um rei que possa ver,
ao menos, da veraz cidade, a torre.[*34]

* *Di picciol bene in pria sente sapore;/ quivi s'inganna, e dietro ad esso corre,/ se guida o fren non torce suo amore./ Onde convenne legge per fren porre;/ convenne rege aver, che discernesse/ de la vera cittade almen la torre.*

A corrupção de seu tempo não é apresentada como um reflexo imediato do pecado e da busca por todos de bens terrenos. É verdade que o livre-arbítrio permitiu aos homens escolher um caminho e se afastar do paraíso, mas a capacidade de escolher permite que ações corretivas sejam levadas a cabo de tal forma que possamos almejar viver na terra uma vida mais harmoniosa e em paz. Os elementos medievais que povoam os versos de Dante não obscurecem o brilho de um olhar muito pessoal sobre a marcha das coisas humanas. Assim ele não apresenta a decadência de Florença e da Itália como um caso particular da história da queda e da esperança de redenção. A insistência de Dante, ao contrário, é quanto ao fato de que a pretensão da Igreja de ocupar o poder temporal, longe de expor uma tendência universal, destruiu uma solução, que Roma havia legado ao mundo ao partir em dois o campo do poder. Mais uma vez a responsabilidade não é de forças universais abstratas, mas de papas que não souberam frear sua ambição e avareza.[35] Além do mais, a ausência de virtude não seria sentida se não fôssemos capazes de vivê-la em nossas cidades. Na Itália de seu tempo: "Três velhos, só, lá guardam a esquecida/ antiga norma, lamentando o tardo/ apelo à sua almejada melhor vida" [*Ben v'èn tre vechi ancora in cui rampogna/ l'antiga età la nova, e par lor tardo/ che Dio a miglior vita li ripogna*].[36]

Com isso fica claro que a virtude não é impossível no mundo dos homens, ainda que se faça rara nos tempos funestos que correm pela Itália. Ao contrário de muitos pensadores medievais, Dante acredita que é possível falar de virtude no terreno das relações humanas, mesmo que isso não seja a tônica da vivência do mundo da política.

O AMOR E A CONDIÇÃO HUMANA

No canto XVII do "Purgatório", Virgílio expõe a teoria segundo a qual o amor é a essência da condição humana: "semente de toda virtude e de todo ato que clame castigo" [*sementa in voi d'ogne virtute e d'ogne operazion che merta pene*].[37] Na ótica do mestre do poeta, o amor nos conduz pelas veredas de nossa vida, mas nem sempre se realiza de maneira adequada. Ao contrário, nos círculos infernais se encontram muitos que amaram tanto alguma coisa, ou alguém, que perderam a referência do bem. Mas se o amor é um componente essencial de nossa natureza, como se dá que não sejamos capazes de distinguir suas formas? Dante olha para o amor como olhamos para o desejo. Se não podemos negar-lhe a força, também não devemos nos fiar nas representações que dele fazemos. Ao desejar algo esse sentimento pode ser tão poderoso que esquecemos de limitá-lo com as barreiras impostas pela moral e com a busca da realização do bem.

O amor é o elemento central de uma condição humana dirigida para a procura do bem, mas marcada pela possibilidade do erro. Por isso Dante não se satisfaz com a explicação inicial de Virgílio. Somos capazes de desejar, mas, para isso, é preciso que sejamos capazes de optar por aquilo que é bom e de recusar o que é ruim. Essa condição é garantida pelo livre-arbítrio. Virgílio pede que ele se recorde disso quando se encontrar com Beatriz. Ora, esse conselho se revelará precioso exatamente porque a musa lembrará ao poeta que, ao se esquecer de seu rosto, ele havia mergulhado num mundo de tergiversações e de enganos.

> *Donde ela: Os meus anseios recordando*
> *que te davam pra o Bem perseverança*
> *que só se vale do divino mando,*
> *que fossos, que correntes, qual provança*
> *encontrastes que, de seguir viagem,*
> *tivesses de esquecer tua esperança?*
> *E que satisfações ou que vantagem*
> *viste, de outrem, bem na testa escrito,*
> *que assumir se fizessem tua miragem?**[38]

Em sua vontade de contemplar e venerar a amada, o poeta se vê tocado por profundo arrependimento por seus atos e se dispõe a purgá-los antes de ter a visão das belezas que se encerram nos céus. Tivesse ele tido acesso direto ao reino onde habita Beatriz, e sua poesia se veria privada da força de um olhar capaz de se derramar pelas esferas celestes assim como pelas misérias humanas. Da mesma forma que Virgílio pede a ele que se lembre do papel do livre-arbítrio no momento em que estiver diante da amada, também nós devemos nos lembrar da importância da liberdade na constituição de nossa humanidade, quando partilharmos com o poeta seu olhar das veredas de nossa condição.

O homem de Dante, o mesmo que aspira segundo ele a atingir sua forma mais elevada no ideal do *optimus homo*, conhece sua condição

* *Ond' ella a me: Per entro i mie' disiri,/ che ti menavano ad amar lo bene/ di là dal qual non è a che s'aspiri,/ quai fossi attraversati o quai catene/ trovasti, per che del passare innanzi/ dovessiti cosí splogliar la spene?/ E quali agevolezzze o quail avanzi?/ ne la fronte de li altri si mostraro,/ per che dovessi lor passeggiare anzi?*

ao realizar em total liberdade o percurso de seu amor e de seus desejos pelo mundo. Por isso a *Divina Comédia* não é uma obra de moral, ou de condenação do pecado como mal absoluto. A poesia de Dante, ao contrário, é um longo passeio pelas possibilidades de uma matéria complexa, que se constrói ao exercitar sua liberdade o tempo todo de sua existência. Não há homem em Dante sem a liberdade e, por isso, cada história humana deve ser olhada como parte de nossa própria humanidade. Se ao longo de seu percurso pelos mundos infernais e pelo purgatório ele demonstra muitas vezes asco e revolta pelo resultado de algumas vidas, nunca o faz como alguém que não poderia cair no mesmo erro. Ao contrário, sua condição de vivente o faz temer algo que já se realizou em outras vidas e que ele vê exposto em toda a sua crueldade. Os retratos dos condenados e dos que estão esperando expiar suas culpas lembram que os erros são parte essencial da natureza comandada pelo amor e pela liberdade.

AMOR E PERDIÇÃO

Com os elementos que anunciamos antes, acreditamos que podemos ainda hoje refazer o percurso de Dante como alguém que mergulha em uma viagem de nossa própria condição. As crenças religiosas, o imaginário medieval que alimenta a fantasia do poeta, não devem apagar a proximidade de nossas vidas com aquelas que, ao longo de tantas jornadas, nos aparecem em sua grande maioria perdidas para sempre. Dante pode caminhar na certeza de encontrar Beatriz, e com isso suportou tão bem os medos e as ameaças de um percurso de iniciação. O fascínio da viagem que ele nos oferece é que rapidamente nos sentimos parte de seu mundo.

A *Divina Comédia* é desses livros que nos acompanham a vida toda e que nunca são lidos da mesma forma. A cada mergulho em suas profundezas realizamos novos encontros e nos emocionamos com novas pessoas. Auerbach, aliás, já lembrou que o poema é território de uma série de encontros.[39] Nele transcorre a história da Itália e a história do poeta no mesmo leito de vidas e amores, que constitui a matéria de nossa condição. A viagem que empreendemos com Dante é assim o fruto de nosso olhar, da bagagem que estrutura a narrativa e de sua eterna capacidade de nos revelar a nós mesmos. Como toda viagem é pessoal, prossigamos em nosso caminho, ou melhor, retornemos a alguns passos iniciais do poeta.

Muitos já disseram que o "Inferno" é a parte mais bem acabada da obra de Dante. Na verdade não há razão alguma para esfacelar um poema que não exige de seu leitor senão que acompanhe os versos com a atenção dos que não desejam se ver perdidos no meio de uma selva escura. Se manifestamos preferência por alguma de suas partes, isso tem a ver muito mais com nossa procura do que com o acabamento formal da poesia de Dante. Nossa atenção se guia, na verdade, muito mais pela convicção de que é no "Inferno" e no "Purgatório" que os meandros de nossa liberdade e de nossa fragilidade se mostram do que por uma visão global da obra. Em sua infinita riqueza somos nós a recortá-la e a escolher nos deter em seus círculos e precipícios.

Quando se aproxima da porta do inferno, Dante é surpreendido pela dureza da inscrição que a domina "Deixai toda esperança, ó vós que entrais" [*Lasciate ogne speranza, voi ch'intrate*].[40] Os condenados que ocupam os diversos círculos do inferno se encontram nessa situação por ações já cometidas e que não podem mais ser reparadas. Para alguém que se dirige ao paraíso, em busca de um encontro que lhe dá toda esperança, a condição daqueles que sofreram a punição divina provoca um arrepio, pois possui a marca do inevitável e, poderíamos dizer, o terror dos tempos infinitos. Uma vez lançado nos desvãos da montanha invertida do inferno nada mais resta a fazer senão expiar as culpas e pagar as dívidas que contraiu em vida. Com esse pensamento poderíamos imaginar que, ao contrário do que sugerimos antes, a renúncia à liberdade seria um comportamento adequado para aqueles que, incapazes de atingir a virtude, desejam fugir dos vícios extremos que condenam ao reino da desesperança.

Um leitor contemporâneo, acostumado às referências freqüentes dos autores medievais à beleza da contemplação, e atento ao fato de que Dante se encaminha com seu mestre para o território privilegiado da beatitude, poderia supor que a inação é uma espécie de meio-termo apático que, se não nos conduz ao paraíso, pelo menos nos salva do inferno. Em nossas sociedades dominadas pelo elogio da apatia, e tão distante do mundo estruturado das virtudes medievais, essa posição pode sugerir um confortável refúgio do qual podemos lançar pequenos olhares desdenhosos para os que pagam alto a tolice de mergulhar nos negócios humanos.

Nada mais distante de Dante. Em nenhum momento isso fica mais claro do que no átrio do inferno. Aí se encontram os que não se arriscaram, os que preferiram se esconder para fazer da liberdade apenas uma palavra vazia e uma tentação inútil. Ao evitar a ação fizeram-se menos do que humanos. Acreditando escapar da própria condição, para refugiar-se no conforto de um mundo povoado por pequenos feitos e inúteis silêncios, acabaram sendo lançados num ponto vazio entre a porta e o primeiro círculo do inferno. Sua condição é tão baixa que Virgílio aconselha seu protegido a esquecê-los: "Lembrança deles o mundo rechaça;/ misericórdia, e justiça, os ignora./ Deles não cuides mais, mas olha e passa" [*Fama di loro il mondo esser non lassa;/ misericórdia e giustizia li sdegna:/ non ragioniam di lor, ma guarda e passa*].[41]

O que é notável nesse momento da viagem de nosso poeta é que ele não demonstra nenhuma simpatia por esses condenados. Como já mostrou Auerbach,[42] é raro que aos vícios que levaram as almas a serem condenadas aos tormentos eternos não se junte alguma virtude, o que confere tom humano aos muitos personagens e leva o poeta a se condoer da sorte de alguns. Os nove círculos do inferno se organizam de forma coerente a partir da origem dos diversos pecados. Do primeiro ao quinto se encontram os que pecaram por *incontinenza*; daí em diante os que o fizeram por *malizia*. A inação não cabe em nenhum dos lugares onde as penas são pagas. Dante nada tem a aprender com os que renunciaram à liberdade de agir e de viver, pois com isso renunciaram a fazer-se protagonistas da própria vida.

Outro sentimento é manifesto pelo poeta, quando depara no inferno com aqueles cujo desejo de viver e a ousadia de levar às últimas conseqüências as escolhas que fizeram acabaram por condenar-lhes à vida eterna. Nesse caso não se trata de desculpá-los de alguma forma, ou de julgar injusta a condenação. O fundamental é o fato de que Dante não se sente alheio aos dramas humanos, tanto quando se identifica com os penitentes como quando demonstra clara aversão pelo que fizeram.

Um dos encontros mais célebres se dá no quinto canto do "Inferno". Acostumado, com os amigos poetas, a fazer o elogio do amor e sabedor das muitas formas que podem revesti-lo, Dante não se sente alheio a nenhuma de suas manifestações. No segundo círculo, o dos luxuriosos, misturam-se personagens históricos e literários a quem: "sombras a quem amor vida desfez". Ao ver tantas figuras ilustres prisioneiras eternas de suas paixões, o poeta será tomado pela piedade ("piedade me deixou quase esvaído"), que lhe faltara quando contemplara os inativos. Seus sentimentos serão ainda mais intensos quando encontra Paolo e Francesca, dois amantes adúlteros, que pagaram com a vida o fato de terem acreditado que o amor é uma força inexorável, quando se apresenta a nós em suas várias roupagens.

O poeta enfrenta aqui uma das mais duras provas em sua viagem. Nesse momento não lhe é permitida a indiferença. Francesca se dirige a ele servindo-se do verso de Guinizzelli, que ele tanto admirava:

"Amor, que alma gentil pronto apreende" [*Amor, ch'al cor gentil ratto s'apprende*].[43] Como um poeta, que fizera do amor uma força essencial da poesia e de sua vida, pode deixar de reconhecê-lo, mesmo nos lábios de uma mulher condenada? Abandonar Francesca à própria sorte, sem lhe dirigir a palavra, sem procurar explorar seu coração e os motivos que a levaram a agir como agiu, seria perder o sentido essencial de um sentimento que domina os outros, que guia o poeta em sua caminhada até um amor que também um dia povoou seus dias, a ponto de fazê-lo desesperar de sua vida. Francesca lembra ao poeta os riscos que ele corre diante de uma força que, mesmo levando à morte, não pode ser evitada:

"Amor, que a amado algum amar perdoa,
tomou-me, pelo seu querer, tão forte,
que como vês ainda me agrilhoa
Amor nos conduziu a uma só morte;
Caína terá quem deliu nosso alento."
*Co' estas palavras resumiu sua sorte.**[44]

Dante nuançará mais tarde essa idéia da inexorabilidade do amor,[45] mas o fará talvez por já ter deixado há muito os círculos infernais. Diante de Francesca e de Paolo, que permanece em silêncio, ele se vê golpeado por sua história e é levado a inquiri-los sobre como chegaram a se amar, porque para ele o amor é sempre um acidente. Sua necessidade nasce do fato de que, uma vez diante do olhar da amada, nada podemos fazer para evitá-lo. Mas não foi um projeto sórdido que uniu os amantes. O primeiro beijo ocorreu quando liam a história de Lancelote. Assim como um mero aceno da amada pode desencadear um torvelinho de emoções, o amor se manifesta em uma situação corriqueira da vida dos amantes e os une na eternidade do sofrimento e no prazer funesto de uma ligação que nem mesmo os círculos infernais são capazes de dissolver.

Dante, diante das lágrimas que dominam Francesca e Paolo, quando ela narra sua história, é tomado pela piedade e pela dor e nos diz: "e caí como corpo morto cai".[46] Como já observou Borges, esse é um dos mais sonoros versos da *Comédia*: "E caddi como corpo morto cade". Em outros momentos o poeta será tomado de pavor, de espan-

* *"Amor, ch'a nullo amato amar perdona,/ mi prese del costui piacer sí forte,/ che, come vedi, ancor non m'abbandona./ Amor condusse noi ad una morte./ Caina attende chi a vita spense."/ Queste parole da lor ci fuor porte.*

to e de amor, e perderá os sentidos. Já na entrada do paraíso ele não suportará a visão da amada e desfalecerá.[47] Mas ainda que nesse momento sua emoção seja extrema, ele já se encontra muito longe do lugar onde pela primeira vez conheceu Beatriz. Ela já não é mais a menina que infundia amor pelas ruas de Florença. Seu choque com Francesca vem do fato de que em seu profundo sofrimento ela continua se apegando ao amor fortuito e humano que a uniu a Paolo num dia como qualquer um dos que vivemos.

No inferno as circunstâncias que determinam os rumos de nossa vida são preservadas em toda a sua inexorabilidade, uma vez que não podem mais ser resgatadas. Os dois amantes não são culpados pela intervenção do acaso ou da *fortuna*, mas porque decidiram se amar. Sabendo que erravam, decidiram agir em liberdade, pois não havia como evitar a força maior de um amor sem limites e sem comedimentos. Como pode um poeta deixar de se emocionar por um gesto tão trágico e tão desesperadamente humano? Em poucos lugares de sua longa viagem sua dor é tão profunda e tão próxima da consciência suprema dos riscos que envolvem a condição humana. Diante de crimes horríveis é possível imaginar que o bom conhecimento dos princípios éticos é capaz de servir de freio e de guia. Podemos, como o poeta, sentir-nos distantes das ações dos tiranos. Em face de um amor avassalador, ainda que adúltero, é possível dizer a mesma coisa? Ao perder os sentidos, Dante não toma posição em favor dos amantes contra os valores cristãos que sustentava. Ele nos libera para pensarmos nós mesmos a condição dos dois desafortunados seres. A liberdade se exerce em um mundo complexo, no qual a necessidade é sempre secundada pela *fortuna*.

A FORTUNA E O PRINCÍPIO DE ESPERANÇA

No canto VII do "Inferno", Dante indagará Virgílio sobre a natureza dessa força. Os homens, com seu amor pelas coisas materiais, gostam de culpar a *fortuna* por sua situação difícil e imaginam poder desejar sempre um acúmulo de bens, que não seria ameaçado por nada exterior à própria vontade. Mas as coisas não são bem assim. A *fortuna* não revela seus desígnios a ninguém e dispõe da vida dos homens como bem lhe apraz: "É vão vosso querer controvertê-la:/ em seu reino prevê, julga e procede/ ela só, como, noutro, outro deus zela" [*Vostro saver non há contasto a lei:/ questa provede, giudica, e persegue/ suo regno come il loro li altri dèi*].[48]

O curioso, no entanto, é que Dante evoque uma deusa romana e fale dos deuses, para mostrar a força da providência divina. O mistério de nossa condição está suspenso em um mundo cujas relações nos escapam, mas não aos desígnios divinos. Por isso pouco importa se a *fortuna* de Dante não possui a mesma independência de que gozava aos olhos dos antigos romanos. Se aos olhos de Deus ela é necessidade, aos nossos permanece obscura e imprevisível. Conhecemos seus efeitos, somos afetados por eles, mas não os controlamos.

Um aspecto fundamental do poema é o fato de que, narrado na primeira pessoa, nele não se confunde jamais o juízo divino e aquele do poeta. Dante não se insurge contra Deus e segue acreditando na correção das penas impostas aos condenados. Mas a aceitação da ordem do mundo e da força da *fortuna*, como executora da vontade divina, não quebra seus sentimentos, quando vai encontrando as pessoas que conheceu, ou os grandes nomes da Antigüidade, em algum dos círculos do inferno. Por vezes sua piedade é tamanha que Virgílio deve recordar-lhe que não cabe chorar pela sorte daqueles que merecidamente purgam seus pecados. Esse foi o caso dos adivinhos no canto vigésimo do "Inferno". Habitando o oitavo círculo, eles têm a cabeça torcida para trás, o que lhes faz sofrer horrivelmente e de forma vergonhosa. Dante não consegue evitar as lágrimas. Seu mundo ainda é o dos vivos, sua percepção não é a de Deus e ele não nos fala do ponto de vista das duras leis da necessidade eterna, mas sim de um lugar que reconhecemos próximo de nossa humanidade. Essa distância, ou o reconhecimento da fragilidade do viajante, mesmo protegido pelo manto divino, oferece-nos um acolhimento e uma familiaridade que poucas vezes encontramos nos grandes clássicos. No meio de seu mundo majestoso, Dante é capaz de nos fazer íntimos de alguém que penetra os mistérios da morte e conserva a marca de sua história pessoal.

Muito se falou dos encontros de Dante durante sua viagem. Alguns insistiram no fato de que a vida política do poeta acabou se misturando aos seus versos e o levou a procurar na literatura uma vingança ou punição, que não podia alcançar na terra. É verdade que a *Divina Comédia* traz a marca da vida de seu autor. Ele nunca quis, aliás, ocupar um lugar neutro e eqüidistante de tudo enquanto narra sua peregrinação. Mas Dante seria um poeta menor se sua obra fosse apenas o reflexo de sua condição privada. A força da *Divina Comédia* está justamente em misturar a voz pessoal do poeta a uma compreensão aberta da condição humana e de suas muitas possibilidades. Tudo isso sustentado por uma visão filosófica do mundo de grande coerência. A verdade, no entanto, é que nenhum dos elementos citados sustenta sozinho a estrutura do poema. Vários encontros ficaram célebres. Paolo e Francesca no Canto V, Ulisses no Canto XXVI, Bruneto Latini no Canto XV, conde Ugolino no canto XXXII do "Inferno", ou ainda o de Manfredo no Canto III do Purgatório. Cada leitor acaba fazendo seu percurso pelo complexo mundo de Dante; a cada visita à *Divina Comédia* encontramos um personagem que não havia chamado nossa atenção. Os encontros que nos cativam e a humanidade e torpeza dos muitos personagens, que desfilam pelas páginas do poema, dissolvem qualquer idéia de um mundo que teria sido construído à imagem e semelhança da história pessoal do poeta. Seus amigos e inimigos presos na inexorabilidade da eternidade não perdem a complexidade de traços que compõe uma vida vivida intensamente entre os homens.

Talvez Dante tenha sentido um secreto prazer em encontrar em sua viagem alguns dos que foram responsáveis por seu exílio e pela desgraça de Florença. Mas nada supera sua tristeza em se dar conta de que muitos de seus amigos se encontram no inferno. Esse é o caso de Bruneto Latini. Tendo sido amigo e conselheiro de Dante em matéria literária, Bruneto havia sido condenado por sodomia, o que o poeta parecia desconhecer.[49] O mais interessante no encontro entre os dois é o fato de que a condenação eterna não abala a amizade. Ao contrário, Dante faz questão de demonstrar respeito e de se inquirir sobre a sorte de alguém de quem se sente próximo e que prevê seu sucesso apesar das injustiças cometidas pelo povo de Florença. No inferno as diferenças não se apagam como no paraíso e as disputas continuam a reger a visão de mundo dos que ali se encontram, mesmo se não mais poderão participar da vida política ou influenciá-la de alguma forma. Mais uma vez transparece o desejo de Dante de dizer para o amigo que os laços de afeto que os uniam continuam a valer até porque não é a vontade do poeta que condena o amigo, mas sua história. Nesse sentido seus versos não podiam ser mais claros: "'Fosse minha vontade ainda cumprida',/ respondi, 'não teria chegado a hora de/ expulso serdes vós da humana vida'" [*"Se fosse tutto pieno il mio dimando",/ rispuos'io, "voi non sareste ancora/ de l'umana natura posto in bando"*].[50]

Não sendo possível ajudar o pensador a sair de tão horrível situação, Dante preserva a memória de seus laços e o inclui em seu próprio mundo. Diante da previsão de que conhecerá o sucesso e do julgamento de Deus, que alijou para sempre Bruneto Latini do reino dos bem-aventurados, o poeta se conforma: "Não me é essa profecia inopinada:/ faça a Fortuna sua roda rodar,/ como lhe agrade, e o vilão sua enxada" [*Non è nuova a li orecchi miei tal arra:/ però giri Fortuna la sua rota/ come le piace, e 'l villan la sua marra*].[51]

Mas o fato de aceitar a força do julgamento divino e a impossibilidade de compreender os desígnios da fortuna não o levam a abandonar seus propósitos nem a mudar seu julgamento sobre as coisas dos homens. No meio de uma viagem que o apavora, Dante permanece fiel à própria história, à sua filiação e às suas amizades, mesmo reconhecendo que apenas os agraciados escaparão da roda da deusa. Para os outros, incluindo aqueles que são seus amigos, resta viver a vida e construir em liberdade o próprio destino. Por isso causa-lhe dor encontrar Bruneto Latini no inferno: um só erro o condenou para sempre. O destino de uma alma generosa e grande pode acabar sendo decidido num momento de fraqueza ou por um detalhe de seus amores e desejos. Contra isso nada pode o homem fazer; essa é a marca de sua condição.

Depois de passar pelo nono círculo do inferno, de ter encontrado os traidores de todas as espécies no reino gelado de Lúcifer, Dante e Virgílio reencontram no sopé da montanha do purgatório os ares humanos e benfazejos:

> *A amena cor de oriental safira*
> *que se formava no sereno leito*
> *do céu, límpido até a sua extrema tira,*
> *aos olhos meus reconduziu proveito,*
> *logo que achei-me fora da aura morta*
> *que me havia contristado a vista e o peito.**[52]

Para compreender o alívio de Dante é preciso recordar a inscrição da porta do inferno: "DEIXAI TODA ESPERANÇA, Ó VÓS QUE ENTRAIS".[53] O amor é a força universal que domina toda a viagem de Dante, mas é a esperança que conduz dos círculos infernais ao reino celeste. Paolo e Francesca continuam a se amar no inferno, as amizades de Dante seguem valendo e ele pode trazer algum consolo para os desgraçados aceitando falar-lhes ou manifestando seu apreço e mesmo admiração. Mas falta-lhe o poder de quebrar o rígido mundo dos mortos. Ter esperança não é algo que se possa pedir, é uma possibilidade que se inscreve nas almas assim que elas abandonam o reino dos vivos. Mesmo para o poeta, que ainda carrega seu corpo, e que tremeu diante da en-

* *Dolce color d'orïental zaffiro,/ che s'accoglieva nel sereno aspetto/ del mezzo, puro infino al primo giro,/ a li occhi miei ricomciò diletto,/ tosto ch'io usci' fuor de l'aura morta/ che m'avea contristati li occhi e 'l petto.*

trada dos reinos infernais, foi a esperança que o sustentou antes de contemplar as belas cores dos céus do sul.

Essa separação entre os que podem esperar e os que são obrigados a desistir de qualquer expectativa de futuro marca um dos momentos mais melancólicos da passagem de Dante pelo purgatório. No canto XXII os dois viajantes encontram Estácio, poeta latino que teria se convertido em segredo à fé cristã e, tendo cumprido sua pena, agora se apressa a subir a montanha, para finalmente alcançar o paraíso. Pouco importa o fato de que a conversão do poeta seja mera ficção muito a gosto do imaginário medieval. A reunião dos três poetas é uma ocasião rara para compreendermos o papel da esperança na *Divina Comédia*. A admiração que move o convívio dos três poetas não esconde o fato de que uma diferença radical os separa. Para Dante e Estácio a viagem pela montanha do purgatório é uma ocasião para desejar intensamente o encontro com uma esfera transcendente na qual as verdades se mostram. Para Virgílio resta, com os célebres habitantes do *nobile castello*, pagar a pena por não ter tido a ocasião de adorar ao Cristo segundo os preceitos que regiam o mundo da morte.

Dante não podia deixar de se sentir tocado por aquilo que parece tão flagrante injustiça para com aqueles que tanto mérito tiveram durante a vida. Por isso pergunta a seu mestre se não havia como fugir de tão triste situação, junto com poetas como Homero, Ovídio e Lucano. Mais uma vez seu juízo parece ir contra os desígnios de Deus; mesmo se conformando com os ditames da fé, ele não abre mão de sua humanidade.

Não são o amor, as amizades, as virtudes que produzem o destino final dos homens. Ao longo da viagem dos poetas vimos que mesmo em situações extremas essas qualidades ainda podem ser encontradas. O que separa definitivamente os homens é a possibilidade de que eles tenham esperança ou não. A verdadeira pena do inferno, a que unifica todos os pecadores, é a impossibilidade em que se encontram de esperar. Isso é o que faz tremer o grande poeta, isso é o que até hoje nos desumaniza inteiramente, quando as circunstâncias históricas nos condenam a experimentar na pele a dureza das palavras que presidem o inferno. Não é sem uma ponta de mágoa que Virgílio afirma: "Somos por essa causa, essa somente perdidos,/ mas nossa pena é só esta:/ sem esperança ansiar eternamente" [*Per tai difetti, non per altro rio,/ semo perduti, e sol di tanto offesi/ che sanza speme vivemo in disio*].[54]

Mesmo sem sofrer os tormentos físicos, os habitantes do Limbo pertencem ao mundo infernal. Podemos hoje identificar os traços de intolerância que presidia a relação do cristianismo com outras religiões e os resultados muitas vezes nefastos a que isso conduziu. Mas estaríamos iniciando outra viagem se decidíssemos agora começar a investigar tudo o que o poeta devia aos preconceitos de seu próprio tempo ao criar seu poema. Mais importante para nós é prestar atenção ao mundo que Dante criou, e nele a esperança tem um lugar essencial. Ela marca uma das fronteiras decisivas de nossa condição. Sem ela toda uma esfera de nossa humanidade fica perdida, mesmo se ainda encontramos prazeres e alegrias no que nos resta a viver no meio de outros homens.

Virgílio abandona Dante pouco antes de seu encontro com Beatriz no alto da montanha do purgatório, para retornar ao lugar que lhe havia sido designado no inferno.[55] Talvez essa seja uma boa maneira de deixarmos o casal de amorosos. Não que o amor tenha perdido para nós sua capacidade de elevação, ou que tenhamos abandonado o desejo de alcançar as esferas superiores da contemplação. Mas o fascínio de nos olhar pelas imagens da poesia, e o terror de encontrar em nós mesmos os riscos de nossa condição, por vezes é tamanho que talvez devamos mais uma vez dar crédito a Borges e nos conformarmos com a idéia de que, depois de um primeiro encontro, retornamos sempre à *Divina Comédia*, qual Narciso em seu eterno enamoramento de seu rosto.[56] Como na época de Dante a visão do inferno e do purgatório continua a dominar nossas viagens. Nelas acabamos nos guiando pela busca da fragilidade de nossa condição e pelo desejo de encontrar traços de humanidade lá onde quase nada restou para atrair nossa admiração. Se o inferno é o lugar mais adequado para a busca de um retrato fiel de nossa condição, a possibilidade de olharmos para o futuro com a certeza de que a liberdade é a marca de nossa existência no mundo serve como esperança de que algum dia também seremos merecedores do aceno da bela jovem, que encantava aos que simplesmente encontravam seu olhar pelas ruas de Florença. Até lá resta a lembrança de uma viagem que nos inicia em nossa fraqueza e em nossos riscos, pois, afinal, já disse Guimarães Rosa: viver é perigoso.

NOTAS

(1) Jorge Luis Borges, *Conférences*, Paris, Gallimard, 1985, p. 34.

(2) Dante Alighieri, *La Divina Commedia*, Milão, Ulrico Hoepli, 1987, Canto I, 4-6, p. 3. As traduções são de Eugenio Mauro na edição brasileira: *A Divina Comédia*, São Paulo, Editora 34, 1998. Para facilitar para o leitor citaremos sempre a partir da edição crítica da Società Dantesca Italiana, conservando a numeração dos cantos e linhas como referência, para facilitar a localização em outras edições.

(3) "Inferno", Canto I, 10-12.

(4) "Inferno", Canto I, 59-60.

(5) Erich Auerbach, *Écrits sur Dante*, Paris, Macula, 1998, p. 53.

(6) Ibidem, p. 56.

(7) "Purgatório", Canto XXVI, 91-105.

(8) Ibidem, Canto XXVI, 98-99.

(9) Erich Auerbach, *Écrits sur Dante*, cit., p. 56.

(10) Dante cita a canção "Al cor gentil rempaira sempre amore" em vários lugares de sua obra, sempre como uma referência da poesia do *dolce stil nuovo*. Ver: *A Divina Comédia*, "Inferno", Canto V, 100.

(11) Guido Guinizzelli, "Al cor gentil rempaira sempre amore..." em *Anthologie bilingue de la poésie italienne*, Paris, Gallimard, 1994,

(12) Um bom exemplo da recepção da poesia de Guinizzelli encontramos nos versos de Bonagiunta da Lucca dedicados a ele: *Voi, ch'avete mutata la mainera/ De li plagenti ditti de l'amore/ De la forma dell'esser là dov'era,/ Per avansare ogn'altro trovatore* (em *Anthologie bilingue de la poésie italienne*, cit., p. 74).

(13) Guido Cavalcanti, "Donna me prega..." em *Anthologie bilingue de la poésie italienne*, cit., p. 76.

(14) Ibidem, p. 78.

(15) Dante Alighieri, *Vita nuova*, em *Oeuvres complètes*, Paris, Gallimard, 1965, XXVI, p. 57.

(16) Ibidem, cap. XXIV, p. 51.

(17) Ibidem, cap. XXXV, p. 70.

(18) Ibidem, cap. XXV, p. 53.

(19) Ibidem, cap. XXXIV, p. 69.

(20) Ibidem, cap. XL, p. 80.

(21) Sobre a natureza da construção de Beatriz na poesia de Dante, ver Rémy de Gourmont, *Dante, Béatrice et la poésia amoureuse* (Paris, L'Herne, 1999).

(22) Muito já foi escrito a esse respeito. Uma boa introdução ao problema da relação de Dante com a filosofia continua sendo o livro de E. Gilson (*Dante et la philosophie*, Paris, J. Vrin, 1986), mesmo se muitos de seus pontos de vista tenham sido questionados pela crítica especializada.

(23) "Paraíso", Canto X, 133-138.

(24) E. Gilson, *Dante et la philosophie*, cit., p. 259.

(25) Ibidem, p. 264.

(26) No canto XII do "Paraíso" encontramos também juntos Bonaventura e Joaquim de Fiore, que, quando vivos, tinham se oposto de maneira feroz no tocante a problemas religiosos.

(27) Para um retrato da política na época de Dante, ver John Larner, *Italy in the age of Dante and Petrarch: 1216-1380* (Londres, Longan, 1994), pp. 106-52.

(28) H. Deane, *The political and social ideas of Saint Augustine*, Nova York, Columbia University Press, 1963, pp. 100-12.

(29) E. Kantorowicz, *The king's two bodies*, Princeton, Princeton University Press, 1957, p. 465. (Ed. bras.: *Os dois corpos do rei*, São Paulo, Companhia das Letras, 1998.)

(30) Desenvolvemos melhor esse tema em Newton Bignotto, "Dante e a questão republicana", *Síntese*, vol. 18, nº 53 (1991), pp. 191-200.

(31) Dante Alighieri, *Monarquia*, em *Oeuvres complètes*, l. I, 12, 1, p. 649.

(32) "Vós toda causa atribuis somente/ aos astros, como se tudo movido/ fosse por eles necessariamente" (*A Divina Commédia*, "Purgatório", Canto XVI, 67-69).

(33) Ibidem, Canto XVI, 82-84.

(34) Ibidem, Canto XVI, 91-96.

(35) "Roma, que seu Império fez jucundo,/ tinha dois sóis, que uma e outra estrada/ mostravam, a Deus e a do mundo./ Um o outro apagou; juntou-se a espada/ ao bácu-

lo, e por certo não adianta/ a nenhuma a outra força acresentada" [*Soleva Roma, che'l buon mondo feo, due soli aver, che l'una e l'altra strada facean vedere, e del mondo e di Deo. L'un l'altro ha spento; ed è giunta la spada col pasturale, e l'un con l'altro insieme per viva forza mal convien che vada*] (ibidem, Canto XVI, 109).

(36) Ibidem, Canto XVI, 121-123.

(37) Ibidem, Canto XVII, 114.

(38) Ibidem, Canto XXXI, 22-30.

(38) Ibidem, Canto XXXI, 22-30.

(39) Erich Auerbach, *Écrits sur Dante*, cit., p. 151.

(40) "Inferno", Canto III, 9.

(41) Ibidem, Canto III, 49-51.

(42) Erich Auerbach, *Écrits sur Dante*, cit., p. 129.

(43) "Inferno", Canto V, 100.

(44) Ibidem, Canto V, 103-108.

(45) "Purgatório", Canto XXII, 10.

(46) "Inferno", Canto V, 142.

(47) "Tão funda dor feriu-me o coração,/ que desmaiei; qual minha conjuntura/ só ela sabe, que dera-lhe ocasião" [*Tanta riconoscenza il cor mi morse, ch'io caddi vinto; e quale allora femmi, salsi colei che la cagion mi porse*] ("Purgatório", Canto XXXI, 88).

(48) "Inferno", Canto VII, 85-87.

(49) "Sóis vós aqui , indaguei, ser Bruneto?" ("Inferno", Canto XV, 30).

(50) "Inferno", Canto XV, 79-81.

(51) Ibidem, Canto XV, 94-96.

(52) "Purgatório", Canto I, 13-18.

(53) "Inferno", Canto III, 9.

(54) Ibidem, Canto IV, 40-42.

(55) "Purgatório", Canto XXX, 49-60.

(56) "Depois de tantos anos que esse livro me acompanha, eu sei que se eu abri-lo amanhã ainda encontrarei coisas que haviam me escapado. Sei que esse livro existirá para além de minhas vigílias, para além de nossas vigílias" (Jorge Luis Borges, *Conférences*, cit., p. 34).

DISSONÂNCIAS, MAGIA E SIMPATIA CÓSMICA[1]

Carlos Antônio Leite Brandão

SONNET LXXIII

That time of year thou mayst in me behold
When yellow leaves, or none, or few, do hang
Upon those boughs which shake against the cold,
Bare ruin'd choirs, where late the sweet birds sang.
In me thou see'st the twilight of such day
As after sunset fadeth in the west;
Which by and by black night doth take away,
Death's second self, that seals up all in rest.
In me thou see'st the glowing of such fire,
That on the ashes of his youth doth lie,
As the death-bed whereon it must expire,
Consum'd with that which it was nourish'd by.
This thou perceiv'st, which makes thy love more strong,
To love that well which thou must leave ere long.

SONNET LXXIV

But be contented: when that fell arrest
Without all bail shall carry me away,
My life hath in this line some interest,
Which for memorial still with thee shall stay.
When thou reviewest this, thou dost review
The very part was consecrate to thee:
The earth can have but earth, which is his due;
My spirit is thine, the better part of me:
So, then, thou hast but lost the dregs of life,
The prey of worms, my body being dead;
The coward conquest of a wretch's knife,
Too base of thee to be remembered.
The worth of that, is that which it contains,
And that is this, and this with thee remains.

SONETO LXXIII

Em mim tu podes ver a quadra fria
Em que as folhas, já poucas ou nenhumas,
Pendem do ramo trêmulo onde havia
Outrora ninhos e gorjeio e plumas.
Em mim contemplas essa luz que apaga
Quando no poente o dia se faz mudo
E pouco a pouco a negra noite o traga,
Gêmea da morte, que cancela tudo.
Em mim tu sentes resplender o fogo
Que ardia sob as cinzas do passado
E num leito de morte expira logo
Do quanto que o nutriu ora esgotado.
  Sabê-lo faz o teu amor mais forte
  Por quem em breve há de levar a morte.

SONETO LXXIV

Não fiques triste, amigo, à hora em que, sem caução,
Vier deter-me um dia esse cruel arresto,
Pois terá minha vida interesse em meus versos
Que devem junto a ti defender-me a lembrança.
O que podes rever, se estes versos revires,
É esta parte de mim que te foi consagrada:
De mim mesmo o melhor, minha alma, a ti pertence,
Se este barro que sou deve ao barro voltar.
E do meu ser assim perdes a lia apenas,
Aos vermes dada em presa à hora em que o corpo morre,
Conquista sem honor da faca de um vilão,
Indigno de encontrar recordação em ti:
  Minha alma o preço faz que nele está incluso,
  E jaz junto de ti, nestes versos, minha alma.

SONNET CXVI

Let me not to the marriage of true minds
Admit impediments. Love is not love
Which alters when it alteration finds,
Or bends with the remover to remove:
O, no! it is an ever-fixed mark,
That looks on tempests, and is never shaken;
It is the star to every wandering bark,
Whose worth's unknow, although his height be taken.
Love's not Time's fool, though rosy lips and cheeks
Within his bending sickle's compass come;
Love alters not with his brief hours and weeks,
But bears it out even to the edge of doom.
If this be error, and upon me prov'd,
I never writ, nor no man ever lov'd.

William Shakespeare,
em Howard Staunton (ed.), *The Globe Illustrated Shakespeare. The Complete Works*, Nova York, Greenwich House, Crown Publishers, 1986, pp. 2297, 2303-4.
Obra completa, trad. Oscar Mendes, Rio de Janeiro, Nova Aguilar, 1995.

SONETO CXVI

Que eu não veja empecilhos na sincera
União de duas almas. Não amor
É o que encontrando alterações se altera
Ou diminui se o atinge o desamor.
Oh, não! amor é ponto assaz constante
Que ileso os bravos temporais defronta.
É a estrela guia do baixel errante,
De brilho certo, mas valor sem conta.
O Amor não é jogral do Tempo, embora
Em seu declínio os lábios nos entorte.
O Amor não muda com o dia e a hora,
Mas persevera ao limiar da Morte.
E, se se prova que num erro estou,
Nunca fiz versos nem jamais se amou.

Tradução de Oscar Mendes

OS "VERSOS" DOS SONETOS: O MUNDO SUSPENSO

"Há mais lendas e teorias fantásticas em torno dos sonetos de William Shakespeare do que poderia cogitar a nossa vã literatura", escreve Nehemias Gueiros.[2] Cada verso, palavra, sílaba ou letra pode conter problemas, sentidos e segredos que tornam impossível a tarefa de decifrá-los de forma definitiva. Toda leitura e interpretação, como a que aqui pretendemos para descortinar o mundo revelado neles, é, portanto, uma entre várias outras possíveis com as quais deve conviver.

Escritos provavelmente entre 1593 e 1599, a maioria em 1595 e 1596, o conjunto dos sonetos de Shakespeare (1564-1616) aparece numa edição fac-similar da lírica shakespeariana em 1604-1605 feita por Sidney Lee e circula mais amplamente a partir de 1609, numa edição in-quarto de Thomas Thorpe.[3] Em 1780, Malone fixou a organização apresentada nessa edição e a legou à tradição posterior. Não há um desenvolvimento sistemático claro nos 154 sonetos. Em geral, eles tratam do amor, com seus conflitos, esperanças, traições e angústias, em duas partes. A primeira vai até o soneto 126 e tem como objeto um amigo misterioso cuja beleza exemplar é disputada pelo poeta e por um terceiro. O encantamento e o sofrimento despertados por essa beleza são a tônica dos sentimentos que movem o autor. A segunda parte vai até o soneto 152, tem como objeto amoroso a infiel senhora de "beleza negra" — "the Dark Lady" — e como tônica a luxúria e a resistência a ela, tendo sido escrita provavelmente em 1598 e 1599. Os dois últimos sonetos, 153 e 154, constituem variações isoladas de um mesmo epigrama constante da obra *Antologia grega*, sem relação aparente com os anteriores.

Baldwin, aprofundando a análise dos sonetos e comparando-os com a vida e as outras obras do Bardo, estabelece uma estrutura e uma periodização hipotética para eles. Segundo ele, os sonetos se dividiriam em seis séries, distribuídas em maços de 24 folhas, apresentados anualmente no mês de maio a um público restrito e especialmente ao conde de Southampton, a quem talvez fossem dedicados os poemas.[4] Cada série contém 25 sonetos aproximadamente e um argumento específico. A primeira dessas séries engloba os sonetos 1 a 26, traz uma introdução e teria sido escrita em 1593 e 1594. A segunda série, escrita em 1594 e 1595, contém os sonetos 27 a 52. Os sonetos 53 a 77 formam a terceira série e teriam sido escritos em 1595 e 1596. Posteriores a estes, mas com datação indefinida, os sonetos 77 a 99 formam a quarta série, e os sonetos 100 a 125, a quinta. A última série, a dedicada à Dark Lady, contém os poemas escritos nos dois últimos anos do século XVI.[5] Trata-se apenas de uma hipótese sugerida por Baldwin e a que nos referimos aqui tanto para o leitor esboçar uma organização mínima desses sonetos quanto para apontar uma questão metodológica fundamental: cada soneto se insere num subconjunto temático, o qual, por sua vez, se insere no conjunto maior em que adquire sentido. Não são poemas isolados e esparsos, mas articulados em uma totalidade orgânica na qual ocupam um lugar apropriado, como uma palavra em uma frase, e a cuja ordem obscura se submetem.

Sendo assim, nossa estratégia de leitura considera cada poema em si e inserido no todo. Se há um sentido em cada um em particular, há outro que se depreende quando esse poema é tomado em meio ao conjunto a que pertence. A visão de mundo do poeta se revela a partir do conjunto dos poemas, como uma lei cósmica que anima cada verso e palavra, o que nos exige examinar todos os sonetos e compreender cada um dentro do círculo hermenêutico onde o sentido dele só se dá dentro do todo e o sentido do todo só se dá a partir das unidades que o compõem.[6]

O poeta aborda o amor não como uma idéia transcendente, supraindividual e platônica como no *Banquete* de Platão ou nos poemas de Michelangelo. Shakespeare trata-o de forma pessoal e sensual, paixão avessa a racionalizações e que domina o amante por inteiro, submetendo-o às vagas do mar amoroso. Ele fala em termos de memória, imaginação e sentimento e não em termos filosóficos ou ideais. Não diz o que é o amor, mas o que ele significa para o amante e nele provoca. Quase todos os seus versos são ou estão em vias de tornarem-se metáforas e alusões.[7] Ao contrário de Michelangelo, Dante ou Platão, eles nada demonstram ou provam.[8] Enquanto estes desenvolvem argumentos lógicos e dedutivos a regular o amor pelo espírito e orientam-se para a filosofia, Shakespeare fornece imagens que potencializam ainda mais a indisciplina e o caráter indômito da paixão que lhe captura a alma. Na abordagem filosófica e espiritual, verdade e beleza, dever e prazer, realidade e imaginação, o que somos e o que deveríamos ser se separam pelo cutelo da idéia. A abordagem anímica e sensual do Bardo é mais "desavergonhada", não separa alma e corpo, nem sentimentos da razão. Nele, o amor é abordado aquém da idéia, no mundo pré-reflexivo das paixões, e seus sabor e fel se perderiam se a razão lógica conseguisse compreendê-lo. Em Shakespeare, o amor é violento e selvagem, pulsão erótica que recusa ser dominada por idéias filosóficas.

Basta-nos isso para introduzir o espaço e o tempo, categorias constituintes do que podemos chamar de "mundo", revelados pelo poeta ao tratar do amor em seus sonetos e de que nos serviremos para organizar a nossa exposição. Num primeiro momento, colheremos um espaço cujos alicerces não são construídos com fundamentos ideais ou científicos e onde a filosofia não consegue penetrar ou, se o faz, comporta-se como uma intrusa incapaz de compreender a linguagem, o mistério e a festa dos amantes. Um espaço primário, quase bestial, que repercute em nosso interior e que Shakespeare faz vir à tona como contraponto às normas que regulam a superfície de nossa existência e com as quais pretendemos controlar o nosso devir. Esse espaço recusa-se a ser sistematizado e fixado em princípios compreensíveis e previsíveis, é feito de mudanças, metabolismos e dúvidas. Sua matéria é incerta, metamórfica e camaleônica. Nele, nossa identidade torna-se estranhamento, dilui-se o caráter, e a palavra e a alma do poeta, como um pincel surrealista, voam entre os vários corpos, seres e lugares para convidá-los a perder sua forma original e ingressar no universo de Eros. Não é uma palavra que descreve os entes do universo mas que os aproxima e transforma, despojando-os de sua forma e substância habituais e próprias para concebê-los como matérias plásticas a plasmarem-se e reconfigurarem-se incessantemente em fusões estabelecidas por simpatia e antipatia, *philia* e *neikos*.

Os versos do Cisne de Avon, mais que o cinzel de Michelangelo, esculpem com o barro do amor uma *physis* de formas metamórficas fecundando-se reciprocamente segundo o comando de Eros. Essa *physis* a ciência não pode descrever, prever ou dominar. Suas leis se escrevem nos livros de magia lidos por Próspero em *A tempestade* (1612) para corrigir os rumos da comunidade humana, reparar o passado e fecundar no futuro um mundo melhor a deixar como herança para sua filha, Miranda. Não é à toa que Shakespeare renova o vocabulário da Inglaterra elizabetana e cria milhares de novos termos e expressões. Mais do que dos dicionários ou dos sonetistas que o precederam, suas palavras são retiradas da combustão da água, da terra, do fogo, do ar, das leis, das contingências, da história e das paixões humanas, misturadas e dissociadas pelo Amor e pelo Ódio.

Do ponto de vista da forma da linguagem, o conjunto dos sonetos shakespearianos nos revela um espaço ancestral e mágico conduzido por Eros. Do ponto de vista do conteúdo, o motivo dominante, mais que o amor, é o tempo e o conflito trágico, como no teatro shakespeariano, entre o caráter transitório e efêmero das coisas mortais e nosso anseio de imortalidade e permanência. Pois tanto o tempo da tragédia é incompatível com verdades inabaláveis quanto o seu herói é constituído pelo choque dilacerante e irreconciliável entre a porção mortal e a porção imortal que conduzem toda a sua existência.

Nesse conflito move-se a alma do poeta e percorre-se o espaço mágico introduzido anteriormente. Da díade tempo/eternidade também ergue-se o mundo de Shakespeare e encontramos nela o seu outro alicerce, segundo momento de nosso estudo.[9] Para escapar do sofrimento vivido na paixão, o amante intui o eterno e tenta construí-lo em terra, seja casando e gerando filhos, seja sublimando-o na poesia. Para enfrentar a corrosão da idade e da velhice, ele renova constantemente sua alma e sobrepõe no seu rosto as cores de um amor sempre reinaugurado e reafirmado. Para transcender à morte que tudo consome, o poeta clama aos seus futuros leitores, como nos sonetos 73 e 74, pelo reconhecimento dos seus versos, nos quais transmite para os pósteros a fidelidade de seu amor, a beleza grandiosa de seu objeto amoroso e, sobretudo, a memória do seu autor. Em cada verso vibra a tensão entre a brevidade e a eternidade, entre o tempo histórico e o tempo cósmico, entre o metabolismo e as peripécias que revolvem nossa vida e nossas cidades e a imutabilidade e companhia duradoura dos astros para os quais se voltam também Romeu e Julieta, entre os fogos-fátuos que brilham em Verona e o destino inexorável que se evidencia nos mausoléus.

Nossa convivência com o tempo, revela-nos o conjunto dos sonetos, é a mais tormentosa de todas, apesar de nos passar despercebida. O amor só se dá na fugacidade e no transitório, o amado sempre pode nos escapar. Daí o seu encantamento e prazer, daí também o sofrimento que nos faz intuir e desejar o eterno e libertar-nos daquilo que nos angustia. Para subtrair-se à corrupção do tempo e da história, pega-se da pena, desafia-se a mortalidade que se abate sobre tudo e elabora-se um lugar onde a permanência e a coesão possam ainda ter lugar: a eternidade instala-se no devir. Essa eternidade e completude em Shakespeare não é vista num passado arquetípico e perdido, como na Antigüidade grega. Ela também não se encontra em Deus ou numa ordem transcendente *post mortem*, como no Medievo. E também não é divisada no futuro libertador e redentor a que nos levaria necessariamente o progresso que a modernidade nos deu para operar o tempo, a partir do século XVIII. Shakespeare não é nem nostálgico, nem místico, nem messiânico. Sua eternidade é construída com as matérias de nossa precariedade e de nossa finitude, tal como gerando filhos ou escrevendo poemas. Não está nem antes nem depois de nosso presente, mas nas suas dobras.

Por ter consciência da inscrição do homem e das coisas na caducidade do tempo e da história, o Bardo nos oferece uma eternidade laica e um efêmero deificado. Pensar o ser do tempo pela filosofia é tarefa inglória, pois o tempo é justamente aquilo que corrói o Ser e ameaça, por exemplo, a preservação do amor. O amante recusa as leis do tempo e insiste em desafiá-lo. Por isso, recorre às asas da poesia: ela nos transporta para fora do tempo em vez de pretender dominá-lo e configurá-lo, como na cronologia ou no relógio. Assim como o casal de Verona exilou-se de sua cidade e da vida para salvar a si e ao seu amor, o autor dos sonetos não encontra formas de reconciliar-se com o tempo e dele desterra-se repetidamente. Como Próspero, ele faz seu mundo nesse desterro em que habita. Um mundo onde as leis da filosofia e da ciência não mais vigoram e onde as distâncias espaciais e temporais são abolidas. Um mundo suspenso, aéreo e mágico em que é de Ariel o melhor espírito para se transitar.

O ESPAÇO DO METABOLISMO E DAS METÁFORAS

Quase um século antes dos sonetos de Shakespeare, Giorgione pinta *A tempestade* (c. 1505) e nela apresenta uma mulher amamentando inserida na paisagem natural que a circunda e abriga, mas dela destacada, sem esposá-la e sem prolongá-la em si. Essa "cigana", como foi entendida na época por alguns venezianos, não habita propriamente um lugar físico ou categoria social. É uma *outsider*, cujo corpo quieto, indiferente e desligado do tempo e do raio que cai no centro da tela flutua em outro espaço, alheio e distante do mundo temporal e da tempestade que a ela parece inexistente. Provavelmente ilustrando o epicurismo de Lucrécio no *De rerum natura*, a figura de Giorgione traz uma serenidade algo alienada e superior às turbulências da sociedade e da natureza, contemplando-as mas sem se deixar afetar por elas, como se entre o mundo e a alma humana se entreabrisse um abismo intransponível. A mesma atitude se confirma no jovem que a observa à esquerda da tela. Ele veste um traje urbano e parece ter saído da cidade, cujos muros se vêem atrás dele, para investigar a natureza e a mulher com uma espécie de soberba intelectual que o faz imune à tempestade e à nudez. Essa contraposição entre natureza e cultura urbana intelectual comparece também no *Concerto campestre* (depois de 1508), obra atribuída a Giorgione e/ou Ticiano, entre o tocador de alaúde — personagem da corte ou da cidade — e o cantor camponês ao seu lado. A experiência da natureza, assim, só é possível pelo viés intelectual ou filosófico obtido por aquele que sai da cultura urbana para inquiri-la. Colocada no *camerino* ou *studiolo* de Gabriel Vendramin, *A tempestade* tem um papel pedagógico que vai além da mera exibição do gosto e do refinamento do seu proprietário: formá-lo culturalmente, introduzir o nobre colecionador veneziano nos valores e atitudes da vida contemplativa e aliviá-lo, neste lugar privado e dedicado a cultivar o espírito, das turbulências civis e militares da época.[10]

Na mesma época, Leonardo pinta *A Gioconda* (1503-1506), em que o movimento e a luz da natureza continuam no rosto da protagonista por meio do *sfumato*. Observemos o fundo da tela: nele, como em *A virgem das rochas* (1483-1484), o pintor nos apresenta um universo de mistérios, alquímico e de grutas semelhantes àquela onde Próspero reside com Miranda na peça em que o dramaturgo parece despedir-se. Em Leonardo, a experiência direta da natureza, mais livre de pressupostos intelectuais e filosóficos, distingue-se da abordagem de Giorgione. Rochas, cursos de água e uma atmosfera saturada de vapores se transmutam entre os estados sólido, líquido e gasoso na dinâmica e revolta fábrica da natureza, cujos mistério e energia afloram nos lábios da modelo, em perfeita consonância com a química universal e com a combustão recíproca dos elementos. A comunhão da subjetividade com esse universo, o prolongamento e a simpatia entre ambos, é o que está cifrado no enigmático sorriso da *Gioconda*. Aquilo que mistura os vapores e estados no fundo do quadro é também o que move o sangue e anima a face retratada, e é essa simpatia capturada pelo pintor o que escapa à filosofia. Indistinto do universo, o homem é, para Leonardo, "um mundo menor pois que é composto de terra, de água, de ar e de fogo, como o corpo terrestre, e parece-se, portanto, com ele".[11] Apesar da semelhança de título entre o drama *A tempestade* e a tela de Giorgione, é o fundo das pinturas de Leonardo a imagem que melhor apresenta o espaço metamórfico inscrito nas metáforas compostas nos sonetos de Shakespeare.

O que possibilita o uso das metáforas é ver os elementos da natureza em relação constante entre si, fecundando-se reciprocamente, e em estreito concubinato com a alma do poeta, da mesma forma que Da Vinci vê a alma de sua modelo. É nos mistérios da natureza que o poeta encontra refletidas as leis do amor e a face do objeto amado e onde ele se refugia quando dos desassossegos e angústias trazidos pela paixão. Diz-nos o soneto 20: "Teu rosto é de mulher, que a Natura pintou,/ [...]/ No começo, mulher, a Natura te fez,/ mas sua obra ao fazer, dela se apaixonou".

Explorando a relação entre o mundo e o amor, as metáforas se multiplicam em vários níveis e com vários propósitos, não apenas "decorando" os poemas, mas constituindo-lhes o próprio conteúdo e objeto principal.[12] Elas são retiradas da medicina, do casamento, das navegações, da corte, da pintura, da música, do direito, do comércio, da alquimia, da vida militar, do teatro, das estações, da astronomia, da física e da matemática, entre outros campos.[13] Nos céus e astros, por exemplo, o poeta reconhece os olhos do amado, como no soneto 14:

> *Se bem que meu saber não tire dos astros,*
> *Creio poder dizer-me astrônomo contudo,*
> *Não para predizer males, felicidades,*
> *pestes, flagelos, chuvas ou talvez o bom tempo;*
> [...]
> *Por que dos olhos teus vem todo o meu saber*
> *E posso descobrir nesses astros constantes*
> *Que com ser-se leal tem-se beleza próspera*

E dos céus também emanam as leis secretas que governam as coisas terrenas e nossa vida, sem que saibamos dominá-las, como encontramos no soneto 15, cujos versos bem descrevem o mistério que rege as coisas em seu palco terreno: "Que sobre cada peça em palco tão imenso/ A influência do céu age secretamente;/ Quando os humanos vejo a crescer como plantas,/ Por imutável céu freados e incitados".

São os elementos da natureza, com sua diversidade, suas mudanças e suas estações a língua pela qual o amado e o amor são descritos no soneto 18:

Posso te comparar a um belo dia estivo?
Bem mais suave e amena é a tua natureza;
Crestam ventos brutais de maio ou tenros brotos
E o baile do verão tem curta duração.
Às vezes, por demais ardente é a luz do sol,
Muitas vezes, porém, sua áurea tez te ofusca:
Toda beleza perde o seu fulgor um dia,
Quando a despoja a Sorte ou dos anos o curso.
Mas não murchará nunca o teu verão eterno,
Nem perderá jamais essa beleza tua;
Nem de em seu negror ver-te a Morte há de gabar-se,
Ao cresceres no tempo em meus versos eternos:
Enquanto vida houver e o olhar puder ver,
Meus versos viverão e te farão viver.[14]

Esse universo vasto e de encantos breves é o espelho do sentimento amoroso, com suas metamorfoses constantes e sua sede de verão e beleza eternos. O estado conflituoso das paixões é figurado no conflito entre a noite e o dia, como no soneto 28:

Como hei de restaurar-me na bonança
Se órfão da graça do repouso vi-me,
Pois a opressão do dia a noite alcança,
Da noite o dia, e dia e noite oprime;
Que ambos, embora em natureza opostos,
Deram-se as mãos para me dar tortura:
Um dá-me a dura pena, outros desgostos,
Que este penar longe de ti mais dura.
Digo que és luz para agradar ao dia,
E, se há nuvens, que podes removê-las;
Louvo também da noite a tez sombria:
Douras o céu se não houver estrelas.
Mas cada dia, o dia a dor aumenta
E cada noite, a noite inda a acrescenta.[15]

O amado e sua beleza é um sol terreno que às vezes se oculta atrás de uma nuvem, como compara o soneto 33, ensombrecendo a terra e a alma do poeta: "Não me és menos caro: o astro do céu se ofusca/ Terrestres sóis também podem ensombrecer".

Uma das chaves que servem a Baldwin para datar os sonetos são o eclipse da Lua de 8 de maio de 1594 e o eclipse do Sol que ocorre doze dias depois. Neles, o poeta vê também as metamorfoses e lutas da paixão descritas no soneto 35 e a compreensão de sua dinâmica e suas antinomias, próprias também ao reino natural e às guerras:

Cessa de te afligir com teus erros diversos:
A fonte tem seu limo e a rosa seus espinhos;
A nuvem, o eclipse obumbram lua e sol;
No mais tenro botão o verme horrível jaz.
[...]
Introduzo o bom senso em teu senso perdido
(Em teu próprio adversário encontras advogado)
E a mim mesmo então um processo eu intento;
Meu ódio e meu amor travam guerra civil.

Luta incessante e encontro dos termos opostos e paradoxais, como o amor e o ódio, o dia e a noite, residem na natureza e na alma até estabelecerem um conflito insolúvel. No soneto 43, o dia e a noite, a realidade e o sonho se confundem: "Meu olho vê melhor quando fechado está./ [...]/ Noite meus dias são, enquanto não te vejo,/ E se contigo sonho, as noites claros dias".

Ou então, como no soneto 75, o amor é a força erótica que fecunda a vida e torna fértil aquilo que permanecia estéril: "És para o meu pensar como o pão para a vida,/ Ou como para o solo as chuvas fecundantes;/ E para tua paz sustento luta igual/ À do avarento com o seu próprio tesouro".

No soneto 73, a vida do poeta se reconhece no ciclo da natureza:

Em mim tu podes ver a quadra fria
Em que as folhas, já poucas ou nenhumas,
Pendem do ramo trêmulo onde havia
Outrora ninhos e gorjeio e plumas.
Em mim contemplas essa luz que apaga
Quando no poente o dia se faz mudo
E pouco a pouco a negra noite o traga,
Gêmea da morte, que cancela tudo.
Em mim tu sentes resplender o fogo
Que ardia sob as cinzas do passado
E num leito de morte expira logo
Do quanto que o nutriu ora esgotado.
Sabê-lo faz o teu amor mais forte
Por quem em breve há de levar a morte.[16]

O amor é rosa, mas é também o "verme na rosa" (soneto 95), "um menino a quem se deve deixar crescer sem temor" (soneto 105), o "céu que conduz ao inferno" e do qual é difícil escapar e não querer, como se lê no soneto 129: "Sabe isso o mundo bem, mas ninguém sabe, entanto,/ Evitar esse céu que ao inferno conduz".

Os paradoxos, além das metáforas, são os alicerces sobre os quais se ergue toda a segunda parte dos sonetos dedicados à Dark Lady: a beleza é a cor do luto que encanta os olhos (soneto 127) e se adequa à alma e seus conflitos (sonetos 131 e 132). Se nos 126 sonetos anteriores a beleza era vista a partir de um cânone e de um modelo exterior, agora ela é admirada por sua adequação ao *pathos* subjetivo do poeta. Ao interiorizar-se essa beleza, multiplicam-se ainda mais as diásporas e os conflitos entrevistos no mundo e no interior do sujeito. Pelo paradoxo, ambos se harmonizam e um repercute no outro. Define-se então o indivíduo pelo ser totalmente "em-divisão", em luta inescapável, como deposto no soneto 133: "O teu olhar cruel de mim mesmo alheiou-me/ E do outro eu que em mim vive apossou-se mais fero;/ Por mim, por ti, por ele estou abandonado:/ Tormento triplicado esse que me crucia".

E também no soneto 134: "Dessa maneira, pois, confessei que ele é teu/ E eu mesmo hipotecado estou ao teu querer./ Mas me libertarei para que meu outro eu/ Libertes e inda possa a mim se confortar".

As metáforas intermináveis entre o amor, a natureza e os seres revelam um mundo metabólico, paradoxal, onde os opostos convivem em luta e transformação incessantes que impedem qualquer estabilidade, por mais que a deseje o poeta e o amante, seja no espaço cósmico seja no abismo da paixão, a compararem-se e a descreverem-se reciprocamente. O poeta não pretende dominar tais forças e antinomias ao modo filosófico, mas deslizar entre elas como uma "barca imprudente a navegar no oceano imenso e intrometer-se em vastas ondas" (soneto 80). Trafega o amante entre seus vários estados em permanente transubstanciação, como os vapores ao fundo das telas de Leonardo. A noite se transforma em dia, como o adversário no advogado e o céu no inferno. O mundo é um espaço que desliza entre os opostos imantados nos pólos do Amor e do Ódio que associam e dissociam os elementos segundo leis ocultas. Eros e Tanatos andam de mãos juntas a torturar o poeta ávido da trégua e da estabilidade dos astros infensos às coisas da paixão.

Em Shakespeare, encontramos as leis que comandam a fusão dos elementos, vapores e seres de Leonardo, e dão origem à multiplicidade e ao dinamismo do existente: simpatia e antipatia, *phylia* e *neikos*, como em Empédocles de Agrigento (nascido aproximadamente em 490 a. C.), reúnem e separam tudo o que há, num processo cíclico que oscila entre estados de máxima fusão e de máxima separação. No início dos sonetos, predomina uma fusão entre amante e amado, um continuando o outro como se uma substância homogênea os constituísse. Depois eles se distanciam, estranham-se, e assistimos ao digladiar de antagonismos em que se reconquistam as individualidades. Enfim, o amante, separado de vez do amado, volta-se para a natureza, nela se espelha e silencia: do um faz-se o múltiplo e volta-se à "solitária" condição original.[17]

O mesmo processo encontramos em *Romeu e Julieta*, peça escrita em 1594-1595, portanto no mesmo ano da maioria dos sonetos, com a diferença de que não há volta para este casal. Selado o seu pacto, os dois jovens rompem com a sociedade de Verona e só encontram amparo na natureza e no amor. Romeu, exilado para Mântua, e Julieta, afastada de seu marido, galopam rumo aos astros com seus "fogosos corcéis", falam com as estrelas e a lua, recorrem às metáforas para compreender e assumir o seu destino. Essa simpatia com a natureza nasce da extrema solidão de quem ama e da antipatia recíproca entre o casal e a cidade dividida entre os Montecchio e os Capuleto. Entre o "canto do rouxinol e o canto da cotovia", entre a noite e o dia, entre o amor e o veneno, move-se o casal, a precipitar-se num abismo como se subisse aos céus e irmanasse a lua e as estrelas. Não há como evitar esse céu que ao inferno conduz, lemos no soneto 129, ou vice-versa: a encontrar os céus a que o inferno, a tumba, o veneno e o exílio conduzem. O mesmo estranhamento ocorre entre Próspero e sua cidade, levando-o a fazer da natureza sua pátria, a exilar-se numa ilha deserta e a estudar as ciências ocultas: "Fui me tornando estranho a meu Estado, absorto, exilado em meus estudos secretos", diz Próspero.[18] Diante do desfavor da Sorte e das rudezas da vida hostil, natureza e amor são as companhias e os refúgios em que nos reconhecemos e nos salvamos. No soneto 29 ecoam as solidões e os refúgios de Próspero e do jovem casal veronês:

> *Quando no desfavor da Sorte e dos humanos,*
> *Solitário, me ponha a chorar meu destino,*
> *Rogando ao surdo céu, com meus gemidos vãos;*
> *Quando, pensando em mim, maldigo o meu destino,*
> [...]
> *E pois, pensando assim, quase a mim me desprezo,*
> *Sonho contigo então e tal como a andorinha,*

Partindo do chão gris ao romper da manhã,
Um hino vou cantar ante a porta celeste:
Chamado o teu amor, traz-me tesouros tais
Que os desdenho trocar pelo fado dos reis.

As mesmas substâncias e princípios regulam a natureza e os seres humanos, como expressa o sorriso da Gioconda. Ao contrário da pintura de Giorgione, aqui tudo está em tudo, tudo se reflete em tudo e tudo se espelha, como Fernando diz a Miranda em *A tempestade*: "Pareces feita da pequena parte de perfeição que há em cada criatura".[19] Numa pequena parte de si, o universo inteiro encontra-se resumido. "Uns em outros se tornam e permanecem continuamente os mesmos", dizia Empédocles.[20] Também Shakespeare proclama a unidade de tudo o que vive. Os amantes, as plantas, os astros, tudo o que vive é um e tudo se fecunda sob o império de Eros e Afrodite. O amor é o que permite refazer a unidade original e preservá-la, como Shakespeare propondo que seu objeto amado se case e perpetue sua beleza.

Pelo amor, introduzimo-nos na visão de mundo de Shakespeare, que se resume na frase dita por Pistol a Falstaff na *Segunda Parte de Henrique* IV (ato V, cena 5), escrito em 1597-1598: "'Tis *semper idem*...'Tis all in every part" (Tudo é sempre o mesmo... tudo está em toda parte).[21] Essa concepção de que o todo se imiscui em cada parte do universo é uma doutrina da alma e de Deus freqüente em outros poetas da Inglaterra elizabetana, na filosofia de Giordano Bruno e recorrente em toda a obra de Shakespeare. Encontramo-la escrita pela primeira vez nas *Eneadas* de Plotino e, literalmente, a encontramos na exortação aos Coríntios: "O filho se sujeitará àquele que todas as coisas lhe sujeitou, *para que Deus seja tudo em todos*".[22] Tudo está em tudo e em toda parte: *all is all.* Platão e Cícero usam também o *semper idem* para apontar a onipresença do Rei, tal como Pistol na peça de Shakespeare. Utilizada no feminino, *semper eadem*, a frase tornou-se divisa da rainha Elizabeth no século XVI. Em seus sonetos, o poeta a transpõe para a presença de um mesmo princípio anímico atravessando todas as partes do universo e ligando todos os seres, como a "sombra" do soneto 43 dando claridade a todas as outras sombras: "Then thou, whose shadow shadows doth make bright".[23]

Tudo está em tudo e cada parte do universo traz em si a lei do todo e o amálgama da simpatia que a une aos demais seres e elementos: "o mel se casa com o mel, a alegria ao prazer" e "uma corda se enamora de outra em acordes harmônicos que cantam num só tom uma ária encantadora": *all in one*, tudo em um e um em tudo, diz-nos o soneto 8. E *all is all*, naquele que se ama estão as feições de todos os que se amou e "tu que todos és, a mim tens todo inteiro" (soneto 31). Repete-nos o soneto 53:

> *A tua substância é igual, de que afinal é feito*
> *Que se contém em ti milhões de estranhas sombras?*
> *Visto que cada um uma só sombra tem,*
> *Tu que apenas és um todas em ti encarna.*
> [...]
> *Se de tua beleza uma o reflexo mostra,*
> *Teus benefícios são pela outra evocados.*
> *Em toda forma feliz és tu reconhecido:*
> *Uma parcela tens de toda graça externa,*
> *Mas restas sem igual como peito fiel.*

A essa altura, podemos ver repercutir este tema do *all in all* já na enigmática dedicatória que abre os sonetos: "Ao único engendrador [*begetter*]/ destes sonetos que seguem/ Senhor W. H. toda a felicidade/ e essa eternidade". E na dedicatória de outro poema do Bardo, "A violação de Lucrécia": "Ao excelentíssimo Henry Wriothesly, Conde de Southampton [...] o que fiz é seu, o que fizer é seu, como parte do todo que lhe tenho consagrado". O lema da família Wriothesly era "um por todos e todos por um, *ung par tout, tout par ung*".[24] Literalmente esse lema é citado em "A violação de Lucrécia": "That one for all, or all for one we gage".[25] Estar o todo em cada parte e cada parte refletir-se no todo é a lei maior que preside a construção do espaço social e natural em que a alma do poeta habita.

Dessa reflexão de tudo em tudo nascem as simpatias e analogias que permitem compreender e descrever nossa existência por metáforas pelas quais nos reatamos ao universo e compensamos os tormentos e as discórdias em que vivemos. Os poemas não nos explicam esse todo e essa unidade: mostram-nos, como uma pintura. O segredo do amor é entender pelo que se olha, mais do que pelo que se diz ou escreve, diz-nos o soneto 24. Há em todas as coisas um elemento que as impele a misturar-se, unir-se, acasalar-se, mesmo no nível das palavras, por meio das metáforas dos poemas. Essa é a lei da Natureza, também pronunciada por Helena em *Tudo está bem quando bem termina* (1604): "Qualquer que seja a distância que separa um de outro os objetos, comumente a natureza os aproxima como se fossem idênticos e num beijo os reúne numa simpatia nativa".[26]

Mas, além dessa simpatia, há também outra força natural e igualmente poderosa que impede o repouso definitivo em que tudo se resolveria, uma razão que dissocia os seres, "divorcia o amor único" e "força os amantes a viverem separados", como aponta o soneto 39. Quando isso acontece o ambiente se torna estranho, como ao jovem casal de Verona, e o amante se põe em conflito com um mundo que não mais conhece e em que não se reconhece, até exilar-se dele. Vejamos os versos do soneto 137:

Que, louco e cego amor, fizeste dos meus olhos
Que olham mas não vêem o que ver deveriam?
Conhecem a beleza e onde ela existe sabem,
Contudo, o que é melhor por pior é tomado.
[...]
Ou terão de negar meus olhos o que vêem,
Pondo em tão feia face o belo da verdade?
Olhos e coração erraram no que é certo,
Presos agora estão a este falso flagelo.

Também o soneto 138 se faz da justaposição entre contrários e do "engano do mundo": "Quando ela, o meu amor, jura-me ser fiel,/ Acredito o que diz, sabendo que ela mente./ Para que pense sou inexperto rapaz/ Que os enganos sutis do mundo não conhece".[27]

E os sonetos 46 e 141 se fazem da contraposição entre o que vai no coração e o que se dá aos sentidos:

Travam guerra mortal, meu coração e os olhos,
Querendo repartir de teu olhar a posse;
Estes ao coração vetam a imagem tua,
E priva o coração de seu direito: os olhos.
[...]
Aos olhos cabe o teu aspecto exterior,
E o amor do coração cabe ao meu coração. (soneto 46)

Não são, por minha fé, meus olhos que te querem,
Porque podem em ti mil defeitos notar:
Mas é meu coração que ama o que eles desprezam
E apesar do que vê se apraz em te adorar:
[...]
Sentidos ou razões, nada pode impedir
Que um louco coração seja teu servidor. (soneto 141)

Os dois princípios estão sempre em luta, como na "guerra civil" do soneto 35, e no soneto 142: "É meu pecado o amor, tua virtude o ódio,/ Ódio ao pecado meu, fruto de amor culpado". Ou ainda no soneto 145: "Lábios que a mão do próprio Amor moldou/ Um som lançaram que dizia 'odeio',/ [...]/ 'Odeio', mas do ódio se livrando,/ 'Não a ti', ela disse e me salvou".

Também em *A tempestade*, os opostos exibem seus vínculos, como fala Miranda: "Devo ser louca, pois choro ante o que me alegra".[28] Da luta entre os dois princípios do Amor e do Ódio originam-se a poesia e o cosmos do Bardo. Não há repouso nesse cosmos pois tudo nele se movimenta a partir de forças inacessíveis à razão ou à lógica explicativa da ciência moderna.

Para se compreender a *physis* desse espaço, a cosmogonia de Shakespeare requer mais magia do que ciência, mais metáfora do que explicação, mais poesia do que demonstração, pois, como se lê no soneto 151: "o amor não sabe o que é consciência". A *episteme* exigida para se compreender a dinâmica do espaço metabólico e metafórico de Shakespeare foi aquela que a modernidade interditou e que só a compreensão do amor entre as coisas e entre nós e o universo que nos cerca pode restaurar, como instrui o soneto 78: "E com tua beleza embeleza sua arte;/ És tu toda a minha arte e fazes elevar/ Minha rude ignorância à altura do saber".

Estando tudo em tudo, aquilo que se canta e se descreve nada mais é do que a variação do Mesmo, visto de vários ângulos e em vários momentos distintos, como numa pintura cubista. Atrás das aparências e das mudanças, tudo se repete no tempo e no espaço e os poemas nada mais são que os ecos da mesma poesia original que atravessa o cosmos, como lemos nos sonetos 76 e 108:

> *Por que de nova pompa o meu verso se priva*
> *Rebelde a variações ou rápidas mudanças?*
> *Como a cada manhã o velho sol é novo,*
> *O que meu amor disse, ele o rediz ainda.* (soneto 76)
>
> [...] *No entanto, devo sempre*
> *Dizer a mesma coisa, assim como uma prece:*
> *Tu és meu, eu sou teu; tudo é novo como era*
> *Na vez primeira em que meus versos te sangraram.* (soneto 108)

Semper idem: o poema é a revelação do Mesmo que se disfarça dionisicamente em todas as partes. Ele é a constância que se rebela contra a inconstância das coisas. Ele nos descreve um mundo deslizante, movediço, com formas que se fecundam e se separam por vínculos de simpatias e antipatias que só um mágico como Próspero pode reger e controlar. Esse mundo assemelha-se ao de Giordano Bruno, habitando na Inglaterra e lecionando em Oxford entre 1583 e 1585, e que muito provavelmente influenciou nosso poeta.[29] Para trafegar entre essas várias formas, o espírito do poeta tem de ser leve e ágil como Ariel de *A tempestade* (1611-1612). Ariel freqüenta os vários ambientes, do "lodo das profundezas do mar até o vento gelado do norte", e os vários elementos como o ar, o fogo, a água e as nuvens. Ele se multiplica, se divide e se reúne. Oposto ao peso de Caliban, o invisível "Espírito", como Próspero o chama, se move mais leve do que o ar de que é feito e atravessa todo o mundo "antes que se possa respirar".[30] Não há grande diferença entre aquilo que nos faz e a matéria dos sonhos, diz Próspero. E concluindo a peça, ele liberta o seu Espírito: "Ariel, meu passarinho, isso fica por tua conta. Depois retorna em liberdade aos elementos".[31]

A esse mesmo Espírito leve — que dá asas à ciência e vence a pesada ignorância, como nos mostrou o soneto 78 — apela o poeta nos sonetos 44 e 45 para vencer as distâncias cruéis que separam as simpatias:

> *Se alma fosse só a minha carne espessa,*
> *A distância cruel jamais a deteria.*
> [...]
> *Que importância então que do outro fim do mundo,*
> *Sob meu pé se achasse o solo mais distante,*
> *Se a terra e o mar transpõe o espírito volátil*
> *No tempo que lhe basta a escolher aonde ir?*
> *Mas morro de pensar que não sou pensamento*
> *Pra, quando longe estás, os espaços transpor.*[32]
>
> *Os outros, o ar ligeiro, o fogo que acrisola,*
> *Estão contigo os dois, não importa onde eu more,*
> *Pois são meu pensamento e meu desejo ardente,*
> *Em rápido mover, rolando, onipresentes.*
> *Elementos sutis, quando partidos forem,*
> *Mensageiros de amor, meu terno afã levando.*

São a mobilidade, a rapidez, a leveza e a multiplicidade do "Espírito" que nos são propostas nos sonetos e em *A tempestade* como contraponto ao pesadume do mundo e à nossa constituição mortal, aprisionada ao corpo. A sensualidade de Shakespeare exige que o espírito e o amor se encarnem, misturem-se à substância que os torna sensíveis e expostos à humanidade. Sem esse amor imprimindo suas marcas nas feições e no visível do corpo, "o mundo inteiro parece morto", como conclui o soneto 112. Por isso, Shakespeare não é idealista: ele crê no mundo e seu amor em carne exige falar em sensualidade, sentimento, memória e imaginação, pois é nessas regiões, ao contrário do que pensará Descartes, que sua verdade se manifesta. Mas, também por isso, não há repouso. Os dois opostos não se aniquilam mas permanecem em sua diáspora e combate a regerem nossa natureza trágica e conflituosa. Ao se suicidar, Julieta diz consigo: "Barro, este é o teu centro! Volta!". Também a substância de Caliban é pesada e terrosa, de barro e lama, a aprisonar-nos os pés.[33] E é a ela que o soneto 146 se dirige, resignado: "Do meu pecador barro és tu, pobre alma, o centro". Somos filhos do ar e da terra, de Ariel e de Caliban, do dia e da noite, do amor e do ódio, da leveza e do peso, do céu e da terra que se combatem em nós e na natureza, sem que se alcancem o repouso e o equilíbrio.

Em cada parte do universo ressoa a alma universal. Na pessoa amada encarnam-se todas as qualidades ou todos os vícios. Estando o todo em cada parte e cada parte se refletindo no todo, as metáforas de Shakespeare movem-se generalizando o particular e particularizando o geral. O espírito impregna as substâncias e as substâncias se espiritualizam.[34]

No mundo moderno, tais pólos foram separados, como em Descartes, e a primazia foi dada ao Cogito, ao pensamento, à alma que se desvencilha do corpo e do sensível para validar apenas aquilo que lhe é claro e distinto. Os sonetos de Michelangelo não utilizavam as metáforas.[35] Como nas suas pinturas na capela Sistina, onde todo o espaço natural é abolido para dar curso apenas ao drama humano, os sonetos de Michelangelo revelam uma subjetividade completamente rompida com o mundo que o cerca e incapaz de nele se refletir e encontrar identidade, como na pose da cigana do quadro de Giorgione. Em Shakespeare, portanto, encontramos talvez a última manifestação do mundo e do saber pré-modernos. É hora de revisitar esse tipo de saber, como Calvino parece ter intuído em seu *Seis propostas para o próximo milênio.*

O mundo metabólico e erótico que se apaga com o final do século XVI foi concebido na "semelhança" entre os seres, a natureza e a linguagem. Essa semelhança é o que permitiu conhecer o visível e o invisível e ditou a linguagem com que compreender o mundo, como mostra Foucault: "a terra repetindo o céu, os rostos mirando-se nas estrelas e a erva envolvendo nas suas hastes os segredos que serviam ao homem. [...] Teatro da vida ou espelho do mundo, tal era o título de toda linguagem, sua maneira de anunciar-se e de formular seu direito de falar".[36]

Vencendo as distâncias, o espírito de Ariel avizinha as coisas e estas passam a se emularem umas às outras, espelhando-se ou combatendo-se reciprocamente. Assim, Shakespeare as vê e se vê diante do espelho do mundo, compreendendo-lhe as relações ocultas e inventando vínculos e parentescos entre elas. Assim também transita o saber de Giordano Bruno:

> De sorte que não é vã esta faculdade do intelecto, que sempre quer e pode juntar espaço a espaço, massa a massa, unidade a unidade, número a número, por meio da ciência que nos liberta das cadeias de um augustíssimo império, para nos promover à liberdade de um império augustíssimo, que nos arranca da pressuposta pobreza e estreiteza para nos dar as inumeráveis riquezas de tanto espaço, de tão digno campo, de tantos mundos cultos, evitando que o círculo do horizonte, falso à vista na terra e imaginado pela fantasia no éter espaço, encarcere o nosso espírito.[37]

Eis o que constitui a invenção na poesia de Shakespeare. O mundo é um espaço de analogias e irradiações que envolve o poeta, ao mesmo tempo que este retransmite as semelhanças que recebe e estabelece o liame entre o amado e a natureza. Seus versos movem as coisas, aproximam a terra do céu, a noite do dia, o amor do ódio. Misturando os elementos, como Próspero, ele confere-lhes novos sentidos e assimila-os uns nos outros e dentro de si, como faz com aquele que ama, trazendo à luz e imbricando tudo o que se assemelha:

> *Janelas do meu peito, a luz do sol penetra,*
> *Para, extático, olhar, dentro dele o teu rosto.* (soneto 24)
>
> *Feliz então sou eu, pois que amo e sou amado,*
> *Sem do amor me afastar, nem ser dele afastado.* (soneto 25)

Depois, o Um se desfaz. Tudo seria sempre o Mesmo se a discórdia não abalasse as junções que a simpatia promove e impedisse os elementos e seres de caírem na assimilação definitiva que só se encontra na morte ou no *ápeiron* original de Anaximandro. Assim, os seres preservam sua particularidade e recuperam a sua distância.

O soneto 112, entre outros, começa tratando das marcas que se manifestam no visível do rosto e que o distinguem no mundo: "Tua pena, teu amor apagam em minha fronte/ A marca que ali pôs o escândalo vulgar".

O olhar do poeta vê o mundo prospectando-lhe as marcas e os indícios da semelhança nas coisas: o espaço do mundo torna-se para ele, além de espelho, um livro aberto onde tais marcas estão grafadas e podem ser lidas e decifradas, da mesma forma que pelo pintor ou pelo cientista. Por isso, os astros são os mesmos para o poeta, para o astrônomo e para o astrólogo: nos olhos do amado está escrito o destino. O saber deles "sulca distâncias indo, por um ziguezague indefinido, do semelhante ao que lhe é semelhante".[38] É um saber movediço que percorre os espaços do mundo perseguindo as marcas que se encontram por todo lugar e que sempre levam ao Mesmo, pois *all is all.* Nesse saber, "advinhação" (entendida como a decifração na natureza das figuras nela semeadas por Deus), conhecimento, magia e erudição — pesquisada nos antigos como em Ovídio e suas *Metamorfoses,* referência fundamental dos sonetos aqui analisados — estão no mesmo plano.[39] O texto do mundo e o espaço dos livros são signos que se atravessam e se fazem análogos, como as metáforas do Bardo. Os espaços da natureza e do verbo, o visível e o legível, se entrecruzam ao infinito e formam o grande livro de Próspero. Ao lançar seu livro de ciências ocultas ao mar profundo e dissociar o lido e o visto, "as palavras e as coisas", Próspero[40] abrirá o espaço para o mundo e o saber modernos, destituídos de *divinatio* e magia, e substituirá a semelhança das formas, das coisas e das marcas pela identidade das medidas e pelas explicações, deduções e previsões engendradas pelo pensamento exilado do mundo que o cerca, solipsista, em que o conhecer deixa de comparar e aproximar coisas e passa a analisar e discernir.[41]

O TEMPO EM FUSÃO E DIVISÃO

Um mundo constitui-se de espaço e tempo. Fundindo seres e elementos e anulando distâncias, vimos como o espaço de Shakespeare concentra o mundo e imiscui o todo em cada uma de suas partes. De modo análogo, o saber a ele adequado é conciso, oracular e mais dedicado a expor os enigmas e paradoxos da vida do que a explicá-los exaustivamente em suas verdades últimas: afinal, "a concisão é a alma do espírito".[42] Visto como se constitui a ordenada do espaço em Shakespeare, passemos à segunda, a ordenada do tempo, que lhe é afim.

O veloz espírito de Ariel não apenas abole os espaços, mas também vence as distâncias temporais e procura construir um mundo onde tudo se reúne e se conserva. Vencer as distâncias no tempo é vencer os vãos entre os momentos, épocas e eras — o passado, o presente e o futuro — até instalar a eternidade no devir histórico. Pela simpatia geral, vimos que os elementos trocam suas substâncias e passam a refletirem-se uns aos outros e ao Mesmo que os liga. Essa troca é feita não só entre aquilo que está separado no espaço mas também entre aquilo que está afastado no tempo, superando seus intervalos e a corrupção gerada por ele. A relação do homem com o tempo é, sem dúvida, uma das matérias-primas mais proeminentes em Shakespeare e constitui a base trágica da condição humana e do herói de seus dramas.

O tempo corrói nosso corpo, revela verdades surpreendentes e às vezes terríveis, dá às nossas ações efeitos contrários ao que pretendíamos, revira as coisas e os homens de todas as formas possíveis jogando-os no inesperado das contingências e num indeterminismo que nunca permite-nos ter completa segurança de nossa existência e dos caminhos do mundo. A *fortuna*, para usarmos o termo caro aos renascentistas, é a lei insondável e indômita que o homem pré-moderno é obrigado a aceitar. Se a ciência moderna dominou processos físicos e providenciou equações que nos dão a previsibilidade dos fenômenos, fê-lo mutilando o tempo e destituindo-o da grandeza, ameaça e poder que ele oferecia ao homem da *divinatio*. Toda a tragédia de *Romeu e Julieta* se faz pela desarticulação das pessoas com o tempo, precipitando tudo: possuído pela paixão arrebatadora, o casal não sabe esperar o momento certo para concretizá-la; a contingência leva ao assassinato de Mercúcio e ao exílio de Romeu; o acaso atrasa o mensageiro que segue para Mântua provocando a desgraça fatal e Romeu "morre num beijo" um segundo antes que sua amada desperte da enganosa morte. A urgência do jovem casal e o clima precipitado da história acabam levando-o à eternidade da morte. Pois a ele, uma vez que os amantes exigem a rapidez e a mobilidade do espírito de Ariel, não se coaduna a pesada lentidão do tempo que governa a cidade. É do tempo, passado e futuro, que saem as verdades que enlouquecem o Rei Lear e é do tempo que Hamlet procura escapar meditando sobre o sono e a morte no monólogo do "Ser ou não ser", a que retornaremos adiante. Em "Vênus e Adonis", o primeiro poema escrito de Shakespeare (1593),[43] já encontramos lançado este tema que atravessará toda a sua obra:

Dos produtos da terra esperas nutrição,
Sem a terra nutrir com tua fecundez?
Da natureza a lei te obriga a gerar seres
Que possam viver quando estejas tu morto;

E assim, mau grado a morte, hás de sobreviver,
Pois vivos ficarão os que de ti nascerem.[44]

Também a dedicatória dos sonetos já aponta o tema e torna presente a eternidade pretendida pelo poeta. No espelho dos seus versos, o reflexo do tempo ilumina a "eternidade", o que permanece e conserva, em combate contra o transitório e os fogos-fátuos de nossa passagem pela terra, como *O sonho de uma noite de verão* (1595-1596), peça escrita na mesma época dos sonetos. A luta entre o eterno e o transitório constitui o tempo do mundo shakespeariano, tal como aquela entre o Amor e o Ódio determina o seu espaço. Todos os seus sonetos serão uma luta para vencer ou escapar do tempo devorador e consumidor de todas as coisas, *tempus edax rerum*, como se repete nas *Metamorfoses* de Ovídio (XV, 234), talvez o autor que mais influenciou os poemas do Bardo.

Os primeiros sonetos, especialmente até o décimo sexto, trazem explicitamente tal tema e poderiam ser vistos como o desdobramento daquilo que se concentra na estrofe já citada de "Vênus e Adonis". Neles, apela-se ao amado para casar e gerar filhos, perpetuando assim sua beleza, legando-a para os pósteros e tornando-a infensa à passagem do tempo. Depois, serão os versos que cuidarão de instalar essa beleza e o amor do poeta na eternidade, sempre os renovando e os transmitindo às gerações futuras. As leis inexoráveis do tempo governam o mundo em que nos movemos, mas são desafiadas pelos versos do poeta ávido da permanência, da transcendência e da eternidade atribuídas ao amor e à poesia. Por meio dos versos, Shakespeare prolonga sua existência e apela a nós, leitores, como no soneto 74, para preservarmo-lo na memória e na eternidade, vencendo os limites mortais:

Não fiques triste, amigo, à hora em que, sem caução,
Vier deter-me um dia esse cruel arresto,
Pois terá minha vida interesse em meus versos
Que devem junto a ti defender-me a lembrança.
O que podes rever, se estes versos revires,
É esta parte de mim que te foi consagrada:
De mim mesmo o melhor, minha alma, a ti pertence,
Se este barro que sou deve ao barro voltar.
E do meu ser assim perdes a lia apenas,
Aos vermes dada em presa à hora em que o corpo morre,
Conquista sem honor da faca de um vilão,
Indigno de encontrar recordação em ti:

Minha alma o preço faz que nele está incluso,
E jaz junto de ti, nestes versos, minha alma.

Apenas no soneto 115 o tempo aparece como aliado do amor por deixá-lo crescer até se manifestar plenamente e fazer-se reconhecer: "Um menino é o amor; por que não o disse eu,/ Deixando sem temor crescer quem sempre cresce?".

Nos demais, o transitório e a corrupção aplicada pelo tempo a todos os seres e coisas são os grandes inimigos do poeta, do amor e da beleza. Contra esse inimigo, o nosso "Will", nome que significa "vontade e desejo" como às vezes ele joga em alguns de seus sonetos,[45] dirige suas maiores lanças e vibra-as no ar com todo o vigor, como sugerem-lhe o sobrenome Shakespeare e o brasão familiar. Guerreando contra o Tempo, a poesia repõe o que ele tira: "E, pelo amor de ti, em guerra contra o Tempo,/ De novo, enxerto em ti tudo quando te toma" (soneto 15).[46]

As horas tiranas do Tempo levam tudo à morte e à destruição, como lemos nos sonetos 5 e 60:

Pois o tempo não pára e arrastando o verão
Ao horrível inverno, ali vai destruí-lo;
A seiva se congela, as folhas verdes caem,
Tudo o que é belo a neve encobre, esteriliza. (soneto 5)

Como as ondas que vão rolando para a praia,
Também para seu fim se apressam nossas horas,
[...]
A infância, uma vez, no pleno mar da luz,
Para a velhice ascende, aonde ao ser coroada
Contra seu esplendor lutam traidoras trevas,
E o Tempo que a ajudou seus dons ora destrói.
Destrói da mocidade o brilhante ornamento,
Na fronte da beleza abrindo muito sulco;
Da natureza toma os mais ricos tesouros
E à sua foice tudo aqui deve tombar:
Mas aos tempos por vir meus versos desafiam
E hão de te louvar, mau grado a cruel mão. (soneto 60)

Contudo, conclui o soneto 5, algo deve perdurar depois que o Tempo aplica sua foice: "Mas a flor destilada, inda que a toque o inverno,/ Perde o brilho, porém, seu perfume perdura".

Repete-o o soneto 54: "Morre só: mas a morte odorante das rosas/ Faz perfumes nascer inda mais odorantes./ Quando assim te murchar a bela juventude,/ Distilará [*sic*] meu verso a essência que conténs".

Sobre aquilo que a poesia destila, o Tempo não age. Cumpre ao amante e ao poeta não deixar o perfume dessa flor ou "beleza demasiada" ser conquistado pelos vermes e pela morte (soneto 6). Por isso, seguindo uma concepção comum no Renascimento, essa beleza deve gerar frutos, casar e ter filhos.[47] Esse argumento já encontramos em Platão: a beleza do corpo deve se perpetuar na procriação, pois "é próprio da natureza mortal, na medida do possível, ser sempre e ficar imortal".[48] E procriar é uma dessas possibilidades. Apoiado nesse argumento, Shakespeare insiste:

Sozinho morrerás, se um filho não tiveres. (soneto 7)

Um só parece e diz: "Sozinho, serás nada". (soneto 8)

Torna-te um outro tu, pelo amor que me tens;
Para que possa o belo em ti viver, nos teus. (soneto 10)

Emblema seu te fez, desejando por ti
Reproduzido vê-lo e não vê-lo extinguir-se. (soneto 11)

E da foice do Tempo a defender-te apenas
Um filho a o enfrentar, quando vier buscar-te. (soneto 12)

Além desses "filhos e perfumes" gerados, os versos do poeta são os instrumentos fundamentais mediante os quais se faz perdurar aquilo que resiste ao Tempo:

Mas se algum filho teu viver ainda então,
O dobro viverás por ele e por meus versos. (soneto 17)

Enquanto vida houver e o olhar puder ver,
Meus versos viverão e te farão viver. (soneto 18)

O soneto 19, "um dos maiores da língua inglesa com suas violentas linhas iniciais",[49] retrata bem a luta dos versos contra a voracidade do tempo e o vasto universo de encantos breves e gozos passageiros:

Tempo voraz, ao leão cegas as garras
E à terra fazes devorar seus genes;
Ao tigre as presas hórridas desgarras
E ardes no próprio sangue a eterna fênix.
Pelo caminho vão teus pés ligeiros
Alegres, tristes estações deixando;
Impões-te ao mundo e aos gozos passageiros,
Mas proíbo-te um crime mais nefando:
De meu amor não vinques o semblante
Nem nele imprimas o teu traço duro.
Oh! permite que intacto siga avante
Como padrão do belo no futuro.
Ou antes, velho Tempo, sê perverso:
Pois jovem sempre há-de o manter meu verso.[50]

E o mesmo ocorre no desafio do soneto 63:

Para esse tempo é, pois, que ora me fortaleço
Contra o ferro cruel da idade que destrói:
Se deve ela cortar de meu amor a vida,
Não lhe arranque a beleza aos corações de todos:
A tinta deste livro a fará ressurgir
E meu amor, assim perene, há de durar.

Mas, além dos filhos e versos, também o próprio amor resiste ao tempo e escapa aos seus efeitos. Como em *Romeu e Julieta*, "o amor ri de muralhas e barreiras", não admite entraves e resiste ao que quer arruiná-lo. Se disso ele não for capaz, então ele não é amor, tema do soneto 116:

Que eu não veja empecilhos na sincera
União de duas almas. Não amor
É o que encontrando alterações se altera
Ou diminui se o atinge o desamor.
Oh, não! amor é ponto assaz constante
Que ileso os bravos temporais defronta.
É a estrela guia do baixel errante,
De brilho certo, mas valor sem conta.
O Amor não é jogral do Tempo, embora
Em seu declínio os lábios nos entorte.
O Amor não muda com o dia e a hora,

Mas persevera ao limiar da Morte.
E, se se prova que num erro estou,
Nunca fiz versos nem jamais se amou.[51]

É preciso instalar a eternidade no devir, sem recorrer a uma vida após a morte, ao mundo das idéias ou a um passado mítico. Shakespeare laiciza a eternidade, tal como Alberti o fizera na primeira metade do *Quattrocento* italiano. Escapando das armadilhas do Tempo, por meio dos filhos, da poesia e do amor, abolem-se os seus efeitos, como a velhice, o esquecimento e a morte, e as categorias passado, presente e futuro. Repete-se o que foi feito com o espaço: com as asas de Ariel voa-se além das distâncias e encontra-se o Mesmo que liga os anos e as épocas. O poema, portanto, encontra aquilo que nunca muda, o eterno que se reparte em cada fragmento do tempo, do instante até as mais vastas eras, tal como o todo do espaço imiscui-se em cada uma de suas partes, elementos e seres.

De fato, atrás das aparências das mudanças nada é novo e o poema nada pode fazer a não ser repetir a mesma coisa sob formas diversas. O trabalho do poeta é assim uma eterna reescritura: *nihil dictum quin prius dictum*, como disse Terêncio,[52] serve como chave para se compreender a poesia e o mundo de Shakespeare como perpétuas reescrituras do Mesmo. É o que nos confirmam os sonetos 59 e 76:

Se nada novo existe e se as coisas presentes
Vida tiveram já, enganados ficamos
Se, em mal de invenção, geramos sem propósito
Um ser anterior, duas vezes gerado! (soneto 59)

Por que de nova pompa o meu verso se priva,
rebelde a variações ou rápidas mudanças?
Por que do tempo meu não sigo os novos métodos,
Mas das composições à estranheza refujo?
Por que escrevo inda só, e sempre a mesma coisa,
disfarçando a invenção com enfeites banais,
[...]
Basta-me revestir de novo velhos termos,
De novo despendendo o que já despendi:
Como a cada manhã o velho sol é novo,
O que meu amor disse, ele o rediz ainda. (soneto 76)

Impedir a ação da "foice e da curva faca do Tempo" (soneto 100) e verificar com tristeza ser a vida breve — *vitae summa brevis*, como diz Horácio — e tudo nela tão transitório não conduz o poeta ao *carpe diem* e ao *carpe florem*, gozar ao máximo os dias e a juventude, a reconciliar-se com o Tempo ou a salvar-se na morte. A salvação é não estar no Tempo, não aceitar suas leis e permanecer desafiando-o e tentando perpetuar e preservar aquilo que ele ameaça, fazendo versos mais fortes que "as pedras, o mármore e os áureos mausoléus" (sonetos 55 e 107). O Tempo, o passado, o futuro e o presente, são ilusões. Ele só oferece simulacros, transformações e novidades incessantes, a cujo encanto foge o poeta, como no soneto 123:

> *De me fazer mudar, não te gabes, ó Tempo.*
> *As pirâmides que de novo construíste*
> *Para mim nada têm de novo nem de estranho;*
> *São elas do já visto a imagem disfarçada.*
> *Os dias breves são: o arrebatar deixamo-nos*
> *Por coisas bem senis, mas dadas como novas,*
> [...]
> *Desafio a um tempo, a ti e a teus anais:*
> *Não me espanta ou me encanta o presente ou o passado;*
> *Falsa a tua lembrança e falso o que se vê,*
> *Que se aumenta ou reduz por tua presa incessante.*
> *Faço este voto ao qual sempre me apegarei:*
> *Fiel sempre, apesar de ti, de tua foice.*

As ilusões, os metabolismos e as peripécias que a Fortuna engendra em nossa vida por meio do Tempo impedem que o mundo de Shakespeare se apóie em verdades definitivas e totais. Nele, nada é fixo e imutável e cedo ou tarde toda forma é arruinada e pode dar lugar até mesmo ao que lhe é contrário. Essa é a lei da natureza, como lemos no soneto 126, e também a lei da tragédia e, especialmente, das peças de Shakespeare, como vimos em *Romeu e Julieta*. No soneto 60 o Tempo cria as coisas para depois destruí-las num jogo que nos prende e arruína, e do qual o poeta pretende escapar. Como Tempo criador encontramo-lo nas palavras de Proteu em *Os dois fidalgos de Verona*.[53] Como destruidor e voraz, o Tempo é visto na fala inicial de *Trabalhos de amor perdidos*.[54] O Duque em *Medida por medida* busca no bronze uma recordação segura "contra as mordidas do tempo e as rasuras do esquecimento".[55] Bassânio, em *O mercador de Veneza*, condena as novidades e verdades superficiais que se servem "de um século pérfido para enganar os mais sensatos".[56] O Rei na *Segunda parte de Henrique* IV expõe as angústias diante das reviravoltas que o Tempo promove e a ausência de um mundo estável:

> Ó Deus, se fosse possível ler o Livro do Destino e ver as revoluções dos tempos, às vezes aplainar as montanhas e dissolver no mar o continente fatigado pela sólida firmeza. [...] Se fosse possível ver como as circunstâncias nos ridicularizam e de que licores diferentes as vicissitudes das coisas enchem a taça móvel da Fortuna.[57]

As marcas do Tempo e as verdades que vêm à tona com ele emergem diante do espelho que Hamlet expõe à mãe. Acusa-nos também o espelho do soneto 77:

> *Ao espelho verás declinar-te a beleza*
> *E na volúvel montra ir-se teu rico tempo;*
> [...]
> *As rugas que um sincero espelho mostrará*
> *Far-te-ão relembrar a tumba escancarada;*
> *Na montra, a hora que foge a ti ensinará*
> *Que para a eternidade o tempo a furto avança.*

Colocando o espelho diante de nós, Shakespeare não nos mostra apenas os sinais do Tempo em nossa face. Mostra-nos que a descontinuidade temporal e espacial está em nós mesmos. O conflito e o solo movediço que encontra no mundo e nas coisas residem, sobretudo, dentro do homem: um espelha o outro. Nossa natureza, mais do que nossa condição, é intrinsecamente trágica. E à medida que o amante é obrigado a separar-se do amado e reconhece a crueldade do Tempo e o conflito incessante daquilo que nos cerca e nos habita, o poeta vai progressivamente mergulhando dentro de si mesmo e faz dos seus versos sua única salvação, não mais para preservar seu amor ou reconciliar-se com o mundo e o Tempo, mas para reconciliar-se consigo mesmo.

Quando o casal desafia as estrelas e o destino em *Romeu e Julieta*, "I defy you stars", culmina sua ruptura com o universo que o cerca, com o tempo e a sociedade à sua volta. Sua solidão, igual à do poeta nos sonetos, é o último abrigo no qual ele encontra simpatia e salvação. Na tragédia moderna, a solidão, a morte e a loucura, como no *Rei Lear*, não são castigos mas preservação de si diante da inconstância do mundo e da volubilidade da Fortuna. Lemos no soneto 147: "Incurável estou se a razão não tem cura,/ E louco furioso a agitar-me sem fim;/

Tudo o que penso e digo é coisa só de louco,/ Sem nada na verdade expresso no que diz".

Dessas solidão e loucura nascem o herói, a ciência e o mundo modernos. Trata-se de um mundo vil e estranho: a sociedade é hostil e a natureza não mais espelha o que vai na alma. Para equilibrar-se com esse mundo em que não mais nos reconhecemos, o poeta se "aliena" e mergulha no próprio *pathos*, torna-o infinito, como infinito se torna o universo da ciência moderna submetido ao domínio e ao controle do sujeito mas incapaz de significar e dizer mais nada, ao contrário de quando era lido sob a chave da semelhança e das metáforas. Os sonetos 83, 85 e 86 mostram-nos o mergulho do poeta em sua própria subjetividade e a ruptura com o que lhe é externo, a fim de distinguir-se daquilo que o cerca. Diante de um universo estranho, mudo e banal, o poeta se cala:

> *De pecado, imputaste a mim esse silêncio,*
> *Quando o saber calar foi minha excelsa glória,*
> *Pois, mudo, dano algum causa à tua beleza.* (soneto 83)
>
> *Contém-se minha musa e, discreta, se cala*
> [...]
> *Mas é na minha mente que o amor por ti,*
> *Bem que tarde a falar, jaz em lugar primeiro.*
> *Estima neles, pois, o ar de suas palavras,*
> *É o amor mudo em mim que diz tudo o que deve.* (soneto 85)
>
> *Enquanto teu semblante o verso seu enchia,*
> *O meu se esvazia, o meu enfraquecia.* (soneto 86)

E, calando-se, os conflitos, antes localizados no universo ou na relação amorosa, passam a ser subjetivados e o amante divide-se por dentro, dilacerado por indissociáveis sentimentos opostos. A partir do soneto 88 o olhar do poeta tematiza uma subjetividade em conflito e a luta contra si mesmo e seus sentimentos, "aplicando golpes em si mesmo com a própria mão":

> *Lutando contra mim, tomarei teu partido*
> *A provar teu valor, perjuro que me deixas.* (soneto 100)
>
> *Por ti contra mim mesmo é preciso bater-me,*
> *Pois amar eu não devo alguém a quem odeias.* (soneto 89)

Os sonetos começaram pela simpatia estabelecida entre o universo e o sujeito. Mesmo quando a harmonia foi rompida, sob a metáfora do distanciamento e do conflito amoroso, o universo permaneceu refletindo o sujeito e vice-versa, um ao outro se reconhecendo e amparando. A esta altura, quando estamos concluindo a série de sonetos, o espelho parece se quebrar pois se dissolve o elo que unia o sujeito e sua imagem cósmica. É sob o signo da alienação e do exílio perante um "mundo estranho" que os sonetos vão se concluindo, internalizando no sujeito as leis antinômicas e os paradoxos da natureza.

A série final dedicada à Dark Lady apresentará, em lugar do encantamento que movera o amante até o soneto 126, um amor subjetivado e um poeta entre o vício e a virtude, entre a beleza e o luto, entre o remédio e o veneno, entre o prazer e a dor, entre a verdade e o engano. Sendo o mundo falso e enganador, o tempo uma ilusão, o amado traidor e os homens vis, o único lugar em que alguma verdade e perenidade podem existir é na subjetividade do poeta. Mas, ao interiorizar o amor, crendo dar-lhe o lar calmo e inabalável que o livraria das leis da Fortuna, do acaso, do contigente e das armadilhas e enganos do Tempo, o preço pago é a simultânea introjeção do conflito universal entre o Amor e o Ódio, *phylia* e *neikos*, e o cisalhamento do "eu", como se repete a partir do soneto 127, a constituir-se sempre entre o reconhecimento e o estranhamento de si:

> *O teu cruel olhar de mim mesmo alheiou-me*
> *E do outro eu que em mim vive apossou-se mais fero;*
> *Por mim, por ti, por ele estou abandonado.* (soneto 133)
>
> *Mas me libertarei para que meu outro eu*
> *Libertes e inda possa a mim me confortar.* (soneto 134)

O soneto que melhor ilustra o cisalhamento do sujeito é o 144, pois trata do cisalhamento do Amor que antes constituía o vínculo das coisas e entre o poeta e o mundo. Um amor dividido já não pode unir mais nada:

> *Dois amores — de paz e desespero —*
> *Eu tenho que me inspiram noite e dia:*
> *Meu anjo bom é um homem puro e vero;*
> *O mau, uma mulher de tez sombria.*
> *Para levar a tentação a cabo,*
> *O feminino atrai meu anjo e vive*

A querer transformá-lo num diabo,
Tentando-lhe a pureza com a lascívia.
Se há de meu anjo corromper-se em demo
Suspeito apenas, sem que dizer que seja;
Mas sendo ambos tão meus, e amigos, temo
Que o anjo no fogo já do outro esteja.
Nunca sabê-lo, embora desconfie,
Até que o mau meu anjo contagie.[58]

Também Otelo se refere ao amor como "encantador demônio" e acredita ser Desdêmona "honesta e desonesta", "justa e injusta".[59]

Os sonetos da última série, sob a metáfora da "beleza negra" da Dark Lady e escritos por quem vive na dúvida, tratam do paradoxo e do ambiente conflituoso e incerto intrínseco à natureza humana e do qual talvez só se possa escapar no silêncio definitivo da morte, único momento onde o espírito alcança a liberdade, como nas *pietàs* de Michelangelo.

Reino da pura objetividade, o mundo externo fica desinteressante, matéria de uma ciência dura, pesada e separada da poesia tal como o poeta é obrigado a divorciar-se do amante e recolher-se na caverna de sua subjetividade. Também nesse momento a ciência separa-se da magia para tornar-se "moderna" e operar a natureza segundo quantidades, causas e efeitos, e não mais segundo *phylia* e *neikos*, "simpatias" e "antipatias". Amor e Ódio, daqui em diante, regularão apenas a matéria das paixões e não servirão para engendrar a *physis*. Também estranhas entre si, a linguagem separa-se das coisas que antes marcava e passa apenas a indicar os estados delas no novo tempo das equações físico-matemáticas voltadas para estabelecer causas e previsões dentro de uma linha evolutiva que progride rumo a um futuro infinito. Em Shakespeare, o tempo cíclico remetia sempre ao Mesmo. Agora, o tempo moderno do mundo é linear, separa passado, presente e futuro. Enquanto o conhecer shakespeariano comparava as coisas e as unia por analogias, o tempo moderno separa-as entre si e dedica-se a comparar apenas os estados diversos de um fenômeno ou ser dentro de sua régua apontada sempre para o futuro. A *episteme* da semelhança entre os seres é substituída pela da diferença entre seus diversos estados no tempo, como na "cera" de Descartes ou nas leis do movimento newtoniano, e a simultaneidade espacial é substituída por uma espécie de cronologia. O mundo das horas se abate sobre o mundo de Ariel.

Refletindo a substituição do tempo cíclico pré-moderno pelo tempo linear da modernidade, as palavras divorciam-se das coisas e passam apenas a indicá-las, a referenciá-las. O visto e o lido se separam e o mundo deixa de ser um livro para ser um objeto da experiência laboratorial. Nesse mundo, o belo e a verdade não mais coincidem e torna-se anacrônico o poeta pré-moderno que nos diz no soneto 105:

A verdade, o belo, o bom são todo o meu assunto;
A verdade, o belo, o bom, a outros temas misturo
E em vários os tornar-se esgoto meu talento:
Três temas em um só que abrem campo imenso.
A verdade, o belo, o bom, por vezes só viveram;
Um só formando nunca ainda foram vistos.

Separadas a verdade da ciência e a beleza da arte e da poesia, o mundo moderno conferiu-lhes autonomia ao interditar a fecundação recíproca que entre elas havia no "mundo da similitude". Do aprisionamento de Eros, construíram-se o progresso e a liberdade científicos e artísticos modernos. Daqui em diante, o ser pleno da linguagem só residirá na literatura, e não mais poderá ser "adivinhado" no universo ou no rosto sem marcas do amado.[60] O livro a ser lido residirá agora na subjetividade exilada do poeta, de modo similar ao universo da nova ciência, que não será mais lido nas coisas mas no Cogito da razão moderna e suas representações em termos de quantidades e equações, a validarem os fenômenos. O homem moderno vive na dúvida e descrê do mundo. Por isso, aquilo que os olhos vêem não é mais, agora, o que deveriam ver, como nos sonetos 137 a 150:

Que louco e cego amor, fizeste dos meus olhos
Que olham mas não vêem o que ver deveriam?
[...]
Ou terão de negar meus olhos o que vêem,
Pondo em tão feia face o belo da verdade? (soneto 137)

E este mundo perverso é agora tão mau
Que orelhas loucas crêem nas calúnias mais loucas. (soneto 140)

Ai de mim! Que olhos pôs Amor na minha face
Que não conseguem ver a visão verdadeira?
[...]
De espantar não é o caso o engano dos meus olhos. (soneto 148)
Tu amas os que vêem, eu, porém, cego estou. (soneto 149)

OS SONETOS "IN-VERSOS": DA DESCRENÇA MODERNA À CRENÇA PRÉ-MODERNA NO MUNDO

O mundo com que nos deparamos ao final dos sonetos não é mais aquele familiar em que o amante encontrava espelho, marcas e semelhanças constitutivas da linguagem com que ler o mundo e a si mesmo. Agora, temos um mundo ilegível, de cifras irreconhecíveis e onde *phylia* e *neikos* não operam mais. Trata-se de um mundo vil e ilusório, do qual, como diz Romeu em relação a Verona, o homem se encontra "desterrado". Nos poemas 66, 71 e 73, centrais no conjunto dos sonetos, o talvez "último poeta pré-moderno" prenuncia essa "habitação desterrada" de nossa era:

> *Cansado de tudo invoco a paz da Morte,*
> *Cansa-me o valor ver fadado a mendigar,*
> *Que a oca nulidade em luxo refocila,*
> *Que a pura lealdade é vilmente traída,*
> *A virgínea virtude entregue à corrupção,*
> *De modo vergonhoso as honras repartidas,*
> *Sem razão difamada a própria perfeição,*
> *Que o poder claudicante o mérito mutila,*
> *Que pela autoridade é a arte emudecida,*
> *Que a tolice se gaba e ao talento se impõe,*
> *Que a simples boa-fé de simplória é chamada*
> *E ver que o bem cativo é do mal servidor,*
> *Fatigado de tudo, eu tudo deixaria,*
> *Se não fosse o morrer deixar só o meu amor.* (soneto 66)

Esses versos equivalem-se ao mundo adverso denunciado na dúvida de Hamlet no início do terceiro ato:

> Ser ou não ser, eis a questão! Que é mais nobre para o espírito: sofrer os dardos e setas de um ultrajante fado, ou tomar armas contra um mar de calamidades para pôr-lhes fim, resistindo? [...] Porque, senão, quem suportaria os ultrajes e desdéns do tempo, a injúria do opressor, a afronta do soberbo, as angústias do amor desprezado, a morosidade da lei, as insolências do poder e as humilhações que o paciente mérito recebe do homem indigno, quando ele próprio pudesse encontrar quietude com um simples estilete? Quem gostaria de suportar tão duras cargas, gemendo e suando sob o peso de uma vida afanosa, se não fosse o temor de alguma coisa depois da morte, região misteriosa de onde nenhum via-

jante jamais voltou, confundindo nossa vontade e impelindo-nos a suportar aqueles males que nos afligirem, ao invés de nos atirarmos a outros que desconhecemos?[61]

No poema e no monólogo, o mundo dos homens é por demais hostil e pesado para que a fragilidade de nossa existência possa enfrentá-lo e para que a perfeição, a virtude e a harmonia possam ter lugar e triunfar. Nada que seja leve, delicado e despretencioso sobrevive nesse mundo. A morte parece uma solução, mas a adiamos por temer o que ela nos reserva ou por deixar só no mundo aquele que se ama. Nenhuma reconciliação à vista: "é impossível alguém sentir-se em casa entre as coisas deste mundo ou fazer as pazes com elas".[62] "O mundo é vil", diz-nos o soneto 71. Para salvar-nos, restam-nos a morte, o sonho ou a total ruptura com ele, decretando-se um auto-exílio e convertendo em estranhamento e máxima distância as antigas familiaridade e identidade experimentadas quando ele era ainda "pré-moderno". Minada a confiança no mundo, o saber que se fazia por semelhanças faz-se, agora, por diferença e oposição entre o sujeito e o universo circundante, aquele submetendo este ao império de sua razão. Com Hamlet, alienado do mundo, assistimos a esse conflito depositar-se no interior da própria subjetividade. Ler os 154 sonetos é, portanto, passar de um mundo a outro e encontrar as origens daquele em que viremos a habitar.

Nos sonetos aflora, então, a matéria-prima sobre a qual se constitui o homem maneirista e seu descendente, o homem moderno, ou seja, nós: o sentimento de alienação, impotência e perplexidade diante de um mundo em que não mais nos reconhecemos e do qual pretendemos sempre nos destacar como a "cigana" de *A tempestade*, de Giorgione. Perguntar-se pelo que se é ou almejar a reconciliação definitiva na morte, na solidão e na loucura ocorre quando o mundo, outrora harmonioso, foi dividido e desumanizado, obrigando o sujeito também a se dividir e mover-se entre planos de realidade diversos em que o real e o sonho se confundem. Ao dirigir seu talento para a dramaturgia, Shakespeare consegue um modo mais adequado de retratar esse conflito em que a idéia e o lírico não mais sobrevivem de forma pura, como na poesia, mas chocam-se com o "mundo estranho e vil" circundante para constituir o drama das tragédias e a melancolia que se disfarça em suas comédias. O dualismo entre o mundo das idéias e o mundo da realidade esteve presente também na Antigüidade e na Idade Média como, por exemplo, ao levar o santo a renunciar ao mundo e a privilegiar a vida contemplativa, e comparece no *detach-*

ment epicurista da figura principal do quadro de Giorgione. O que é propriamente moderno em Shakespeare é que esse conflito se torna antagonismo do qual não se pode escapar e que acaba por introjetar-se e constituir o *pathos* individual e o indivíduo moderno, perpétuo "ser-em-divisão".

O que o conjunto de sonetos nos revela, portanto, é a alteração radical do espaço e do tempo que constituem o mundo, da relação que o poeta tem com ele e do saber requerido ao conhecimento dele, dos homens e de si. O Shakespeare do início dos sonetos crê no mundo, como Leonardo. Trata-se de um "mundo em fusão", a dominar a maior parte dos sonetos, em três acepções: fundem-se os espaços e os seres, funde-se o Tempo até derretê-lo, funde-se o poeta com o universo que o cerca, e, nessa fusão, ele encontra o sentido do cosmos e funda-se a si próprio. O Shakespeare do final dos sonetos descrê do mundo e inquere-o incessantemente, como o jovem veneziano pintado no quadro de Giorgione. Por meio dos sonetos do Cisne de Avon, passa-se da crença à descrença no mundo do qual se está cindido, da atitude fenomenológica de Leonardo diante dele ao frio *detachment* de Giorgione, do mundo pré-moderno ao mundo moderno e turbulento com o qual é impossível harmonizar-se. "Todo homem é mau e reina no seu mal" (soneto 121), o tempo é uma ilusão (soneto 123), o mundo é o espaço perverso de paradoxos e enganos sutis e onde "o que é pior torna-se o melhor" (sonetos 137, 138 e 141). Durante os sonetos assistimos à visão do poeta desvelar um mundo estranho nas entranhas daquilo que antes lhe era familiar. Quando esse mundo estranho e fraturado passa a dominar e constituir o real, o poeta cede lugar ao dramaturgo e o trágico superpõe-se ao lírico.[63]

Reler os poemas de Shakespeare reabre a possibilidade de o lírico e o poético contaminarem a razão científica e transformarem o mundo até construir nele espaços, ainda que mínimos, onde se produzam novas semelhanças e identidades, reconfigure-se o tempo dentro da díade com a eternidade, reaproximem-se as distâncias, rearticulem-se saberes e torne-se familiar aquilo que nos parece estranho. Investigar a epistemologia e a metodologia embutidas na escrita do Shakespeare-poeta — a dizer sempre o Mesmo e a desconfiar ser o novo o revestimento enganoso do velho — nos conduz a reinscrevê-las no século XXI para desafiar os encantamentos e ilusões do espaço e do tempo que ele insiste em nos oferecer. Isso significa voltar a crer no mundo, voltar a experimentá-lo como livro cheio de marcas pelas quais fazemos correspondências e leituras as mais surpreendentes, encontrando simpatias em territórios, disciplinas, tempos, espaços, religiões, raças e recantos que antes julgávamos distantes, até refazer o mundo como a casa de todos nós, até religar a ficção ao real, o afeto ao saber, o Belo ao Bem e à Verdade. Esse "campo imenso", como vimos no soneto 105, abre-se quando fundimos espaços e tempos, como proposto na poesia do Bardo. Em resumo, significa inquirir em que medida ainda é possível reintroduzir Ariel, o "Espírito", nas letras, nas idéias e nas ações diante de um mundo tão pragmático, dogmático e indomável; em que medida contrapor ao destino que nos abate um projeto de futuro que nos liberte e uma marca que identifique nossa passagem em um territórito tão inóspito e efêmero. Como avisa o soneto 74, junto de nós jazem os versos de Shakespeare. Eles esperam ser relidos neste momento em que nos cumpre proceder à revisão do mundo onde pretendemos habitar e reconduzi-lo, novamente, de estranho a familiar. Para isso, talvez devêssemos então reler os 154 sonetos de trás para frente, partindo de Giorgione e sua ruptura com o mundo até retornar a Leonardo e sua comunhão com ele.

NOTAS

(1) Apresentado pela primeira vez e de forma resumida no ciclo de conferências *Poetas que pensaram o mundo*, promovido pelo Centro Cultural Banco do Brasil em outubro de 2003, este artigo integra nossos estudos desenvolvidos na pesquisa "Arquitetura e humanismo", apoiada pelo CNPq. Gostaria de dedicá-lo ao amigo e professor José dos Santos Cabral Filho, que me presenteou com a edição do *The Globe illustrated Shakespeare* aqui utilizada. A ele sou eternamente grato e devedor. Não poderia também deixar de agradecer a confiança em mim depositada por Adauto Novaes e a colaboração amiga do prof. Newton Bignotto com sua revisão e observações preciosas.

(2) Nehemias Gueiros, "Mistério do soneto shakespeariano" em William Shakespeare, *30 sonetos*, trad. Ivo Barroso, Rio de Janeiro, Nova Fronteira, 1991, p. 7. Nesse mesmo estudo encontra-se um rápido histórico das várias interpretações já realizadas sobre os sonetos que podem ser úteis ao leitor.

(3) Em 1599, os sonetos 138 e 144 apareceram no *The passionate pilgrim*, volume de sonetos publicados pelo editor William Jaggard, fraudulentamente atribuído a Shakespeare. À edição de 1609, seguem-se a segunda impressão em 1639-1640 (Thomas Thorpe e John Benson), a terceira em 1710 (Gildon) e a quarta em 1725 (Sewell).

(4) A enigmática dedicatória dos poemas tem sido assunto controverso ao longo da história. As iniciais W. H. que nela aparecem já foram atribuídas a várias pessoas mas uma das hipóteses mais pertinentes seria a de que se referem a Henry Wriothesly, conde de Southampton, a quem Shakespeare explicitamente dedicara os poemas "Venus and Adonis" (1593) e "The rape of Lucrece" (1594). A moda dos sonetos na Inglaterra durou de 1580, quando circula o *Book of passionate sonnets* de Thomas Watson, até a morte da rainha Elizabeth, em 1603; e eles circulavam, via de regra, em manuscritos com destinatários certos. Sobre isso, cf. Nehemias Gueiros, "Mistério do soneto shakespeariano", cit., pp. 7-45, e, especialmente sobre a dedicatória, cf. pp. 25-32.

(5) Cf. Thomas Whitfield Baldwin, *On the literary genetics of Shakespeare's poems and sonnets*, Urbana, University of Illinois, 1950. Sobre as treze possíveis pessoas que

poderiam ser a Dark Lady, cf. Nehemias Gueiros, "Mistério do soneto shakespeariano", cit., p. 37.

(6) Justifica-se por isso termos escolhido trabalhar a única versão acessível em língua portuguesa de todos os poemas de Shakespeare, editada pela Nova Aguilar e com tradução de Oscar Mendes: William Shakespeare, *Obras completas*, trad. Oscar Mendes, Rio de Janeiro, Nova Aguilar, 1995, vol. 3. Mesmo havendo traduções melhores de alguns poemas, como as de Ivo Barroso (William Shakespeare, *30 sonetos*, cit.), optamos por referir-nos à anterior pois é ela que permite ao leitor acessar a obra em sua totalidade. Além dela, as únicas outras traduções completas dos 154 sonetos, mas menos acessíveis do que a aqui utilizada, são as de Maria do Céu Saraiva Jorge (*Os sonetos de Shakespeare*, Lisboa, s. e., 1962) e Jerônimo de Aquino (*Obras completas de Shakespeare*, São Paulo, Melhoramentos, 1956, vol. XXII). Assim, a não ser havendo indicação contrária em nota, os poemas aqui transcritos seguem a tradução em versos brancos alexandrinos de Oscar Mendes. Sobre o histórico das várias traduções em português dos sonetos de Shakespeare, cf. Nehemias Gueiros, "Mistério do soneto shakespeariano", cit., pp. 41-5.

(7) "All his statements are metaphors, or in process of becoming metaphors" (J. B. Leishman, *Themes and variations in Shakespeare's sonnets*, Londres, Hutchinson, 1961, p. 119).

(8) Sobre o "amor transcendentalizado" de Dante por Beatriz, conferir o artigo do prof. Newton Bignotto neste mesmo livro.

(9) Sobre a experiência da temporalidade a partir da díade tempo/eternidade, cf. Ivan Domingues, *O fio e a trama* (São Paulo, Iluminuras; Belo Horizonte, UFMG, 1996, pp. 17-94).

(10) Sobre a interpretação de *A tempestade* de Giorgione e o *detachment* de sua "cigana", cf. o recente artigo de Stephen J. Campbell, "Giorgione's *Tempest*, *Studiolo*: Culture, and the Renaissance Lucretius", em *Renaissance Quarterly* (Nova York, vol. 56, n. 2, pp. 299-332, 2003). Sobre a contraposição entre cultura e natureza, entre o intelectual urbano e o camponês no *Concerto campestre*, cf. Robert Klein, *A forma e o inteligível*, trad. Cely Arena (São Paulo, Editora da USP, 1998), pp. 179-87. Sobre a relação entre alma humana e mundo em Giorgione em interpretação diversa da nossa, conferir Giulio Carlo Argan, *Storia dell'arte italiana* (Firenze, Sansoni, 1998), vol. 3.

(11) Leonardo da Vinci, *Traité de la peinture*, cap. XII, "De la Figure", parágrafo 351. Citado e traduzido em José Gil, *Metamorfoses do corpo*, Lisboa, Relógio d'Água, 1997, pp. 118-9. Sobre corpo e natureza em Leonardo, conferir Carlos Antônio Leite Brandão, "O corpo do Renascimento", em Adauto Novaes (org.), *O homem-máquina: a ciência manipula o corpo* (São Paulo, Companhia das Letras, 2003), pp. 275-97. Ver ainda Lionello Venturi, *La pittura del Rinascimento: da Leonardo da Vinci a Dürer* (Gênova, Skira, 1989), p. 18.

(12) "The metaphors are no longer decorative; like the conceits of Donne, they are the poem" (George Rylands, "Shakespeare the poet" em Harley Granville-Barker e G. B. Harrison, ed., *A companion to Shakespeare studies*, Cambridge, Cambridge University Press, 1949, p. 110).

(13) Sobre esses vários domínios de que se originam as metáforas, conferir George Rylands, "Shakespeare the poet", cit., p. 109.

(14) Registre-se a tradução de Ivo Barroso: "Devo igualar-te a um dia de verão?/ Mais afável e belo é o teu semblante:/ O vento esfolha Maio inda em botão,/ Dura o termo estival um breve instante,/ Muitas vezes a luz do céu calcina,/ Mas o áureo tom também perde a clareza:/ De seu belo a beleza enfim declina,/ Ao léu ou pelas leis da Natureza,/ Só teu verão eterno não se acaba/ Nem a posse de tua formosura;/ De impor-te a sombra a Morte não se gaba/ Pois que esta estrofe eterna o Tempo dura./ Enquanto

houver viventes nesta lida,/ Há-de viver meu verso e te dar vida" (William Shakespeare, *30 sonetos*, cit., p. 61).

(15) Preferimos aqui colocar no corpo do texto a versão de Ivo Barroso em William Shakespeare, *30 sonetos*, cit., p. 71. Na tradução de Oscar Mendes lê-se: "Se em feliz condição, como retornarei,/ Pois me é do repouso a vantagem obstada,/ E se do dia o peso a noite não alivia?/ Mas que são noite e dia um pelo outro oprimidos?/ Embora cada qual do outro odeie o império,/ Ambas as mãos se dão no afã de torturar-me,/ Um, penar me fazendo, o outro a dizer-me impondo/ Que dói-me sempre ir mais longe de ti penar./ Para ao dia agradar, digo que ele recebe/ Do teu esplendor, quando o céu se ensombrece/ E, da noite aduluando a sombria figura,/ Que a tarde douras tu, quando astro nenhum brilha./ Mas cada dia o dia torna-me a dor maior/ E a noite cada noite o meu penar mais forte".

(16) Tradução de Ivo Barroso (William Shakespeare, *30 sonetos*, cit., p. 91). Segue tradução bem diferente de Oscar Mendes: "Reconheces em mim essa estação do ano/ Em que folha nenhuma ou poucas, amarelas,/ Pendem dos ramos que ao frio vento tremem,/ Coros nus onde outrora aves meigas cantavam./ Em mim tu vês também a luz crepuscular/ Que declina ao oeste à hora do pôr do sol/ E que mais tarde a noite extingue em seu negror,/ Outra morte que põe selo de sono em tudo./ Ainda vês em mim vermelhar essa flama/ Jacente sobre a cinza em que sua juventude/ Luziu, como em mortal leito em que morrerá/ Pelo que a nutriu consumida a seu turno./ Vendo isto, teu amor, para melhor amar,/ Agrada o que, bem cedo, haverás de deixar".

(17) Vale a pena citar algumas passagens do *Sobre a natureza*, de Empédocles, metáfora do mundo visto por Shakespeare: "Duplas coisas direi: pois ora um foi crescido a ser só de muitos, ora de novo partiu-se a ser muitos de um só. [...] E estas [coisas] mudando constantemente jamais cessam, ora por Amizade convertidas em um todas elas, ora de novo divergidas em cada por ódio de Neikos. Assim, por onde um de muitos aprenderam a formar-se, e de novo partido o um múltiplos se tornaram, pois aí é que nascem e não lhes é estável a vida" (Empédocles, *Sobre a natureza*, em *Pré-socráticos*, trad. José Cavalcante de Souza, São Paulo, Abril Cultural, 1985, p. 223). O amor como aquilo que funde dois é também o tema de "A fênix e a rola", poema de Shakespeare impresso em 1601, como verificamos nos versos: "Tanto se amavam que, duas sendo/ No amor, só uma eram na essência;/ Distintas, mas indivisíveis/ Nelas o amor matava o número./ Distância e não espaço via-se/ Mediar entre rola e fênix: Mas nelas era maravilha./ Tanto entre elas brilhava o amor/ Que fulgurar a rola via/ Nos olhos da fênix o seu:/ Uma só alma eram as duas./ Causava sem dúvida espanto/ Ver que o próprio não era o mesmo!/ Duplo nome para um ser único,/ Nem um nem dois ele seria./ Toda confusa a razão via/ A divisão crescer unida,/ De tal modo um no outro absorvido./ A um só tempo duplo e uno./ [...] Sem razão e razão de amor/ Que o duplo assim num só reúne" (William Shakespeare, "A fênix e a rola", em *Obras completas*, cit., vol. 3, pp. 901-2).

(18) William Shakespeare, *A tempestade*, trad. Geraldo Carneiro, Rio de Janeiro, Relume Dumará, 1991, p. 29.

(19) Ibidem, p. 95.

(20) Empédocles, *Sobre a natureza*, cit., p. 224. E na página seguinte lemos : "E assim mesmo quantas em mistura melhor se correspondem, umas às outras se amam, semelhadas por Afrodite. [...] Em turnos prevalecem no circuito do ciclo, perecem uns nos outros e crescem em seu turno fixado. Pois estes são eles mesmos e correndo uns pelos outros tornam-se homens e espécies de outros animais".

(21) William Shakespeare, *The second part of King Henry IV* em Henry Staunton, *The Globe illustrated Shakespeare*, Nova York, Greenwich House, 1986, p. 622. *'Tis all in every part* é traduzido por Oscar Mendes na edição da Nova Aguilar por "Perfeito em todos os sentidos" (William Shakespeare, *Segunda parte de Henrique IV*, em *Obras com-*

pletas, cit., vol. 3, p. 282). Preferimos a nossa tradução, inserida no corpo do texto, conforme interpretação desenvolvida em Thomas Whitfield Baldwin, *On the literary genetics of Shakespeare's poems and sonnets*, cit., pp. 157-80.

(22) Plotino, *Ennéades*, IV, 2. Conferir também I Coríntios 15:28 (grifos nossos). A presença dessa concepção em santo Agostinho ("Anima, in quocunque corpore, & in toto est, & in qualibet parte tota est"), em são Tomás de Aquino ("Anima est tota in toto, & tota in qualibet parte") e nos meios eclesiásticos e intelectuais da Inglaterra durante todo o século XVI é demonstrada em Thomas Whitfield Baldwin, *On the literary genetics of Shakespeare's poems and sonnets*, cit., pp. 157-80.

(23) "The sonnets show that Shakspeare himself had gradually developed this connection of constancy with the doctrine of the soul, or at least that the connection had developed for Shakspeare as he wrote the sonnets" (Thomas Whitfield Baldwin, *On the literary genetics of Shakespeare's poems and sonnets*, cit., p. 165). As citações originais em inglês dos sonetos de Shakespeare também foram retiradas de Henry Staunton, *The Globe illustrated Shakespeare*, cit. No caso do verso citado, conferir p. 2292. Oscar Mendes o traduz: "Tu, cujas sombras dá às sombras claridade".

(24) J. E. Doyle, *The official baronage of England* (1886), vol. III, p. 376, citado por Thomas Whitfield Baldwin, *On the literary genetics of Shakespeare's poems and sonnets*, cit., p. 175.

(25) Henry Staunton, *The Globe illustrated Shakespeare*, cit., p. 2265. Na tradução de Oscar Mendes: "Que todo bem por um se empenha ou um por todos" (William Shakespeare, "A violação de Lucrécia", em *Obras completas*, cit., vol. 3, p. 773).

(26) William Shakespeare, *Tudo está bem quando bem termina* em *Obras completas*, cit., vol. 2, p. 640.

(27) Lê-se na versão de Ivo Barroso: "Quando jura ser feita de verdades,/ Em minha amada creio, e sei que mente,/ E passo assim por moço inexperiente,/ Não versado em mundanas falsidades" (William Shakespeare, *30 sonetos*, cit., p. 105).

(28) William Shakespeare, *A tempestade*, cit., p. 97.

(29) Por exemplo, em *Sobre o infinito, o universo e os mundos*, escrito em 1584, lemos que "o movimento é infinito e o móvel tende para o infinito e para inumeráveis composições"; "nada diminui substancialmente, mas tudo, deslizando pelo espaço infinito, muda de aparência" (Giordano Bruno, *Sobre o infinito, o universo e os mundos*, trad. Helda Barraco e Nestor Deola, São Paulo, Abril Cultural, 1983, pp. 10 e 12, Coleção "Os pensadores").

(30) Ariel voa, nada, mergulha no fogo e cavalga as nuvens encrespadas. Ele está em todas as partes e detalhes: "Assaltei o navio do Rei,ora na proa, ora nos flancos, no convés, em cada camarote espalhei o espanto. Às vezes me dividia para flamejar em lugares diversos: no mastro superior, nas vertas, no mastro de proa. Reparti-me em várias chamas, depois me reuni numa só. Os raios de Júpiter, precursores dos terríveis trovões, não eram mais rápidos nem fulgurantes. [...] Onde a abelha vai eu vou. No sino da vaca estou. Pia a coruja e me deito. Morcego eu cavalgo a jeito" (William Shakespeare, *A tempestade*, cit., pp. 37 e 141).

(31) Ibidem, p. 157.

(32) Assim aparece o soneto 44 completo na versão rimada de Ivo Barroso: "Se a rude carne fora pensamento,/ A distância infamante não vingara,/ Pois vencendo os espaços, num momento,/ Na amplidão mais remota te encontrara;/ Pouco importava então meu passo fora/ Longe de ti nas vastidões da esfera,/ Que o pensamento terra e mar devora/ Só de pensar onde chegar quisera./ Mortal pensar que não sou pensamento,/ Para saltar as léguas de onde andares;/ Mas sendo de água e argila me atormento/ A queixar-me do Tempo e seus vagares:/ Que os tardos elementos me condenam/ Às lágrimas, emblemas do que penam" (William Shakespeare, *30 sonetos*, cit., p. 81).

(33) William Shakespeare, *A tempestade*, cit., p. 131.

(34) "All those qualities which make a person lovable, all those, perhaps, which for Shakespeare made life itself lovable and livable, are particularised, incarnated, in an individual, and that individual is generalised into their unique but alas! so transient incarnation. It is as though Shakespeare could only apprehend the meaningfulness of life when it was, for him, incarnated in a person, and as though he could only really love a person as the incarnation of that meaningfulness" (J. B. Leishman, *Themes and variations in Shakespeare's sonnets*, cit., p. 51).

(35) Cf. ibidem, pp. 122-33.

(36) Michel Foucaul, *As palavras e as coisas*, trad. Salma Tannus Muchail, São Paulo, Martins Fontes, 1981, p. 33.

(37) Giordano Bruno, *Sobre o infinito, o universo e os mundos*, cit., p. 13.

(38) Michel Foucault, *As palavras e as coisas*, cit., p. 46.

(39) "A forma mágica era inerente à maneira de conhecer" (ibidem, p. 49). Sobre as fontes de Shakespeare, cf. A. L. Attwater, "Shakespeare's Source" em Harley Granville-Barker; G. B. Harrison, *A companion to Shakespeare studies*, cit., pp. 219-41, e, principalmente, Thomas Whitfield Baldwin, *On the literary genetics of Shakespeare's poems and sonnets*, cit. Sobre o "conhecimento mágico" em Giordano Bruno, conferir Carlos Antônio Leite Brandão, "Transdisciplinaridade e Humanismo: aquém e além das disciplinas", *Interpretar Arquitetura*, Belo Horizonte, vol. 3, n. 5, pp. 7-14, mar. 2003 (disponível em www.arq.ufmg.br/ia). Sobre a magia no Renascimento, conferir Ioan Petru Couliano, *Éros et magie à la Renaissance* (Paris, Flammarion, 1984).

(40) "Mas agora renuncio à minha magia. Depois quebrarei minha vara e a enterrarei nas entranhas do chão. E lançarei meu livro ao mar profundo, lá onde nada possa penetrar" (William Shakespeare, *A tempestade*, cit., p. 139).

(41) "A atividade do espírito não mais consistirá, pois, em *aproximar* as coisas entre si, em partir em busca de tudo o que nelas possa revelar como que um parentesco, uma atração ou uma natureza secretamente partilhada, mas, ao contrário, em *discernir*: isto é, em estabelecer as identidades, depois a necessidade da passagem a todos os graus que delas se afastam" (Michel Foucault, *As palavras e as coisas*, cit., p. 70, grifos do autor).

(42) "Brevity is the soul of wit" (Henry Staunton, *The Globe illustrated Shakespeare*, cit., p. 1875).

(43) Na dedicatória ao conde de Southampton, Shakespeare afirma ser este poema "the first heir of my invention" (Henry Staunton, *The Globe illustrated Shakespeare*, cit., p. 2246).

(44) William Shakespeare, "Vênus e Adonis", em William Shakespeare, *Obras completas*, cit., vol. 3, p. 743.

(45) Como nos sonetos 135 e 136: "[...] eu era o teu Desejo. [...] Ama o meu nome, pois, ama-o, sim, para sempre,/ Porque então me amarás, pois meu nome é Desejo".

(46) "E crua guerra contra o Tempo enfrento,/ Pois tudo que te toma eu te acrescento" (William Shakespeare, *30 sonetos*, cit., p. 57).

(47) "For we must always remember that this theme of immortality by nature's law procriation is a favorite with Shakespeare, as it was with the Renaissance generally" (Thomas Whitfield Baldwin, *On the literary genetics of Shakespeare's poems and sonnets*, cit., p. 183).

(48) O argumento de Diotima no *Banquete* desenvolve-se afinando-se com o de Shakespeare: "E ela [a natureza mortal] só pode assim, através da geração, porque sempre deixa um outro ser novo em lugar do velho. [...] É desse modo que tudo o que é mortal se conserva, e não pelo fato de absolutamente ser sempre o mesmo, como o que é divino, mas pelo fato de deixar o que parte e envelhece um outro ser novo, tal qual ele

mesmo era" (Platão, *O banquete*, trad. José Cavalcante de Souza, São Paulo, Nova Cultural, 1991, p. 39).

(49) Edith Stiwell, *A notebook on William Shakespeare*, Londres, Macmillan, 1963, p. 226.

(50) Tradução de Ivo Barroso. Conferir William Shakespeare, *30 sonetos*, cit., p. 63. Deste belo poema temos também a valiosa leitura de Oscar Mendes: "A garra do leão, Tempo voraz, apara,/ E da fauce do tigre arranca os feros dentes./ Que sua geração devore a própria Terra,/ Que a fênix eternal se consuma em seu sangue./ Faze horas, ao passar, de alegria e de dor,/ O que quiseres faz, ó levípede Tempo,/ Deste vasto universo e seus encantos breves./ Mas devo-te impedir um odioso crime: Não grave o teu passar do meu amor a fronte,/ E poupa-lhe as feições de tua pena os traços;/ Permite que sem mancha em teu percurso fique/ Modelo de beleza aos homens do futuro./ Mas podes, velho Tempo, encarniçar-te, embora!/ Nos versos meu amor viverá sempre jovem".

(51) Tradução de Ivo Barroso. Conferir William Shakespeare, *30 sonetos*, cit., p. 99. A tradução de Oscar Mendes deste maravilhoso soneto merece ser colocada aqui, a modo de comparação: "A sagrada união de almas duas, fiéis,/ Entraves não admito: amor não é amor/ Que se altera se encontra alguma alteração,/ Ou se inclina a mudar ao ver o que é mutável./ Oh! Não, é sempre um marco eternamente erguido;/ Imóvel, testemunha, o furor da tormenta;/ Astro a que toda nau errante se reporta,/ De incógnito valor, se bem que mensurável./ Não é do Tempo o bobo, embora venha a sua/ Curva foice atingir faces e lábios rubros/ Não lhe abalam o curso horas breves, semanas;/ Até a hora da morte ele fica imutável./ Se puderem provar que me tenha enganado,/ Eu jamais escrevi, ninguém jamais amou".

(52) "Não há nada a ser dito que já não o tenha sido antes." Essa frase de Terêncio (*Eunuchus*, 41) já nos serviu como guia para investigar Leon Battista Alberti e compreendermos o Renascimento. É o próprio Alberti quem a recupera no seu *Profugiorum ab erumna libri*. Cf. Carlos Antônio Leite Brandão, *Quid Tum? O combate da arte em Leon Battista Alberti*, Belo Horizonte, UFMG, 2000, pp. 63-5. Cf. ainda Roberto Cardini, *Mosaici: Il "nemico" dell'Alberti*, Roma, Bulzoni, 1990, p. 4.

(53) "O tempo é o criador e benfeitor de todo bem" (William Shakespeare, *Os dois fidalgos de Verona* em *Obras completas*, cit., vol. 2, p. 44).

(54) "Deixem que a fama, que todos buscam na vida, viva registrada em nossas tumbas de bronze e nos empreste então sua graça na desgraça da morte, quando, a despeito desse voraz devorador, o Tempo, adquirirmos pelo esforço da vida presente aquela hora que consiga tirar o acerado gume de sua foice e nos converta em herdeiros da eternidade" (William Shakespeare, *Trabalhos de amor perdidos* em *Obras completas*, cit., vol. 2, p. 321).

(55) William Shakespeare, *Medida por medida* em *Obras completas*, cit., vol. 2, p. 189.

(56) William Shakespeare, *O mercador de Veneza* em *Obras completas*, cit., vol. 2, p. 470.

(57) William Shakespeare, *Segunda parte de Henrique IV* em *Obras completas*, cit., vol. 3, p. 249. Sobre a afinidade entre essa peça e os sonetos em torno do tema do tempo e da caducidade das coisas, cf. L. C. Knights, *Some shakespearean themes* (Londres, Chatto & Windus, 1964), pp. 45-64.

(58) Tradução de Ivo Barroso. Cf. William Shakespeare, *30 sonetos*, cit., p. 107. Na versão de Oscar Mendes lê-se: "Dois amores eu tenho, um, conforto, outro angústia,/ Que, a fantasmas iguais, não cessam de assombrar-me:/ O bom anjo homem é de beleza sem par,/ O mau anjo, mulher de cara mal pintada./ Para em breve levar-me ao orco esse demônio/ Feminino, afastar tenta meu anjo bom,/ Querendo converter meu santo

num demônio,/ Com orgulho infernal a tentar-lhe a pureza./ Que já meu anjo bom demônio se tornou,/ Poderei suspeitar, mas não posso afirmar;/ Mas de mim longe estando e sendo os dois, amigos,/ Acho que esse anjo bom do outro no inferno está:/ Mas nunca hei de saber e viverei na dúvida,/ Até que esse anjo mau meu anjo bom expulse".

(59) William Shakespeare, *Otelo, o mouro de Veneza* em *Obras completas*, cit., vol. 1, pp. 750 e 752.

(60) "A profunda interdependência da linguagem e do mundo se acha desfeita. O primado da escrita está suspenso. Desaparece então essa camada uniforme onde se entrecruzavam indefinidamente o visto e o lido, o visível e o enunciável. As coisas e as palavras vão separar-se. O olho será destinado a ver e somente a ver; o ouvido somente a ouvir. O discurso terá realmente por tarefa dizer o que é, mas não será mais que o que ele diz" (Michel Foucault, *As palavras e as coisas*, cit., pp. 59-60).

(61) William Shakespeare, *Hamlet, príncipe da Dinamarca* em *Obras completas*, cit., vol. 1, p. 568.

(62) Arnold Hauser, *O maneirismo*, trad. J. Guinsburg e Magda França, São Paulo, Perspectiva/Edusp, 1976, p. 90. Essa obra é fundamental para a compreensão da alienação como a chave do Maneirismo e do século XVI. Sobre o Maneirismo em Shakespeare, ver ainda, do mesmo autor, *História social da literatura e da arte*, trad. Walter H. Geenen (São Paulo, Mestre Jou, 1982), vol. 1, pp. 531-54.

(63) Sobre a passagem do Shakespeare-poeta ao Shakespeare-dramaturgo, cf. ainda George Rylands, "Shakespeare the poet", cit., pp. 89-115.

A MÁQUINA DO MUNDO

João Adolfo Hansen

CANTO X

[...]
Não andam muito que no erguido cume
Se acharam, onde um campo se esmaltava
De esmeraldas, rubis, tais que presume
A vista que divino chão pisava.
Aqui um globo vem no ar, que o lume
Claríssimo por ele penetrava,
De modo que o seu centro está evidente,
Como a sua superfície, claramente.
Qual a matéria seja não se enxerga,
Mas enxerga-se bem que está composto
De vários orbes, que a Divina verga
Compôs, e um centro a todos só tem posto.
Volvendo, ora se abaixe, agora se erga,
Nunca se ergue ou se abaixa, e um mesmo rosto
Por toda a parte tem; e em toda a parte
Começa e acaba, enfim, por divina arte;
Uniforme, perfeito, em si sustido,
Qual, enfim, o Arquétipo que o criou.
Vendo o Gama este globo, comovido
De espanto e de desejo ali ficou.
Diz-lhe a Deusa: — O transunto, reduzido
Em pequeno volume, aqui te dou
Do Mundo aos olhos teus, para que vejas
Por onde vás e irás e o que desejas.
Vês aqui a grande máquina do mundo,
Etérea e elemental, que fabricada
Assim foi do Saber, alto e profundo,
Que é sem princípio e meta limitada.
Quem cerca em derredor este rotundo
Globo e sua superfície tão limada,
É Deus: mas o que é Deus, ninguém o entende,
Que a tanto o engenho humano não se estende.
[...]

Luís Vaz de Camões,
Os Lusíadas

Para tratar da poesia de Camões como um dos "poetas que pensaram o mundo", vou lhes falar de categorias da mundaneidade do seu mundo. Por "mundaneidade" entendo a estrutura temporal constitutiva da sua existência histórica como homem e como poeta, ou seja, a presença do seu presente. Hoje, quando esse presente está extinto e se tornou estranho para nós, qualquer leitura da poesia de Camões é determinada pela descontinuidade e pela estranheza da ruína. Assim, também a minha fala sobre ela é necessariamente parcial e provisória.

Todos os que leram Camões sabem que sua poesia transforma matérias de diversos tempos que fazem o seu presente, o século XVI, muito mais largo e extenso que os cem anos convencionais. Como tradições de autoridades poéticas, filosóficas e históricas de extensão e duração diversas, algumas dessas estruturas são antiqüíssimas, como o grande bloco greco-latino ou as doutrinas e a poesia gregas e latinas da arte como mímese: a doutrina aristotélica da épica exposta na *Poética*; a doutrina da reminiscência de Platão e Plotino; a doutrina do sublime de Longino e Hermógenes; as epopéias de Homero; a bucólica de Teócrito; a épica de Virgílio; a ode de Horácio; a elegia erótica de Ovídio etc. Outras, mais recentes, datam do século XV, como o platonismo reciclado por Marsilio Ficino, Pico della Mirandola, Cristóforo Landino e Angelo Poliziano na academia florentina de Careggi. Muitas datam dos séculos XII e XIII, como a poesia da *coyta* e do amor cortês dos trovadores galego-portugueses e provençais; e o "doce estilo novo" italiano, mescla de língua vulgar, formas poéticas e culto da Antigüidade, exercitado nos anos iniciais do século XVI por poetas portugueses, como Sá de Miranda e Antônio Ferreira, que imitam o soneto e a canção de Petrarca, o terceto de Dante, a elegia e os capítulos de Bembo, as éclogas de Sannazzaro, a oitava rima de Poliziano, Bocaccio e Ariosto. Principalmente em *Os Lusíadas*, Camões figura o conhecimento cosmográfico antigo, fundamentado em Ptolomeu e Euclides, e a experiência empírica das navegações portuguesas dos séculos XV e XVI, sistematizada por autores de tratados de cartografia e história natural, como Pedro Nunes, Duarte Pacheco Pereira, Garcia da Orta etc. Também imita outros gêneros da prosa, como a história de seus contemporâneos João de Barros, Rui de Pina e Diogo do Couto, e tratados teológico-políticos escolásticos que tratam das virtudes do príncipe cristão e da "guerra de devaçam", expressão de Gil Vicente para a cruzada contra não-cristãos da África e da Ásia. Quando imita essas várias tradições, a racionalidade de Camões é modelada nas tópicas aristocráticas da racionalidade de corte com que autores italianos e portugueses do século XVI, como Baldessare Castiglione, Giovanni Della Casa, d. Jerônimo Osório, definem a excelência do *uomo universale*, o homem universal, cortesão perito em letras e armas, caracterizado por "engenho", "discrição", "prudência", "agudeza", "honra", "amor", "gentileza" e "graça". No presente de Camões, o capitalismo monárquico da dinastia de Avis está arruinado e a Contra-Reforma doutrina a política católica do reino contra a heresia luterana e maquiavélica, reeditando Aristóteles e santo Tomás de Aquino.

Em seu presente, Camões é antes de tudo um poeta pantécnico ou politécnico, engenhosíssimo e agudo. Domina várias tradições poéticas simultaneamente, compondo poesia que se filia ora a uma, ora a outra, conforme seus gêneros e estilos específicos. Não é necessário classificar sua arte unitariamente por meio de etiquetas evolucionistas exteriores, dedutivas e fechadas, como "clássico", "maneirista" ou "barroco". Essas classificações datam dos séculos XIX e XX e não dão conta do seu presente poético. Quando aplicadas, eliminam ou tendem a eliminar justamente o que mais interessa, a especificidade histórica dos seus estilos.

A poesia de Camões não é um reflexo do seu mundo, mas um meio simbólico que põe em cena as figuras relevantes do seu presente, estabelecendo relações entre a experiência do passado e a expectativa do futuro. Desde que foi publicada pela primeira vez, esse presente só tem existência em atos de leitura que produzem versões particulares e parciais da experiência encenada. Para fazer essa experiência, que põe em contato um enunciador e um destinatário, o leitor deve ser co-autor e refazer as operações do pensamento do enunciador, efetuando a ilusão da extratextualidade de um "real" — "o mundo de Camões" — como se existisse efetivamente no momento da leitura como causa do poema. Mas, obviamente, não existe, e, como acontece em qualquer poesia, as leituras refazem de modo mais ou menos verossímil e apenas *parcialmente* — quero enfatizar o advérbio — o ato intelectual da sua invenção.

Esse ato compõe os poemas como interação dinâmica do poeta e seu público, ativando uma experiência imaginária e simbólica refratada e interpretada por normas sociais e preceitos técnicos comuns ou coletivos partilhados assimetricamente por eles em seu presente. Camões constrói figurações, metáforas ou imagens dos discursos do seu mundo, imitando ficcionalmente as opiniões tidas por verdadeiras nos campos semânticos das várias atividades letradas e não letradas dele. Ele as compõe intelectualmente, com proporção, medida e graça: "Eu cantarei de amor tão docemente,/ por uns termos em si tão concertados,/ que dous mil acidentes namorados/ faça sentir ao peito que não sente". Simultaneamente, sua enunciação faz referência ao ato inventivo, pondo em cena, na variação dos estilos das tradições que escolhe imitar, a experiência anônima das normas sociais e dos preceitos técnicos que aplica. Assim, se relacionamos os poemas com outros regimes discursivos que constituem o seu presente, observamos que suas imagens transformam tópicas extraídas deles, evidenciando os preceitos técnicos com que o destinatário deve avaliar a eficácia da forma efetuada.

Com Norbert Elias, sabemos que, numa sociedade de corte como a portuguesa do século XVI, a capacidade de determinar a natureza e o valor das relações de troca simbólica estava em jogo como padrão de distinção social também nas metáforas intelectualmente proporcionadas da poesia, o que implica a existência de modelos retóricos, poéticos, éticos, filosóficos e políticos partilhados pelo poeta e por seus públicos, por meio dos quais as transferências metafóricas eram processadas, avaliadas e fruídas. Diferentemente da poesia moderna, em que a invenção é uma liberdade livre, a arte de Camões é mimética: sua liberdade de invenção é restrita pelos preceitos retóricos que funcionam como limites convencionais do seu arbítrio poético. Em seu tempo, a maior ou menor deformação engenhosa das imagens operada nos limites prescritos de cada gênero indicava para o destinatário constituído nelas e por elas a maior ou menor amplitude do engenho e da arte aplicados à construção do ponto de vista poético e político adequado para recebê-las. No seu presente, a funcionalidade mimética e valorativa da imagem poética constituía dois tipos de destinatários textuais definidos por padrões da racionalidade de corte, *discretos* e *vulgares*, figurados como tipos intelectuais conhecedores do artifício aplicado (discretos) e ignorantes dele (vulgares). Em sua poesia, principalmente a lírica de medida nova de tradição italiana e de medida velha peninsular, a agudeza intelectualista das imagens especifica a superioridade do destinatário discreto, capaz de refazer as operações dialético-retóricas aplicadas à maior ou menor deformação das tópicas tratadas. Como um sinônimo do sujeito da enunciação, o destinatário discreto recebe a representação duplamente, pois é figurado como tipo capaz de compreender não só a significação engenhosa da imagem, mas também a perícia técnica do artifício aplicado à invenção dela. Quanto ao destinatário vulgar, a imagem poética era construída contra ele, como nos autos de Gil Vicente, acusando-o da falta das virtudes convencionais, e para ele, divertindo-o com vulgaridades sem regras aparentes do juízo.

Foucault diz em algum lugar que os inventores de imagens caçam analogias, mas que a verdadeira imaginação poética é a da liberdade que medita sobre a identidade, circulando como imagem pelas imagens, não para fixá-las numa fórmula definitiva, mas para evidenciar o artifício simbólico do ato de fingir. O ato da invenção poética de Camões fornece ao destinatário e ao leitor os preceitos evidenciadores da construção do artifício, por isso lhes fornece também os meios de dissolver a ilusão do efeito que congela a experiência poética na forma rígida de um fantasma. Camões sempre pensa a poesia como o artifício que resulta de operações técnicas: para ele, o poema é literalmente *poiema*, *produto*, controlado racionalmente por preceitos.

Na sua poesia, o artifício desse ato é operado como *máquina* ou *maquinação*, do latim *machina*, do grego *mékhané*, "invenção astuciosa", como na expressão "máquina do mundo", do Canto X de *Os Lusíadas*. Em latim, o equivalente de *mékhané* é *ingenium*, de *gignere*, "gerar", e designa o talento intelectual da *inventio* retórico-poética a que geralmente se associa *instrumentum*, de *instruere*, "dispor", como na expressão ciceroniana que define a inteligência, *instrumentum naturae*, "instrumento da natureza". Poeticamente, o artifício resulta das maquinações do *engenho* e do *instrumento*, significando a ficção produzida com arte ou indústria visando a um fim determinado. Assim, a poesia lírica de Camões é muitas vezes patética, figurando paixões intensas da alma que sofre o desconcerto do mundo, mas nunca psicológica, expressiva ou sentimental, porque sempre feita intelectualmente como artifício do ato de fingir: ela é *artificial* ou *artificiosa*. O artificioso da sua invenção não deve ser entendido com o significado pejorativo, "artificial", que usamos quando somos falados pela ideologia romântica e generalizamos para todos os tempos a crença ingênua e etnocêntrica de que a arte decorre da inspiração e expressa informalmente a bela natureza incondicionada. E, quando pensamos a poesia de Camões como resultado de um ato de fingir construído como artifício, deve ser evidente que também a leitura dela não é natural, pois é uma formalidade prática. É preciso, quando falamos dela, determinar seu conceito de "poético", ou seja, seu estatuto de "ficção". Nem sempre a ficção foi literatura, que é uma invenção relativamente recente, datada do final do século XVIII; e nem sempre a leitura literária de poesia, como leitura que refaz a invenção de um ato de fingir, opera sobre textos originalmente inventados como textos literários. No mundo de Camões, a poesia era certamente ficção, mas não era literária.

Para especificar historicamente o efeito fictício que ocorre no intervalo temporal e semântico estabelecido entre ela e sua leitura, é possível, evidentemente, propor várias coisas, que também são sempre coisas particulares e parciais. Digo isso lembrando que a quantidade dessas parcialidades produzidas pelas leituras de Camões desde o século XVI é a tal ponto monstruosa, extensa e diversa, que torna materialmente impossível qualquer veleidade de totalização. Mas seria útil saber que, entre os séculos XVI e XVIII, as leituras foram miméticas e prescritivas, ordenadas por preceitos retóricos e poéticos da tradição greco-latina. Elas pressupõem os mesmos preceitos de gênero, engenho, artifício, verossimilhança, decoro etc. que o poeta aplica aos poemas e todas elas estão de acordo acerca da concepção substancialista da arte como *mímesis*, imitação e emulação, discordando aqui e ali sobre a maior ou menor adequação dos preceitos aplicados à invenção e à elocução dos poemas. A partir do século XIX, com o Romantismo e a subjetivação crescente da experiência estética, os modos contraditórios de definição política do sentido da história na base das leituras tornam as interpretações apenas descritivas, pois não há mais nenhuma unidade absoluta como fundamento da história, da arte e da crítica. Devemos desistir de encontrar qualquer unidade ou totalização final do sentido da poesia de Camões. As leituras que mitificaram e mitificam sua vida e sua obra, apropriando-se delas para inventar ideologias nacionalistas, como as que justificaram o colonialismo português no século XX, afirmam um sentido único e fechado para elas. Tais leituras costumam eliminar as estruturas constitutivas da mundaneidade do seu tempo ou as interpretam anacronicamente por meio de critérios políticos e artísticos exteriores.

A historicização de conceitos como "poético" e "ficção poética" pressupõe modos de conceituação que especificam regimes descontínuos de funcionamento das categorias *autoria*, *obra* e *público*. No presente de Camões, a poesia não existia como literatura, como disse, ou seja, não existia como o regime de textos lidos como ficção oposta a textos científicos, filosóficos, pragmáticos que circulam publicamente como mercadoria determinada por critérios jurídicos, econômicos, estéticos etc. como "direitos autorais", "originalidade", "plágio", sistematizados principalmente a partir das estéticas de Kant e Hegel. A prática da poesia e da prosa era então como uma jurisprudência dos "bons usos" da linguagem regrados como imitação de modelos fornecidos pelas autoridades dos gêneros antigos. A poesia se incluía naturalmente na hierarquia definida pela metafísica escolástica, que postula como fundamento do mundo uma Causa Primeira, Deus, que cria a natureza e o tempo e os orienta providencialmente, segundo as analogias de atribuição e proporção, como seus efeitos e signos. Fundamentada pela autoridade de santo Tomás de Aquino, a hierarquia era doutrinada pelos juristas contemporâneos do poeta como unidade de integração do corpo político do reino. A doutrina definia a liberdade dos indivíduos e dos grupos sociais como subordinação a papéis estamentais constituídos e limitados pelos privilégios reais. Central nessa política era o conceito de "bem comum", definido pelos juristas jesuítas e dominicanos e cantado pelo poeta em *Os Lusíadas* como a harmonia que nasce do autocontrole dos membros individuais do corpo político do reino que reprimem os apetites particulares para obter e manter a concórdia do todo como unidade pública da paz. No caso, "política" era a arte de obter, manter e ampliar o poder monárquico. Nela, o conceito político-econômico de "interesse" prescrevia que cada indivíduo e cada grupo deviam contentar-se com o que eram e faziam, colaborando para a concórdia e a paz do bem comum do todo para terem atendidos seus interesses particulares. O autocontrole da vontade e da liberdade era ostentado como adequação da representação pessoal às formas institucionais da hierarquia. As virtudes da *Ética a Nicômaco* interpretadas escolasticamente constituíam tais representações que encontramos metaforizadas em *Os Lusíadas* como autocontrole dos heróis, como Vasco da Gama, na forma de virtudes católicas e fidalgas anti-heréticas, antimaquiavélicas e antiluteranas, que caracterizam a superioridade social dos "melhores", definidos então como "gente de representação" em oposição à plebe.

Nessa sociedade corporativista, a distinção iluminista-liberal de *público/privado* não existia; no caso das artes e das letras, a autoria, as obras e o público eram concebidos de modo diferente do nosso. Camões tinha a *posse*, mas não a *propriedade* das suas obras poéticas, pois não conhecia o mercado como regulação objetiva da livre concorrência de mercadorias como "livro", "originalidade", "direitos autorais" e "plágio". Seus poemas circulavam na oralidade, principalmente nos círculos restritos da corte, eram copiados e recopiados em manuscritos; obviamente, os copistas produziam alterações, variantes e novas versões, que muitas vezes eram atribuídas ao nome do autor. É o caso da lírica de Camões: como não a publicou em vida, depois de sua morte as edições passaram a incluir poemas, principalmente sonetos, que provavelmente não eram dele, mas feitos no estilo dele, o que até hoje constitui uma questão filológica e crítica.[1] Como os modelos poéticos e os preceitos técnicos não eram propriedade exclusiva do poeta, mas parte do todo social objetivo, um poema como *Os Lusíadas* não tinha autonomia artística ou crítica, pois punha em cena matérias coletivas, integrando-se assimetricamente, quando era consumido, aos decoros das ocasiões solenes e polêmicas da hierarquia. Basta lembrar que o poema é dedicado ao rei d. Sebastião, de quem o poeta espera o favor. Logo, também o público de Camões não era, como é a partir do século XVIII, a "opinião pública" dotada de representatividade garantida formalmente nas constituições democráticas e de iniciativas críticas específicas dos interesses contraditórios da particularidade ideológica de um grupo ou de uma classe. O "público" de Camões era "o peito ilustre lusitano" ou a totalidade mística do corpo político do reino, figurada em *Os Lusíadas* como unidade do bem comum. Na sua lírica e na sua épica, o destinatário é representado como tipo sempre incluído nessa totalidade, ou seja, como tipo que reconhece a sua posição subordinada quando recebe a representação. O espaço público figurado é a totalidade do bem comum do reino, por isso a poesia é como a cena de um teatro corporativista onde se revela o próprio público para o destinatário particular como totalidade jurídico-mística de destinatários[2] integrados em ordens e estamentos subordinados ao rei. Em outras palavras, a poesia de Camões reproduz aquilo que cada membro do corpo místico do Império *já é*, prescrevendo simultaneamente que ele *deve ser* ou persuadindo-o a *permanecer como o que já é*. Logo, a celebração dos "melhores" do reino, como ocorre em *Os Lusíadas*, era plenamente prevista como celebração da hierarquia na qual o poeta se incluía como pequeno fidalgo subordinado, letrado e soldado, dependente do favor do rei e dos grandes. Pina Martins lembra que, no início do século XIX, os primeiros românticos alemães se apropriaram de uma idéia de Giambattista Vico sobre Dante e Homero. No século XVIII,

Vico escreveu que Dante era para a Itália o que Homero fora para a Grécia, propondo que ambos demonstram a universalidade do seu gênio nacional. Em 1804, no curso sobre a literatura portuguesa e espanhola que seria publicado em Viena, em 1846, como a lição XI da *História das antigas e novas literaturas*, Friedrich Schlegel retomou Vico, para afirmar que *Os Lusíadas* são a mais importante das epopéias modernas ou "o poema universal da era moderna".[3] Os românticos portugueses do século XIX, interessados em produzir tradições nacionais e nacionalistas, retomaram Schlegel e mitificaram a vida acidentada de Camões, inventando-o como o gênio solitário e incompreendido da raça e da nacionalidade. Nas comemorações do jubileu do poeta, realizadas em 1880, sua mitificação como gênio-símbolo da nação foi definitiva. O historiador português Fernando Catroga demonstra que a escolha de Camões aparecia como lógica, então, depois de sua mitificação pelos românticos e da difusão de sua obra feita nos anos 1870 por Teófilo Braga e Oliveira Martins. O próprio Augusto Comte consagrara um dia santificado ao poeta no calendário da nova religião da humanidade que é o positivismo, canonizando-o como um santo laico. A ritualização do passado era uma invenção de tradições acompanhada pela apologia incondicional do poeta-gênio, mas quase nunca uma preocupação historiográfica. O mito Camões tinha o carisma da heroicidade e da incompreensão e significava a epopéia que engrandecia o povo português, dando uma contribuição decisiva para a gênese da modernidade. Simbolizava tanto a nação quanto a humanidade; permitia reivindicar para Portugal um papel decisivo na construção do progresso humano, ao mesmo tempo que a denúncia da apagada e vil tristeza de seu mundo sugeria comparações críticas com o presente. Além disso, as comemorações eram realizadas num momento em que as novas potências européias lançavam sombras sobre os restos do império colonial português. Apesar da sua situação mínima no contexto dos novos impérios do século XIX, Portugal ainda teria uma grande missão a realizar no mundo, desde que soubesse extrair do passado o exemplo para a ação futura. "Fizemos a epopéia sublime, traduzida pelo Camões na divina linguagem do seu estro. Façamos hoje a epopéia mais modesta da liberdade, da ciência e do trabalho", dizia o republicano Latino Coelho.[4]

Como ler Camões como poeta que pensa seu mundo? Adiante, tratarei do ato intelectual da sua invenção poética. Antes disso, com o auxílio de estudiosos, quero lembrar alguns dos seus poucos dados biográficos conhecidos, montando-os numa seqüência cronológica. Felizmente, a poesia não é a vida; mas alguns desses dados são estilizados na sua lírica amorosa e elegíaca e em *Os Lusíadas*. E todos eles evidenciam o modo do ser social do homem e do poeta Luís Vaz de Camões em seu presente como tipo que se define, antes de tudo, como aristocrata, católico, letrado e soldado. Provavelmente nascido em 1525, Camões pertencia a uma família galega da pequena nobreza que se instalou em Portugal no reinado de d. Fernando I, no século XIV. Um documento de 1572, citado por Antônio José Saraiva, classifica-o como "cavaleiro fidalgo da casa real".[5] Jorge de Sena demonstrou que d. Inês de Castro era antepassada do poeta.[6] Cavaleiro fidalgo, mas pobre. Saraiva o diz bem: em Portugal, no século XVI, quando o aumento da circulação dos metais preciosos e dos bens mobiliários desvalorizava os direitos fixos pagos aos senhores pelos camponeses, a nobreza não era uma classe homogênea. O poder de cada família dependia do seu valimento na corte, com o que seus membros obtinham cargos administrativos no reino e no ultramar, garantindo o enriquecimento e a manutenção da posição. Os pequenos senhores de terras ou simples soldados sem grande herança familiar que não obtinham o favor real estavam condenados a depender da generosidade dos grandes que, sabemos, quase sempre é pequena. Parecendo incapaz de adaptar-se a um mundo em que a riqueza rapidamente se tornava o critério principal da hierarquia, o fidalgo pobre, que se tornou um tipo nas letras de Portugal e da Espanha, orgulhava-se da nobreza, desprezava o trabalho manual, tinha antipatia pelo comércio, valorizava a carreira das armas[7] e, a partir principalmente da segunda metade do século XV, passou a valorizar as letras, até então desdenhadas pela nobreza como coisa de homens de saia. Jorge de Sena diz que todo o heroísmo e toda a sujeição da gente da pequena fidalguia como a de Camões a serviço dos reis e dos grandes também significavam uma lealdade que confundia a pátria com o senhor que garantia a tença, garantindo a reprodução da estrutura senhorial de corte estabelecida a partir de 1415 pela dinastia de Avis, que deu início às navegações e às conquistas na África, na Ásia e na América.[8] Pouco se sabe do modo como Camões adquiriu as letras; talvez tenha estado na Universidade de Coimbra ou estudado com os frades de Santa Cruz do local. Sua vida ali terá sido a dos moços da sua posição: nos intervalos do latim, da lógica, da retórica, da dialética, da teologia, perambular armado de espada, rodela e elmo, jogo, bebida, poemas, arruaças e mulheres de várias condições, alguma fidalguinha, plebéias e as "damas de aluguer" do Malcozinhado, nome que o poeta deu a um bordel da cidade. Entre 1542 e 1545, ele está nas proximidades da corte do rei d. João III, onde dominam os modelos italianos da conversação e da cortesia sistematizados por Baldassare Castiglione em *Il Cortegiano*, de 1528. Aí obtém fama de bom poeta, mas seu feitio brigão e altivo lhe causa contratempos. Alguns biógrafos falam de suas relações com damas de alta linhagem, como d. Francisca de Aragão e d. Catarina de Ataíde, esta de altíssima condição, por quem se teria apaixonado, celebrada na sua lírica como Natércia. Outros afirmam que teria ousado cortejar a infanta d. Maria, filha do rei d. Manuel. O amor por pessoa ou pessoas de tanta representação lhe teria custado o desterro para Constância. Mas, como era relacionado à casa do conde de Linhares, d. Francisco de Noronha, por volta de 1549 foi para Ceuta, no Marrocos, lá ficando até 1551. Sair de Portugal e ir para a África, a Ásia e o Brasil era rotina na carreira militar dos moços fidalgos pobres que não eram filhos primogênitos ou que não tinham entrado para o clero. Camões refere a experiência marroquina numa elegia, "Aquela que de amor descomedido". Em Ceuta, perdeu o olho direito, furado por uma flecha moura. De volta a Lisboa, parece ter retomado a vida típica dos jovens fidalgos de então. Datam dessa época duas cartas satíricas em que descreve a qualidade dos amores das mulheres, a vida dos jovens e a que levou entre 1551 e 1553.[9] No Dia do Corpo de Deus de 1552, feriu com espada a nuca de um cavalariço do Paço, Gonçalo Borges, e foi preso na cadeia do Tronco de Lisboa. Foi libertado em 24 de março de 1553 por uma carta régia do dia 7 desse mês. A carta declara que é "mancebo pobre que me vai este ano servir à Índia".[10] Embarcado na armada de Fernão Álvares Cabral, que ia para a Ásia, o homem de letras Camões vai como homem de armas, realizando a tópica "letras e armas" do humanismo cívico que lemos nos versos da penúltima estrofe de *Os Lusíadas*: "Para servir-vos, braço às armas feito;/ Para cantar-vos, mente às Musas dada" (x, 155, 1-2).[11] Nesse tempo, o capitalismo monárquico português está em crise e ninguém mais quer ir para a Índia. A viagem demora entre cinco e seis meses e é sempre incerta, como podemos ler na *História Trágico Marítima,* de Bernardo de Brito, e na *Peregrinação*, de Fernão Mendes Pinto. Na véspera de sua partida para Goa, Camões é, como diz Saraiva, homem sem ofício certo, vivendo à lei de fidalgo, de língua chistosa e dardejante; de espada pronta, pobre e desemparado, posto à margem por uma sociedade que se tornava palaciana, regrada e beata e em que os pergaminhos de nobreza, para valerem, tinham de ser lustrados com dinheiro.[12] Demasiado fidalgo para poder governar-se como pobre, e demasiado pobre para poder permitir-se liberdades de fidalgo, como diz o crítico, trata da sua perdição em inúmeros poemas da sua lírica: "Erros meus, má Fortuna, Amor ardente/ em minha perdição se conjuraram./ Os Erros e a Fortuna sobejaram,/ que para mim bastava Amor somente". Ou: "Em prisões baixas fui um tempo atado,/ vergonhoso castigo de meus erros". Logo depois de chegar a Goa, em fins de 1553, participa de uma expedição comandada pelo vice-rei d. Afonso de Noronha contra o rei da Pimenta ou de Chembé. Camões se refere à expedição numa elegia, "O poeta Simônides falando". Numa carta desse tempo, expõe suas primeiras impressões da Índia. Como o historiador Diogo do Couto, acusa a decadência, afirmando que o ânimo guerreiro dos fidalgos do século XV foi trocado pela vulgaridade dos mercadores: "Da terra vos hei de dizer que é mãe de vilões ruins e madrasta de homens honrados".[13] Entre fevereiro e novembro de 1554, embarca na armada comandada por d. Fernando de Meneses, que vai ao estreito de Meca combater navios muçulmanos. Parece que data desse tempo outro poema famoso, a canção "Junto de um seco, fero e estéril monte". Em 1556, o governador Francisco Barreto, para quem Camões escreveu uma peça de teatro, o *Auto de Filodemo*, nomeia-o "provedor-mor dos bens dos defuntos e ausentes nas partes da China", com residência em Macau. Conforme alguns biógrafos, seu comportamento no Extremo Oriente não teria sido exemplar, pois, quando Leonel de Sousa retorna do Japão, leva-o quase à força de volta para Goa, acusado de desencaminhar os bens confiados à sua guarda. Quando voltava, seu navio naufragou na foz do rio Mekong, no Camboja, em fins de 1558 ou no início de 1559. No desastre teria perdido tudo do nada que possuía, menos a vida, obviamente, e o manuscrito quase acabado de *Os Lusíadas*. Na estrofe 128 do Canto X do poema, quando Tétis descreve o rio Mekong, profetiza o naufrágio e fala da injustiça da prisão do poeta e da sua destituição do cargo:

Este receberá plácido e brando
No seu regaço o Canto que molhado
Vem do naufrágio triste e miserando,
Dos procelosos baixos escapado,
Das fomes, dos perigos grandes, quando
Será o injusto mando executado
Naquele cuja lira sonorosa
Será mais afamada que ditosa.

No desastre teria morrido uma moça chinesa que o acompanhava, o que forneceu matéria para o conjunto dos belíssimos sonetos a Dinamene, como aquele que começa "Ah! Minha Dinamene! Assim deixaste/ quem não deixara nunca de querer-te!/ Ah! Ninfa minha! Já não posso ver-te/, tão asinha esta vida desprezaste!". Ou este soneto comovente e triste:

Quando de minhas mágoas a comprida
maginação os olhos me adormece
em sonhos aquela alma me aparece
que para mim foi sonho nesta vida.
Lá numa soidade onde estendida
a vista pelo campo desfalece
corro para ela, e ela então parece
que mais de mim se alonga, compelida.
Brado: Não me fujais, sombra benina!
Ela, os olhos em mim c' um brando pejo,
como quem diz que já não pode ser,
torna a fugir-me, e eu gritando "Dina..."
antes que diga "mene", acordo e vejo
que nem um breve engano posso ter.

Maria Lucília Pires propõe que dessa experiência talvez tenham surgido as redondilhas da elegia "Sôbolos rios" ou "Babel e Sião".[14] Em 1560, ele está em Goa. Sua situação é tão precária que pede a proteção do vice-rei d. Constantino de Bragança. Depois de algum tempo, preso por dívidas, várias vezes suplica ao novo vice-rei, d. Francisco Coutinho, que o mande libertar. Em 1567, já acabou *Os Lusíadas* e está compilando a obra lírica. Nesse ano, vai para Moçambique, onde Diogo do Couto o encontra em 1569, vivendo de amigos e pedindo esmolas. Na *Década 8ª*, da *Ásia*, Diogo do Couto escreve que Camões compunha então "um livro mui douto, de muita erudição, que intitulou *Parnaso de Luís de Camões*, porque continha muita poesia, filosofia e outras ciências".[15] Mas a obra foi roubada e nunca mais se achou. Voltando para Portugal, Camões trata da publicação de *Os Lusíadas*, que saem em 1572. O rei d. Sebastião, a quem é dedicado, concede-lhe uma tença ou pagamento anual de 15 mil réis, insignificância paga irregularmente que mal livra o poeta e sua mãe da miséria total. Alguns biógrafos contam que ele tinha levado para Portugal um escravo jau, que saía à noite pelas ruas de Lisboa pedindo esmolas para sustentá-lo. Em 10 de junho de 1580, Camões morre numa casa pobre da Calçada de Santana e é enterrado em campa rasa, na igreja de Santa Ana. O lençol que o amortalha é emprestado. Pouco tempo depois, um fidalgo amigo das letras, a cujos antepassados o poeta tinha dedicado versos, mandou esculpir em pedra a seguinte inscrição: "Aqui jaz Luís de Camões Príncipe dos Poetas de Seu Tempo. Viveu pobre e miseravelmente e assim morreu no ano de 1579. Esta campa lhe mandou pôr d. Gonçalo Coutinho, na qual se não enterrará pessoa alguma".[16]

Como ler Camões como poeta que pensa seu mundo? Como disse, sua poesia é intelectual e auto-reflexiva, teórica ou contemplativa, composta engenhosamente com a proporção que ordena, nos casos poéticos da invenção e nos ornatos da elocução, os conceitos de um saber só de experiências feito. Ela põe o leitor em contato com o mundo puro da arte, figurado como experiência da contemplação de uma medida superior que falta irremediavelmente à história. Se fosse possível atribuir-lhe profundidade material, poderíamos usar de uma alegoria e dizer que é como a superfície lisa, transparente, luminosa e calma de um bloco de gelo sob o qual se agitam pedaços sombrios e disparatados de coisas desconcertadas. Seu leitor faz uma experiência dupla: as tópicas de sua poesia lírica, principalmente a de tradição italiana, quase sempre são as do não-ser, a finitude humana, o sem-sentido da dor, a perda das esperanças, a indeterminação da angústia, o desconcerto do mundo. A forma que dá a esses lugares-comuns do informe, contudo, tem total proporção e extrema graça, pois ele a compõe intelectualmente como um aceno da beleza intelectual, aquela beleza metafísica do *Tratado Oitavo* da *V Enéada,* de Plotino.

Ordenada como experiência da contemplação do ato do intelecto que inventa os mundos possíveis da arte que transcende o tempo, a forma pressupõe a matéria da história, onde se recorta como a escultura numa pedra. Camões acredita que a pedra não tem beleza ou que, se a tem, é bela não como pedra, mas em virtude da Forma da Idéia introduzida nela pela arte do escultor, como lemos no Platão, no Plotino, no Marsilio Ficino, no Angelo Poliziano e no Leão Hebreu que cita em seus sonetos, canções e elegias.[17] A forma produzida pelo escultor não está no material da pedra, mas no intelecto do artífice, antes de entrar na pedra. Como a pintura em Leonardo, a poesia em Camões é *cosa mentale,* coisa mental. Assim, não há beleza na história, que é tempo e destruição, mas na poesia, um meio de domínio intelectual das contingências pelo qual o instante se eterniza na forma proporcionada para além da morte que o determina. O mundo possível da poesia é regrado com número e medida; nele, a liberdade do intelecto faz do poeta um demiurgo: o que Deus criou o poeta o concebe pelo ato intelectual e o figura nas formas que inventa como ordem na precária matéria do mundo, atestando a potência criadora participada pelo divino no homem. A poesia não é apenas uma operação do mundo sensível, como sensação envolvida e perdida nas aparências, porque é, antes de tudo, ação da ordem do inteligível: "Transforma-se o amador na cousa amada/ Por virtude do muito imaginar/ Não tenho, logo, mais que desejar,/ pois em mim tenho a parte desejada".

Assim, a invenção poética articula a sensação numa percepção sucessiva e seletiva, intelectualmente proporcionada, que mimetiza o ritmo da alma na progressão da sua reminiscência do Bem: "esta linda e pura semidéia/ [...] está no pensamento como idéia", diz, propondo que o "imaginar", que é um ver interior inteligível sempre orientado pela discrição do juízo, produz com a memória dos casos poéticos a *semidéia* ou semideusa como *semi-idéia* ou *quase-idéia*, construção intelectual da ascese da alma. Logo, assim como a pedra e o que é esculpido nela são sempre menores que a beleza intelectual, também as armas e os barões assinalados nada são sem a arte, que lhes dá a forma poética superior que os salva do esquecimento. Há em Camões uma extraordinária alegria das formas sensíveis onde transluz a beleza graciosa do Amor universal, alegria condensada intelectualmente na alegoria da Vênus terrestre e celeste, como podemos ler no episódio da Ilha dos Amores, que várias edições padrescas de *Os Lusíadas* censuram justamente porque odeiam o sensível e o intelectual. Camões é um platônico, mas sem nenhum ódio da empiria, sem nenhuma misologia, pois é discreto e seu juízo é movido pela *caritas* cristã, reconhecendo no sensível do mundo e da linguagem os vestígios, os rastros e as sombras do Amor que move o sol e as estrelas da grande máquina do mundo. Ele acredita poeticamente, com Aristóteles, que a arte corrige a natureza; por isso, não se contenta com as coisas empíricas, mesmo quando belas, pois sabe que são tempo, imperfeitas, e passam, efêmeras. Em sua poesia, todas as figurações da beleza sensível são metáforas da beleza do ato intelectual que reproduz o ato da Criação. Por isso, a poesia não imita as coisas do mundo, que já são imitações inferiores, mas produz a forma superior à beleza do sensível na proporção do verso em que reluz o ato do intelecto iluminado pela lei da Graça: "E aquela humana figura/ que cá me pôde alterar/ não é quem se há de buscar:/ é raio de fermosura/ que só se deve de amar.../ é sombra daquela Idéia/ que em Deus está mais perfeita", lemos em "Sôbolos rios".

Muitos críticos demonstram que em sua lírica domina o sentido do olhar em detrimento dos outros, principalmente o tato. Os platônicos florentinos do século XV afirmam que o tato é um sentido animal, material e inferior. Camões partilha dessa idéia. Em sua poesia, são "funções nobres" as mesmas propostas pelos florentinos: o pensamento (*cogitatio*), o olhar (*aspetus*) e a audição (*auditus*), aplicados ao número (*mensura*), subindo à proporção (*proportio*), vendo a luz (*lux*; *gratia*), contemplando a beleza (*pulchritudo*). São "funções baixas" os outros sentidos, como o tato, que operam o peso (*deformitas*), a massa (*tene-*

bra), a matéria (*umbra*).[18] Assim, o olhar físico é metáfora do outro, o olhar intelectual, que faz a teoria ou a contemplação da beleza superior: "Porque essa própria imagem, que na mente/ me representa o bem de que careço,/ faz-mo de um certo modo ser presente./ Ditosa é, logo, a pena que padeço,/ pois que da causa dela em mim se sente/ um bem que, inda sem ver-vos, reconheço".

Quando trata do amor de homem e mulher, a posição do "eu" que vai falando nos poemas é a da melancolia da *delectatio morosa*, a deleitação morosa da ascese perversa que caracteriza o amor cortês e o petrarquismo: o "eu" se vê a si mesmo vendo a parte superior do corpo, olhos e rosto da mulher, em uma estrutura contemplativa que Deleuze dizia ser a de um tempo composto, "tenho amado":[19] "Dizei, Senhora, da Beleza idéia:/ para fazerdes esse áureo crino,/onde fostes buscar esse ouro fino?/ de que escondida mina ou de que veia?". Nela, o particípio passado, "amado", identifica e petrifica o visto na imagem de objeto inalcançável e perdido para sempre, como naquela visão da *Vida Nova* que possuiu Dante quando pela primeira vez viu Bice, Beatriz, desde então para sempre intocada de morte. Simultaneamente, o presente do "tenho" corresponde à repetição obsessiva do desejo barrado, aqui-agora: "tenho", "tenho", "tenho amado": "Lembranças que lembrais meu bem passado/ para que sinta mais o mal presente". O intervalo entre "tenho" e "amado" é preenchido com as figurações do ato intelectual que se contempla na contemplação do perdido e transcende a impossibilidade mantida de efetuar o contato com ele, gozando de um prazer superior, o da visão ou teoria da essência do Amor: "Este amor que vos tenho, limpo e puro,/ de pensamento vil nunca tocado,/ em minha tenra idade começado,/ tê-lo dentro nest'alma só procuro".

Em Camões, essa estrutura é recorrente e não é apenas uma tópica lírica tratada com idealização, como se diz, porque é a forma matriz do seu pensamento, que erotiza também as experiências não eróticas, como a viagem de Vasco da Gama à Índia e as guerras medievais dos reis portugueses, pois ele pensa a beleza intelectual do Eros como *virtus unitiva*, virtude unitiva universal superior às contingências. A poesia é inspiração erótica e evidencia que todos os seres são ligados pelos laços da concórdia do Eros; e que todos eles trocam como generosidade recíproca suas naturezas e seus nomes. A proporção e a graça da forma do verso alegorizam justamente a contemplação extática da Forma do Amor universal que tudo une. Por isso mesmo, em sua lírica, essa forma matriz também modela as tópicas associadas à temporalidade: a transitoriedade da vida, a Fortuna madrasta e, principalmente, o desconcerto do mundo, que sempre lhe aparece como incongruente e absurdo, embora intelectualmente creia que Deus é o fundamento erótico que dá sentido também à forma poética que figura o desconcerto: "cá neste escuro caos de confusão,/ cumprindo o curso estou da natureza./ Vê se me esquecerei de ti, Sião!". Também suas redondilhas platonizantes, como as de "Sôbolos rios", referem uma terra de glória jamais conhecida pela memória dos olhos sensíveis do corpo, mas presente na reminiscência do olhar intelectual da alma.

Ezra Pound dizia que para nós é muito mais fácil imaginar um inferno que um paraíso. No presente de Camões, Deus existe e dá sentido à história portuguesa como Causa Primeira e Final que a orienta providencialmente: "Mas o melhor de tudo é crer em Cristo", escreve num soneto em que define o mundo como um lugar de desamor onde "Cousas há i que passam sem ser cridas/ e cousas cridas há sem ser passadas". Como essa transcendência é definitivamente impossível para nós, lemos Camões talvez interessados pela tópica do desconcerto do mundo, que é o tema da nossa vida enquanto estamos aí e duramos na presença do nosso presente, sofrimento sem sentido e sem redenção. E porque ainda somos mortais e não temos respostas para a angústia, a melancolia de Camões pode comover. De todo modo, a descontinuidade que há entre seu tempo e o nosso não pode ser esquecida, pois é determinante do sentido da sua poesia. Talvez — sugere a leitura dela hoje — todo esforço humano seja fútil, inútil e irracional, quando observado do ponto de vista da morte, que é nada e nenhum. Talvez — sugeria a leitura dela em seu tempo — o que aparece como irracionalidade da vida bem pode ter um sentido secreto e providencial que a simples razão humana não alcança. Porque Camões é cristão e acredita — ou pelo menos sabe disso intelectualmente — que todo ente, porque é finito, está sujeito ao mal, moral ou natural. A finitude torna impossível ao homem escapar ao mal como sofrimento; no entanto, como cristãmente o mal não é imanente à estrutura ontológica dos seres, mas decorre de causas extrínsecas ao ser que sofre, o sofrimento corresponde a uma inadequação qualquer das conveniências que regem as criaturas. O desconcerto do mundo é uma falta de Bem ou uma inadequação que decorre, enfim, da liberdade e da finitude humanas: "cá, neste labirinto, onde a nobreza/ com esforço e saber pedindo vão/ às portas da cobiça e da vileza", como diz num soneto. Mas há Bem.

Tratando desse *por enquanto*, sua poesia condensa de maneira absolutamente comovente a experiência histórica de seu mundo, porque o núcleo da sua arte é o pensamento do tempo no pensamento da forma. Como qualquer poeta, Camões pensa seu tempo historicamente, condicionado pelas categorias feudais e capitalistas, fidalgas e mercantis, escolásticas e empiristas, bélicas e humanistas de seu mundo. Quando o pensa, seu pensamento é a surda comoção intelectualmente controlada da experiência do espanto com a falta aparente de sentido da própria experiência formulada poeticamente, não obstante com total proporção e graça:

Quem pode ser no mundo tão quieto
ou quem terá tão livre o pensamento,
quem tão experimentado, ou tão discreto,
tão fora enfim de humano entendimento,
que, ou com público efeito ou com secreto,
lhe não revolva e espante o sentimento,
deixando-lhe o juízo quase incerto,
ver e notar do mundo o desconcerto?

Com justeza e justiça, Arlette Farge diz que o sofrimento humano nunca é anedótico, pois é parte fundamental da história, mais ainda quando é sofrimento anônimo, que não encontra expressão nem redenção. A capacidade de dar voz ao sofrimento, fazendo falar o que também em nós permanece anônimo, solitário e silenciado, faz de Camões um poeta máximo. A figuração do sofrimento do desconcerto do mundo em sua poesia é um momento fundamental da história, momento que seus poemas superam artisticamente, evidenciando o ato intelectual que os inventa como transcendência da angústia que figuram como sua causa. Não mais cremos nem podemos crer na transcendência artística e divina a que sua poesia alude, pois a única metafísica que conhecemos é a da mercadoria; mas a figuração do ato intelectual que encontramos nela permanece como uma metáfora, vamos dizê-lo assim, do nosso desejo de outra vida, pois a nossa evidentemente não presta.

Ainda quando épica e animada de som e fúria, como *Os Lusíadas*, sua poesia é ordenada pela mesma forma matriz plotiniana que figura a experiência de algo superior faltante no seu presente vivido como tempo de uma austera, apagada e vil tristeza. Algo melancolicamente dado como perdido, passado e, simultaneamente, aludido como futuro ainda não vivido por ninguém e por nada. Sua epopéia canta guerras barulhentas e viagens perigosas, grandes conquistas políticas e feitos brutais de homens ilustres, mas talvez o sentido maior do canto esteja além dessas coisas contingentes, naquelas alegorias da Ilha dos

Amores e da grande máquina do mundo, onde as contradições do seu mundo encontram sentido como superação artística da história. Hoje sua poesia ainda pode ativar no leitor o imaginário da arte como figuração do "real absoluto" de que falaram os platônicos do século XV e os primeiros românticos alemães. E isso porque, nela, a beleza sensível da forma intelectualmente proporcionada transcende a si mesma sob a pressão dessa verdade, além aludida, que anuncia o conceito de sublime. O mundo a que a poesia de Camões aspira, um mundo de beleza intelectual, ocorre na leitura, principalmente na leitura de *Os Lusíadas*, como a figuração de um não-representável sensível que desliza sob os atos do intelecto do leitor, pois a brutalidade da matéria histórica não é conciliável com o ideal a que as imagens aludem. Ideal e material se afastam um do outro e o leitor faz a experiência melancólica do vazio do infigurável da transcendência da história figurado alegoricamente no ato intelectual que inventa a forma. Aqui, a melancolia proporcionada de Camões nos faz pensar no que dizia Auden: os grandes poetas nos fazem alegres com a felicidade da forma com que representam as maiores dores. A poesia de Camões tem essa alegria da forma porque felizmente não é a vida: a vida não tem nenhum sentido dado, mas a poesia sim, pois tem proporção, número, medida, luz e beleza, que propõe mudamente para o leitor, perguntando-lhe se trouxe a chave, como diz outro poeta intelectual também melancolicamente comovido com o remorso que é a história.

Como ler *Os Lusíadas*? Desde o século XVIII, o épico é um gênero morto e provavelmente hoje nenhum de nós os leria numa só sentada, pois também é muito longo para o nosso tédio pós-moderno habituado à banalidade norte-americana. Aqui, para tratar do episódio da máquina do mundo do Canto X, vou antes falar do modo como o poema figura a ação de Vasco da Gama, relacionando-a com o maravilhoso, a ação dos deuses, principalmente Vênus. Para isso, quero lembrar que os teóricos alemães da estética da recepção demonstram que o texto de poesia funciona como a sua própria poética: sua enunciação é construída como figuração intencional de um ato de fala fingido ou contingente, em que o papel do autor se relaciona com o próprio texto, não com os objetos, ações e eventos figurados nele como coisas exteriores. A enunciação poética finge um ato de comunicação que transforma matérias sociais produzindo efeitos de realidade para o destinatário. Quando ocupa o lugar do destinatário de *Os Lusíadas*, o leitor estabelece uma relação de comunicação fingida com as coisas figuradas. Seu papel como leitor, como diz Stierle, independe do contexto da sua história pessoal como leitor. Sabemos, com os alemães, que a unidade mínima de leitura do poema é a palavra ou o significante, como "armas", o primeiro termo do primeiro verso da proposição de *Os Lusíadas*, "As armas e os barões assinalados", para o qual o leitor deve atribuir um significado, fazendo uma equivalência ou tradução com que reconhece uma figura relevante.[20] Evidentemente, a palavra poética não está em "estado de dicionário": seu significado não é unívoco, pois não é só gramatical, mas retórico, resultando de uma enunciação intencional, que se relaciona com matérias simbólicas contemporâneas ou anteriores. A enunciação poética refrata, desloca e condensa a significação, fazendo que a palavra admita significações simultâneas, decorrentes das associações semânticas da seqüência do texto e das referências culturais que ele imita. Em *Os Lusíadas*, "armas" é uma sinédoque, uma parte pelo todo, valendo por "guerras" ou "feitos militares", as guerras da história medieval portuguesa, principalmente, que Camões lê nos cronistas medievais, como Fernão Lopes, e historiadores do seu tempo, como Damião de Góis, Rui de Pina e João de Barros. Mas também é uma tópica do gênero épico doutrinado na *Poética* e relaciona-se às virtudes feudais que definem o caráter e a ação do herói como força, coragem, lealdade e honra. Em terceiro lugar, é citação do primeiro verso da *Eneida*, de Virgilio: *Arma virumque cano*, "canto as armas e o varão". Em quarto, é um preceito de leitura: indica que o leitor deve ler de um modo determinado e não de qualquer modo, ou seja, que o estilo é alto, sublime, "tuba canora e belicosa", não lírico ou pastoral, de "agreste avena ou frauta ruda", como lemos na estrofe 5 do Canto I. Como leitores, temos de escolher, entre os inúmeros significados possíveis de cada palavra e da combinação das palavras e dos versos, os significados mais adequados ao contexto discursivo do poema e não apenas ao contexto do nosso imaginário, que evidentemente é outro. O ato de ler é uma redução, diz Stierle, um ato produtor de sínteses parciais.[21] Como as palavras do poema se ordenam em seqüência, o leitor também deve saber que a ordem sintática é funcional: a sintaxe de Camões funciona como esquema das relações dos significados com que contextualiza e diagrama o significado de cada palavra isolada para construir novas significações horizontais com a relação estabelecida entre elas. No caso, o leitor deve observar que o termo "armas" está imediatamente ligado à expressão "barões assinalados", que significa "varões", homens, também "-barões", fidalgos, que são "assinalados", famosos por seus feitos, tendo por isso a honra e a glória históricas que o canto épico começa a eternizar. Assim, a expressão "armas e barões assinalados" é uma antecipação, uma síntese prévia da matéria, do gênero e do estilo do poema, matéria figurada gramaticalmente como um objeto direto posto em realce, antes de tudo, como os dois primeiros termos épicos da proposição de uma epopéia de estilo sublime. O leitor deve observar, enfim, que o poema fornece já no primeiro verso o protocolo da leitura adequada. Logo, também deve saber que o verbo desse objeto direto aparece só quinze versos depois, "espalharei", do verso "Cantando espalharei por toda parte", porque o poeta ocupa catorze versos para especificar sua longa matéria histórica: a história de Portugal, do século XII ao XVI — como história das guerras do reino e das conquistas feitas a ferro e fogo pelos reis das dinastias de Borgonha e de Avis — e a viagem de Vasco da Gama à Índia, no final do século XV, como as coisas principais condensadas e anunciadas em "armas e barões".

O leitor deve dominar vários repertórios de informação, enfim: esquemas de ação verbal, como a informação de que o canto é composto com engenho, a faculdade intelectual do juízo, e com arte, os preceitos técnicos do gênero épico. Também deve conhecer normas de regulação social do tempo de Camões, como a oposição de honra fidalga e vulgaridade mercantil que atravessa todo o poema. E informações factuais, como as relativas aos contatos portugueses com lugares da África oriental, Melinde, Mombaça, Sofala etc. E referências poéticas, versos e personagens de Homero, Virgílio, Ovídio, Horácio, Boiardo, Ariosto etc. E referências mitológicas, deuses olímpicos, ninfas aquáticas e seus atributos. E referências filosóficas, teológicas, éticas, hagiográficas, categorias e classificações que remetem a leitura para os sistemas simbólicos de várias tradições transformadas metaforicamente no texto.

A significação de cada palavra e de cada verso isolados do poema é obtida por uma hipótese que o leitor constrói por meio de procedimentos de seleção, redução, equivalência, tradução e contextualização dos significados dos termos relacionados em seqüência. Evidentemente, o poema relaciona o significado de termos, versos e episódios com interpretações culturais contemporâneas do poeta que especificam o que é verdadeiro e verossímil. As interpretações prescrevem e determinam associações que hoje, quando o mundo de Camões está extinto, nem sempre são familiares ou evidentes. Por isso, o leitor tem de fazer uma hipótese sobre a relação horizontal ou presente dos termos e dos versos; e também sobre as relações deles com referências ausentes, imitadas, citadas, estilizadas ou parodiadas pelo poeta. Para isso, o leitor deve preencher os vazios semânticos que se produzem na justaposição e na distância dos termos e também no estilo sublime, nas referências a poetas, filósofos, historiadores, geômetras e astrônomos antigos. E também deve observar a alternância da narração épica, em que o poeta conta a ação diretamente, e da encenação dramática, em que personagens como Vasco da Gama e Paulo da Gama falam, narrando a ação. O leitor deve se orientar pela maneira da invenção da forma, enfim, entendendo a forma como produto artificioso de um ato de fingir ordenado por preceitos miméticos do gênero épico que transformam a matéria histórica do reino de Portugal. Para reconstituir essa estrutura fundamental determinada pelo gênero, deve refazer a cada momento as escolhas feitas pelo poeta, e, simultaneamente, fazer as associações da sua liberdade de leitor sempre limitada pelas regras dessa estrutura. Há sempre um desnível entre a enunciação do poema e a leitura dele, evidentemente, e a significação tende a ser a tensão de fechamento e abertura, clareza e hermetismo, determinação e indeterminação. A leitura transforma a estrutura do poema num valor-de-uso inesperado, que é produzido como introdução de indeterminação semântica na determinação semiótica do mesmo. Luiz Costa Lima demonstrou inúmeras vezes que a significação do texto de ficção não se esgota na interpretação temporalmente variável dele. Mas, em qualquer leitura, por definição variável, o leitor deve encontrar a estrutura básica do texto, que permite justamente a comunicação do ato da sua invenção com a sua leitura.

José Maria Rodrigues e Afonso Lopes Vieira afirmaram que o caráter decisivo da poesia de Camões consiste no *sentido da realidade*. Antônio José Saraiva criticou certa ingenuidade filosófica dessa afirmação;[22] mesmo assim, lembrando que as grandes inovações culturais do final do século XV e dos trinta primeiros anos do século XVI já são passado no presente contra-reformista controlado pelo Santo Ofício da Inquisição em que o poeta compõe o poema, a afirmação tem interesse para especificar algumas de suas articulações principais, como o maravilhoso.

Saraiva e outros críticos propuseram que *Os Lusíadas* são uma epopéia de imitação, como a *Eneida* no tempo de Augusto, diferentemente da épica grega, a *Ilíada* e a *Odisséia*, em que os deuses não são erudição, ficção, mitologia ou metáforas, mas religião viva. O conceito de "epopéia de imitação" relaciona-se imediatamente com a enorme erudição do poeta e os materiais históricos transformados por ele quando maquinou a forma. Antes de Camões, vários eruditos e poetas dos séculos XV e XVI, como Angelo Poliziano e Antônio Ferreira, propuseram aos reis d. João II e d. Manuel que a matéria histórica das navegações portuguesas devia ser transformada num poema épico de celebração dos feitos da dinastia. Quando se dispôs a escrevê-lo, Camões teve de trabalhar com elementos heterogênos de várias tradições, principalmente poéticas e históricas, integrando-os artificiosamente na forma épica. Tratarei esquematicamente de suas articulações principais para especificar alguns tópicos da ação dos deuses e relacioná-los ao tema "a figuração da máquina do mundo".

Encontramos no poema três narrativas básicas: a da viagem de Vasco da Gama à Índia, em 1498, que inclui a descrição de fenômenos marítimos (a tromba-d'água, o fogo-de-santelmo), de lugares (a costa oriental da África) e de doenças (o escorbuto) etc. Paralelamente, lemos uma história dos reis e guerreiros portugueses das dinastias de Borgonha e de Avis, entre os séculos XII e XVI, que Camões imita principalmente dos cronistas medievais, como Fernão Lopes, e historiadores do seu tempo, como Damião de Góis, Rui de Pina e João de Barros. A viagem é narrada pelo poeta e, no Canto III, pelo próprio Vasco da Gama ao rei de Melinde, reino árabe da África oriental, e, no Canto VII, por Paulo da Gama, que explica ao Catual, ministro do Samorim, rei de Calcutá, o significado das imagens estampadas nas bandeiras que pendem dos mastros dos navios portugueses. No Canto X há uma história dos feitos da Índia, narrada como profecia feita pela ninfa Tétis a Vasco da Gama. A terceira narrativa põe em cena deuses latinos, amigos e inimigos dos portugueses, Júpiter, Vênus, Marte e Baco, imitados principalmente da epopéia de Virgílio, com o cuidado ortodoxamente católico — a Inquisição é atuante no presente do poeta — de afirmar por meio da ninfa Tétis, na estrofe 82 do Canto X, que são fábulas, "[...] porque eu, Saturno e Jano,/ Júpiter e Juno.../ só para fazer versos deleitosos/ Servimos...". Há também descrições geográficas do mundo conhecido então, Europa, África e Ásia, com referências à flora e à fauna indianas, além de elementos de costumes de populações da África oriental e da Índia e uma pequena menção à América e ao Brasil. Também há episódios soltos de romances de cavalaria, como o dos Doze de Inglaterra; e episódios trágicos, como o da morte de d. Inês de Castro; e episódios hagiográficos, como a história dos milagres de são Tomé; e, no Canto X, a figuração cosmográfico-político-metafísica da grande máquina do mundo, que arremata o poema. Além disso, em várias passagens, o poeta faz comentários sentenciosos e vituperações.

Os episódios são montados como caixas chinesas,[23] justapondo-se como grandes cenas soltas e alternadas de quadros dentro de quadros de estilo sublime e eloqüente, pictórico e visualizante, que ora aproxima, ora distancia o foco da ação. No Canto I, depois da proposição da matéria, da invocação às musas do Tejo e da dedicatória ao rei d. Sebastião, a narração começa, obedecendo ao preceito antigo da *ordem arti-*

ficial do gênero épico: a ação começa do meio da história a ser narrada, não do início dela. Quando começa a leitura, o leitor encontra a frota de Vasco da Gama já em alto-mar. É quando ocorre o concílio dos deuses olímpicos, que deliberam o futuro da iniciativa. Júpiter é favorável a ela, mas encontra a oposição de Baco, que teme perder o poder nos reinos árabes na costa oriental da África e na Ásia. A defesa dos portugueses é feita por Vênus, que tem o apoio do amante, Marte. Quando a frota entra no Índico e chega a Moçambique, Baco inspira o régulo local contra os portugueses; mas, inspirados por Vênus, partem para Quíloa e logo chegam a Mombaça. Enquanto isso, Baco continua fazendo planos para perdê-los. E novamente a deusa intervém, salvando-os. E assim vai: os dois eixos narrativos da viagem de Vasco da Gama e da história de Portugal vão sendo atravessados pela narrativa da ação dos deuses, até a chegada da armada em Calecute. No caso, o maravilhoso da ação dos deuses é decisivo para a coerência estrutural do poema, mas sua significação é objeto de interpretações polêmicas.

Como já mencionei, o tempo de Camões crê numa Causa Primeira e Final da natureza e do tempo, Deus, que os cria como seus efeitos e signos, orientando-os providencialmente. A concepção cristã da natureza e da história é o pressuposto doutrinário da interpretação do poder dos reis e dos fidalgos portugueses em *Os Lusíadas*, legitimando o poder deles como ação iluminada e orientada pela luz da Graça inata. Platão e os estóicos gregos sistematizaram a alegoria do piloto que conduz o navio a um porto seguro através do mar tempestuoso, para significar o bom governante que conduz a cidade com segurança através das dificuldades políticas. Essa alegoria modela a viagem de Vasco da Gama e também constitui sua exemplaridade como herói emblemático da fidalguia portuguesa. Vários críticos, no entanto, principalmente Saraiva, afirmam que Vasco pouco age como herói épico, pois o poeta fala doutrinariamente por ele, declarando as virtudes que o fazem herói, ou o faz falar com majestade, dignidade e prudência sempre constantes, sem as fúrias e indecisões patéticas dos heróis de Homero e de Virgílio.

Se a ação de Vasco é mais oratória e eloqüente que épica e heróica, isso ocorre, no entanto, não porque Camões erre poeticamente, mas porque o inventa como emblema que condensa as virtudes cristãs e fidalgas do "peito ilustre lusitano/ a quem Netuno e Baco obedeceram". Enquanto vai atravessando o mar, Vasco é um emissário emblemático da monarquia católica que, desde o século XII, atravessa virtuosamente o mar alegórico das dificuldades da história interna do reino e das suas guerras contra o Islã e Castela. A navegação à Índia e a derrota final de

Baco reconfirmam a finalidade superior da condução do reino pela monarquia de Avis, que o leva com a concórdia e a paz do "bem comum" pelos mares das dificuldades da história. Por isso mesmo, as virtudes de Vasco da Gama são as da interpretação neo-escolástica da *Ética* aristotélica corrente em Portugal no presente de Camões. Podemos caracterizá-las com a definição de virtude do *Tratado da Nobreza Cristã*, de d. Jerônimo Osório, contemporâneo do poeta: "[...] [a virtude é] uma inclinação constante do ânimo, disposta pela deliberação, e que consiste em um certo meio, que é determinado pela recta razão".[24]

Vasco da Gama age com pouca intensidade porque é herói caracterizado pela mediania, o meio-termo da reta razão das coisas agíveis da Escolástica, a prudência. A prudência define a medida racional da eficácia da sua ação, exprimindo o momento em que seu conhecimento dos primeiros princípios, sempre referido à razão, realiza-se em sua ação. É a prudência que o faz subordinar-se livremente ao seu rei e escolher o melhor, em cada ocasião da viagem, mantendo o caráter uniforme e constante quando delibera o futuro. Vasco também tem a reta razão das coisas factíveis, ciência e arte dos preceitos técnicos, como a arte da navegação e as técnicas militares, necessários para atingir virtuosamente o fim da ação. Sempre guiado pela reta razão dos agíveis e pela reta razão dos factíveis sempre iluminadas pela luz da Graça ou o Amor de Deus, ele é dotado dos princípios éticos e dos instrumentos técnicos que dão conta da imprevisibilidade da navegação.

O Amor de Deus que o orienta é figurado em Vênus, que é, divertidamente, uma causa segunda ou instrumento da Providência a proteger a armada contra as ciladas dos árabes inspirados por Baco. Diversamente do que acontece com Vasco da Gama, que sempre mantém o caráter prudente — e de novo lembro a leitura de Saraiva —, os deuses agem com intensidade patética. Para proteger seus eleitos, Vênus é muito humana: implora, lacrimeja, trapaceia, faz beicinho, seduz Júpiter, que se excita com a beleza seminua da filha. E está sempre presente com seu séquito, Cupido e as nereidas, para empurrar navios, desviar ondas, amainar ventos, desfazer armadilhas, inspirar sonhos, oferecer prazeres aos navegantes etc. Saraiva lembra a sentença de Voltaire: um maravilhoso tão absurdo desfigura a obra aos olhos de leitores sensatos, pois é inverossímil a aliança de Vênus e seus prazeres sensuais com o Deus católico e suas virtudes medianas.[25] Outros intérpretes propuseram que a ação dos deuses é simples ornato com que o poeta demonstra sua erudição nas coisas antigas, recheando com a fantasia a ação real de sua gente. Mas, de novo com Saraiva, podemos dizer que a ação dos deuses é funcional, como elemento que relaciona as narrativas da história do reino e da navegação de Vasco da Gama, dando-lhes coerência artística superior. E, discordando de Saraiva, também podemos dizer que não há contradição de humanismo pacifista e feudalismo bélico em Camões, pois, no caso de Vênus, estamos novamente diante da forma matriz platônica, a concepção de Eros como virtude unitiva do universo. A ação dela e dos demais deuses é uma alegoria humanista e platonizante que traduz poeticamente a teologia escolástica; e esta, no presente de Camões, doutrina e justifica as virtudes guerreiras ou feudais da política católica como ação iluminada providencialmente pela luz natural da Graça.

Ezra Pound disse que Camões é o Rubens do verso, lembrando a plasticidade visualizante de suas imagens. Podíamos também dizer que o estilo sublime de *Os Lusíadas* faz dele um Giulio Romano do verso. E, no caso dos deuses, um Botticelli do verso, pois o desenho alegórico e o sentido erótico da sua Vênus saem diretamente dos textos dos platônicos da Academia de Careggi, Marsilio Ficino, Pico della Mirandola, Poliziano, Landino, que no século XV traduziram e adaptaram Platão e Virgílio e outros antigos ao cristianismo, entendendo que suas obras já continham profeticamente as verdades da revelação cristã. Cristóforo Landino interpretou a vida de Enéias, na *Eneida*, como alegoria da alma humana que deve sair da vida dos sentidos (Tróia), passando pela vida ativa (Cartago) antes de atingir a contemplação beatífica (Itália). Landino afirma que, na *Eneida*, o mar e seus monstros alegorizam "o apetite do sensível" e também que a descida de Enéias ao Hades, no Canto VI do poema, é "a procura da natureza do mal e do vício". Juno, inimiga de Enéias, é o princípio da vida ativa ou o movimento das coisas empíricas. E a Vênus celeste, uma alegoria do princípio da aspiração ideal.

Em *Os Lusíadas*, o amor da Vênus terrestre e o amor da Vênus celeste correspondem à mesma *virtus unitiva* que lemos na lírica do poeta, a virtude unitiva ou amorosa que ilumina com o sentido transcendente a viagem de Vasco como ação participada analogicamente da luz eterna e invisibilíssima de Deus. É dela, difundida nos orbes da grande máquina do mundo, que o herói tem a visão no Canto X, comovido de espanto e do desejo do Bem. Como se sabe, antes do episódio da máquina do mundo a Vênus terrestre prepara para os navegantes uma ilha povoada de ninfas espacejantes que os esperam para um banquete e o sexo. Na ilha, "o que mais passam na manhã e na sesta/ que Vênus com prazeres inflamava/ melhor é experimentá-lo que julgá-lo./ Mas julgue-o quem não pode experimentá-lo", versos de malícia audaciosamente irônica, se lembramos que o leitor principal do reino, d. Sebastião, era um beato com medo de mulheres que fez voto de castidade. Com o episódio da Ilha dos Amores, Camões refigura política e metafisicamente a aventura mercantil e militar portuguesa, fazendo convergir na alegoria a grande poesia grega e latina, a Escolástica, as virtudes feudais do cavaleiro cristão, o platonismo cristianizado pelos florentinos do século XV e a doutrina do poder monárquico de seu tempo. O episódio tem dupla significação, espiritual e política: a comida e o sexo que os portugueses recebem na ilha significam a vida material antes da ascese da sua alma. E a união deles com as ninfas marinhas significa o casamento de Portugal com o mar e sua posse sacramentada pelo divino.

Vejamos como se dá a ascese dos portugueses na figuração da grande máquina do mundo com que o poeta arremata a obra. No Canto X, a ninfa Tétis diz a Vasco da Gama:

Faz-te mercê, barão, a Sapiência
Suprema de cos olhos corporais
Veres o que não pode a vã ciência
Dos errados e míseros mortais.
Segue-me firme e forte, com prudência,
Por este monte espesso, tu com os mais.
Assim lhe diz, e o guia por um mato
Árduo, difícil, duro a humano trato.

Chamo a atenção para quatro coisas dessa estrofe: Tétis afirma que é a Sapiência Suprema, Deus, que faz mercê do que vai ocorrer. A experiência de Vasco tem a forma de visão física, "cos olhos corporais", da Forma invisibilíssima ou substância metafísica do universo não atingida pela ciência humana. Tétis manda Vasco segui-la com prudência, ou seja, com sua reta razão iluminada pela Graça. E sobem um monte espesso, coberto de mato. O mato é "Árduo, difícil, duro a humano trato", figuração que encontramos em textos platônicos dos séculos XV e XVI, como no romance alegórico *Hypnerotomachia Poliphili* [O sonho de Polifilo], publicado em 1468 por Francesco Colonna. Como nesse texto, aqui o mato alegoriza a vida sensível, que vai ficando para trás com o esforço firme e forte da escalada do alto do monte onde: "[...] um globo vêem no ar que o lume/ Claríssimo por ele penetrava,/ De modo que o seu centro está evidente,/ Como sua superfície, claramente" (X, 77). Na estrofe 80, a deusa diz a Vasco:

Vês aqui a grande máquina do mundo,
Etérea e elemental, que fabricada

Assim do Saber alto e profundo,
Que é sem princípio e meta limitada,
Que cerca em derredor este rotundo
Globo e sua superfície tão limada,
É Deus; mas o que é Deus, ninguém o entende,
Que a tanto o engenho humano não se estende.

Novamente chamo a atenção para o termo "máquina" e a informação de que a máquina do mundo é fabricada. Como disse, em grego o termo designa qualquer invenção produzida com arte pela inteligência astuciosa, a *métis*. A forma do universo revelada na máquina do mundo é artifício do engenho divino, que a gera com razão, doutrina e ordem. A máquina do mundo é o universo fabricado artificiosamente pelo engenho de Deus, o autor máximo. Nela se vê tudo que é; e a inspiração divina que a anima também faz ver o que será. Ela é, por isso, uma síntese do mundo poético de Camões.

Um platônico do século V da nossa era, Proclo de Lícia, no texto grego publicado em 1553 do seu *Comentário do primeiro livro dos Elementos de Euclides*, traduzido para o latim e editado em Pádua em 1560, fala de certa ciência matemática universal que compreende simultaneamente todas as disciplinas matemáticas.[26] Essa ciência precede todas as outras e tem o lugar principal nelas, às quais comunica seus princípios, que estão difundidos por todos os seres do universo. Ela é uma *mathesis universalis* e dá conta das razões, proporções, composições, divisões, conversões, permutações, do igual, do desigual e também da beleza, da ordem e do método, da semelhança e da diferença das coisas em figuras, números e movimentos. Sua universalidade está para além do matemático e associa-se à reminiscência das verdades eternas, fazendo o intelecto humano movido pela aspiração do ideal subir da matéria escura até a luz do conhecimento intelectual e a intuição sem palavras do Ser enquanto Ser. Como vimos, Tétis o diz, opondo olhar sensível e olhar intelectual: "Faz-te mercê, barão, a Sapiência/ Suprema de cos olhos corporais/ Veres o que não pode a vã ciência/ Dos errados e míseros mortais" (Canto X, 76). Também vimos que a máquina do mundo tem a forma de um globo que paira no ar, atravessado da luz que permite ver-lhe o centro e a superfície. "Qual a matéria seja, não se enxerga", lemos na estrofe 77, porque a quintessência, a substância da parte celestial da máquina, é imponderável, não apreensível pelos sentidos. "Mas enxerga-se bem, que está composto/ De vários orbes, que a divina verga/ Compôs, e um centro a todos só tem posto", prossegue a deusa. Aqui, Camões reproduz a cosmografia de Ptolomeu, pondo a Terra no centro dos vários orbes concêntricos que compõem o universo. O uso da figura do círculo para figurá-lo não é arbitrário e corresponde à definição antiga de Deus que podemos ler no tratado do Pseudo-Areopagita sobre as hierarquias celestes ou em Nicolau de Cusa: Deus como círculo infinito e perfeito que tem o centro em toda parte e a circunferência em nenhuma.[27] Na máquina do mundo, a perfeição infinita do círculo sem circunferência de Deus desce pelos vários orbes circulares e finitos como Amor da sua Forma invisibilíssima, que neles participa analogicamente. Enquanto todos sobem eroticamente movidos para ela, cada um deles se assemelha simpaticamente à Forma, por atribuição, e participa hierarquizadamente da sua razão, por proporção. O espetáculo da máquina evidencia ou faz ver a ordem divina do mundo de que Tétis descreve o movimento:

Volvendo, ora se abaixe, agora se erga,
Nunca se ergue ou se abaixa, e um mesmo rosto
Por toda a parte tem, e em toda a parte
Começa e acaba, enfim, por divina arte,
Uniforme, perfeito, em si sustido,
Qual enfim o arquétipo que o criou.

Aqui, Camões aplica a definição euclidiana da esfera como superfície de revolução produzida pelo movimento da circunferência em torno do diâmetro, movimento que faz que os círculos cresçam até o meridiano e depois diminuam. Por isso, o verso diz "ora se abaixe, agora se erga". Ao mesmo tempo, diz a deusa, a esfera nunca se ergue nem se abaixa, mas conserva o mesmo rosto, significando a superfície curva da esfera cujos pontos distam igualmente do centro. A máquina do mundo é finita, como efeito e signo fabricados por artifício divino, mas ilimitada: "em toda a parte/ Começa e acaba, enfim, por divina arte". Sua racionalidade atesta que é divina a arte inventada pelo Arquétipo, a pura esfera inteligível, nua, pura e invisível de Deus. Absolutamente indeterminado e inacessível à razão humana, Deus a cerca com seus nove coros de anjos, movendo-a com Amor.

Assim, Tétis passa a resumir o universo para Vasco da Gama e, na estrofe 80, diz que a máquina é etérea e elemental. No caso, refere-se às substâncias metafísica e física da máquina e às suas partes: a parte etérea é a celestial, feita da quintessência imutável e lúcida; a parte elemental corresponde aos orbes compostos dos quatro elementos pitagóricos, ar, terra, água e fogo. A seguir, a deusa explica o que são os círculos em ordem decrescente, da borda da máquina até o centro, a

Terra, onde o leitor está com os portugueses a contemplar o todo. A máquina do mundo revela-se como sinfonia de correspondências analógicas na qual cada nível de existência é uma hipóstase que vibra e sobe para o nível superior donde desce o Amor como virtude unitiva do todo. A alegoria da máquina é, nesse sentido, um meio poético-metafísico com que Camões figura a alma portuguesa em estado de receptividade extática da unidade invisível do divino. A união sexual dos navegantes com as ninfas aquáticas e a de Vasco da Gama com Tétis alegorizam o casamento de Portugal com o mar. A visão da máquina do mundo alegoriza seu contato extático com o princípio metafísico, o Bem para além do movimento aparente das esferas, que fundamenta e orienta providencialmente a união e a viagem por meio de Vênus, seu instrumento ou causa segunda. Em outras palavras, o episódio da máquina do mundo fundamenta o domínio físico do mar e das novas terras da África, da Ásia e da América como domínio teológico-político da monarquia católica sobre regiões e religiões gentias e infiéis, divinizando a história de Portugal.

Na descrição da máquina, o primeiro dos círculos "está com luz tão clara radiando/ Que a vista cega e a mente vil também,/ Empíreo se nomeia...". O Empíreo corresponde ao Paraíso, onde estão as puras almas; sua luz radiante cega o olhar sensível e a razão humana, incapazes de vê-lo e entendê-lo. Camões o figura provavelmente lembrado do Canto XXX do "Paraíso", em que Dante fala dele como um rio de luz. Como se lembram, Beatriz o censura por querer compreender o inefável e lhe diz que a luz visível que o cega é sombra ou prefácio de sombra, como alegoria da Verdade invisibilíssima: "son di lor vero umbriferi prefazii" ("Par.", XXX, 78). É o Empíreo que governa os outros orbes da máquina. Na passagem, Camões é cauteloso, como disse, protegendo-se de uma das principais causas da vil tristeza de seu tempo: a Inquisição. Tétis afirma, na estrofe 82, que no Empíreo só estão os verdadeiros seres divinos, declarando que ela mesma e os demais deuses antigos são fábulas que só servem para fazer versos agradáveis. A autonegação da deusa explicita o uso alegórico do mito, pois ela afirma que Deus obra no mundo por causas segundas ou instrumentos da sua Providência, como ela mesma e Vênus.

O segundo círculo é o Primeiro Móvel, que gira e faz girar as outras esferas; logo abaixo dele, vem o Céu das Estrelas Fixas, de que Tétis enumera as constelações na estrofe 88. O quarto orbe é o de Saturno, seguido dos orbes de Júpiter, de Marte, do Sol, de Vênus, de Mercúrio e da Lua. No centro, está a Terra elemental. Feita a exposição do macrocosmo, Tétis começa a descrever a Terra; na estrofe 92, fala rapidamente da Europa e, até a estrofe 97, conduz o olhar de Vasco da Gama pela África. A viagem do olho refaz o percurso das navegações portuguesas, pois Tétis começa pelo norte da África e vai para o sul, pela costa ocidental do continente, contorna o cabo da Boa Esperança e continua, pelo lado oriental, até Suez. Em seguida, leva o olhar de Vasco pelas Arábias, pela Pérsia, até a Índia. Descreve suas províncias e costumes e continua, até o Japão, para depois levá-lo e ao leitor a Bornéu, Timor e o Ceilão. E, a partir da estrofe 138, indo para o Ocidente, profetiza a chegada de Cabral ao Brasil, falando do nome da nova terra, Santa Cruz, e do pau vermelho que produz. A exposição cosmográfico-metafísica da deusa se acompanha de inúmeras referências a batalhas e vitórias portuguesas na África e na Ásia, tendo o nítido sentido de legitimar a política do reino com a lei eterna da Providência divina. Quando termina a exposição, Vasco da Gama e os navegantes sabem os futuros feitos de Portugal e, divinizados, retornam. Assim, se definimos o episódio da máquina do mundo como figuração da Providência que orienta a ação portuguesa, o concílio dos deuses, as astúcias de Baco, as intervenções de Vênus salvando os portugueses, o episódio da Ilha dos Amores e a mesma visão da máquina do mundo têm a função de integrar alegoricamente, como interpretação platônica cristianizada, as virtudes feudais da "guerra de devaçam", validando a teologia escolástica em que Deus é Causa Primeira e Final, Providência e luz eterna difundida como luz natural da Graça na história do reino.

Na narração da viagem à Índia e da história dos reis de *Os Lusíadas* e em muitas passagens da lírica camoniana, há evidentemente mais referências filosóficas, históricas, teológicas, científicas, retóricas e poéticas de duração e extensão diversas. Em *Os Lusíadas* e na maior parte da lírica composta com a medida nova italiana, o verso decassílabo e formas fixas, figuram-se tópicas do humanismo renascentista: o culto do saber teórico ou contemplativo; a erudição das coisas antigas; a metafísica platônica; o amor da *donna angelicata*, a dama angélica do petrarquismo; a filosofia do cavaleiro perito em letras e armas etc., adotados por setores das elites letradas de Portugal desde o século XV, quando foram associadas à ética aristocrática do projeto senhorial de expansão mercantil e dominação religiosa da dinastia de Avis.

Conhecido como capitalismo monárquico, foi inicialmente, na bela alegoria do historiador português Manuel Nunes Dias, uma luta do mar e da caravela contra o deserto e a caravana.[28] Financiada por banqueiros e mercadores, em 1415 a Coroa portuguesa ocupou Ceuta, no Marrocos, interessada no ouro africano carregado pelas caravanas transaarianas dos nômades cameleiros. A presença portuguesa no estreito de Gibraltar pôs termo às invasões marroquinas da península Ibérica, o que permitiu dar início à abordagem atlântica da Terra dos Negros, nome que os portugueses davam à África, pelas caravelas do infante d. Henrique. As navegações iniciais que foram dilatando a Fé e o Império e as terras viciosas andaram devastando, como diz Camões, e tinham objetivo econômico e político imediato: controlar as regiões africanas produtoras de ouro e especiarias, como a pimenta-malagueta. Na Idade Média, a malagueta, abundante na Guiné, era levada por cameleiros árabes, que a adquiriam de populações negras ao sul do Saara, no Mali e em outras regiões, até o litoral do Mediterrâneo, onde era comprada e revendida por mercadores italianos. Além de pimenta, os portugueses adquirem escravos, madeiras de lei, goma, marfim, peles, plumas e, principalmente, ouro. Por volta de 1505, compram escravos dos régulos do Benim, que capturam grandes quantidades deles nas guerras constantes que fazem uns aos outros. Os portugueses compram cada negro por cerca de 12 a 15 manilhas ou argolas de latão ou cobre, que os corretores de Lisboa então adquirem na praça de Antuérpia e em cidades do sul da Alemanha. Na Costa da Mina, revendem os escravos para outros negros, e recebem em ouro. Na Mina, eram vendidos pelo dobro do preço de Lisboa, o que era bom negócio para a Coroa, os comerciantes e os banqueiros de Flandres, Nuremberg e Augsburg. A maior parte do ouro vem então principalmente da Guiné e é drenada para o norte da Europa, pagando as compras de latão, cobre e prata dos corretores portugueses. A prata alemã fornece a moeda com que os feitores portugueses adquirem especiarias na Ásia.

Manuel Nunes Dias demonstra que o ouro africano e as especiarias asiáticas intensificam a circulação dos metais, a prata e o cobre alemães, e dos tecidos flamengos, muito cobiçados na corte portuguesa, produzindo grande demanda de capitais mobiliários caracterizada pelo uso progressivo do crédito no estrangeiro. As novas exigências de capitais para financiar as expedições, a construção e o sustento de feitorias e de fortificações na África e na Ásia para garantir a regularidade das trocas transformam radicalmente a economia européia. Em Portugal, tipos sociais como o mercador, o banqueiro, o artesão, gente juridicamente vulgar, que Camões despreza, passam a opor-se à ordem antiga dos senhores da terra, da fidalguia da espada, do clero e dos servos.[29]

Há um episódio em *Os Lusíadas*, o do Velho do Restelo, em que um ancião de aspecto venerável vitupera a aventura marítima com o *topos* da *vanitas*. Quando a armada de Vasco da Gama está para sair de Belém, acusa a navegação de "glória de mandar e vã cobiça/ desta vaidade humana a que chamamos fama!" e fala com desdém da "aura popular" e do "povo néscio" que apóia a viagem, defendendo a conquista do Marrocos e o abandono da Índia. Muitos intérpretes afirmam que sua fala corresponde à posição do próprio Camões e de setores da antiga aristocracia portuguesa postos à margem do processo econômico. Antônio José Saraiva, por exemplo, propôs que o projeto de conquistar o Marrocos, reino que se supunha riquíssimo, abandonando-se a política das feitorias na Ásia, era apoiado por setores da fidalguia da espada no final do reinado de d. João III e no tempo de d. Sebastião, quando a empresa comercial do Oriente já estava em ruínas. Esses setores tinham valores guerreiros e, como Camões, faziam da espada o ganha-pão. Dessa maneira, o episódio do Velho do Restelo entraria em contradição com o encômio da ação heróica no poema.[30]

De todo modo, para especificar os condicionamentos da matéria histórica das navegações transformada na invenção de *Os Lusíadas*, é útil lembrar, ainda com Manuel Nunes Dias, que no final do século XV uma nova forma de cidade tinha surgido em Lisboa, onde se concentrava uma população voltada quase exclusivamente para o comércio exterior. A realeza dos Avis conservava a propriedade e o monopólio do comércio, que defendia militarmente, pois o patrimônio ultramarino era o seu capital. O rendimento do tráfico era repartido entre a Coroa e os particulares estrangeiros, mas quase nada ia para a população, pois Portugal praticamente não tinha mercado interno e produzia pouco para exportar.

O novo mundo que surge na segunda metade do século XV é caracterizado pelo extraordinário desenvolvimento das ciências, da escrituração e das técnicas de construção de máquinas. Fidalgo e humanista, Camões acredita que o saber teórico é superior aos saberes técnicos dos oficiais mecânicos e, como já foi apontado por vários estudiosos, faz descrições sumárias deles em *Os Lusíadas*. Mas, ainda que tenha cuidado em reproduzir o modelo ortodoxo e tradicional de universo que vimos no episódio da máquina do mundo, opõe o saber da experiência empírica ao saber livresco tradicional, provavelmente porque também estiliza a sua própria experiência, além de citar textos de contemporâneos adeptos dela. Em seu *Tratado da Esfera*, de 1537, Pedro Nunes escreve que o contato dos portugueses com as novas realidades físicas e humanas dissipou "muitas ignorâncias" da cosmografia ptolomaica e escolástica. Numa parte desse texto, o *Tratado em defensam da carta de marear*, afirma que "os descobrimentos de costas, ilhas e terras firmes não se fizeram indo a acertar, mas partiam os nossos mareantes mui ensinados e providos de instrumentos e regras de astrologia e geometria; que são as cousas de que os Cosmógrafos hão de andar apercebidos".[31] O conhecimento obtido empiricamente é novidade que pressupõe e valoriza a experiência vivida, não a experiência textual das autoridades escolásticas. Assim, no *Esmeraldo de situ orbis,* de 1502, Duarte Pacheco Pereira diz que a experiência vivida é "madre das cousas" que ensinou "radicalmente a verdade" e "o contrário do que a maior parte dos antigos escritores disseram". Também Garcia da Orta, no *Colóquio do benjuy,* na metade do século XVI, pede que não lhe ponham medo com Dioscórides nem Galeno, autoridades antigas, porque não vai dizer senão a verdade do que aprendeu pela observação. E o historiador João de Barros, cuja história Camões põe em verso quando conta a história dos reis portugueses, escreve, em seu *Ropica Pnefma* ou *Mercadoria Espiritual,* de 1532: "[...] se agora cá viesse Ptolomeu, Strabo, Pompônio, Plínio ou Solino com suas três folhas, a todos meteria em confusão e vergonha, mostrando-lhe que as partes do mundo, que não alcançaram, são maiores que as três em que eles o dividiram". Camões diz quase o mesmo: "Se os antigos filósofos que andaram/ tantas terras por saber segredos delas/ as maravilhas que eu passei passaram/ a tão diversos ventos dando as velas,/ que grandes escrituras que deixaram!". É ainda a experiência vivida que, na estrofe 149 do Canto X, caracteriza os portugueses como gente que sabe "O como, o quando, e onde as cousas cabem".

Joaquim de Carvalho propôs que nas navegações portuguesas há três formas de saberes desiguais, que também são figurados em *Os Lusíadas.*[32] Primeiramente, o saber técnico e de domínio da natureza, a que Camões dá atenção superficial, talvez porque o mundo que mais lhe interesse é o dos princípios teóricos do seu platonismo. Em segundo lugar, um saber de compreensão e de explicação, principalmente da nova imagem da natureza. Vimos no episódio da máquina do mundo: Camões mantém a concepção ptolomaica que põe a Terra no centro do universo. A concepção tinha sido desmentida pelas navegações do século XV, mas, repito, quando Camões termina *Os Lusíadas,* em 1567, as inovações e a velha fidalguia já tinham sido substituídas pela Inquisição, pela censura intelectual, pela perseguição religiosa e pela mentalidade mercantil. O canto presente faz a apologia do projeto imperial de conquista do mundo pela fé e pelas armas, e, simultaneamente, o poeta afirma que vem cantar "a gente surda e endurecida", na estrofe 145 do Canto X. A terceira forma de saber figurada no poema é o saber das virtudes ético-políticas da ação. É útil falar dela examinando os dois tempos figurados no poema, o passado das grandes navegações e das inovações figuradas no enunciado como "memórias gloriosas", e o presente da enunciação, como "apagada e vil tristeza". Novamente, é a matéria histórica que fornece índices para esclarecer essa oposição.

Depois que a Coroa passa a ter o ouro da Guiné, no século XV, lança-se à conquista dos mercados da África oriental, dos entrepostos da Malásia e dos mercados do Pacífico asiático. Principalmente entre 1482, ano da construção do castelo de S. Jorge da Mina, até 1521, ano da morte de d. Manuel, Portugal tem proeminência marítima mundial. A Coroa domina o ouro africano e a pimenta asiática; funda a Casa da Índia, órgão de controle do tráfico ultramarino, e organiza em Antuérpia sua principal agência captadora de financiamento para manter a empresa colonial com adiantamentos, tecidos flamengos e metais alemães. Nesse tempo, Lisboa, a Índia, Flandres e cidades do sul da Alemanha dependem estreitamente umas das outras e das frotas africanas e asiáticas. A corte do tempo de d. João II e d. Manuel vive o luxo, mas a crise já existe, principalmente na dificuldade de obter créditos para financiar as expedições. Manuel Nunes Dias propõe que a transição do patrimonialismo agrário, continental, monárquico, senhorial e militarista para o patrimonialismo mercantil, ultramarino e atlântico da Coroa, ou seja, o capitalismo régio, estabelecia um monopólio sufocante, que prejudicava a livre iniciativa particular. Além disso, o capitalismo monárquico subordinava o econômico ao político-religioso. O investimento econômico, que pressupõe a impessoalidade das relações financeiras e mercantis, chocava-se com a teologia política escolástica baseada nas relações corporativistas e na intolerância religiosa.[33]

Assim, o curto período de riqueza econômica da corte portuguesa — do tempo do rei d. João II, que governa a partir de 1481, até a morte de d. Manuel, em 1521, ou, talvez, a data de 1535, ano do estabelecimento da Inquisição no reino — corresponde a uma extraordinária inovação feita principalmente como arqueologia ou restituição humanista da Antigüidade grega e latina associada à experimentação empírica e ao nominalismo. Por ordem de d. João II, Diogo de Azambuja funda o Castelo de S. Jorge na Costa da Mina, em 1482; e Diogo Cão chega ao rio Zaire, em 1485, percorrendo toda a costa de Angola em 1486. No ano seguinte, Bartolomeu Dias dobra a ponta meridional da África, o cabo das Tormentas, que d. João II rebatiza com o nome de cabo da Boa Esperança, estilizado por Camões como o gigante Adamastor. Como se sabe, o termo "humanismo" provém da expressão latina *artes humanitatis*, artes da humanidade, e *humaniores litterae*, letras mais humanas, como culto das letras antigas, chamadas de *humanidades*. Nesse tempo, o conhecimento do grego, do latim e do hebreu é tido como base necessária de toda a ciência e das humanidades. Obras como as *Opera*, de Cataldo Áquila Sículo, em 1500; a *Nova Grammatica Ars*, de Estêvão Cavaleiro, em 1516, e *Epistola Plinii secundum veram lectionem et exquisitissimis et antiquissimis exemplaribus*, de Angelo Poliziano, em 1529, são recebidas com entusiasmo na corte portuguesa.[34] Então, a expressão "signo do latim" significa "educação do gosto". A importação erudita de termos antigos amplia extraordinariamente o léxico português, como o leitor observa nos incontáveis latinismos e helenismos de *Os Lusíadas*. Simultaneamente, desenvolve-se o culto da língua vulgar, que retoma o tratado *De Vulgari Eloquentia*, de Dante, e outros textos de humanistas do século XVI, como *Prose della Volgar Lingua* (1525), de Pietro Bembo, e o *Diálogo de la Lengua* (1535), de Juan de Valdés. O uso do português como língua de cultura é sistematizado por João de Barros na *Grammatica da Lingua Portuguesa com os Mandamentos da Santa Madre Igreja*, de 1539. João de Barros propõe o caráter imperial da língua, escrevendo que com ela "muitos povos da gentilidade são metidos em o curral do Senhor". A mesma concepção imperial se acha em *Os Lusíadas*, onde lemos que a língua portuguesa faz quem a ouve pensar que é latim. Na *Crônica do descobrimento e conquista da Guiné*, Zurara tinha escrito que a Alemanha é grande, a França gentil, a Inglaterra forte, mas só a Itália sábia. Nesse momento, o final do século XV, intensificam-se extraordinariamente as viagens de prelados e fidalgos portugueses à Itália, cunhando-se a expressão "cobiça da Itália", pois é de lá que vem o que um amigo de Michelangelo, Francisco de Holanda, chama, no seu *Da Pintura Antiga*, "os primores e gentilezas" que educam o gosto. No tempo de d. João II, a corte portuguesa mantém contato contínuo com a Florença dos Médici e circulam em Portugal as obras de Angelo Poliziano, Marsilio Ficino, Pico della Mirandola, Cristóforo Landino etc. O *dolce stil nuovo,* o doce estilo novo italiano, é exercitado por Sá de Miranda nos anos 1520.[35] Membros da corte e da universidade fazem contato com Erasmo de Roterdã, Juan Luís de Vives, Budé e outros humanistas. Na primeira metade do século XVI, a Universidade de Lisboa é famosa por seus latinistas e gramáticos, que estabelecem novos modelos de classificação gramatical, subordinando a lógica à dialética e à retórica. A ignorância do latim é classificada como rudeza do pensamento. Imitar Cícero para falar com clareza e elegância substitui a argumentação escolástica baseada no silogismo. Bolsistas do rei freqüentam as universidades de Salamanca, Alcalá de Henares, Pádua, Oxford, Cambridge, Louvain e, principalmente, Paris. No reinado de d. João II, quase todos os bolsistas vão estudar na Itália; no tempo de d. Manuel, vão para a França e, de 1521 a 1540, no início do reinado de d. João III até a fundação do Colégio das Artes, em Coimbra, muitas dezenas de estudantes portugueses estão em Paris, onde discutem Occam e o nominalismo.[36] Vários círculos eruditos se formam na corte, na universidade ou em academias. A infanta d. Maria, que só fala em latim com a mãe, faz-se acompanhar da famosa Luisa Sigéa, que fala e escreve fluentemente em grego e latim, conhece hebreu, aramaico, árabe, siríaco, teologia, astronomia e história, compõe poemas em metro italiano e conversa familiarmente sobre Platão, Plotino, Aristóteles, Cícero etc.[37] A irmã de Luisa, Ângela, não lhe fica atrás. E também outras damas de companhia da infanta, como Joana Vaz, d. Leonor de Noronha, d. Helena da Silva, distinguem-se pelas maneiras elegantes e pela alta cultura letrada. Joaquim de Carvalho afirma que a Itália então ensina, pelo exemplo do convívio, a polir o gosto e a prezar o latim como idioma da eloqüência, mas que é nas escolas de Paris que a inteligência portuguesa fica ágil na controvérsia teológica e na disputa dialética. Ainda segundo Carvalho, o nominalismo parisiense representou, na passagem do século XV para o XVI, a reação do bom senso empírico contra os excessos metafísicos do realismo escolástico. O nominalismo levaria a simplicidade onde havia complicação, dando incentivo ao espírito de observação ou, mais precisamente, à apreensão do concreto na sua realidade e circunstâncias particulares.[38]

D. João II morre sem herdeiro em 1495 e é sucedido por d. Manuel, que governa até 1521. No seu reinado, os judeus e os mouros foram expulsos do país, em 1496, levando os grandes capitais de que a empresa colonial necessitava; os judeus que ficaram foram obrigados a converter-se ao catolicismo, passando a ser chamados de cristãos-novos. Em 1498, Vasco da Gama chega a Calecute. Em 1550, Cabral chega ao Brasil, e Gaspar Côrte Real ao Canadá. Na Índia, os vice-reis d. Francisco de Almeida, Duarte Pacheco e Afonso de Albuquerque conquistam regiões produtoras de especiarias. As mercadorias do Oriente chegam a Lisboa, que recebe navios de todo o mundo. Viajantes afirmam que sentem à distância o perfume da cidade, mistura de canela, cravo, gengibre, benjoim e pimenta. A corte de d. Manuel é refinada e sempre gasta mais do que pode; mantém trocas diplomáticas e comerciais com reinos da África, da Ásia e com cidades de Flandres, da Alemanha, da França e da Itália; eruditos portugueses continuam mantendo contato com as universidades européias, Paris, Oxford, Cambridge, Pádua, Bolonha, Salamanca, Alcalá de Henares. É também o tempo da construção do mosteiro dos Jerônimos, da torre de Belém, de Santa Cruz de Coimbra, do convento de Tomar.

D. Manuel foi sucedido pelo filho, d. João III, que reinou de 1521 a 1557. No seu governo, o império colonial se desmantela de vez. Carola, d. João III estabelece o Santo Ofício da Inquisição, em 1535, e patrocina Inácio de Loyola, Francisco Xavier e Simão Rodrigues na fundação da Companhia de Jesus, que passa a controlar todo o ensino português, restabelecendo a Escolástica em chave contra-reformista. A Índia passa a ser governada por corruptos e os abusos colonialistas causam inúmeras guerras que esgotam o reino. Várias praças do norte da África, como Arzila e Azamor, são abandonadas aos mouros por falta de recursos para defendê-las. Quando o ouro da África desaparece, faltam totalmente o crédito, a prata, o latão e o cobre do norte da Europa para pagar as especiarias. Os gastos suntuários da Coroa continuam, enquanto a concorrência internacional aumenta, com a reação das cidades italianas, como Veneza. O Islã ataca no Oriente e, sem capital, a Coroa não mais consegue manter militarmente o monopólio comercial, como fazia desde o início do tráfico. Os ataques de piratas franceses às frotas tornam-se rotineiros e ousados. Os piratas não mais se dão ao trabalho de ir à África, à Ásia e ao Brasil, mas esperam na foz do Tejo os navios que voltam. Em péssimo estado, as embarcações naufragam. O grande afluxo da prata americana levada pelos galeões espanhóis torna-se fator de retração do mercado dos metais alemães e, por conseqüência, do comércio ultramarino português. Já no tempo de d. Manuel, a Coroa não tinha dinheiro para pagar o cobre reclamado pela tesouraria da Casa da Índia. Com d. João III, a Coroa reconhece a impotência para manter o monopólio oficial. Decreta a falência da feitoria oficial de Antuérpia em 1548 e o fechamento da Casa da Índia, em 1549.[39]

Quando d. João III morre, nenhum de seus muitos filhos está vivo; é então sucedido pelo neto, d. Sebastião, com três anos e meio de idade. A regência é exercida por d. Catarina, a rainha viúva; depois pelo cardeal d. Henrique. Em 1568, aos catorze anos, d. Sebastião é declarado maior. Cercado de padres contra-reformistas e mulheres devotas, recebe uma educação catolicíssima; possuído pelo imaginário heróico da cavalaria andante, torna-se um fanático. Já em 1564, todas as determinações do Concílio de Trento tinham sido declaradas leis do reino, o que fez de Portugal o campeão do combate às heresias religiosas. Desde 1535, quando d. João III estabeleceu o Santo Ofício da Inquisição, as inovações são reprimidas pela Contra-Reforma, que as constitui como idéias libertinas, opondo a elas o modelo de uma vida beata iluminada pelo fogo dos autos-da-fé. Em 1547, sai a primeira lista do *Índice dos Livros Proibidos*. Movido pela idéia fixa da cruzada contra infiéis e heréticos e pretendendo recuperar o Marrocos e as praças perdidas pelo avô, d. Sebastião fez, em 1573, uma expedição de surpresa a Tânger e Ceuta, mas não realizou os feitos que esperava. Em 1578, o imperador do Marrocos, Muley-Ahmed, destronado pelo tio, Abd-el-Melik, pede-lhe auxílio. O rei passa à África e desaparece com milhares de homens na batalha de Alcácer-Kebir, em 4 de agosto de 1578. Conta-se que Camões fica em estado de estupor quando recebe a notícia do desastre. No final de *Os Lusíadas*, aconselha d. Sebastião a meter lanças em África e dar continuidade ao projeto senhorial, fidalgo, mercantil, católico e guerreiro da dinastia. Hoje, quando tudo isso é nada, só existe parcialmente para além da morte e do esquecimento nas metáforas com que a leitura reconstitui o ato intelectual da invenção de Camões. Pois, como diz Hölderlin, permanece o que fundam os poetas.

NOTAS

(1) Cf. a monumental edição dos sonetos feita por Cleonice Serôa da Motta Berardinelli, *Sonetos de Camões: Corpus dos Sonetos Camonianos*, Lisboa/Paris/Rio de Janeiro, Centre Culturel Portugais/ Fundação Casa de Rui Barbosa, 1980.

(2) Hélène Merlin, *Public et littérature en France au XVIIe siècle*, Paris, Belles Lettres, 1994, pp. 385-8.

(3) José V. de Pina Martins, "L'humanisme dans l'oeuvre de Camões", em *Humanisme et Renaissance de l'Italie au Portugal: Les Deux Regards de Janus*, Lisboa/Paris, Fondation Calouste Gulbenkian, 1989, 2 v., v. II, pp. 681-2.

(4) Fernando Catroga, "Ritualizações da História" em Luís Reis Torgal, José Amado Mendes & Fernando Catroga, *História da História em Portugal: sécs. XIX-XX*, Lisboa, Círculo de Leitores, 1996, pp. 551-5.

(5) Antônio José Saraiva, *Luís de Camões*, 2 ed. revista, Lisboa, Publicações Europa-América, 1972, p. 15.

(6) Jorge de Sena, "Ascendentes e parentes de Camões, *Os Lusíadas*, e o mais que adiante se verá", em *A estrutura de "Os Lusíadas" e outros estudos camonianos e de poesia peninsular do século XVI*, Lisboa, Portugália, 1970, pp. 5-54.

(7) Antônio José Saraiva, *Luís de Camões*, cit., p. 16.

(8) Jorge de Sena, "Ascendentes e parentes de Camões ...", cit., p. 39

(9) Antônio José Saraiva, *Luís de* Camões, cit., pp. 24-6.

(10) Ibidem, p. 27.

(11) *Os Lusiadas de Luis de Camões, Com Privilegio Real. Impressos em Lisboa, com licença da Sancta Inquisição, & do Ordinario: em casa de Antonio Gõçalvez Impressor. 1572.*

(12) Antônio José Saraiva, *Luís de Camões*, cit., pp. 28-9.

(13) Citado por Antônio José Saraiva, *Luís de Camões*, cit., p. 30.

(14) Maria Lucília Pires, "Camões (Luís Vaz de)" em *Biblos: Enciclopédia Verbo das Literaturas de Língua Portuguesa*, Lisboa-São Paulo, Verbo, 1995, vol. 1, pp. 885-6.

(15) Citado por Maria Lucília Pires, "Camões (Luís Vaz de)", cit., p. 886.

(16) Antônio José Saraiva, *Luís de Camões*, cit., pp. 35-6.

(17) Como Marsilio Ficino escreve: "A beleza dos corpos não consiste na sombra da matéria, mas na *claridade* e na *graça* da forma; não na massa obscura, mas numa espécie de *harmonia luminosa*; não num peso inerte e estúpido, mas no *número* e na *medida conveniente*. Luz, graça, proporção, número e medida que percebemos pelo pensamento, pela visão e pela audição. É para isso que tende o ardor do verdadeiro amante. O desejo dos outros sentidos, que arrasta para o material, pesado e informe

— contrário à beleza, ao amor — não é o amor, mas um apetite estúpido, opressor e perfeitamente feio". Cf. André Chastel, *Marsile Ficin et l' art*, Genebra, Droz & Lille, Giard, 1954, p. 87.

(18) Alegoricamente, escreve Ficino, a imagem da Beleza deve levar uma açucena numa das mãos e uma esfera e círculo na outra, porque a beleza aparente é medida e proporção, como número.

(19) Gilles Deleuze, "Porcelana e Vulcão" em *Lógica do Sentido*, trad. Luiz Roberto Salinas Fortes, São Paulo, Perspectiva, 1974 (Estudos, 35), pp. 157-65.

(20) Karlheinz Stierle, "Que significa a recepção dos textos ficcionais?" em Luiz Costa Lima (seleção, coord. e tradução), *A Literatura e o Leitor: Textos de Estética da Recepção*, 2 ed. revista e ampliada, São Paulo-Rio de Janeiro, Paz e Terra, 2002, p. 138.

(21) Ibidem, pp. 149-51.

(22) Antônio José Saraiva, *Luís de Camões*, cit., pp. 61-2.

(23) Ibidem, p. 193.

(24) D. Jerônimo Osório, *Tratados da Nobreza Civil e Cristã*, tradução, introdução e anotações de A. Guimarães Pinto, Lisboa, Imprensa Nacional-Casa da Moeda, 1996, p. 141.

(25) "O principal objectivo dos Portugueses, depois da fundação do seu comércio, é a propagação da fé, e Vênus encarrega-se do sucesso desta empresa. Falando a sério, um maravilhoso tão absurdo desfigura completamente a obra aos olhos dos leitores sensatos". Cf. Antônio José Saraiva, *Luís de Camões*, cit., p. 185.

(26) Citado por Giovanni Crapulli, *Mathesis universalis: Genesi di uma idea nel XVI secolo*, Roma, 1969, p. 166, em Frédéric de Buzon, "*Mathesis Universalis*" em Michel Blay & Robert Halleux (org.), *La science classique: XVIe-XVIIIe Siècles. Dictionnaire Critique*. Paris, Flammarion, 1998, pp. 611-61.

(27) A mesma imagem de eternidade encontra-se na figura circular da cobra que morde a cauda no *Hieroglyphica*, livro de emblemas editado por Aldo Manúcio em Veneza, no final do século XV, atribuído a um sacerdote egípcio do século IV d. C., Horapolo.

(28) Manuel Nunes Dias, *O Capitalismo Monárquico Português (1415-1549): Contribuição para o estudo das origens do capitalismo moderno*, Coimbra, Faculdade de Letras da Universidade de Coimbra- Instituto de Estudos Históricos Dr. António de Vasconcelos, 1964, 2 vol., vol. II, pp. 7-16.

(29) Ibidem, pp. 7-42.

(30) Antônio José Saraiva, *Luís de Camões*, cit., pp. 156-8.

(31) Citado por Joaquim de Carvalho, "Influência dos descobrimentos e da colonização na morfologia da ciência portuguesa do século XVI" em *Estudos sobre a Cultura Portuguesa do Século XVI*, Coimbra, Acta Universitatis Conimbrigensis, 1947, vol. I, p. 37.

(32) Cf. Joaquim de Carvalho, "Sobre o humanismo português na época da Renascença" em *Estudos sobre a Cultura Portuguesa do Século XVI*, Coimbra, Acta Universitatis Conimbrigensis, 1948, vol. II, pp. 1-72.

(33) Cf. Manuel Nunes Dias, "O malogro do capitalismo monárquico: as contradições do sistema" em *O Capitalismo Monárquico Português (1415-1549)*, cit., pp. 367-80.

(34) Joaquim de Carvalho, "Sobre o humanismo português na época da Renascença", cit.

(35) Idem, p. 29.

(36) Cf. Joaquim de Carvalho, " Sobre o humanismo português na época da Renascença", cit.

(37) Cf. João Palma-Ferreira, *Academias Literárias dos Séculos XVII e XVIII*, Lisboa, Biblioteca Nacional, 1982, p. 11.

(38) Joaquim de Carvalho, "Sobre o humanismo português na época da Renascença", pp. 27-31.

(39) Manuel Nunes Dias, "O malogro do capitalismo monárquico", pp. 352-6.

A CIÊNCIA SIMBÓLICA DO MUNDO

Márcio Suzuki

Wär nicht das Auge sonnenhaft,
Die Sonne könnt es nie erblicken,
Läg nicht in uns des Gottes eigne Kraft,
Wie könnt uns Göttliches entzücken.

Se o olho não tivesse sol,
Como veríamos a luz?
Sem a força de Deus vivendo em nós
Como o divino nos seduz?

Goethe,
Tradução de Rubens Rodrigues Torres Filho

O avestruz é uma girafa: só o que tem
é que é um passarinho.
Guimarães Rosa, *Tutaméia*

O macaco está para o homem assim
como o homem está para x.
Guimarães Rosa, *Ave, palavra*

Uma das maneiras de abordar o tema "Poetas que pensaram o mundo", instigante e espinhoso, em Johann Wolfgang Goethe é compará-lo aos poetas que vieram depois dele, sobretudo a partir da metade do século XIX. Tem-se em geral, na poesia européia desse período, um distanciamento consciente e crítico do mundo, que procura se consolidar numa linguagem poética estranha a ele, uma linguagem que, constituindo-se num outro mundo, recusa-se a dizer *este* mundo.[1] Simplificando um pouco, talvez se possa dizer que, ao contrário da tendência dos poetas posteriores, Goethe é o último poeta que *quer ser o mundo*: ele procura uma identificação quase incondicional com o cosmos, quer a todo custo reconhecer o que há de comum entre a natureza e o indivíduo.[2]

Aos seus olhos, o racionalismo cientificista, de cunho cartesiano ou newtoniano, e o Romantismo que ele mesmo viu surgir são duas maneiras igualmente equivocadas e afins de se relacionar com a natureza e com o mundo. O racionalismo exige uma dominação total da natureza; o Romantismo sente nostalgia dela. Ambos são sintomas daquilo que Goethe reputa ser a pior enfermidade de sua época, a que ele dá o nome de subjetividade.[3]

Para o poeta de Weimar, haveria uma maneira mais própria de se relacionar com o mundo. Entender o posicionamento do eu no universo, a relação do indivíduo com o cosmos — relação que se exprime melhor em termos de *proporção* (*Verhältnis*), como se tentará mostrar — é imprescindível, segundo ele, para que se possa perceber o nexo profundo que liga poesia e sujeito poético ao mundo. Do ponto de vista dos estudos estéticos e literários, examinar o que seria a concepção-de-mundo goethiana será então talvez algo mais do que um labor ocioso de erudição. Reconstituir a sua cosmovisão (*Weltanschauung*, expressão aliás surgida na sua época)[4] ajudará talvez a entender a maneira peculiar como enxerga o vínculo entre literatura e realidade.

A posição de Goethe diante da filosofia e da ciência de sua época não é unívoca, mas contraditória e ambivalente. Ele vê a filosofia com reticências, mas o faz com conhecimento de causa, pois estudou os sistemas filosóficos antigos e modernos e se muniu de uma concepção-de-mundo bastante rica e consistente. O problema da filosofia vem de mais longe: para o chamado pré-Romantismo alemão, também conhecido como Sturm und Drang, movimento em que ele se inseriu na juventude, a filosofia moderna integra um grande sistema de racionalização do mundo, que tem de ser combatido. O Iluminismo constitui o ápice desse esforço de dominação da natureza, e a crença no progresso das Luzes projeta nessa mesma natureza um finalismo técnico antropomórfico, como se a total racionalidade fosse o objetivo derradeiro a ser atingido pela história da humanidade. Isso tudo é bastante conhecido, mas vale a pena retomar alguns pontos da polêmica antifilosófica e antiiluminista na Alemanha a fim de ver como a questão se apresenta para Goethe.

Ex-aluno de Kant e amigo de Goethe, Herder foi, como se sabe, ao lado de Hamann, o mais combativo adversário da Aufklärung na Alemanha. Segundo ele, a filosofia da história em que se baseia o Iluminismo está calcada numa ilusão, ela "pouco mais é do que um fantasma de nossas cabeças e nunca se confundirá com o caminho de Deus na natureza!".[5] É uma presunção desmedida e vazia dos sábios ilustrados querer desvendar os desígnios divinos, como se pudessem descobrir o que cabe por destino à humanidade, como se pudessem ocupar o lugar das Parcas e prever para onde caminha a sua história. Essa história tem algo de fortuito e imprevisível.

Dando continuidade, no teor e no tom, à crítica de Rousseau ao projeto filosófico e pedagógico iluminista, Herder descreve as monstruosidades que o espírito mecânico da filosofia moderna cria ao tentar incutir desde cedo as luzes da razão nos homens. Se queremos ver uma tarefa mal resolvida, diz ele, basta entregá-la a um filósofo: "No papel vereis a pureza, a delicadeza, a beleza, a grandiosidade da concepção! Na execução, vereis o desastre! A cada passo [o filósofo] ficará perplexo perante as dificuldades e as conseqüências imprevistas". A educação iluminista não forma um homem, alguém capaz de solucionar as tarefas práticas mais simples, mas uma criança que, desde muito cedo, é "um grande filósofo", sabe "calcular" e está "tão bem treinada no uso dos silogismos, das figuras e dos instrumentos", que com freqüência consegue "brincar de modo a fazer surgir novos silogismos, novos resultados e aquilo que apelidava de novas descobertas. Fruto, honra e cume do espírito humano! Tudo por intermédio de um jogo mecânico!".[6]

Para essa nova filosofia, quanto mais cedo a criança for um filósofo, isto é, quanto mais cedo souber raciocinar e calcular, tanto melhor. Para Herder, ao contrário, assim como para Rousseau, quanto mais tarde melhor. Para estes, é preciso saber esperar pacientemente o amadurecimento dos frutos: "Uma semente cai à terra! Ali fica, entorpecida. Mas chega o sol e acorda-a. A semente rompe. A cápsula abre-se violentamente. A planta irrompe do solo...".[7]

A filosofia e a pedagogia do século das Luzes extirpam pela raiz a possibilidade de cultivo das aptidões dos indivíduos, porque se voltam exclusivamente para o aperfeiçoamento precoce de suas faculdades intelectuais. A essa concepção de um homem hipertrofiado em sua razão, Herder opõe o ideal de uma *formação* completa, que leve em conta todo o indivíduo. Esse ideal se encontra consumado naquela figura que o século XVIII chama de homem sociável e, mais tarde, no homem estético e no gênio. Assim como também ocorrerá na *Crítica do juízo*, de Kant, e na idéia de homem estético, em Schiller, gênio é uma espécie de ser humano completo, em que não há crescimento desigual de uma habilidade, nem conflito entre as faculdades, mas um desenvolvimento harmonioso de todas elas. A formação do homem, nesse sentido, não pode ser apressada, mas é vagarosa e tem de ser deixada aos cuidados dessa mãe zelosa que é a natureza.

Natureza e formação têm de andar de mãos dadas, no mesmo compasso. Mas o que se entende por natureza e por formação? Para responder a essa pergunta, pode-se começar pela segunda noção, porque ela também ajudará a entender o sentido da primeira.

Bildung é um termo muito conhecido entre germanistas e comentadores de filosofia, que o traduzem habitualmente por "formação" (por exemplo, na expressão "romance de formação", gênero de que o *Wilhelm Meister* de Goethe seria um dos melhores modelos). O germanista e excelente tradutor português José M. Justo dá uma pista muito interessante de como também se pode verter essa palavra, fazendo justiça ao seu sentido. De acordo com ele, "a idéia de 'formação' contém implicitamente uma reflexão sobre o papel da forma enquanto *forma formans*, por oposição a uma mera *forma formata*".[8] Infelizmente, o tradutor não fornece mais indicações sobre o que seria essa forma como *forma formante*, e é isso o que se tentará fazer a seguir.

A FORMA FORMANTE

A matriz dessa idéia deve ser buscada numa filosofia que teve grande repercussão em todo o século XVIII e que só agora começa a ser devidamente revalorizada — a filosofia de Anthony Ashley Cooper, o III lorde de Shaftesbury. No seu diálogo *Os moralistas: uma rapsódia filosófica*, Shaftesbury estabelece uma divisão tríplice para explicar a natureza das formas: na primeira classe, a mais inferior, encontram-se as formas menos belas, formas sem nenhum "poder formante" (*forming power*), ou seja, formas formadas ou formas mortas (*dead forms*).[9] Na segunda classe, encontram-se "formas que formam"[10] (*forms which form*), isto é, que têm o poder de formar outras formas. A terceira classe, finalmente, é composta de formas vivas (*living forms*). Estas também são formas formantes (*forming forms*), mas, diferentemente das segundas, não formam apenas outras formas, mas formam "outras formas vivas", isto é, outras formas que formam.[11] Os exemplos que o texto fornece de formas mortas da natureza são os metais e pedras; de formas da segunda classe, as obras do engenho humano, por exemplo, de arquitetura, de manufatura etc.; da terceira classe, a beleza humana. A segunda e a terceira classe, entretanto, podem em certa medida se identificar, quando se percebe que, ao produzir suas obras, a mão do gênio artístico é guiada pela terceira classe de forma. Ela é uma operação ou ação comandada pela inteligência ou mente do mundo.

Essa "inteligência" ou mente do mundo (alma cósmica) não é um criador, um arquiteto ou demiurgo que se encontra fora do universo, mas um princípio interno a ele, um princípio de estruturação intrínseco ao próprio jogo das formas ou, para usar a expressão certeira do autor, ela é uma "forma interna" (*inward form*).[12] A ordenação do mundo não lhe é dada de fora, e a importância metafísica disso é a de não se poder dizer que foi criado em vista de algo exterior a ele. Presume-se a identidade do "conteúdo" com a "forma" do mundo. Ou ainda: o sentido do mundo é dado pelo arranjo interno de suas formas. E esse mesmo princípio articula a forma do ponto de vista singular. A identidade de matéria e forma se apresenta como uma unidade de *design* — palavra que tem a virtude de fundir o vocabulário técnico das artes (onde *design* é "desenho") e a terminologia teológico-filosófica (onde *design* designa "desígnio", isto é, propósito, intenção, como na expressão "desígnios divinos").[13]

Em resumo, pode-se afirmar que o mundo se organiza de maneira igual, tanto no microcosmo (em cada forma particular), quanto no todo (no sistema que se estabelece entre as formas particulares e a "alma cósmica", forma do todo). Essas idéias serão fundamentais para a concepção do jogo cósmico das formas no finalismo imanente de Herder e Goethe. Mas, antes de passar a isso, deve-se primeiro voltar à discussão da noção de "forma formante", porque é ela que permite a Goethe chegar à sua concepção de *Bildung*[14] e, a partir dela, à diferença crucial que estabelece entre o modo como história natural, anatomia comparada e morfologia observam os seus objetos.

A história natural toma a figura (*Gestalt*) do ser orgânico como um "fenômeno conhecido". Ela se fixa na "manifestação exterior das figuras". Já a anatomia comparada tem de investigar a "estrutura interna", por exemplo, de um corpo humano. A morfologia, por sua vez, lida como "fenômenos altamente significativos" (*höchst bedeutend*).[15] Todas as três têm sua importância, mas há um modo de tratamento que distingue a terceira. Diferentemente das duas outras ciências "estáticas", a morfologia não lida apenas com a figura (*Gestalt*), mas trata também "da figuração e transfiguração" (*Gestaltung und Umgestaltung*),[16] ou, como preferirá Goethe, "da formação e transformação dos corpos orgânicos".[17] Formação e transformação: em alemão, *Bildung* e *Umbildung*. Há, pois, dois modos distintos de percepção do mundo, e isso pode ser constatado no próprio interior da língua alemã, pela diferença que ela estabelece entre *Gestalt* e *Bildung*. É o que explica Goethe:

> Para [designar] o complexo da existência de um ser real, um alemão possui a palavra *Gestalt*. Nessa expressão, ele abstrai daquilo que é móvel [*von dem Beweglichen*], ele aceita um homogêneo que se detém, que está concluído e fixado em seu caráter.
>
> Mas se observarmos todas as figuras, especialmente as orgânicas, descobriremos que em parte alguma se dá um algo que perdura [*Bestehendes*], algo em repouso, algo concluído, mas descobrimos, ao contrário,

que tudo balança, flutua, vagueia num movimento contínuo. Por isso nossa língua costuma empregar, com bastante justeza, a palavra *Bildung* tanto para aquilo que é produzido [*vom dem Hervorgebrachten*], quanto para a ação de ser produzido [*Hervorgebrachtwerden*].[18]

A própria língua alemã costuma empregar (!) de maneira bastante justa e precisa (*gehörig genug*) a palavra *Bildung*, ao marcar não apenas sua diferença com o produto, com a forma formada (*Gestalt*), mas também o movimento, a transição, o caráter ativo da forma. A forma não é uma forma fixa, um *eidos*, uma idéia no sentido platônico. Ela deve, ao contrário, ser entendida como um movimento ou um agir, ela mais se aproxima de uma atualidade no sentido aristotélico da palavra. O que se quer dizer com isso?

Em Aristóteles, quando uma matéria recebe uma determinação ou forma, ela passa da potência ao ato. Passar ao ato significa então alcançar uma completude, um acabamento, um termo. Na sua linguagem técnica, esse termo é uma *entelekheia*, palavra composta de *en* + *telos* + *ekhein*, isto é, "ter ou chegar num fim". Mas a terminologia técnica aristotélica indica que a passagem ao ato ou à forma também se diz *energeia*, que é um estar em ato, um atuar. A confluência entre acabamento da forma e atuação é visível, por exemplo, nos seres orgânicos. Nestes, chegar a uma forma significa ao mesmo tempo, para cada um de seus órgãos, desempenhar um papel em vista da preservação e da continuidade da vida. Em seu sentido forte, e não como simples potência, cada órgão chegando à sua forma é, assim, uma atividade, uma operação ou, melhor ainda, uma *função* que em grego se diz *ergon*, cognato do termo *energeia*.

Goethe vai se aproveitar largamente dessas observações de Aristóteles, de quem dizia que entendeu a natureza melhor do que qualquer autor moderno.[19] O organismo só mostra sua forma e seu fim enquanto está atuando, ou, inversamente, a atualidade é o que mais propriamente exprime a sua forma e o seu fim. Goethe não separa a finalidade e a forma do órgão, ou uma forma interna, sem fim (o belo), e uma forma externa (fim natural), como o faz Kant, na *Crítica do juízo*.[20] O fundamental para ele é pensar a identidade ou total reciprocidade dos termos *forma* e *função*. É assim que ele vai recorrer a intuições dos gregos, embora esteja pensando primeiramente em Aristóteles. Há duas "Máximas" elucidativas a esse respeito. A primeira diz: "Função é a existência pensada em atividade". E a segunda: "Os gregos chamavam de *entelekheia* um ser que está sempre em função".[21]

Concebido nesses termos, o organismo não tem uma finalidade

exterior a si mesma. Sua única finalidade é a manutenção de si e de sua forma (mas, no sentido de *eidos*, como se verá logo em seguida, a forma já é então manutenção e conservação da espécie). Há, noutras palavras, um total fechamento da forma/finalidade em si mesma. Não pode haver finalidade extrínseca à maior perfeição que se pode alcançar, que é a própria vida: "O fim da vida", diz Goethe, "é a vida mesma" ("Der Zweck des Lebens ist das Leben selbst").[22]

O ponto supremo do gozo da vida ocorre então quando um organismo é capaz de produzir um seu semelhante, ou seja, neste caso ele vai formar outra forma (no sentido shaftesburiano), outra forma viva capaz de perpetuar assim a vida da forma. Essa idéia já se encontrava também em Aristóteles: perpetuar a forma é a única maneira pela qual os seres mortais participam do divino.[23] Goethe a explica de duas maneiras, uma na qual o organismo se gera em si mesmo, e outra na qual se gera num outro. O primeiro tipo de produção se encontra nas plantas e foi assim formulado por Goethe:

> Toda coisa conhecida, que nós dizemos viva no sentido mais lato do termo, tem a força de produzir o seu semelhante. Pode-se dizer, da mesma maneira, que chamamos vivo àquilo que manifesta aos nossos sentidos a faculdade de produzir o seu semelhante [...] Aquilo que nós chamamos de crescimento dos vegetais não é senão uma produção do seu semelhante sem a ação dos sexos. Através dessa produção do seu semelhante não ocorre nenhuma separação, como no caso da geração e do nascimento. Mas é igualmente produção do semelhante.[24]

No crescimento dos vegetais, a noção de semelhança ganha um contorno peculiar: a semelhança do aspecto externo não tem necessariamente valor. O que importa é a existência de uma mesma forma estruturante interna, que perpassa todas as formas aparentes. Como se mostrou há pouco, a idéia de *Bildung* está necessariamente ligada à idéia de *Umbildung*: transmutação, metamorfose. No estudo da vida, não devemos nos ater à figura, ao aspecto exterior (*Gestalt*), mas devemos tentar apreender como a forma vai se modificando num mesmo organismo. No caso dos vegetais, o engendramento das formas é produto do desdobramento de um único órgão primordial proteiforme,[25] que Goethe crê ter descoberto na "folha" (*Blatt*). Algo análogo pode ser constatado no crescimento, mas não na geração dos animais. Na geração por reprodução, os chamados corpos orgânicos "têm a propriedade de produzir algo igual a si", não em si mesmos, mas "a partir de si".[26]

O universo goethiano, como já podemos pressentir, não tem nem começo nem fim. Pode-se recuar ou avançar na série do organismo, que se encontrará, da forma mais simples até a mais complexa — "tanto no menor ratinho quanto no colosso do elefante, tanto no menor musgo quanto na maior palmeira" — sempre um mesmo princípio. Em termos filosóficos, as conseqüências dessa concepção são enormes, pois, como em Shaftesbury, esse universo pode dispensar um criador exterior a si, e uma finalidade e um sentido impostos, de fora, por esse criador. Assim como ocorre na forma particular, o universo tem sua finalidade e seu sentido em si. Forma e finalidade são uma mesma coisa, a finalidade está na forma/função, e a forma é o que cria, na sua imanência, o fim e o sentido. Mas esse fim e esse sentido, embora imanentes ao universo, são ainda fim e sentidos que diríamos "em aberto", fim e sentidos a serem determinados, porque o universo também está sujeito à transformação. É o que precisa ser explicado.

Porque a natureza não tem começo nem fim, é contraditório falar de um "sistema natural": "A natureza não tem um sistema, ela é vida e seqüência que vai de um centro desconhecido a um limite não conhecível. Por isso, a observação da natureza é infinita [*endlos*], quer se proceda por divisão no mais singular, quer se persigam os seus traços no todo, em todas as direções".[27]

Goethe retoma aqui a lição da dialética transcendental kantiana: para a razão humana é igualmente impossível afirmar tanto que o universo tem um começo ou um fim, quanto que ele não os tem. Ela tampouco pode afirmar ou negar que uma coisa particular pode ser dividida ao infinito. O mundo não tem um término, mas tem limites, no sentido kantiano de limites da experiência. Esses limites recuam conforme a experiência avança, mas jamais se chega a alguma coisa que se poderia dizer ser um marco final. A ciência só pretende determinar exatamente onde começa e termina o universo, se desconhece que, ao fazê-lo, está na verdade fixando, como linha derradeira, apenas os limites do saber, não o termo do universo. A pretensão científica de fixar um marco inicial ou um ponto final se confunde com as preocupações teológicas a respeito do início e do fim do mundo.

Livre de suas determinações metafísicas, a noção de limite é fundamental para precisar a própria idéia de formação e de metamorfose. Admirador dos gregos, Goethe antevê os perigos de uma total ausência de delimitação que representaria uma formação infinita, quando adverte que, embora ela seja "uma dádiva do céu altamente digna de respeito" (*höchst ehrwürdig*), é "ao mesmo tempo uma dádiva altamente perigosa": ela pode levar ao indeterminado, ao informe, ao sem-forma (*ins Formlose*). A formação é como uma *vis centrifuga* que se perderia no infinito, se não houvesse uma força contrária, uma *vis centripeta*, que detivesse a sua infinita expansão. Goethe opõe então ao "impulso de formação" (*Bildungstrieb, nisus formativus*)[28] um "impulso de especificação" (*Spezifikationstrieb*).[29]

Se permanecesse idêntica a si mesma, homogênea em todas as suas criações, a formação seria uniforme, uma uniformização, uma tediosa produção infinita do mesmo. Há, para Goethe, uma "força" que retém o movimento de formação, fazendo-o desviar em várias direções, o que explica o surgimento de novas espécies.[30] Mas tampouco essa força de especificação surge do nada. Ela é uma força intrínseca ao universo, e dele tem de ser deduzida de maneira imanente. Seu papel é vital: é ela que detém o crescimento desmesurado dos órgãos, evitando o *informe*, a degeneração, o fenecimento. Como atualidade, o organismo tem de ter um limite. É nesse aspecto, principalmente, que Goethe pode ser chamado de "clássico". Ele é clássico neste sentido, de que renova o enaltecimento grego da forma, isto é, do limite (*peras*), e de que condena o ilimitado, o sem-forma, o disforme (*ápeiron*). O organismo tem de ter uma forma, uma dimensão, uma medida (*megethos*) para sua força e expansão. Conforme o ensinamento de Aristóteles, essa definição vale para "o belo" (*to kalon*), que — "ser vivente ou o que quer que se componha de partes" — "não só deve ter essas partes ordenadas, mas também uma grandeza [*megethos*] que não seja qualquer".[31] Assim, por exemplo, pela célebre definição aristotélica, a tragédia deve ser "imitação de uma ação completa, constituindo um todo que tem certa grandeza [...]".[32]

Com isso se chega aos dois princípios — formação e especificação, expansão e contração — que regem a harmonia, que ditam o próprio ritmo do mundo. A natureza é um organismo que incessantemente se dilata e contrai, é uma sístole e uma diástole de um espírito do mundo (*Weltgeist*), que obviamente não se encontra em parte alguma, mas apenas na conformação geral do todo.[33] Nesse sistema "inacabado", a expansão de cada uma das espécies é contida pela disposição das outras espécies. Ora, que tipo de conseqüência se pode tirar desse jogo das formas?

Mesmo sendo um universo em miniatura, nenhuma forma particular contém em si todo o universo. Aliás, ela é simbólica justamente porque, embora particular, contém em si um universal, e não apenas remete ou faz referência a um universal. Cada forma é uma particularização do tipo, do protótipo ou arquétipo, da forma ou Idéia. Isso não implica recaída no platonismo. Um ser vivo comporta partes em harmonia, mas essas partes não são elementos, e sim funções. Caso se queira imaginar a planta ou o animal prototípico goethiano, um esquema geral deles (que não se encontra inteiramente em nenhum organismo singular, nem mesmo no homem), é preciso ter presente que eles existem como conjunto de órgãos ou funções. Cada espécie vegetal ou animal teria, ao menos em princípio, de possuir os mesmos órgãos que os outros, mas distribuídos de maneira própria a cada um deles. Essa distribuição também se verificará quando se estabelecerem comparações não apenas entre espécies próximas, mas também entre espécies distantes e até mesmo entre reinos diferentes, se o observador for capaz de atentar não apenas para a figura exterior, mas para aquilo que permanece na metamorfose, isto é, *a função*. Eis um exemplo de comparação entre reino vegetal e animal:

> A planta vai de nó em nó e termina na flor e na semente. No reino animal não é diferente. A lagarta, o verme, vai de nó em nó e forma, por fim, uma cabeça; nos animais superiores e nos homens, são as vértebras que se adaptam e encaixam umas às outras, e terminam na cabeça, na qual as forças se concentram.
>
> Aquilo que ocorre nos indivíduos isolados, também ocorre em grandes corporações. As abelhas são também uma série de particularidades que se vinculam e, como um todo, produzem algo, algo que também serve de fecho e deve ser visto como a cabeça do todo, isto é, a abelha-mestra (rainha) [que Goethe chama de "abelha-rei", *Bienen-König*]. Como isso acontece, é misterioso, difícil de dizer, mas posso afirmar que tenho minhas idéias a esse respeito.[34]

Seria possível tentar fazer diversas outras comparações, como, por exemplo, entre os crustáceos e o calcário (os crustáceos são calcário organizado) ou entre asas de insetos e corantes de plantas.[35] Em todas as aproximações lícitas, e não apenas "engenhosas" (*witzig*) — como algumas da filosofia da natureza dos românticos —,[36] o fundamento da comparação é dado pela *função*. Pode-se, até mesmo, passar de um reino a outro, caso se detecte que, numa planta, determinado órgão tem de executar a mesma tarefa que certo órgão num indivíduo absolutamente distinto, um animal por exemplo. De um ponto de vista historiográfico, é verdade que não há muita inovação aqui: mais uma vez é a Aristóteles que cabe o primado da descoberta, porque foi ele quem primeiro estabeleceu comparações entre os diferentes reinos mediante a função (*ergon*). Para ele, a planta é, por exemplo, um animal que está de ponta-cabeça, pois sua boca se encontra nas raízes.[37]

A novidade com relação ao estagirita está na explicação do dispositivo que torna possível a comparação. A natureza reparte as funções entre todas as espécies, mas ao despender sua "energia" nalgum membro, ela é obrigada a economizá-lo em outro. O impulso de formação é retido em seu movimento nalguma função privilegiada em cada espécie e, por isso, ele é ao mesmo tempo impulso de especificação. Por mais que esbanje capital num ramo de uma de suas criaturas, no balanço geral a natureza jamais "se endivida ou abre falência".[38] Mostrando a um visitante uma pequena serpente viva que cultivava em seu jardim, Goethe lhe observa: "Veja que olhos esplendidamente inteligentes!". Ora, continua ele, apesar da cabeça bem dotada, a natureza ficou lhe devendo braços e pernas. Não que a natureza tenha se enganado. É que, no momento em que criou aquele organismo, era *vital* para ele (e a perfeição sempre está na vida) que o seu desenvolvimento se desse assim. Muito embora possa causar certo desequilíbrio momentâneo, o ímpeto de formar e de se especificar num órgão novo é sempre saudável. Um forte dispêndio de energia é compensado por uma contenção igualmente grande noutra parte do mesmo organismo,[39] e, se a finalidade nunca vem sem forma, a compensação jamais deixa de seguir um padrão estético aceitável.

Tampouco na economia geral da natureza há aberração. O que existe é, ao contrário, observância da mesma lei de compensação para a distribuição desigual das capacidades. Uma das primeiras formulações de Goethe a esse respeito é a seguinte:

> As partes do animal, a figura que essas partes compõem entre si, sua relação, suas características particulares determinam as necessidades vitais dessa criatura. Daí o modo de vida decidido, mas limitado, dos gêneros e espécies animais [...]
>
> Se conhecermos e considerarmos exatamente essas partes, descobriremos que a diversidade da figura surge de que é concedida a esta ou àquela parte uma preponderância sobre as outras.
>
> Assim, por exemplo, pescoço e extremidades são favorecidos às custas do corpo na girafa, ao passo que na toupeira é o inverso que ocorre.
>
> Nesse modo de apreciação, logo surge diante de nós a lei: a nenhuma parte pode ser acrescentado algo sem que, em contrapartida, algo seja retirado de uma outra, e inversamente.[40]

Essa lei é uma espécie de fórmula condensada da concepção goethiana da natureza (mas não só da natureza). A especificação, a limitação de um organismo não é pensada apenas no âmbito desse organismo, mas como tendo uma relação complementar com uma ou com outras partes do todo. A articulação entre essas perdas e ganhos não é, de maneira alguma, aleatória, e o encaixe funciona, porque há uma determinação recíproca constante entre partes e todo. Nenhuma forma exprime exatamente a idéia prototípica, mas todas elas são fenômenos simbólicos, justamente e paradoxalmente porque *completos* e *complementares*, de um único arquétipo (*Urtyp*) ou de um arquifenômeno (*Urphänomen*).

MITOLOGIA

> *As criações mitológicas têm de ser consideradas como uma linguagem da fantasia...*
>
> Karl-Philipp Moritz,
> *Götterlehre oder mythologische Dichtungen der Alten*

Cada limitação surge em articulação com o todo: essa lei também é expressa de maneira muito interessante na exposição que Karl-Phillip Moritz faz dos deuses da mitologia grega, exposição imediatamente aprovada e aproveitada às vezes quase literalmente por Schelling na sua *Filosofia da arte.* Numa proposição do parágrafo 30 dessa obra, lê-se a seguinte lei: "Pura limitação, de um lado, e absolutez indivisa, de outro, é a lei determinante de todas as figuras divinas". Essa lei, logo se vê, é outra formulação do princípio goethiano. Na nota explicativa à proposição, diz-se o seguinte:

> O segredo do encanto [das figuras divinas] e de sua aptidão para serem expostas artisticamente reside propriamente apenas nisto: *antes de mais nada*, são rigorosamente delimitadas e, portanto, qualidades que se restringem reciprocamente, excluem-se e estão absolutamente separadas numa mesma deidade, e, não obstante, no interior dessa limitação cada forma recebe a divindade inteira [...] Eis, pois, alguns exemplos da proposição segundo a qual pura limitação, de um lado, e absolutez indivisa, de outro, é a essência das figuras divinas. Minerva [na época costumava-se usar os nomes romanos dos deuses] é o protótipo de sabedoria e força unificadas, *mas* se lhe subtraiu a ternura feminina; essas qualidades unificadas reduziriam essa figura ao desinteresse e, portanto, em maior ou menor medida, à nulidade. Juno é poder, sem sabedoria e sem graça

suave, que ela recebe com o cinto de Vênus. Se, ao contrário, fosse ao mesmo tempo concedida a esta a fria sabedoria de Minerva, sem dúvida seus efeitos não teriam sido tão ruinosos quanto foram os da Guerra de Tróia, a que ela dá ensejo para satisfazer o desejo de seu favorito. Mas então também não mais seria a deusa do amor e, por isso, objeto da fantasia, para a qual o que há de mais alto é o universal e o Absoluto no particular — na limitação.

> Observando a questão por esse lado, pode-se portanto afirmar, com Moritz, que os traços que, por assim dizer, *faltam* nas manifestações das figuras divinas são precisamente aquilo que lhes dá o supremo encanto e novamente as entrelaça umas às outras.[41]

A graça de uma forma vem junto com uma certa ausência. Ou, reciprocamente, o que falta a um deus ou deusa é precisamente o que dá beleza, e também possibilidade de se armar um tecido coeso entre as diferentes figuras mitológicas. Um pouco mais adiante no texto, depois de dizer que "afastar inteiramente toda limitação é completa negação de toda forma", Schelling indica que as limitações dos deuses são o que "provisoriamente" se poderia chamar de "diferentes espécies de beleza", e a palavra *Arten* aqui não tem sentido diferente do que quando se fala de espécies na natureza. Mas o que acontece com aquelas conhecidas figuras mitológicas que não são apenas limitadas, mas defeituosas e disformes, como é o caso de Vulcano, de Pã, de Sileno, dos faunos, dos sátiros etc. Schelling responde dando como exemplo Vulcano (Hefesto):

> No tocante à figura de Vulcano, ela nos mostra a grande identidade entre as formações [*Bildungen*] da fantasia [*Phantasie*] e a natureza orgânica criadora. Aqui a fantasia teve de subtrair aos pés coxos de Hefesto aquilo que lhe deu aos braços poderosos, assim como a natureza se vê constrangida, pelo maior aprimoramento [*Ausbildung*] de um órgão ou impulso [*Organ oder Trieb*] num gênero [*Gattung*] de suas criaturas, a tolhê-lo num outro.[42]

Seguindo rigorosamente o texto da *Mitologia* de Moritz, Schelling afirma que a formação dos deuses (*Götterbildung*) é produto da fantasia ou da imaginação (*Einbildungskraft* = poder-da-formação-em-um). Mas a lei que a fantasia segue para constituir o universo mitológico é a mesma que a "natureza orgânica criadora" obedece em seus produtos. Fica claro então que os princípios de formação e especificação não se restringem ao mundo natural, mas têm continuidade no mundo mitológico e, por meio deste, no chamado processo civilizador, no mundo da história e da cultura.[43] Em outras palavras: eles possibilitarão que se pense a passagem — não certamente livre de traumas — do mundo real ao mundo ideal, da natureza à história.

Num pequeno texto intitulado *Metamorfoses poéticas*, Goethe aponta que o laço de união entre natureza e mitologia pode ser dado de duas maneiras, pela sensibilidade ou pela fantasia:

> A fantasia está muito mais próxima da natureza do que a sensibilidade: esta está na natureza, aquela paira [*schwebt*] acima dela. A fantasia não fica aquém da natureza, a sensibilidade é por ela dominada.
>
> Nós sempre vemos uma sensibilidade precocemente viva, aplicada, se elevando até a fantasia. Tão logo ela se torna produtiva, ela antropomorfiza. Penhascos e rios são habitados por semideuses, deuses inferiores terminam em animais: Pã, Fauno, Tritões. Deuses assumem figura de animal a fim de realizar seus propósitos. Que fábulas são as mais antigas dessa espécie?
>
> Em Ovídio, a analogia entre os membros dos animais e dos humanos é expressa em sua transição de maneira admirável [*trefflich*: literalmente, "certeira"]. Em Dante, há uma passagem digna de grande atenção.[44]

O tom reprovador da primeira parte do texto fica por conta de um expediente que Goethe considera indispensável: assim como as faculdades intelectuais estão naturalmente sujeitas a ilusões — o que justifica plenamente a crítica da razão pura de Kant —, assim também seria preciso fazer uma "crítica da sensibilidade". A metamorfose poética não é de todo convincente, se a sensibilidade, precocemente avivada, se precipita e antropomorfiza de modo indevido. Mas é de supor que, se for realizada mediante a fantasia (como também afirmavam Moritz e Schelling), a transição, passagem de um reino a outro, pode ser feita de maneira justa, como em Ovídio e em Dante.

Nas *Metamorfoses*, de Ovídio, as mutações são recebidas com admiração, porque se observa a analogia entre as funções dos animais e dos seres humanos. Mas também a breve menção ao poeta florentino dá uma pista importantíssima para entender um aspecto fundamental de como funcionaria a imaginação poética em Goethe. Conforme indicam os comentadores, a passagem "digna de grande atenção" da *Divina Comédia* é o Canto XXV do "Inferno", que descreve a transformação das almas dos peculatários florentinos em serpentes, e das serpentes em almas. Ora, por que haveria ali um caso de genuína metamorfose (culminando em seres fantásticos) e não mera antropomorfização? Uma das *Máximas e reflexões* será cristalina quanto a isso: o que se evidencia na transmutação recíproca de sombras humanas e serpentes é que essas metamorfoses "no sentido elevado" obedecem rigorosamente à lei das "perdas e ganhos" (*Gewinnen und Verlieren*), do "dar-e-receber" (*Nehmen und Geben*), princípio, portanto, que parece também ter sido intuído por Dante, que o emprega "de maneira certeira, admirável" (*trefflich*).[45]

Embora não se trate aqui de analisar as obras literárias, talvez seja útil assinalar em que essas indicações podem levar a uma melhor compreensão da fantasia poética de Goethe — esse "gênio das transformações" ou "da metamorfose", como bem assinalou Paul Valéry.[46] Um exemplo de transição entre os reinos é o homúnculo criado artificialmente em laboratório por Wagner.[47] Para chegar de fato à condição de homem, ele deve ser devolvido, em ritual, ao mar. Isto é, terá de passar por todos os reinos até chegar ao ser humano. Notáveis, porém, são as transformações de Mefistófeles, figura verdadeiramente "polimórfica" (*Vielgestalt*), como assinalou um estudioso.[48] Ele é estudante andarilho, conselheiro, bufão na corte do rei etc. No segundo Fausto, perdido no mundo grego, encontra as Graias. Vendo o estrangeiro em apuros, as três filhas de Fórcis lhe dizem em coro: "Lá na tua terra, bem que és esperto,/ Em terra estranha, logo és descoberto" [*In deinem Lande sei einheimisch klug,/ Im fremden bist du nicht gewandt genug*].[49]

Totalmente desamparado, Mefistófeles pede a elas que o deixem mimetizar as suas horríveis feições, inigualáveis em feiúra e jamais cantadas em verso por poeta algum. Só com essa transformação ele pode ludibriar Helena, que retorna de Tróia ao palácio de Menelau.

Noutra cena do primeiro *Fausto*, no episódio da Taverna de Auerbach em Leipzig, um dos freqüentadores do local, Siebel, "olhando Mefistófeles de lado", diz: "Esse gajo claudica. Há defeito no pé..." [*Was hinkt der Kerl auf einem Fuß?*].[50]

Esse pé pode ser um pé de bode ou um "pé eqüino encarquilhado",[51] mas também talvez haja assimilação, pelo diabo, de uma característica de Hefesto, o deus coxo, mas habilíssimo com as mãos, senhor do fogo e mestre das artes. Como quer que seja, o interessante na passagem é como Siebel suspeita da presença do diabo. Sua fala funciona como contraponto à observação que Mefistófeles faz a Fausto, depois que eles saúdam e são saudados pelos companheiros de taverna. Como é a primeira vez que saem juntos, Mefistófeles procura amenizar a desconfiança que pode pairar sobre eles, mas suas palavras revelam arrogância: "Nunca pressente o Diabo o Zé-povinho,/ Nem mesmo quando o tem suspenso ao colarinho..." [*Den Teufel spürt das Völkchen nie,/ Und wenn er sie beim Kragen hätte*].[52]

A justaposição e o contraste entre as perspectivas são fundamentais: Mefistófeles zomba da compreensão estreita da gente simples, mas Siebel fareja algo diferente no andar de um dos forasteiros. Esse contraste entre os pontos de vista ocorre também noutra passagem, que se deve comentar mais detidamente: o episódio do domingo de Páscoa em que Fausto sai para passear com Wagner. No caminho de volta para casa, Fausto indica ao fâmulo um cão *Pudel* a remexer em sobras de sementes. O diálogo que entabulam a respeito do animal deixa ver, novamente, a oposição (mas também a complementaridade) entre dois modos de apreensão, que, embora um tanto filosoficamente, mas sem fugir de modo algum à letra e ao espírito de indicações de Goethe, poderiam ser identificados como o ponto de vista fixo ou estático do entendimento e o ponto de vista dinâmico ou genético da imaginação e da razão.[53] Observando exatamente os mesmos movimentos, Wagner, que se atém à figura, à *Gestalt*, do cão, vê nele, inocentemente, um cachorro que abana o rabo e procura o dono, enquanto Fausto, seguindo os movimentos do suposto *Pudel* na sua forma em mutação, vê o cão preto passar de caracol (ou lesma) a serpente, e um torvelinho de fogo a seguir-lhe o rastro. Tudo isso vai sendo indicado sem que se faça uso direto de comparações ou alusões, mas pela mera descrição dos movimentos do animal[54], numa rapidez vertiginosa que, evitando decupar as imagens quadro a quadro, funde-as numa coisa só. Já no gabinete de Fausto, na cena seguinte, o animalzinho adotado começa a aparentar um hipopótamo (*Nilpferd*: literalmente, cavalo do Nilo), "de olhos de fogo e terrível dentadura" (versos 1254-1255). Apelando a fórmulas magistrais, Fausto percebe que nenhum dos quatro elementos "está dentro do animal",[55] que parece tranqüilo e "ri mostrando os dentes" (*grinst*). Entretanto, quando seu novo dono lhe apresenta uma cruz, ele fica de pêlos eriçados e começa a inchar, até chegar ao tamanho de um elefante que ocupa todo o espaço e depois se transforma numa névoa. Da névoa aparece Mefistófeles, na pele de um estudante andarilho (*fahrender Scholast*, versos 1256-1324). Através dessas transformações, os dois episódios narram por assim dizer a "história natural" do personagem, sua ligação com as forças mais remotas do mundo, forças que poderiam ser ditas talvez mais elementares até que os quatro elementos.

> *Se conheço a proporção em que me encontro comigo e com o mundo externo, a isso eu chamo de verdade. E assim cada um pode ter sua própria verdade, e no entanto ela é sempre a mesma.*
>
> Goethe, *Máximas e reflexões*, 1060 (198)

> *Aquele que mergulhar bem seriamente em si mesmo encontrar-se-á sempre apenas como metade; é indiferente se depois despose uma jovem ou um mundo para se constituir num todo.*
>
> Ibidem, 1240 (935)

Quando se passa do mundo mineral para o vegetal, do vegetal para o animal, e destes para o universo artístico ou literário, o que ocorre é metamorfose. Isso permite pensar que cada domínio seja ao mesmo tempo ligado aos demais sem perder sua delimitação e autonomia. É assim que o processo artístico já não é concebido como mimese pura e simples, mas como transmutação, "imitação formante", na expressão de Moritz aprovada por Goethe.[56] Vê-se como isso ocorre mediante o símbolo e a alegoria:

> A alegoria transforma [*verwandelt* = muda, transmuda, modifica, converte] o fenômeno num conceito, o conceito numa imagem, de modo que o conceito sempre permanece ainda limitado na imagem, e pode ser retido, possuído, expressado inteiramente nela.[57]
>
> A simbólica transforma [*verwandelt*] o fenômeno na idéia, a idéia numa imagem, de tal modo que a idéia sempre permaneça infinitamente ativa e inatingível na imagem e de tal modo que, mesmo se expressada em todas as línguas, ela permaneça, apesar disso, inexprimível.[58]

A oposição que esses textos estabelecem entre símbolo e alegoria, é quase sempre entendida, vêem aí também como oposição entre artes plásticas e linguagem, como se aquelas fossem capazes de chegar à "verdadeira simbólica [...] como revelação vital-instantânea do insondável",[59] e a linguagem, a linguagem literária, pudesse alcançar no máximo a vida perecível do alegórico. Essa impressão se reforça quando se lembra que "artes plásticas" em alemão se diz *bildende Künste*, e imagem *Bild*. Mas se é correto aquilo que se mostrou até aqui (principalmente no que diz respeito à linguagem), é lícito pensar que a alegoria só pode ser entendida como transformação que redunda numa forma estabilizada (como a *Gestalt*), enquanto o símbolo tem de ser entendido como uma metamorfose em que se percebe ainda a pulsação vital da Idéia. É necessário, portanto, que símbolo e alegoria estejam presentes tanto nas artes plásticas quanto na língua e na literatura, caso contrário corre-se o risco de transformar as artes plásticas em discurso, ou a literatura em imagem. E é justamente contra isso que Goethe nos adverte na seguinte *Máxima*:

> Palavra e imagem são correlatos, que sempre se buscam, como percebemos suficientemente nos tropos e nas alegorias. Assim, desde sempre, aquilo que se dizia ou se cantava ouvido adentro devia igualmente ir ao encontro do olho. E assim, nos tempos de criança, vemos no código de leis e no caminho para a salvação, na Bíblia e na cartilha, palavra e imagem se balanceando sem cessar uma à outra [*sich immefort balancieren*]. Quando se proferia aquilo que não se deixava figurar, quanto se figurava aquilo que não se deixava proferir, isso era bem correto; mas a gente muito freqüentemente se enganava e dizia, em vez de figurar, e daí surgiam monstros [*Ungeheuer*] simbólico-místicos duplamente maus.[60]

Palavra e imagem, literatura e artes plásticas são ao mesmo tempo independentes e complementares. São absolutas e autônomas, mas, sem prejuízo de sua autonomia, também estão numa relação de complementaridade. Aquilo que falta a uma, signo da força de sua limitação, aponta para o que a complementa na outra, e vice-versa. Pensadas exatamente sob a mesma lei que rege o universo, literatura e artes plásticas estabelecem entre si uma relação simbólica, no sentido goethiano e também no sentido tradicional da palavra (duas metades repartidas que significam a relação de amizade entre um hóspede e sua visita).

A máxima que se acaba de citar é importantíssima, porque explica que deve haver um balanço, um "balanceamento" (*balancieren*) entre as artes. Já se insistiu bastante que essa regra vale também para os homens e para todas as coisas em geral. Quando uma ocupa o lugar da outra, surgem monstros, aberrações. É uma verdadeira impiedade, porque esta é uma lei que deve ser respeitada mesmo pelos deuses.

Aplicada aos organismos, essa lei também foi formulada por Goethe da seguinte maneira:

> A expansão de uma parte é causa de que uma outra parte seja suprimida.
>
> Essa lei está fundada na necessidade, à qual toda criatura está submetida, de que não pode fugir de sua medida. Uma parte não pode, por isso, aumentar, sem que uma outra diminua; uma parte não pode atingir totalmente a dominação sem que a outra seja totalmente suprimida.[61]

A dominação completa representaria a supressão total. A mesma regra aparece, de forma enigmática, como epígrafe da última parte de *Poesia e verdade*. A epígrafe, em latim, diz: "Nemo contra deum nisi deus ipse". Ela poderia ser vertida assim: "Ninguém pode contra um deus, a não ser um deus mesmo". Como Goethe era muito cuidadoso no que diz respeito a questões religiosas, a explicação dessa epígrafe só ocorre em conversas reservadas com Riemer. Numa delas, ele diz:

> Um deus só pode ser de novo balanceado [*balanciert*] por um deus. A força não deve limitar-se [*einschränken*] a si mesma, isso é absurdo. Ela só é limitada por uma outra nova força. Esse ser que se especificou [*dieses spezifizierte Wesen*] não pode limitar-se a si mesmo, mas o todo, que se especifica, se limita justamente por isso, mas não o indivíduo.[62]

Noutra conversa, que se passa à noite, depois do jantar, vem à baila o mote *Nihil contra Deum, nisi Deus ipse*. Goethe desta vez a glosa assim:

> Ditado magnífico, de aplicação infinita. Deus encontra sempre consigo mesmo; deus, no homem, se encontra de novo consigo em outro homem. Por isso, ninguém tem razão para se julgar inferior aos grandes [...] O mundo foi ordenado de modo tão divino, que cada qual em sua posição, em seu lugar, em sua época, é um contrapeso [*gleichwägt*] (um balanço [*balanciert*]) a todo o resto.[63]

A natureza, os homens, os deuses: todos estão sujeitos à mesma lei. Ninguém é tão forte para ter todo o poder em suas mãos; ninguém tão fraco para não poder derrubar a tirania. Os deuses ou até mesmo um mortal podem se contrapor à pretensão da dominação total.

Mas a compensação das forças também vale do ponto da antropologia e da psicologia individual, e com isso se pode voltar a Herder e ao jovem Goethe. Já ali se encontrava a idéia de que o homem não deve se desenvolver unilateralmente, mas esperar o crescimento balanceado de suas forças. Não pode haver precipitação, pois um órgão precocemente avivado é fonte de desequilíbrio. É preciso saber esperar a semente desabrochar. A desconfiança de Goethe em relação à filosofia é explícita. Ele desconfia sobretudo do "conhece-te a ti mesmo" socrático. "O homem", diz Goethe, "só conhece a si mesmo à medida que conhece o mundo, mundo que ele só percebe em si, e só percebe a si mesmo no mundo. Cada novo objeto, bem considerado, descerra um novo órgão em nós."[64]

Mas há também uma boa filosofia, a começar por Aristóteles, Shaftesbury e também Kant. Essa filosofia sabe claramente que é preciso "aprimorar [*ausbilden*] todas as manifestações do ser humano, sensibilidade e razão, imaginação e entendimento, levando-as até uma unidade decisiva".[65] A conformação das partes no indivíduo deve obedecer aos mesmos princípios que a formação de qualquer organismo ou obra de arte. O ser humano é algo mais que meros órgãos surgindo e se agregando aleatoriamente sem nenhuma ordem. Ao contrário, como já ensinava a filosofia de Aristóteles, os sentidos e as funções, que Goethe também chama de "manifestações", devem compor um todo orgânico reunido sob uma égide comum. Haveria também outra designação para esse ápice das disposições da alma, correspondente exato da alma cósmica: a fantasia.

A criança-filósofo de Herder, que sabe calcular e raciocinar, ou o homem dotado para as "chamadas ciências exatas", como descreve Goethe, talvez não se dêem conta de que a compreensão do mundo exige um cálculo bem mais difícil de realizar, e um cálculo exato num sentido bem mais difícil de precisar.[66] Um "cálculo simbólico" muito peculiar, já sugeria Valéry, falando de Goethe.[67] Um cálculo que lembra bastante a "álgebra mágica" de Guimarães Rosa — essa paradoxal arte de calcular, "indeterminada e, portanto, mais exata".[68] Muito próximo disso, Goethe diz que esse cálculo só é possível de ser realizado mediante fantasia. Mais precisamente ainda: mediante o que ele denomina uma "fantasia sensível exata" (*sinnliche exakte Phantasie*), sem a qual, aliás, nenhuma arte é possível.[69]

Na equação que só a fantasia pode solucionar, há duas "incógnitas" a se considerar: algo desconhecido que segue uma lei no objeto e algo desconhecido que segue a mesma lei no sujeito.[70] Ou também expresso em outra formulação:

> Na natureza há algo, que o homem tem, e ainda um incomensurável, um x, que ele não tem; o homem tem tudo o que a natureza tem, e ainda um incomensurável [completando: um x], que ela não tem.[71]

Há um incomensurável em nós e no mundo, entre nós e o mundo. A conta não fecha, como se diz hoje em dia. Como encontrar a solução? De novo com a palavra, Goethe:

> Tudo que está no sujeito, está no objeto, e ainda algo mais. Tudo o que está no objeto, está no sujeito e ainda um pouco mais.
>
> Estamos duplamente perdidos ou salvos:
> Se concedemos ao objeto esse seu algo mais,
> é isso que também exigimos para o nosso sujeito.[72]

Foi assim que o poeta pensou o mundo. O poeta, o homem, está numa relação simbólica com o mundo. Um é complemento, símbolo, do outro.

NOTAS

(1) Sobre o caráter enigmático e obscuro da poesia moderna, é sempre útil consultar o trabalho de Hugo Friedrich, *Estrutura da Lírica Moderna: da metade do século XIX a meados do século XX* (trad. Marise M. Curioni, 2ª ed., São Paulo, Livraria Duas Cidades, 1991).

(2) "Para conhecer a natureza, o ser humano teria de ser a natureza ela mesma" (Conversa com Riemer, 2 de agosto de 1807, em *Goethe im Gespräch*, seleção de Ernst Grumach, Frankfurt am Main, Fischer, 1960, p. 9).

(3) Conversa com Eckermann, 26 de janeiro de 1826, em *Goethe im Gespräch*, cit.

(4) Conforme o dicionário Grimm, a primeira ocorrência da palavra é a da *Crítica do juízo*, A 92-93, de Kant. *Weltanschauung* (visão-de-mundo, mundividência, cosmovisão) é *intuição* do todo, da totalidade, negada por Kant, mas logo a seguir afirmada por Schelling (*Werke* I, 3, 182).

(5) J. G. Herder, *Também uma filosofia da história para a formação da humanidade*, tradução, posfácio e notas de José M. Justo, Lisboa, Antígona, 1995, p. 67.

(6) Ibidem, p. 70.

(7) Idem.

(8) Ibidem, posfácio do tradutor, p. 158.

(9) Shaftesbury, *The Moralists* em *Characteristicks of Men, Manners, Opinions, Times*, Hildesheim, George Olms, 1978, vol. II, p. 406.

(10) Ibidem.

(11) Ibidem, pp. 407-8.

(12) Ibidem, p. 407.

(13) O autor se vale aqui de alguns dos aspectos analisados por Pedro Paulo Pimenta em sua tese de doutorado *A "linguagem das formas": ensaio sobre o estatuto do belo na filosofia de Shaftesbury* (São Paulo, FFLCH-USP, 2002).

(14) Uma explicação terminológica poderá ajudar o leitor a acompanhar os caminhos percorridos pela noção de forma, da Inglaterrra até a Alemanha. Na tradução para o alemão das obras de Shaftesbury, a cargo do poeta Hölty e de Johann Lorenz Benzler (publicada em Leipzig, entre 1776 e 1779), a expressão *forming forms* é traduzida por *bildende Form* (forma formadora/formante/formativa) e *inward form* por *innere Form*

(forma interna). A tradução reforça ainda a idéia de forma ativa, ao verter a palavra *form* sozinha por *Form und Bildung*. *Design* aparece ora como *Absicht* (intenção), ora como *Plan* (plano), ora como *Entwurf* (esboço, projeto). Textos reproduzidos em: Shaftesbury, *Der gesellige Enthusiast: Philosophische Essays*, Munique/Leipzig/Weimar, Beck-Kiepenheur, 1990, pp. 185 ss.

(15) *Betrachtung über Morphologie*, em *Goethes Werke*, Munique, Beck, 1981, vol. XIII, p. 127.

(16) *Fausto*, I, 6287: "Gestaltung, Umgestaltung,/ Des ewigen Sinnes ewige Unterhaltung".

(17) *Betrachtung über Morphologie*, cit., p. 124.

(18) *Die Absicht eingeleitet* em *Goethes Werke*, cit., vol. XIII, p. 55.

(19) Conversa com Eckermann, 1º de outubro de 1828. Cf. a carta a Zelter de 23/29 de março de 1827 e, nas *Máximas e reflexões*, a de número 550 (578). Em: *Goethes Werke*, vol. XII, p. 440. (As *Máximas e reflexões* serão indicadas pela abreviação *M.u.R.* O número imediatamente após a abreviatura refere-se à ordenação temática das *Máximas* nessa edição; o número entre parênteses, à tentativa de ordenação cronológica de parte delas a partir dos manuscritos, feita por Max Hecker.)

(20) Por sua complexidade, a questão merece ser discutida mais detidamente em outro lugar.

(21) *M.u.R.* 45 (1367) e 44 (1365), ed. cit., p. 371. As frases são encontradas também nos escritos biológicos. Na edição Artemis das *Sämtliche Werke*, vol. XII (Munique, 1977), pp. 714 e 759.

(22) Carta a J. A. Meyer, 8 de fevereiro de 1796, citada por Maria Filomena Molder, *O pensamento morfológico de Goethe*, Lisboa, Imprensa Nacional/Casa da Moeda, 1995, p. 241. O trabalho da filóloga portuguesa é uma excelente apresentação da concepção morfológica de Goethe em geral. Sobre a importância da vida nela mesma, recorde-se também a famosa Máxima 227 (391): "O que de mais alto recebemos de Deus e da natureza é a vida, o movimento rotatório da mônada em torno de si mesma, que não conhece nem descanso nem repouso: o impulso de alimentar e cultivar a vida é indestrutivelmente dado a cada um ao nascer, mas a peculiaridade dele permanece, a nós e aos outros, um mistério" (ed. cit., p. 396).

(23) *De anima*, 415a27-415b1.

(24) Goethe, *Gesetze der Pflanzenbildung*, citado por Maria Filomena Molder, *O pensamento morfológico de Goethe*, cit., p. 232.

(25) "Proteisches Organ", diz Goethe (*Sämtliche Werke*, cit., vol. XII, p. 214).

(26) *Betrachtung über Morphologie*, cit., p. 121.

(27) *Probleme*, em *Goethes Werke*, cit., vol. XIII, p. 35.

(28) *Bildungstrieb*, em *Goethes Werke*, cit., vol. XIII, p. 33.

(29) *Probleme*, cit., p. 35.

(30) Kant também irá se valer de uma noção semelhante, a "lei de especificação da natureza", mediante a qual os diversos princípios empíricos são organizados num sistema ordenado, não pelo entendimento teórico "determinante", mas pela faculdade de julgar "reflexionante". *Introdução à Crítica do juízo*, A XXXV, B XXXVII.

(31) *Poética*, 1450b34. Tradução de Eudoro de Souza, São Paulo, Abril, 1973, p. 449.

(32) Ibidem, 1450b24. Trad. cit., p. 449. Pode-se, com isso, estabelecer uma escala natural que ajuda na compreensão das obras literárias.

(33) Conversa com Riemer, 17 de maio de 1808, em *Goethe im Gespräch*, p. 13. Sobre a unidade que é uma duplicidade, e a duplicidade que é uma unidade, sobre a sístole e diástole, a *synkrisis* e *diakrisis* da natureza, veja-se o aforismo 739 da *Doutrina das cores* em *Goethes Werke*, cit., vol. XIII, p. 488.

(34) Conversa com Eckermann, 13 de fevereiro de 1829, em *Goethe im Gespräch*, cit., p. 12.

(35) Conversa com Riemer, novembro de 1806, em *Goethe im Gespräch*, cit., p. 11.

(36) Ibidem.

(37) *De anima*, 412a1 ss.

(38) "[...] und so kann die Natur sich niemals verschulden, oder wohl gar bankrutt werden" (*Primeiro esboço de uma introdução geral à anatomia comparada*, em *Goethes Werke*, cit., vol. XIII, p. 176.

(39) Conversa com Riemer, 2 de dezembro de 1806, em *Goethe im Gespräch*, cit., p. 17. Sobre a serpente, cf. também o *Primeiro esboço de uma introdução geral à anatomia comparada*, cit., p. 177.

(40) *Primeiro esboço de uma introdução geral à anatomia comparada*, cit., pp. 175-6.

(41) Schelling, *Filosofia da arte*, V, 392-393. Tradução brasileira: São Paulo, Edusp, 2001, pp. 55-6.

(42) Ibidem, V, 398. Trad. cit., p. 61.

(43) Não seria exagerado dizer que a "tateante" intuição de Goethe-Moritz-Schelling de que a "falha" é necessária para a configuração mitológica e, portanto, para a passagem à cultura, recebe uma espécie de confirmação e precisão por parte de Lévi-Strauss. Como lembra sempre admiravelmente Bento Prado Jr., em *O cru e o cozido* "o antropólogo francês mostra o caráter *positivo* da carência, da falta e do defeito, na representação mitológica da passagem da natureza à cultura. Se esta passagem é a passagem do contínuo ao descontínuo, se ela é um sacrifício e um corte, a carência é fundamentalmente positiva e assume função essencial na narração da transformação" (Bento Prado Jr., "O destino decifrado. Linguagem e existência em Guimarães Rosa" em *Alguns ensaios: filosofia, literatura, psicanálise*, São Paulo, Max Limonad, 1985, pp. 219-20).

(44) Goethe, *Poetische Metamorphosen*, em *Sämtliche Werke*, cit., vol. XVII, p. 699.

(45) *M.u.R.* 962 (96). Ed. cit., p. 501.

(46) *Discours en l'honneur de Goethe*, em *Variété*, IV, Paris, Gallimard, 2002, pp. 386-7.

(47) *Fausto*, II, 6820 ss.

(48) Werner Keller, na versão do *Fausto* I e II para cd-rom da editora Reclam (Berlim, 1997).

(49) *Fausto*, II, 7959-7960.

(50 Ibidem, I, 2187. Trad. de Sílvio Meira.

(51) *Fausto*, II, v. 7150.

(52) *Fausto*, I, 2183-84.

(53) *M.u.R.* 538 (555) e 803 (1239), ed. cit., p. 438 e p. 479.

(54) Movimentos que primeiro lembram o do caracol (Schneckenkreise, verso 1152) e, depois, o da cobra (Schlange-leise Schlingen, verso 1158).

(55) "Keines der viere steckt im Tiere". Versos 1270 a 1293.

(56) Ao final de *Viagem à Itália*, Goethe reproduz um longo extrato do texto de Moritz *Über die bildende Nachahmung des Schönen* (Sobre a imitação formadora/formante do belo). Segundo ele, o ensaio é uma pequena síntese de suas próprias idéias, que Moritz apenas "aproveitou e desenvolveu". Se a concordância entre os dois é certa, essa última afirmação de Goethe é certamente discutível. Sobre a questão da primazia das idéias entre eles, veja-se a discussão de Tzvetan Todorov em seu *Théories du symbole* (Paris, Seuil, 1977, pp. 179 ss.).

(57) *M.u.R.* 750 (1112), ed. cit., p. 471.

(58) *M.u.R.* 749 (1113), ed. cit., p. 470. A inversão feita pelos editores na seqüência dessas duas máximas não corresponde à ordem proposta por Goethe. A idéia de alegoria "deveria" vir primeiro e ser complementada pela explicação da *Symbolik*, como costuma ser nas *Máximas*.

(59) Na tradução de Rubens Rodrigues Torres Filho em seu ensaio, também "vital",

sobre "O simbólico em Schelling". Em *Ensaios de filosofia ilustrada*, São Paulo, Brasiliense, 1987, p. 125.

(60) *M.u.R.* 907 (188), ed. cit, p. 493.

(61) Goethe, *Sämtliche Werke*, cit., vol. XVII, pp. 137-8.

(62) Conversa com Riemer, 1807, em *Goethe im Gespräch*, cit., p. 155.

(63) Conversa com Riemer, 3 de julho de 1810. Cf. também a de 16 de maio de 1807. Em *Goethe im Gespräch*, cit., p. 155.

(64) *Bedeutende Fördernis durch ein einziges geistereiches Wort*, em *Goethes Werke*, cit., vol. XIII, p. 36.

(65) *Ernst Stiedenroth, Psychologie zur Erklärung der Seelenerscheinungen*, em *Goethes Werke*, cit., vol. XIII , p. 41.

(66) Para uma crítica da matemática, cf. *M.u.R.* 639 (1387), 640 (1286), 650 (609), 654 (711), 656 (1287), 657 (1278), 658 (1277); ed. cit., pp. 453 ss.

(67) *Discours en l'honneur de* Goethe, cit., p. 396.

(68) Entrevista a Günter Lorenz, em Eduardo de Faria Coutinho (org.), *Guimarães Rosa*, Rio de Janeiro, Civilização Brasileira, 1983, p. 90.

(69) Ibidem, p. 42.

(70) *M.u.R.* 514 (1344); ed. cit., p. 436.

(71) Conversa com Riemer, 1803/1813 e 27 de março de 1814, em *Goethe im Gespräch*, cit., p. 10.

(72) *M.u.R.* 515 (1376); ed. cit., p. 436.

O DESTINO DO HOMEM

Antonio Cicero

HYPERIONS SCHICKSALSLIED

Ihr wandelt droben im Licht
Auf weichem Boden, selige Genien!
Glänzende Götterlüfte
Rühren Euch leicht,
Wie die Finger der Künstlerin
Heilige Saiten.

Schicksallos, wie der schlafende
Säugling, atmen die Himmlischen;
Keusch bewahrt
in bescheidener Knospe,
Blühet ewig
Ihnen der Geist,
Und die seligen Augen
Blicken in stiller
Ewiger Klarheit.

Doch uns ist gegeben,
Auf keiner Stätte zu ruhn;
Es schwinden, es fallen
Die leidenden Menschen
Blindlings von einer
Stunde zur andern,
Wie Wasser von Klippe
Zu Klippe geworfen,
Jahrlang ins Ungewisse hinab.

Hölderlin

CANÇÃO DO DESTINO DE HIPÉRION

Andais lá em cima na luz
Em chão macio, gênios felizes!
Cintilantes brisas divinas
Tocam-vos de leve
Como os dedos da artista
Cordas sagradas.

Sem destino, qual o lactente
Adormecido, respiram os divinos;
Casto, guardado
Em botão simples
Floresce-lhes
Eterno o espírito
E os olhos felizes
Fitam em calma
Eterna claridade.

Mas a nós não é dado
Em lugar algum repousar:
Fenecem, caem
Os homens sofredores
Cegamente de uma
Hora para outra
Como água de penhasco
Em penhasco lançada
Incessantemente no incerto.

Tradução de Antonio Cicero

PENSAR O MUNDO E PENSAR SOBRE O MUNDO

Ao falar de poetas que pensaram o mundo, temos em mente, é claro, aqueles que o fizeram como poetas, isto é, nas palavras dos seus poemas. Embora muitos deles — como Dante, Baudelaire, Valéry, Eliot, Goethe, Ponge, Pessoa — também exprimam em prosa as suas concepções do mundo, são os seus poemas que costumam ser objeto de estudos filosóficos, e não — exceto acessoriamente — os seus ensaios, tratados, cartas, anotações ou comunicações orais. Até não muito tempo atrás, esse era o caso de Hölderlin. Foi sobretudo a sua obra poética que interessou a Heidegger, por exemplo. Entretanto, um dado biográfico o distingue dos poetas anteriormente citados: refiro-me à sua intimidade com a grande filosofia e com alguns dos maiores filósofos da sua época, isto é, com os fundadores daquilo que se tornou conhecido como o Idealismo Alemão. Hölderlin tinha relações pessoais com Schiller, com o qual se correspondia. Hegel e Schelling foram seus colegas e amigos no seminário teológico da Universidade de Tübingen e, mais tarde, na Universidade de Jena, ele conheceu pessoalmente Fichte, a cujas preleções assistiu diariamente. Estudos recentes — como os de Dieter Henrich e Violetta Waibel — sugerem que as teses filosóficas de Hölderlin tanto contribuíram decisivamente para a gestação dos pensamentos daqueles quanto provocaram importantes precisões no pensamento deste.

Dado isso tudo, a vida e a obra de Hölderlin ocasionam reflexões não somente sobre a relação entre o pensamento e a poesia, mas também sobre a relação entre esta e a filosofia. Ao afirmá-lo, pressuponho que haja uma diferença entre pensar e filosofar. De fato, é evidente que, embora filosofar seja sempre pensar, pensar nem sempre é filosofar. Mas e quanto a "pensar o mundo"? Pensar o mundo não será sempre filosofar? Em primeiro lugar, é preciso observar que a sintaxe presente na expressão "pensar o mundo" não é corriqueira ou normal. Normalmente dir-se-ia "pensar *sobre* o mundo".

Não que seja gramaticalmente incorreto dizer "pensar o mundo": apenas não se trata de uma construção comum. O verbo "pensar" pode ser intransitivo, transitivo direto ou transitivo indireto. Como transitivo *direto*, porém, seu objeto é normalmente (1) uma oração substantivada (diz-se, por exemplo, "eles pensam que a terra é plana"), (2) um verbo ("penso sonhar"), ou (3) um nome ou um pronome com função adverbial ("penso isso", por "penso assim"; "penso o contrário" por "penso de modo contrário"). Em geral, é somente como transitivo *indireto* que o objeto do verbo "pensar" pode ser um nome, de modo que se diz "penso *numa* (ou *sobre*) uma rosa" ou "penso *em* (ou *sobre*) Marcelo", mas raramente, exceto em poesia, dir-se-ia "penso uma rosa" ou "penso Marcelo".

Na verdade, parece-me que, quando tais construções ocorrem em outros campos discursivos, como no da filosofia, elas são inspiradas por paradigmas estrangeiros: mais precisamente, franceses. De fato, em francês é bem mais comum do que em português encontrarem-se títulos de livros ou artigos contendo sintagmas como "penser l'être", "penser l'homme", "penser la vie" etc. Observo entretanto que, mesmo em francês, a disseminação de tal regência do verbo *penser* é fenômeno relativamente recente. Assim, ela não é mencionada senão no final do longo verbete que o dicionário *Robert* dedica a esse verbo, onde é classificada como um fenômeno tipicamente filosófico ou literário. Na versão de 10/12/2002 do monumental *Trésor de la langue française*, publicado pelo CNRS, também no verbete "Penser", observa-se que "penser quelque nom ou quelque chose" é usado "sobretudo no domínio da reflexão, do conhecimento científico e filosófico", e os exemplos aduzidos provêm de textos de Sartre, de Merleau-Ponty e de Alain. Trata-se, portanto, de um uso que, seguindo um vetor anti-saussuriano, propaga-se do espaço literário para o espaço oral e, seguindo um vetor anti-wittgensteiniano, da linguagem filosófica para a linguagem cotidiana.

Ora, não creio que a construção tradicional — em que o verbo "pensar", ao ter por objeto um nome, é transitivo indireto (construção que também se encontra nas demais línguas indo-européias que conheço) — seja inteiramente arbitrária. Parece-me que lhe subjaz uma concepção do pensamento como, em primeiro lugar, um ato dotado da estrutura de uma proposição, de uma sentença, de um juízo. Nesse sentido, pensar numa coisa ou sobre uma coisa é fazer para si mesmo um juízo simples ou composto a respeito dela: de que ela existe e/ou de que tem tais ou quais propriedades e/ou de que tem tais ou quais relações com tais ou quais coisas. Normalmente concebemos o pensamento, portanto, como primariamente discursivo ou dianoético, como dizia Aristóteles, e não como intuitivo ou noético. As preposições *em* ou *sobre*, quando digo "penso *numa* rosa" ou "penso *sobre* uma rosa" funcionam como uma marca verbal do caráter mediado da relação do meu pensamento com a rosa. Interpondo-se entre o pensamento e a rosa, ela, por um lado, os separa e, por outro, os reúne. É desse modo que funciona o pensamento filosófico.

Se, portanto, eu tivesse me perguntado se pensar *sobre* o mundo é sempre filosofar, então eu agora responderia que, sempre que se entende por "mundo" a totalidade do pensável considerada enquanto totalidade, "pensar sobre o mundo" é filosofar. Contudo, o que me perguntei foi se pensar *o* mundo é sempre filosofar. Ora, nessa pergunta, a abolição da preposição sugere a abolição da separação e da mediação entre o pensamento e a coisa pensada. É como se o pensamento não ficasse *sobre*, isto é, acima ou, de algum modo, *fora* do mundo, para pensá-lo. É como se apreendesse o mundo enquanto pensamento. Tal seria um pensamento intuitivo e noético, ou uma intuição intelectual. Nesse sentido, pensar o mundo — que é o que supomos fazerem muitos poetas — afigura-se inteiramente diferente de pensar sobre o mundo e, portanto, de filosofar.

Entretanto, levando em conta que, segundo o que já expus, a construção em que o objeto direto do verbo "pensar" é um nome, como em "pensar o mundo", parece ser de origem filosófica, poder-se-ia questionar se não será ilusória a distinção que acabo de desenhar. Parece-me que não. Observo que, dos três pensadores citados pelo *Trésor*, dois — Sartre e Merleau-Ponty — são fenomenólogos. Ora, já a divisa de Husserl, "Zurück zu den Sachen!" (Voltar às coisas!), representa uma crítica ao que o fenomenólogo vê como a relação excessivamente mediada, estabelecida pela filosofia tradicional e especulativa, entre o pensamento e seu objeto intencional. A redução eidética tem o sentido de preparar metodicamente as condições de possibilidade da *Wesenschau*, isto é, da intuição direta e pura das essências e das estruturas essenciais. Pois bem, é exatamente essa relação intuitiva do pensamento com o seu objeto intencional que os filósofos em questão pretendem exprimir ao tornar direta a transitividade normalmente indireta do verbo "pensar". Portanto, ainda que originada no discurso filosófico, essa sintaxe foi concebida para exprimir uma ambição cognitiva oposta, de certo modo, à da filosofia tradicional. De qualquer maneira, independentemente da sua presumível origem fenomenológica, ela me parece admiravelmente apta a exprimir a ambição poética do pensar intuitivo.

Pensar o mundo, portanto, é o que alguns poetas fazem nos seus poemas. Nesse caso, pode dizer-se que Hölderlin tanto pensou *o* mundo, enquanto poeta, quanto pensou *sobre* o mundo, enquanto filósofo. Como, no Brasil, graças à circulação de traduções dos poemas de Hölderlin e das obras que Heidegger lhes dedicou, são mais correntes as interpretações da sua poesia do que as da sua filosofia, que é praticamente desconhecida, optei por tratar desta, isto é, por tratar do que Hölderlin pensa sobre o mundo: o que, evidentemente, inclui também o que ele pensa sobre a poesia.

A título propiciatório, porém, antes de entrar no pensamento filosófico, citarei o primeiro poema que li, ainda adolescente, de Hölderlin. Na época, eu não lia em alemão, quando deparei com o poema "Hälfte des Lebens", em tradução de Manuel Bandeira, e fiquei maravilhado:

METADE DA VIDA

Peras amarelas
E rosas silvestres
Da paisagem sobre a
Lagoa.

Ó cisnes graciosos,
Bêbedos de beijos,
Enfiando a cabeça
Na água santa e sóbria!

Ai de mim, aonde, se
É inverno agora, achar as
Flores? E aonde
O calor do sol
E a sombra da terra?
Os muros avultam
Mudos e frios; à fria nortada
*Rangem os cata-ventos.**[1]

* "Mit gelben Birnen hänget/ Und voll mit wilden Rosen/ Das Land in den See,/ Ihr holden Schwäne,/ Und trunken von Küssen/ Tunkt ihr das Haupt/ Ins heilignüchterne Wasser.// Weh mir, wo nehm ich, wenn/ Es Winter ist, die Blumen, und wo/ Den Sonnenschein,/ Und Schatten der Erde?/ Die Mauern stehn/ Sprachlos und kalt, im Winde/ Klirren die Fahnen." Exceto por esta versão de Manuel Bandeira, todas as demais traduções de textos em alemão, francês, inglês e grego são de minha autoria.

Aliás, anos depois, lendo o maravilhoso "Itinerário de Pasárgada", de Bandeira, deliciei-me com uma passagem em que ele relata um problema ocorrido na impressão da primeira e da segunda edição das suas traduções de Hölderlin:

> Foi num dos nove poemas de Hoelderlin, que traduzi a pedido de Oto Maria Carpeaux (uma das maiores batalhas que já pelejei na minha vida de poeta...). A estrofe inicial do poema "Metade da vida" é
>
> *Pêras amarelas*
> *E rosas silvestres*
> *Da paisagem sobre a*
> *Lagoa*
>
> Provavelmente o linotipista não acreditava que se pudesse misturar pêras a rosas e imaginou que devia ser "heras" e não "pêras". Assim que, todos os que essas insossas memórias estiverem lendo, fiquem cientes que não escrevi nem jamais escreveria aquele horrendo verso "Heras amarelas"...[2]

OS TEXTOS FILOSÓFICOS DE HÖLDERLIN

Voltemos à filosofia. Na verdade, Hölderlin não deixou obra filosófica. As únicas coisas que existem, nesse sentido, são trechos de cartas e anotações, a mais extensa das quais consiste num manuscrito de duas páginas, batizado postumamente de "Juízo e ser" e publicado em 1961. Outro texto pequeno, designado como "O mais antigo programa do sistema do idealismo alemão", tem a autoria em disputa: pode ter sido escrito por Hegel, por Schelling ou por Hölderlin; ou por dois deles; ou pelos três: o que talvez seja o mais provável. É somente a partir desses escritos e de alguns outros, dedicados principalmente à poesia, que se pode tentar inferir o pensamento filosófico de Hölderlin.

Em primeiro lugar, é preciso lembrar que o grande nome da filosofia alemã no final do século XVIII é Kant. "Kant", diz Hölderlin, em carta ao irmão, "é o Moisés de nossa nação, que a conduz da dormência egípcia ao deserto livre e solitário da especulação e traz do monte sagrado a lei enérgica".[3] Fichte era discípulo de Kant. Entretanto, ele (como, antes dele, Reinhold, outro discípulo de Kant) considerou necessário, tanto como uma exigência da razão quanto para evitar determinados impasses a que a doutrina kantiana tal como apresentada pelo mestre parecia levar, descobrir um fundamento único, sobre o qual todo o edifício crítico pudesse se sustentar. "Fundamento da inteira doutrina da ciência", o título da obra em que Fichte primeiro expõe o seu princípio, já revela essa ambição.

Como chegar a tal princípio? O método de Fichte — não o método de exposição com que abre o *Fundamento*, mas o seu método efetivo de investigação, exposto, por exemplo, na segunda parte desse livro, é tomar um fato da consciência e dele abstrair tudo o que possa ser abstraído. O que fica é o eu puro, que Fichte chama de *Tathandlung*, isto é, *ato-fato*.

Sem pretensão maior do que minimamente contextualizar a crítica que Hölderlin faz a Fichte, farei uma sinopse do argumento que se encontra no princípio do *Fundamento*. Para começar, Fichte escolhe um fato da consciência aceito por todos: a proposição "A é A" ou A = A. Cada qual deve reproduzir por si próprio essa mesma experiência. Ao ler a palavra "eu", por exemplo, o leitor deve referi-la a seu próprio ser. Cada qual deve dizer a si próprio as palavras que lerá em seguida. Comecemos agora: afirmo que A = A. Quando digo "A = A", não estou afirmando "A". "A" seria um conteúdo. O que estou afirmando é puramente formal, isto é, que *se* "A", *então* "A = A", seja lá o que for "A". O que estou afirmando então como absolutamente certo é que há uma conexão necessária entre esse "se" e esse "então"; é essa relação que afirmo de modo absoluto. Chamemo-la de "X". Mas posso perguntar: sob que condições A existe? A relação X existe ao menos em mim, e através de mim, que a afirmo. Eu a reconheço como uma lei. Ora, essa lei não me foi dada de fora. Sou eu que afirmo que A = A, e afirmo que A = A é absolutamente certo, sem que ninguém precise mandar-me fazer isso. Mas já que a relação X é posta por mim e em mim, e X é uma relação entre um A que ocupa o lugar de sujeito e um A que ocupa o lugar de objeto, então, ao menos na medida em que X é posta por mim e em mim, A é posto por mim e em mim. Mas se o A que ocupa o lugar de sujeito é posto, então o A que ocupa o lugar de objeto é posto de modo absoluto. Posso então dizer: se A é posto em mim, ele é posto: ele é. Assim, afirmo, através de X, que A existe de modo absoluto para mim; e isso simplesmente porque A foi posto por mim como tal. Isso quer dizer que em mim — afirmando, pondo ou julgando — há algo que é sempre o mesmo; de modo que o X que afirmei de modo absoluto pode ser expressado como eu = eu: "eu sou eu". Ora, não posso deixar de pôr a mim. Assim chego à proposição "eu sou", como um fato.

Fichte mudou inúmeras vezes o modo de exposição do seu primeiro princípio, e o seu significado exato — por exemplo, se consiste num princípio prático (no sentido kantiano) ou teórico ou ambos é, até hoje, objeto de ferrenhas e interessantes discussões. Entretanto, o que realmente me interessa aqui é a interpretação hölderliniana desse princípio. Por isso, vou citar, em primeiro lugar, uma carta a Hegel em que Hölderlin conta que está lendo escritos de Fichte que interessariam muito ao amigo, e os descreve e critica, de modo muito sucinto:

> Seu eu absoluto [= substância de Spinoza] contém toda realidade; é tudo, e fora ele nada há; não há portanto objeto algum para esse eu absoluto, pois de outro modo toda realidade não estaria nele; ora, uma consciência sem objeto não é concebível, e se eu mesmo for esse objeto, então, como tal, sou necessariamente limitado, ainda que apenas no tempo, logo, não sou absoluto; portanto nenhuma consciência é concebível no eu absoluto; enquanto eu absoluto não tenho consciência e, na medida que não tenha consciência, nada sou [para mim]; logo o eu absoluto nada é [para si].[4]

Hölderlin supõe que o eu absoluto representa, para Fichte, o que a substância representa para Spinoza. Por ora, não interessa investigar se essa suposição (também feita, na mesma época, por Jacobi, Schiller, Novalis, Friedrich Schlegel e Niethammer, por exemplo)[5] é correta. Tudo o que ele diz em seguida é uma crítica à afirmação de que o eu absoluto, como a substância de Spinoza, contém toda realidade. Em primeiro lugar, ele mostra que, se o eu absoluto contém toda realidade, nada existe fora dele e, se nada existe fora dele, ele não possui objeto fora de si; ora, são inconcebíveis tanto um eu sem consciência quanto uma consciência sem objeto.[6] A alternativa seria que o eu absoluto, mesmo não possuindo objeto fora de si, tomasse a si próprio como objeto; entretanto, segundo Hölderlin, nesse caso ele não seria absoluto, pois todo objeto é limitado, ao menos temporalmente. Penso que aqui ele tem em mente as condições *a priori* da objetividade, no sentido kantiano, segundo as quais não há objeto que não se dê necessariamente através da forma pura da intuição temporal. Todo objeto se dá ao menos no tempo, se não no espaço. Portanto, o eu *absoluto* não pode ter objeto algum; logo, já que não há consciência sem objeto, não pode ter consciência; ora, não há eu sem consciência: um eu sem consciência nada seria para si. Conseqüentemente, o eu absoluto nada é para si: o eu absoluto nada é.

Passo ao texto denominado "Juízo e ser". Trata-se de um texto curto, escrito numa única folha de papel. Por comodidade expositiva, subdivido o texto em seis segmentos, e omito apenas um parágrafo, que trata de questões de modalidade, cuja articulação com a questão que me interessa não é nem óbvia nem indispensável para a sua compreensão.[7]

JUÍZO E SER (URTEIL UND SEYN)

(1) *Juízo* é, no sentido mais elevado e forte, a separação original (*die ursprüngliche Trennung*) do objeto e sujeito mais intimamente unido [*sic*] na intuição intelectual, aquela separação através da qual tornam-se em primeiro lugar possíveis objeto e sujeito, a separação original (*die Ur-Teilung*). (2) No conceito da separação já se encontra o conceito da relação recíproca de objeto e sujeito um com o outro e a pressuposição necessária de um todo do qual objeto e sujeito são as partes. (3) "Eu sou eu" é o exemplo mais adequado desse conceito do juízo (*Urteilung*) enquanto juízo *teórico*, pois no juízo *prático* ele se opõe ao não-eu, não a si próprio. [...]

(4) Ser (*Seyn*) exprime a ligação do sujeito e objeto.

(5) Onde sujeito e objeto é unido [*sic*] de modo absoluto, e não apenas parcial, unido de tal maneira que nenhuma separação pode ser pretendida sem ferir a essência daquilo que se pretenda separar, nesse caso e em nenhum outro pode falar-se de um *ser de modo absoluto*, como é o caso ao se dar a intuição intelectual.

(6) Mas esse ser não deve ser confundido com a identidade. Quando digo: eu sou eu, o sujeito (eu) e o objeto (eu) não estão tão unidos que nenhuma separação possa ser pretendida sem ferir a essência daquilo que se pretenda separar; ao contrário: o eu só é possível através dessa separação entre eu e eu. Como posso dizer: eu! sem autoconsciência? Mas como é possível a autoconsciência? Através do fato de que me oponho a mim próprio, separo-me de mim, mas, independentemente dessa separação, reconheço-me como o mesmo no oposto. Mas em que medida o mesmo? Posso, devo perguntá-lo; pois, por outro ponto de vista, ele é oposto a si. Logo, a identidade não é uma união de objeto e sujeito que se encontre de modo absoluto, logo a identidade não é = ser absoluto.[8]

A palavra alemã para "julgar" é *urteilen* e a palavra para "julgamento" ou "juízo" é *Urteil*. Esses vocábulos surgiram, na verdade, como variantes do verbo *erteilen*, que significa "distribuir", e do substantivo *Erteil*, que significava originalmente "aquilo que se distribui" e, conseqüentemente, "a sentença que o juiz distribui". Modernamente, *urteilen* passou a significar "julgar", e *Urteil*, "juízo", no sentido de "proposição".[9] Inflamado, porém, pelo fato de que, normalmente, o prefixo intensificador *ur* tem o sentido de "original" ou "primitivo" e a raiz *Teil* tem o sentido de "parte", e olvidado de que, no caso em questão, o *ur* de *Urteil* não passa de uma variante do *er* de *Erteilen*, Fichte, em notas para um curso que ministrou em 1795 e que foi, sem dúvida, assistido por Hölderlin, observa: "julgar: separar originalmente; e é verdade: uma separação original o fundamenta".[10]

É claro que nada impede que uma falsa etimologia exprima uma intuição verdadeira. De todo modo, também para Hölderlin a palavra "juízo" (*Urteil*) remete à noção de "separação primitiva". Mas releiamos o texto de Hölderlin, segmento por segmento:

> 1) Juízo é, no sentido mais elevado e forte, a separação original (*die ursprüngliche Trennung*) do objeto e sujeito mais intimamente unido [*sic*] na intuição intelectual, aquela separação através da qual tornam-se em primeiro lugar possíveis objeto e sujeito, a separação original (*die Ur-Teilung*).

Para que o juízo, isto é, o conhecimento humano discursivo, dianoético, seja possível, é necessário em primeiro lugar que o sujeito (que julga) e o objeto (que é julgado) tenham sido separados. No próprio objeto, é preciso também que o sujeito do juízo tenha sido separado do objeto do juízo. O juízo, portanto, separa o que estava originalmente unido na intuição intelectual. Que é a intuição intelectual? A intuição *sensível* ou *empírica* é a sensação. Intuição *intelectual* seria um conhecimento intuitivo, um conhecimento imediato, não-discursivo, não-dianoético, mas noético. Fichte dizia que "o sujeito absoluto, o eu, não é dado pela intuição empírica, mas pela intelectual".[11] O leitor se lembrará que a expressão "pensar o mundo" sugere justamente o conceito de *intuição intelectual.*

> 2) No conceito da separação já se encontra o conceito da relação recíproca de objeto e sujeito um com o outro e a pressuposição necessária de um todo do qual objeto e sujeito são as partes.

Na verdade, isso consiste num desdobramento analítico daquilo que foi afirmado na proposição anterior. O que diz é que o próprio juízo já pressupõe uma unidade, um todo, anterior a ele; uma unidade de sujeito e objeto, que é por ele separada.

> 3) "Eu sou eu" é o exemplo mais adequado desse conceito do juízo (*Urteilung*) enquanto juízo teórico, pois no juízo prático ele se opõe ao não-eu, não a si próprio.

A distinção entre juízo teórico e prático faz parte do horizonte kantiano do pensamento tanto de Fichte quanto de Hölderlin. Para Kant, o juízo teórico diz respeito ao que é; o prático, ao que deve ser, à liberdade, em oposição ao que é. O que deve ser, em última análise, é a própria liberdade. O eu prático, o eu livre, que se confunde com a própria liberdade, opõe-se a tudo o que se opõe à liberdade. É nesse sentido que ele se opõe ao não-eu.

Entretanto, o que está em jogo aqui é o juízo teórico. Por que diz Hölderlin que "eu sou eu" é o seu exemplo mais adequado? Porque nesse juízo se manifesta a natureza mesma do juízo teórico. Ele é, como foi dito, a separação original mediante a qual se tornam em primeiro lugar possíveis objeto e sujeito. Assim, separa-se o eu num eu sujeito e num eu objeto, o que se manifesta na duplicação da palavra "eu". Por outro lado, a identidade do primeiro eu com o segundo eu, posta pela identidade das duas instâncias da palavra "eu", manifesta a pressuposição necessária de um todo do qual objeto e sujeito são as partes. Nas palavras de Henrich, "o estabelecimento dos diferentes é pensado em relação imediata com o estabelecimento da unificação (da identificação) dos diferentes".[12]

> 4) Ser (*Seyn*) exprime a ligação do sujeito e objeto.

Ser é a ligação de sujeito e objeto anterior à sua separação original. "Sujeito e objeto" é, como sua ocorrência a seguir e as ocorrências de "objeto e sujeito" anteriores, de número singular. É como se Hölderlin tivesse escrito "sujeito-e-objeto" e "objeto-e-sujeito".

> 5) Onde sujeito e objeto é unido [*sic*] de modo absoluto, e não apenas parcial, unido de tal maneira que nenhuma separação pode ser pretendida sem ferir a essência daquilo que se pretenda separar, nesse caso e em nenhum outro pode falar-se de um *ser de modo absoluto*, como é o caso ao se dar a intuição intelectual.

Supõe-se aqui que duas modalidades de unidade de sujeito e objeto são concebíveis: na primeira, eles são unidos de tal modo que não podem ser separados: separá-los destruiria a unidade de ambos; na segunda, eles são unidos, mas podem ser separados sem que se destrua a sua unidade.

> 6) Mas esse ser não deve ser confundido com a identidade. Quando digo: eu sou eu, o sujeito (eu) e o objeto (eu) não estão tão unidos que nenhuma separação possa ser pretendida sem ferir a essência daquilo que se pretenda separar; ao contrário: o eu só é possível através dessa separação entre eu e eu. Como posso dizer: eu! sem autoconsciência? Mas

como é possível a autoconsciência? Através do fato de que me oponho a mim próprio, separo-me de mim, mas, independentemente dessa separação, reconheço-me como o mesmo no oposto. Mas em que medida o mesmo? Posso, devo perguntá-lo; pois, por outro ponto de vista, ele é oposto a si. Logo, a identidade não é uma união de objeto e sujeito que se encontre de modo absoluto, logo a identidade não é = ser absoluto.

A unidade absoluta do sujeito e objeto não é a da relação da identidade. O texto que o demonstra é extremamente claro. A palavra "eu" exprime a autoconsciência. Quem diz "eu" fala de si próprio: é um sujeito que toma a si próprio como objeto. Ele se divide, portanto, em sujeito e objeto: opõe-se a si enquanto, de um lado, sujeito e, de outro lado, objeto. No entanto, ele se reconhece como idêntico ao seu oposto. De certo ponto de vista ele é, portanto, diferente de si; de outro, ele é idêntico a si. Que significa isso? Que ele é relativamente diferente de si e relativamente idêntico a si. Logo, sua identidade não é a unidade absoluta do ser. O eu não somente pode como necessita separar-se de si: e tal coisa, longe de ferir a sua essência, é o que a realiza.

Há aqui, evidentemente, uma crítica ao princípio de Fichte. Ela se deixa enunciar em poucas palavras. O eu é necessariamente autoconsciência; a autoconsciência é cindida e se manifesta necessariamente como o juízo de identidade "eu sou eu". Implicitamente, portanto, o eu já contém um juízo, um *Urteil*, uma separação em si mesmo. Sendo inerentemente separado de si próprio, o eu não pode, portanto, ser o ser, o *Seyn*, absoluto: logo, não pode ser o princípio absoluto.

Além de criticar Fichte, porém, Hölderlin afirma que o ser absoluto somente poderia ser objeto da intuição intelectual, mas não de conhecimento discursivo — e, portanto, de conhecimento filosófico — algum. Separando o indissociável sujeito-e-objeto, o juízo filosófico, por sua própria natureza, fica sempre em torno do ser, mas não é capaz de apreendê-lo.

Apesar disso, tal apreensão constitui, como Hölderlin afirma em carta a Schiller, uma "exigência incontornável que precisa ser feita a todo sistema [filosófico]".[13] Este ponto é crucial. Conhecer o absoluto é uma exigência incontornável da própria razão porque, dado que esta, em última análise, se identifica, desde Kant, com a liberdade, ela se recusa a aceitar qualquer limite dado, isto é, qualquer limite que não tenha sido estabelecido por si mesma. Ora, o conhecimento do absoluto é o conhecimento dessa unidade inalcançável pelo juízo. Claramente, há aqui uma aporia: a filosofia faz a si própria uma exigência que, por sua própria natureza, não é capaz de cumprir. Na carta a Schiller, Hölderlin conclui que tal exigência "só pode ser atendida esteticamente, na intuição intelectual, mas, no que diz respeito à teoria [isto é, à filosofia e à ciência] só através de uma aproximação infinita, como a aproximação do quadrado ao círculo".[14] No texto "O mais antigo programa do sistema do idealismo alemão", cuja autoria, como já observei, pode ser de Hegel, de Schelling ou de Hölderlin, ou dos três, ou de dois deles, a aporia se desfaz quando a poesia herda a missão da filosofia: "A poesia adquire desse modo uma honra mais alta, ela se torna no fim novamente o que era no princípio: *mestra da humanidade*; pois não há mais filosofia, não há mais história, só a poesia sobreviverá a todas as demais ciências e artes".[15] Por outro lado, o juízo e o pensamento filosófico, embora não possam alcançar o absoluto, são condições não apenas da ciência e da filosofia, mas do desenvolvimento pleno da razão e da liberdade. Por quê? Porque a razão e a liberdade não se reconhecem como tais antes de se dar a autoconsciência pela qual se tornam críticas e se separam das condições finitas (limitadas) em que contingentemente se exercem. Paradoxalmente, portanto, a razão que reúne e a crítica que separa são diferentes modos ou expressões da mesma liberdade.

O ESBOÇO DE UMA FILOSOFIA DA HISTÓRIA

Na versão definitiva do *Hipérion ou O eremita na Grécia*, a certa altura Hölderlin — inspirado sem dúvida em Schiller, que, numa conferência, comparara a plenitude do homem primitivo à de uma planta[16] — fala da *Pflanzenglück*, isto é, da felicidade vegetal dos primeiros homens:

> Da felicidade vegetal começaram os homens e cresceram e cresceram até amadurecer; daí em diante continuaram incessantemente a fermentar, por dentro e por fora, até que hoje a raça humana, infinitamente dispersa, se dá como um caos, de modo que todos os que ainda sentem e vêem são acometidos pela vertigem; mas a beleza foge da vida dos homens para o espírito; torna-se ideal o que era natureza e, enquanto por baixo a árvore como que está seca e carcomida, dela ainda surge um cimo fresco, que verdeja ao brilho do sol, como outrora o tronco nos dias da juventude; ideal é aquilo que foi natureza. Ali, nesse ideal, nessa divindade rejuvenescida, reconhecem-se os poucos e se fazem um, pois neles há uma unidade e dela, dela começa a segunda idade vital do mundo.[17]

"Torna-se ideal o que era natureza": essa sentença traz à mente outra, de Schiller, poeta que Hölderlin admirava e conhecia pessoalmente. Referindo-se à beleza que se encontra nas coisas naturais, o autor de *Poesia ingênua e sentimental* dizia que "elas são o que fomos; são o que devemos novamente ser"; e explica:

> Fomos natureza, como elas, e nossa cultura deve, pelo caminho da razão e da liberdade, levar-nos de volta à natureza. Elas são também a representação de nossa infância perdida, que eternamente nos será o que nos é mais caro; por isso nos enchem de certa nostalgia. Ao mesmo tempo, são representação de nossa mais alta realização no plano ideal, de modo que nos transportam a uma sublime emoção.[18]

Duas coisas ressaltam dessas afirmações de Schiller e de Hölderlin. A primeira é a importância da categoria "natureza"; a segunda um deslizamento — que traz à mente as concepções de Hegel e de Schelling — do esquema do processo de reflexão transcendental de *Urteil und Seyn* para o esboço de uma filosofia da história.[19]

Excurso

Para compreender corretamente esse passo, é preciso em primeiro lugar tomar algumas precauções. Quando se diz que o juízo, por destruir a intuição da unidade do ser, não é capaz de conhecê-lo, o que se está efetivamente afirmando não diz respeito senão ao juízo: diz respeito, é claro, a todo e qualquer juízo, mas nada diz sobre a intuição intelectual ou estética não-judicativa. Dizer que juízo algum é capaz de nos dar a conhecer o ser não significa que não seja possível conhecer-se o ser por outros caminhos, como pela intuição intelectual ou estética. Não significa, portanto, que, a partir do primeiro juízo pronunciado por um sujeito — seja ele a humanidade, seja uma cultura particular, seja um indivíduo particular —, esse sujeito deixe de ser capaz do conhecimento intuitivo e não-judicativo e passe a ser capaz somente do conhecimento judicativo e não-intuitivo.

Entretanto, embora seja assim *em princípio*, é importante reconhecer que o fato de que a infância — tanto a individual quanto a coletiva — seja necessariamente um estado intuitivo porém não-judicativo, pois não-verbal,[20] implica a anterioridade cronológica da intuição em relação ao juízo e, particularmente, em relação ao conceito; logo, ao conhecimento conceitual. Já essa constatação é capaz de sugerir uma divisão rudimentar da história — pelo menos da história do pensamento ou do conhecimento — em duas grandes épocas: em primeiro lugar, a época primitiva, pré-judicativa, exclusivamente intuitiva, e, em segundo lugar, a época subseqüente, em que se dá também o pensamento judicativo e conceitual. Esta última, por sua vez, pode ser subdividida em diferentes períodos, segundo a relação entre o modo de pensamento intuitivo e o modo de pensamento judicativo: seja que se encontrem em estado de equilíbrio relativo, seja que um predomine relativamente sobre o outro, seja que o modo de pensamento judicativo se torne exclusivo.

Pois bem, penso que é de fato mais ou menos por esse caminho que corre o pensamento de Hölderlin. Às duas épocas mencionadas, ele adiciona uma terceira, que se situa no futuro. A primeira é a do pensamento intuitivo, em que o homem se integra com o ser ou a natureza; a segunda, a da modernidade, em que o pensamento judicativo que cinde o ser ou a natureza, acaba por predominar sobre o pensamento intuitivo e desprezá-lo a tal ponto que praticamente o sufoca, de modo que este apenas subsiste entre poucos, particularmente entre poetas e artistas em geral; a terceira, futura, em que o ser humano realiza uma integração superior com a natureza, sem abdicar da razão e da liberdade conquistadas através da cisão produzida pelo pensamento judicativo. Se a primeira época é anterior à cisão judicativa, a segunda surge em conseqüência dessa cisão. A cisão, como se disse, ocorre necessariamente — e apenas — no pensamento judicativo. Contudo, como, tendo em mente as importantes conseqüências que atribui ao predomínio contemporâneo desse modo de pensamento, Hölderlin, por comodidade expositiva, isto é, por uma questão de abreviação, ênfase e generalização, exprime-se freqüentemente como se a época moderna mesma fosse cindida e como se nela a humanidade se houvesse separado ou se perdido do ser ou da natureza etc.; e embora, pela mesma comodidade, também eu adote, no que se segue, esse modo de falar, advirto o leitor a levar em conta as ressalvas feitas neste excurso. Fim do excurso

No prefácio à penúltima redação do *Hipérion*, lê-se:

[...] nós todos percorremos uma estrada excêntrica, e não há outro caminho possível, da infância à maturidade. A unidade sagrada, o ser, no único sentido da palavra, perdeu-se para nós, e tínhamos que perdê-lo, se devíamos esforçar-nos por ele e conquistá-lo. Arrancamo-nos do *hen kaí pan* pacífico do mundo para produzi-lo por nós mesmos. Desintegramo-nos da natureza e aquilo que uma vez, como se pode crer, foi um, opõe-se agora a si, e senhoria e escravidão alternam-se em ambos os lados. Muitas vezes para nós é como se o mundo fosse tudo e nós, nada; e outras vezes, como se fôssemos tudo e o mundo, nada. Terminar essa oposição entre o nosso eu e o mundo, restaurar a paz de todas as pazes, mais alta do que toda razão, reunir-nos com a natureza numa totalidade infinita, essa é a finalidade de todo nosso esforço, quer o entendamos quer não. Mas nem o nosso conhecimento, nem a nossa ação, atinge qualquer período da existência em que toda oposição cesse, em que tudo seja um; a linha determinada se reúne com a indeterminada somente numa aproximação infinita.[21]

Nesse texto, distinguem-se claramente as três épocas que mencionei: (1) a da unidade original ("unidade sagrada"), que fica no passado; (2) a da perda da unidade, que fica no presente; e (3) a da unidade recuperada, que fica no futuro.

Contrariando a suposição corrente de que Schiller tenha influenciado Hölderlin no que toca a essas questões, Violetta Waibel sustenta o oposto, isto é, que Hölderlin influenciou Schiller. Em apoio a essa tese, cita um trecho do chamado "Fragmento de Thalia", do *Hipérion*, publicado no final de 1794 (quando o trecho citado de Schiller foi publicado entre 1795 e 1796), em que se lê: "A simplicidade e a inocência dos primeiros tempos morreram para voltar com a educação consumada, e a paz sagrada do paraíso afundou para que o que era apenas dom da natureza refloresça, como propriedade conquistada pela humanidade".[22]

Na verdade, penso que a questão de prioridade é atualmente indecidível e, no fundo, irrelevante, pois o esboço da filosofia da história que aqui se enuncia já constituía uma das possibilidades combinatórias presentes no horizonte intelectual descortinado por Kant, que, na sua *Idéia de uma história geral, do ponto de vista cosmopolita*, admite três condições (*Zustände*) sucessivas da humanidade: uma condição primitiva de selvageria, no passado; uma condição de antagonismo dos homens na sociedade, no presente; e, finalmente, uma condição de uma constituição civil perfeita, no futuro. "Pode considerar-se a história do gênero humano *grosso modo*", diz ele, "como a realização de um plano oculto da natureza para produzir uma constituição estatal internamente — e, para isso, também externamente — perfeita, como a única condição em que possa desenvolver plenamente todas as suas disposições na humanidade."[23]

Do estado de natureza selvagem passa-se, segundo ele, através de uma condição histórica em que "a natureza humana sofre o pior mal, sob a aparência ilusória de bem estar externo",[24] para um estado que realiza um plano oculto da própria natureza, que, assim, se vê mais plenamente realizada, no fim da história. Se, portanto, alguém tem precedência na autoria dessa concepção da história, cuja origem última, contudo, é sem dúvida neoplatônica, não é Hölderlin nem Schiller, nem Hegel, nem Schelling, mas Kant.

Entretanto, apesar de comum a todos esses autores, a concepção tripartite da história se manifesta de modo diferente, incorporando diferentes elementos, adquirindo diferentes funções e integrando-se de modo diferente no pensamento sistemático de cada um deles. Dito isso, é preciso reconhecer que Schiller e Hölderlin encontram-se bastante próximos, nesse ponto.

Em relação a este último, Konrad, na sua interpretação do texto "Sobre o modo de proceder do espírito poético", assim determina essas três épocas, ou, como diz Hölderlin, "estados" (a palavra que ele emprega é a mesma de Kant: *Zustände*) do percurso de formação do espírito:

> O estado da infância da vida ordinária é o estado excessivamente objetivo da pura entrega. A criação do espírito poético é nele genial, dirigido pelo instinto.
>
> O estado da juventude, o estado intermediário excessivamente subjetivo é caracterizado como o estado da perda do mundo, do puro estar-em-si do espírito. Sua atividade criativa é dirigida pelo juízo, livremente determinada pelo eu, artificial. É o estado do dilaceramento entre tendências contraditórias.
>
> O estado da maturidade não é nem excessivamente subjetivo nem excessivamente objetivo, pois nele a contraposição harmônica entre o sujeito e o objeto é reconhecida e está disponível. A criação do espírito poético é nesse estado a consumação do gênio e da arte, reúne a verdade de ambos os modos de criação e se libera assim da sua unilateralidade e imperfeição.[25]

A UNIDADE ORIGINAL (NATUREZA)

Consideremos a primeira época. "Unidade sagrada", "ser" (*Seyn*), *hen kaí pan*, "natureza": todas essas expressões são equivalentes, nesse contexto. A cada uma delas se opõe a primeira pessoa do plural, isto é, "nós": a unidade sagrada se perdeu para nós; o ser se perdeu para nós; nós nos arrancamos do *hen kaí pan*; nós nos desintegramos da natureza. Quem somos nós? Evidentemente, a humanidade tal como se encontra hoje: tanto Hölderlin quanto eu e o leitor, todos os que vivemos na modernidade. O ser que é a unidade sagrada é aquele a que se refere o segmento (4) de "Juízo e ser", isto é, o que exprime a ligação do sujeito e objeto, anterior a qualquer cisão. É por termos noção desse ser que somos capazes de almejar reconstituí-lo, tentando reunir a natureza (objeto) a nós (sujeito). Entretanto, é fundamental entender que, para Hölderlin, o conceito de "natureza" não se reduz ao de objeto. A natureza se apresenta como objeto somente para o sujeito que dela já se separou.

É por meio do pensamento de Spinoza que "ser" (*Seyn*) passa a ser tomado como equivalente a "natureza". *Seyn* é a grafia do século XVIII para *sein*. Hölderlin, seguindo Friedrich Jacobi, que, no final do século XVIII, havia posto em voga a filosofia de Spinoza,[26] empregava a palavra *Seyn* tencionando designar aquilo que o autor da *Ética* chamava de *substantia*.[27] Spinoza fala de *Deus sive substantia* e de *Deus sive natura*, locuções que resultam no lema *Deus sive substantia sive natura*: "Deus, isto é, a substância, isto é, a natureza". É dessa forma que o ser (o *Seyn* de *Urteil und Seyn*) se identifica, para Hölderlin, com a natureza. Isso nos traz à locução *hen kaí pan*. Em Tübingen, ela era o moto dos três amigos, Hegel, Schelling e Hölderlin. Trata-se de uma frase grega que significa "um que é também tudo" (possivelmente derivada do trecho do fragmento B 10,[28] de Heráclito, que diz "e de todas as coisas uma e de uma todas as coisas") que, segundo Jacobi, era um dos modos pelos quais Lessing exprimia o seu panteísmo spinozista. É importante lembrar, porém, que, para Spinoza, não é a natureza *simpliciter* que se identifica com a substância ou Deus, mas só a que ele denomina *natura naturans* ("natureza naturante") em oposição à que denomina *natura naturata* ("natureza naturada"). A primeira é a natureza considerada como os atributos que exprimem uma essência eterna e infinita, ou como uma causa livre, isto é, como causa de si mesma. A segunda é a natureza tomada como o conjunto dos efeitos da primeira, o conjunto dos modos finitos e temporais dos atributos de Deus.[29]

O conceito de "natureza" de Hölderlin é também devedor de uma linha de pensamento vitalista e organicista que, vinda do neoplatonismo da Renascença, em particular de Giordano Bruno, resplandece em Shaftesbury, passa por Diderot e Herder, e estimula o Kant da terceira *Crítica*.

Contra o dualismo cartesiano de pensamento e extensão, Shaftesbury, à maneira de Aristóteles, toma a alma como a forma, isto é, como o princípio da unidade, da atividade e da finalidade do corpo. Ele o faz porém de maneira tão radical que, no fundo, reduz a diferença entre corpo e alma a uma *distinctio rationis*. Cada corpo constitui um sistema organizado pela sua forma. Cada sistema finito constitui um subsistema de um sistema que o abarca. Segundo essa concepção, o universo é — a formulação é de Richard Glauser — "um sistema completamente harmônico de um número indefinidamente grande de subsistemas estratificados, teleologicamente estruturados e relativamente harmônicos",[30] desde Deus, que é a forma do sistema onicompreensivo, isto é, segundo a descrição de Herder,[31] "die Urkraft aller Kräfte, Organ aller Organe" (a força primordial de todas as forças, o órgão de todos os órgãos), até uma pedra, que já constitui um subsistema complexo. A fórmula de Schelling segundo a qual "a natureza deve ser o espírito visível, o espírito, a natureza visível"[32] exprime essa idéia.

Para Shaftesbury, a beleza, que percebemos em ordem, proporção, harmonia, é a verdade. Pois bem, podemos perceber harmonia em qualquer coisa: por exemplo, numa escultura. Para Shaftesbury, não é, evidentemente, a matéria de que é feita a escultura que possui harmonia ou beleza, mas a forma. Ora, o que deu forma à escultura foi a arte que a produziu. Isso quer dizer que, na verdade, aquilo que possui beleza — sendo, por isso, capaz de conferi-la à matéria de que é feita a escultura — é a arte. Essa constatação lhe permite afirmar que "the art is that which beautifies" (a arte é aquilo que embeleza).[33] O passo seguinte generaliza essa declaração com uma proposição que ficou famosa: "So the beautifying, not the beautified, is the really beautiful" (portanto o embelezante, não o embelezado, é o realmente belo).[34] Assim, "o belo, o bonito, o formoso nunca estiveram na matéria mas na arte e no desígnio, nunca no corpo mesmo, mas na forma ou no poder formativo".[35] Finalmente, de todas as formas, as mais belas são as que têm o poder de fazer outras formas, que ele chama de "forming forms" (formas formativas).[36]

Com base em tais considerações, Shaftesbury estabelece uma hierarquia da beleza tal que, quando plenamente desdobrada, chega a compreender sete graus.[37] Entretanto, os três graus que ele cita em *The Moralists* bastam para dar uma noção de suas idéias. São eles: (1) o grau das formas mortas, que são apenas formadas, porém não são formativas; (2) o das formas formativas finitas que formam as formas mortas, e, finalmente, (3) o da forma formativa infinita, que forma as formas formativas finitas. *Prima facie*, o ser humano consiste numa forma formativa finita, já que ele forma, como foi dito, obras de arte. Isso significa que ele pode aspirar à beleza do segundo grau. Todavia, as coisas não são tão simples, pois, enquanto a beleza do corpo humano pertence ao primeiro grau, a da alma pertence ao segundo. Mas, além de produzir obras de arte, o ser humano é capaz de educar a si próprio e ao outros seres humanos: é capaz de se fazer virtuoso e de encaminhar outros à virtude. Nesse sentido, ele mesmo forma formas formativas finitas, de modo que é capaz de participar da beleza do terceiro grau.

Assim como, para Platão, a contemplação da beleza das coisas materiais é apenas o preâmbulo para a contemplação da beleza em si, para Shaftesbury passa-se do entusiasmo pela beleza das formas materiais e criadas ao entusiasmo — isto é, ao deixar-se possuir — pela forma formativa infinita, que é a força criativa. Identificando-se com ela, como diz Cassirer, "o gênio artístico não imita a natureza feita, mas o gênio criador do universo mesmo",[38] pois "a verdade da natureza não se alcança na imitação, mas na criação; porque a natureza mesma, em seu mais profundo sentido, não é o nome coletivo do criado, mas a força criadora de que manam a forma e a ordem do universo".[39]

Em um livro cuja ambição sintética se manifesta no próprio título — *Gott: Einige Gespräche über Spinoza's System nebst Shaftesbury's Naturhymnus* (Deus: alguns colóquios sobre o sistema de Spinoza ao lado do Hino à natureza de Shaftesbury) —, Herder identifica essa força orgânica suprema com a *natura naturans* de Spinoza, manobra pela qual esta última adquire uma dimensão vitalista, criativa e teleológica. Com isso, a figura do gênio recebe um fundamento ontológico: no mundo em que os seres humanos se separaram da natureza, o gênio é aquele que com ela mantém uma relação privilegiada: ele é a manifestação e o instrumento da *natura naturans*.

Kant, mais sóbrio, não especula sobre força suprema alguma. Para ele, "o gênio é a disposição mental inata (*ingenium*) através da qual a natureza dá a regra à arte".[40] A relação privilegiada do gênio com a natureza se limita, desse modo, ao fato de que ele é inato, e não aprendido. O gênio é um resultado de fatores como a potência e a disposição das faculdades humanas, em particular da imaginação e do entendimento, e da relação que elas mantêm umas com as outras. Ele apreende e exprime idéias estéticas, isto é, idéias "que dão muito a pensar, sem que no entanto nenhum pensamento determinado, isto é, nenhum conceito, possa ser-lhes adequado".[41] O campo de atuação do gênio é, por isso, o das belas-artes.

De modo semelhante, embora não idêntico, quando Schiller afirma que "todo verdadeiro gênio deve ser ingênuo, do contrário não é gênio",[42] o que está dizendo é que o gênio é natural, isto é, produto da natureza, e não da arte: e que também aquilo que o gênio produz é natural e não artificial, no sentido de ser espontâneo e não afetado. Kant já havia afirmado que "no que diz respeito a um produto das belas-artes, deve-se estar consciente de que é arte, e não natureza; no entanto, a finalidade na forma do mesmo deve parecer tão livre quanto se fosse um produto da pura natureza".[43]

Assim, Kant já anuncia o passo que viria a ser dado por Schiller. Para este, já não é propriamente a *natureza* o princípio do gênio que produz as belas-artes, mas a *naturalidade*. Ora, a naturalidade — que produz a graça — já não se encontra necessariamente no estado de natureza enquanto tal, mas antes na harmonia espontânea entre o ser humano e a natureza, o artificial e o cultural. Essa harmonia ele descobre, em primeiro lugar, na Grécia antiga.

É essa mesma idealização da Grécia antiga — que, na Alemanha, remonta ao historiador da arte Johann Winckelmann — que leva a um desdobramento curioso do esboço da filosofia da história de Hölderlin. Já vimos que, para ele, a natureza corresponde ao ser primordial, anterior à cisão constitutiva do sujeito e do objeto: anterior, portanto, à linguagem conceitual. Dado isso, seria de esperar que a época concreta da história da humanidade que a representasse fosse a do ser humano primitivo e inarticulado. Tratar-se-ia de um estado que, a rigor, seria mais bem classificado de "pré-história" do que de "época" histórica. Na realidade, porém, tanto para ele quanto para Schiller, é a Grécia antiga que proporciona o modelo do estado da infância da humanidade. É que, segundo ambos pensavam, a Grécia antiga representa o momento de harmonia entre o ser humano e a natureza, o momento em que o ser humano, em vez de se opor antagonicamente à natureza, compraz-se em dela fazer parte. Sendo assim, o mundo helênico oferece ao mundo moderno, dilacerado pelas dicotomias entre cultura e natureza, mente e corpo, intelecto e sensibilidade, liberdade e necessidade etc., um contraponto muito mais fecundo do que o estado de selvageria.

De todo modo, o fato é que se nota certa indecisão — tanto de Schiller quanto de Hölderlin — em relação a essa questão. Konrad observa que à primeira vista há, por parte deste último — pelo menos no texto "Sobre o modo de proceder do espírito poético" —, inconsistência na determinação do primeiro estado do percurso de formação do espírito, isto é, do estado em que "o espírito vem a si no outro (no mundo, na natureza): do estado excessivamente objetivo".[44] É que, por um lado, Hölderlin o caracteriza como o estado em que o ser humano "era idêntico ao mundo" e, por outro lado, como o estado em que o ser humano "quer se colocar" como idêntico ao mundo.[45] Ora, pergunta Konrad, como é possível que o homem queira se colocar como idêntico a sua esfera objetiva, no momento em que ele já é idêntico a ela?[46] Sua resposta é que

> o estado excessivamente objetivo é o estado da autoconsciência nascente. Na medida em que a autoconsciência ainda deve nascer, o ser humano não tem autoconsciência, ainda é idêntico ao mundo. À medida, porém, que a autoconsciência surge, surge a oposição entre a vida e a personalidade; ambos os lados se reúnem no ato da entrega à vida objetiva, da "acomodação".[47]

A entrega "pressupõe a oposição entre sujeito e objeto; pois, quando sujeito e objeto são um só, o sujeito não pode entregar-se ao objeto".[48] Sendo assim, podemos dividir o estado da natureza entre, por um lado, aquele em que sujeito e objeto não se diferenciaram — que seria aquele em que o homem selvagem conhece a "felicidade das plantas" de que fala Hölderlin, e, por outro, aquele em que, já se tendo separado sujeito e objeto, o ser humano, no entanto, se identifica voluntariamente com a natureza, à qual se entrega. Se o primeiro é o estado da natureza propriamente dito, de modo que pertence à pré-história, o segundo seria o que poderíamos chamar de *estado de naturalidade*, e foi encarnado historicamente pela Grécia antiga.

Creio ser exatamente essa diferença que permite entender um trecho muito controverso de uma carta de Hölderlin a Böhlendorff. Cito-o:

> Nada aprendemos com mais dificuldade do que a usar livremente o nacional. E, segundo penso, precisamente a clareza da exposição é-nos originalmente tão natural quanto aos gregos o fogo do céu. Exatamente por isso, estes serão superados antes na bela paixão [...] do que na presença de espírito e na capacidade expositiva de Homero.
>
> Parece paradoxal. Porém o reafirmo e submeto a teu exame e tua disposição: com o progresso da educação, o nacional autêntico torna-se a menor vantagem. Por isso os gregos são menos magistrais no *páthos* sagrado, já que lhes é inato, e, ao contrário, são excelentes na capacidade expositiva, desde Homero, pois esse homem extraordinário foi bastante vital para roubar a sobriedade junônica ocidental para o seu reino de Apolo e assim verdadeiramente apropriar-se do alheio.
>
> Mas o próprio tem que ser tão bem aprendido quanto o alheio. Por isso os gregos nos são indispensáveis. Porém no que diz respeito ao que nos é próprio, nacional, não os alcançaremos, pois, como foi dito, o uso livre do próprio é o mais difícil.[49]

O "fogo do céu" é o sol, o reino de Apolo. *O nascimento da tragédia* não tendo ainda sido escrito por Nietzsche, que ainda demoraria cinqüenta anos para nascer, ainda não eram considerados opostos Apolo, como *principium individuationis*, e Dioniso, como a dissolução desse princípio. Para Hölderlin, Apolo também ignora essa oposição, entusiasmando e pondo fora de si, num *pathos sagrado*, os seus profetas. Até há pouco tempo supunha-se — talvez porque, na *Ilíada*, ele seja aliado dos troianos — que Apolo fosse de origem oriental, provavelmente da Lícia. O efeito do fogo de Apolo, deus da música, não é, aqui, diferente do efeito do vinho de Dioniso. Assim como este, também aquele representa a comunhão com a natureza, anterior à cisão. Esse *pathos sagrado* é, para Hölderlin, o estado natural dos gregos anteriores a Homero, isto é, anteriores à poesia e à arte. Tais são os gregos do primeiro estado da natureza. Quanto a Juno, ou Hera, ela foi não só inimiga dos troianos mas de Dioniso, tendo arquitetado a morte da mãe dele, Sêmele. Peter Szondi observa que, no *Gründliches Lexicon Mythologicum* utilizado por Hölderlin, Juno representa a sobriedade.[50] Mas Hölderlin talvez tivesse em mente a Juno Ludovisi, uma colossal cabeça de mármore esculpida na Antigüidade, que se supunha pretender retratar a esposa de Júpiter. Schiller exaltou a graça, a dignidade e a auto-suficiência da sua expressão, e Herder "a majestade, o esplendor e a grandeza do seu rosto sereno",[51] atributos sem dúvida opostos aos de quem se entrega ao *pathos sagrado.*

Hölderlin, em carta a Steinkopf, afirma que a poesia "não deve ser apenas explosão apaixonada e caprichosa, nem deve ser uma peça de arte forçada e fria, mas deve surgir ao mesmo tempo da vida e do entendimento ordenador, da sensação e da convicção".[52]

Isso explica por que, segundo ele, Homero, para fazer seus poemas, "roubou a sobriedade junônica ocidental para o seu reino de Apolo". A sobriedade representa uma primeira separação entre sujeito e objeto, ser humano e natureza. Ao mesmo tempo, porém, ela é a condição para a produção dos poemas. O poeta compõe seus poemas quando, entusiasmado pelo fogo de Apolo e das Musas, toma um gole da água sóbria que roubou ao cântaro de Juno. Com esse gole, ele se separa de si apenas o suficiente para poder deleitar-se com sua própria imagem, contraposta a si. Na arte, como diz Hölderlin no *Hipérion*, "rejuvenesce e retorna a si mesmo o ser humano divino. Ele quer sentir-se, por isso contrapõe sua beleza a si. Dessa maneira o ser humano deu-se a si próprio os seus deuses. Pois no princípio o ser humano e os seus deuses eram um só, quando era desconhecida de si própria a beleza eterna".[53]

É assim que o autor da *Ilíada* transporta a Grécia do estado da natureza para o estado da naturalidade.

A PERDA DA UNIDADE (HISTÓRIA)

A segunda época da história é a da unidade perdida, a época em que já se cindiu a unidade primordial. Ela tem início com o helenismo alexandrino ou o cristianismo e abarca a nossa modernidade. Por direito, trata-se, é claro, de uma etapa intermediária, oposta tanto à primeira e "sagrada" unidade, que se encontrava no passado, quanto à segunda, recuperada, que se encontrará (talvez) no futuro. Vivemos no mundo que já se cindiu e que ainda não se reunificou. Embora essa cisão tenha sido a condição da liberdade, o mundo cindido é um mundo infeliz. O absoluto original, a unidade primordial do ser ou da natureza já se perdeu. Cada um de nós se toma como sujeito e toma a natureza, da qual se separou, como objeto. Cada um de nós toma o outro ser humano, do qual se separou, como objeto e é tomado como objeto por ele. Cada um de nós se cinde em mente (sujeito) e corpo (objeto). Ao mesmo tempo, o próprio sujeito, ao refletir sobre si mesmo, cinde-se em sujeito e objeto do pensamento; e o próprio sujeito do pensamento, ao refletir sobre si mesmo, volta a se cindir, incessantemente, sem repouso. Assim, o ser humano continuamente se aliena tanto da natureza externa quanto da natureza humana e mesmo da natureza interna a si próprio. O resultado concreto disso tudo é que o mundo moderno consiste "numa monstruosa multiplicidade de contradições e contrastes", como diz Hölderlin, em carta a Johann Gottfried Ebel:

> Velho e novo! Cultura e brutalidade! Maldade e paixão! Egoísmo em pele de cordeiro, egoísmo em pele de lobo! Superstição e descrença! Escravidão e despotismo! Inteligência irracional, racionalidade sem inteligência! Sentimento sem espírito, espírito sem sentimento! História, experiência, tradição sem filosofia, filosofia sem experiência! Energia sem princípios, princípios sem energia! Força desumana, humanidade sem força! Gentileza hipócrita, impudência desavergonhada! Jovens precoces, homens tolos! Poder-se-ia continuar a ladainha do nascer do sol até a meia-noite sem nomear nem um milésimo do caos humano.[54]

Esse retrato da modernidade deve sem dúvida algo ao Schiller das *Cartas sobre a educação estética da humanidade*, que afirmava: "Assim vê-se o espírito da época oscilar entre a perversão e a brutalidade, a desnaturação e a pura natureza, a superstição e a descrença moral, e é só o equilíbrio do mal que ainda, ocasionalmente, estabelece-lhe limites".[55]

Tais textos lembram — e sem dúvida repercutem — as devastadoras diatribes de Jean-Jacques Rousseau. Para dar uma idéia da força — e da desconcertante atualidade — dessas condenações da modernidade, permito-me citar um trecho relativamente longo do *Discurso sobre a origem e os fundamentos da desigualdade entre os homens*:

> Os homens são maus, uma triste e contínua experiência dispensa a prova: entretanto o homem é naturalmente bom, creio tê-lo demonstrado: o que é então que pode tê-lo depravado a esse ponto, senão as mudanças ocorridas na sua constituição, os progressos que fez e os conhecimentos que

adquiriu? Admire-se tanto quanto se queira a sociedade humana, não será menos verdade que ela leva necessariamente os homens a se entredetestarem à proporção que seus interesses se cruzem, a se prestarem mutuamente serviços aparentes e a se fazerem efetivamente todos os males imagináveis. Que pensar de um comércio em que a razão de cada particular lhe dita máximas diretamente contrárias às que a razão pública prega ao corpo da sociedade, e em que cada um lucra com a infelicidade de outro? Não há talvez nenhum homem rico a quem herdeiros ávidos, e às vezes seus próprios filhos, não desejem secretamente a morte; nenhum navio ao mar cujo naufrágio não seja uma boa notícia para algum negociante; nenhuma casa que um devedor de má-fé não queira ver queimar com todos os papéis que contém; nenhum povo que não se alegre com os desastres de seus vizinhos. É assim que achamos nossa vantagem no prejuízo de nossos semelhantes e que a perda de um faz quase sempre a prosperidade do outro. Mas o que há de mais perigoso ainda é que as calamidades públicas constituem a expectativa e a esperança de uma multidão de particulares: uns querem doenças, outros a mortalidade, outros a guerra, outros ainda a fome... Se me respondem que a sociedade é constituída de tal modo que cada homem ganha ao servir os outros, replicarei que isso seria muito bom, se ele não ganhasse ainda mais ao prejudicá-los. Não há lucro tão legítimo que não seja ultrapassado pelo que se pode fazer ilegitimamente e o mal feito ao próximo é sempre mais lucrativo que os serviços. Não se trata, portanto, senão de achar os meios de se garantir a impunidade, e é nisso que os poderosos empregam todas as suas forças e os fracos toda a sua astúcia.[56]

Também o diagnóstico de Rousseau, segundo o qual os males crescem à medida que os homens se afastam do estado de natureza, pôde, até certo ponto, ser aceito tanto por Schiller quanto por Hölderlin.

Estranhamente, apesar da letra de tantos textos do próprio Hölderlin, Peter Szondi nega — num livro em todo caso admirável — que o poeta acreditasse haver uma diferença de princípio, tal como a que aqui delineei, entre a Antigüidade grega e a modernidade. Segundo ele, Hölderlin — ao contrário, por exemplo, de Schlegel, que concebia a formatividade moderna como artificial, em oposição à formatividade natural dos antigos — pensa que toda arte, antiga e moderna, procede do "fundamento comum originário"[57] mencionado pelo poeta no fragmento conhecido como "O ponto de vista a partir do qual temos que olhar a Antigüidade". Esse fundamento seria o impulso à formatividade. Szondi sustenta que, para Hölderlin, o que realmente opõe os modernos aos antigos é o fato de que estes, apresentando-se a nós como uma coleção de obras terminadas e paradigmáticas, obstam ao "nosso impulso original que se dirige a formar o informe, a aperfeiçoar o originalmente natural".[58] Hölderlin estaria, portanto, defendendo os direitos da vida "contra a superioridade opressiva do positivo".[59]

Ora, é inegável que no texto citado Hölderlin se preocupa expressamente com a opressão que o positivo, inerte, morto, exerce, na época moderna, sobre a ambição formativa, criativa, vital do ser humano. Entretanto, não se vê por que razão o reconhecimento da vigência dessa opressão teria que ser incompatível com a tese, que Hölderlin manifestamente defende em tantos outros textos, de que há uma diferença de princípio entre a Antigüidade e a modernidade. Parece-me, ao contrário, que é precisamente essa diferença que permite compreender a importância que aquela opressão assume na modernidade. Para Hölderlin, como vimos, a perda da unidade original — ocorrida em conseqüência das cisões constitutivas da modernidade — reparte tanto a natureza quanto o ser humano, seu cosmo, sua cultura, sua história, em duas esferas mutuamente excludentes: por um lado, na da subjetividade formal — e negativa — e, por outro lado, na das objetividades naturais e artificiais: e positivas. Lembremo-nos de que ele afirmava que, em tal situação, "desintegramo-nos da natureza e aquilo que uma vez, como se pode crer, foi um, opõe-se agora a si, e senhoria e escravidão alternam-se em ambos os lados. Muitas vezes para nós é como se o mundo fosse tudo, e nós nada; e outras vezes, como se fôssemos tudo, e o mundo nada".[60]

É porque é na modernidade — entendida no sentido amplo em que a defini — que verdadeiramente constituem-se tanto o sujeito (o negativo) quanto o objeto (o positivo), que este pode oprimir aquele (ou vice-versa).

A explicação alternativa — sugerida, sem dúvida, pelo texto do fragmento "O ponto de vista..." — seria a tese de que a modernidade é o estado em que, num mundo desde sempre, ou seja, a-historicamente, dividido entre um pólo negativo (e subjetivo) e um pólo positivo (e objetivo), uma mudança meramente quantitativa, a saber, uma acumulação excessiva de positividades paradigmáticas, tenha, com a passagem do tempo, acabado por alterar o equilíbrio em benefício do segundo e, correlativamente, em detrimento do primeiro. Essa hipótese me parece insustentável por duas razões. Em primeiro lugar, se, de acordo com ela, o mundo é desde sempre dividido num pólo negativo e num pólo positivo, então toda natureza e toda cultura também constituem conjuntos de positividades. Se fosse assim, porém, não haveria por que pensar que nos defrontamos com mais positividades paradigmáticas do que os gregos, que certamente conheciam positividades de outra natureza e de outras culturas (até mesmo asiáticas e africanas) que hoje ignoramos. Em segundo lugar — e mais fundamentalmente —, dado que o pólo subjetivo-negativo é incomensurável com o pólo objetivo-positivo, a oposição entre um e outro é, desde sempre, absoluta. Ora, ela assim seria ainda que houvesse apenas uma positividade no mundo: conseqüentemente, no que diz respeito a tal oposição, o número de positividades efetivamente existentes não pode fazer diferença alguma.

Em vista tanto dessa conclusão quanto do fato de que a hipótese em questão não é coerente com as teses desenvolvidas por Hölderlin em outros textos, parece-me plausível considerar o fragmento em que ela se apóia ("O ponto de vista...") como uma anotação esporádica. A própria problemática da positividade talvez seja resultado da influência de Hegel, que, na época — presumivelmente entre 1798 e 1799[61] —, convivia com ele, em Frankfurt, onde se dedicava — como se observa nos "Manuscritos de Frankfurt" — precisamente à crítica da religião positiva. Seja como for, a conjectura de Szondi, embora compreensível como uma tentativa de obviar a certas notórias apropriações reacionárias do pensamento de Hölderlin, parece-me desprovida de fundamento.

A UNIDADE RECUPERADA (UTOPIA)

A época infeliz em que o ser humano se opôs à natureza — tanto à interna quanto à externa a si próprio — foi necessária para que ele reconhecesse o seu caráter de ser livre e racional, e, portanto, ético. O ponto alto desse reconhecimento é a afirmação da autonomia ética, que já se anunciara em Shaftesbury, mas que adquire formulação definitiva na *Crítica da razão prática*, de Kant. A importância do reconhecimento da autonomia ética se encontra no fato de que, com ela, destroem-se as principais racionalizações dos autoritarismos político e religioso, que são: a pretensão do último de ser a única fonte dos mandamentos morais, e a do primeiro de ser o zelador dessa moral heterônoma. Hölderlin é plenamente consciente disso; em carta ao irmão, datada de 1793 — logo, um ano após a abolição da monarquia na França e oito meses após o guilhotinamento de Luís XVI —, ele declara:

> Amo a geração do próximo século. Pois a minha esperança mais sagrada, a crença que me mantém forte e ativo é a de que nossos netos serão melhores do que nós; a liberdade deve enfim chegar e *a virtude prosperará mais à luz sagrada e ardente da liberdade do que na zona gélida do despotismo.* Vivemos numa época em que tudo prepara melhores dias.

> Essa semente do iluminismo [*Aufklärung*], esse calmo desejo e esforço de alguns para a educação do gênero humano será expandido e fortalecido, e dará frutos gloriosos.[62]

Em síntese, pode-se dizer que a aspiração de Hölderlin é de que a liberdade, a racionalidade e a autonomia ética descobertas pelo iluminismo possam realizar-se e expandir-se em todo o mundo, e de que, ao mesmo tempo, sejam superadas as cisões pelas quais elas foram descobertas. A segunda parte dessa aspiração se encontra expressa em inúmeros textos de sua autoria, como, por exemplo, no *Hipérion*:

> Eles virão, os teus homens, Natureza! Um povo rejuvenescido rejuvenescer-te-á e serás como sua noiva e a antiga aliança dos espíritos renovar-se-á contigo.
>
> Haverá de ser *uma* única beleza; e a humanidade e a natureza haverão de reunir-se em *uma* divindade onicompreensiva.[63]

Assim também, ao cabo do prefácio, anteriormente citado, à penúltima redação do *Hipérion*, Hölderlin afirma que

> não teríamos nenhuma noção daquela paz infinita, daquele ser no único sentido da palavra, nem sequer tentaríamos reunir a natureza a nós, não pensaríamos e não agiríamos, não haveria absolutamente nada [para nós], nós mesmos não seríamos nada [para nós] se não fosse dada aquela unidade infinita, aquele ser no único sentido da palavra. Ele é dado: como beleza. Ele aguarda, para falar como Hipérion, um novo reino em nós, em que a beleza é rainha.[64]

Conservando a liberdade conquistada, terminar a oposição entre nós e o mundo é portanto a finalidade ideal de nossa vida, o ponto para onde convergem as de nossas ações que, talvez, não possa ser jamais alcançado. Entretanto, ele é dado e se oferece como finalidade ideal na beleza.

Num ensaio célebre, Schiller havia feito uma distinção entre poesia ingênua e poesia sentimental. Notoriamente inadequadas, essas expressões prestam-se a incontáveis mal-entendidos, de modo que, para captar o que significam nesse contexto, recomenda-se pôr entre parênteses os sentidos convencionais das palavras "ingênuo" e "sentimental". O que Schiller quer dizer é que o poeta ou *é* natureza ou *busca* a natureza. "Aquele é o poeta ingênuo; este, o sentimental."[65] Assim, o poeta ingênuo é, em primeiro lugar, o poeta grego, como

Homero, que se separa da natureza em que se encontrava imerso, mas o faz apenas para poder namorá-la. O poeta sentimental, de outro modo, é o poeta moderno, que já sofreu a cisão, mas cuja poesia é capaz de, "pelo caminho da razão e da liberdade, levar-nos de volta à natureza",[66] isto é, a uma nova unidade, posterior à cisão. É assim que o que era natureza, para o poeta antigo, torna-se, para o poeta moderno, ideal. De qualquer maneira, o poeta moderno busca a natureza porque, de algum modo, já tem com ela uma relação — que se manifesta também como saudade, nostalgia ou anelo (*Sehnsucht*) — privilegiada. Nesse anelo fundem-se origem e destino. "Sempre no ser humano", diz Wilhelm von Humboldt, cujas idéias sobre a Grécia inspiraram Schiller, "aquilo que é o mais consumado liga-se imediatamente ao mais originário, do qual é como que só uma descrição ou tradução mais clara".[67] Schiller parece pensar até que mesmo o poeta moderno e sentimental é, de certo modo — quando genial — ingênuo, quando diz que "todo gênio verdadeiro é necessariamente ingênuo, ou não é gênio".[68]

Essa relação privilegiada com a natureza é expressa por Hölderlin na primeira estrofe de um poema dedicado ao jovem Napoleão quando este, aos olhos do poeta, encarnava a também então jovem república revolucionária que surgira da Revolução Francesa:

BUONAPARTE

Vasos sagrados são os poetas
Em que o vinho da vida, o espírito
Dos heróis se preserva,

Mas o espírito desse jovem,
O rápido, não explodiria
Qualquer vaso que quisesse contê-lo?

Que o poeta o largue intacto como o espírito da natureza,
Em tal matéria torna-se aprendiz o mestre.

No poema ele não pode viver e ficar;
*Ele vive e fica no mundo.**

* Buonaparte: Heilige Gefäße sind die Dichter,/ Worin des Lebens Wein, der Geist/ Der Helden, sich aufbewahrt,// Aber der Geist dieses Jünglings,/ Der schnelle, müßt er es nicht zersprengen,/ Wo es ihn fassen wollte, das Gefäß?// Der Dichter laß ihn unberührt wie den Geist der Natur,/ An solchem Stoffe wird zum Knaben der Meister.// Er kann im Gedichte nicht leben und bleiben,/ Er lebt und bleibt in der Welt.

Os poetas são vasos sagrados porque neles o vinho da vida, o espírito dos heróis é preservado. O vinho da vida é identificado ao espírito dos heróis. O vinho representa a unidade do espírito e da matéria, pois, vindo da uva, que vem da vinha, que vem da terra, torna os homens espirituosos. Dioniso, filho de Zeus e de Sêmele, uma mortal, é o deus do vinho e da vinha. Também os heróis são rebentos do casamento de deuses com mortais. São, portanto, a unidade de natureza e divindade: a natureza divina ou a divindade natural, isto é, a natureza original. Os poetas preservam em si esse vinho, o espírito dos heróis, e o transmitem aos seus poemas. Os poemas, então, guardam esse vinho ou espírito, que é experimentado pelo leitor. Platão, no diálogo *Íon*, diz que as Musas entusiasmam o poeta, que entusiasma o seu poema, que, por sua vez, entusiasma o rapsodo, que, finalmente, entusiasma a audiência; tudo mais ou menos como um ímã atrai um anel de ferro que atrai um segundo, e assim por diante. Aqui, o que Hölderlin chama de "espírito da natureza" entusiasma o herói, que entusiasma o poeta, que entusiasma o seu poema, que entusiasma o leitor. Bonaparte, porém, parece a Hölderlin um herói moderno, que não apenas restaurará a unidade perdida, mas ao mesmo tempo instaurará a liberdade no mundo. É em virtude dessa missão manifesta que ele não pode nem deve ser *contido* no poema, que, no entanto, o invoca e é por ele, como pelo espírito da natureza, inspirado.

POESIA

Não seria aqui o lugar para recapitular — ou melhor, para tentar restaurar — todas as obsessivas classificações ou seguir todos os meandros do raciocínio de Hölderlin tal como se apresenta nas suas anotações inéditas, fragmentárias e inconclusas intituladas "Sobre o modo de proceder do espírito poético". Remeto o leitor interessado em destrinçar esse texto difícil porém instigante a duas obras previamente citadas: à de Konrad, já clássica, e à de Waibel, contemporânea. Limito-me a dizer algumas palavras sobre ele, apenas suficientes para chegar ao conceito que me interessa, que é o de *contraposição harmônica*.

Uma vez que, como se viu em "Juízo e ser", a teoria e o conceito não são capazes de apreender o ser, só a intuição estética, que se dá como beleza, pode fazê-lo. Lê-se no *Hipérion* que

> a primogênita da beleza humana, da beleza divina é a arte. Nela rejuvenesce e retorna o próprio ser humano divino. Ele quer sentir-se, por isso

contrapõe a si a sua beleza. Assim deu-se o ser humano os seus deuses. Pois no princípio o homem e seus deuses eram um, quando era desconhecida de si própria a beleza eterna.[69]

A beleza eterna é desconhecida de si própria exatamente porque ainda não se contrapõe ao ser humano: confunde-se com ele, como ele se confunde com a natureza; confunde-se com o ser. Ela não se apresenta, portanto, enquanto tal. Para fazê-lo, ela tem de se separar do ser humano e este tem de contrapô-la a si. Só então pode ela ser a manifestação do ser — do ser absoluto, não cindido — no ente particular.[70] Isso ocorre na obra de arte que, por isso, é a primogênita da beleza divina. Contudo, para contrapor-se, como ente particular, ao ser humano, é necessário que este já se tenha constituído enquanto sujeito: é necessário, portanto, que já tenha tido lugar, para ele, a cisão constitutiva tanto do sujeito quanto do objeto. É somente então que a arte pode dar-nos o conhecimento do ser, que o discurso conceitual da filosofia não é capaz de atingir.

Em "Sobre o modo de proceder do espírito poético", Hölderlin diz que o poeta deve compreender que "surge uma oposição entre a exigência mais original do espírito, que é a de comunidade e simultaneidade de todas as partes, e a outra exigência, que lhe impõe sair de si e, em belo progresso e alternância, reproduzir-se em si mesmo e em outros".[71]

A comunidade e a simultaneidade de todas as partes do espírito é o que ele experimenta com a intuição imediata da unidade do ser: é a que ele experimenta enquanto natureza. Como artista, porém, ele tem necessidade de reproduzir essa intuição em outro, isto é, na obra. O artista, ou melhor, o poeta — para falarmos à maneira de Hölderlin —, se vê portanto entre dois pólos: o da intuição imediata da unidade do ser, que é o pólo da natureza, e o da mediação entre sujeito e objeto, isto é, o da elaboração da obra, que é o pólo da arte. Mais fundamental do que esta última mediação, que se dá somente no pólo da arte, é a mediação entre cada um dos dois pólos mencionados: o da natureza e o da arte.

Em "Fundamento ao Empédocles", texto que se refere à tragédia inconclusa que Hölderlin escreveu sobre o filósofo grego Empédocles, ele classifica o pólo da natureza de *aórgico*[72] e o pólo da arte de *orgânico*.[73] Longe de ser entendida no sentido convencional, esta última palavra deve ser remetida ao significado etimológico de "instrumental", enquanto a primeira deve ser entendida como a significar "não-instrumental". O aórgico é tido por Hölderlin como o natural, o inconceitualizável, o incompreensível, o insensível, o ilimitável, o universal, o infinito, o indefinido etc.; em contraposição a ele, o orgânico é o artificial, o conceitualizável, o compreensível, o sensível, o limitado, o particular, o finito, o definido etc. Com razão, Salvatore Lo Bue considera o primeiro como o inconsciente e o segundo como o consciente.[74] A não-instrumentalidade da natureza implica que ela é não somente origem, mas também fim. A arte, por outro lado — e aqui esta palavra não significa a obra de arte, mas a atividade que a produz —, é o instrumento pelo qual se atinge esse fim.

Pois bem, a questão determinante dos escritos sobre a poesia de Hölderlin diz respeito às condições de possibilidade da mediatização do aórgico pelo orgânico e vice-versa. Não se trata, portanto, apenas de instrumentalização do orgânico pelo aórgico, mas também do aórgico (logo do ininstrumentalizável) pelo orgânico (ou de compreensão do incompreensível, de sensibilidade do insensível, de limitação do ilimitável etc.), de modo que, sem que nenhum deles deixe de ser o que é, consigam, por meio dessa meditização recíproca, dar-nos a conhecer aquilo que a filosofia não alcança: o ser absoluto.

A solução para esse problema — que não é desprezível — passa por Fichte. Sabe-se que Hölderlin escreveu "Sobre o modo de proceder do espírito poético" sob o impacto da leitura do parágrafo 4 dos *Fundamentos da inteira doutrina da ciência*, que trata da imaginação.[75] A própria idéia de "espírito poético" é sem dúvida inspirada na concepção fichtiana de espírito. Em que consiste o espírito, para Fichte? Em última análise, ele parece identificá-lo com a faculdade de imaginação criativa.[76] A imaginação é a faculdade que flutua (*schwebt*) entre esferas aparentemente inconciliáveis — o eu e o não-eu, o sujeito e o objeto, a intuição e o intuído, o finito e o infinito — mediatizando umas pelas outras e sintetizando-as. Em relação a essa alternância do eu entre esferas opostas, Fichte desenvolveu o conceito de *determinação alternante* (*Wechselbestimmung*). Em suas palavras: "Posso partir de qualquer dos contrários que quiser e toda vez, mediante uma ação de determinação, ter determinado também o oposto. Essa determinação mais determinada pode-se apropriadamente denominar *determinação alternante*".[77] E, um pouco adiante, no mesmo texto: "Determinar e ser determinado são, por meio do conceito de determinação alternante, uma e a mesma coisa; assim como o eu põe um determinado *quantum* de negação em si, põe simultaneamente um determinado *quantum* de realidade no não-eu e vice-versa".[78]

É esse conceito que permite a Hölderlin substituir a intuição imediata da unidade do ser por uma relação de complementaridade. "Inicialmente, a beleza era para ele integração inconcebível", comenta Dieter

Henrich; "depois tornou-se-lhe a alternância dos seus momentos".[79] No "Fundamento ao Empédocles", ele aplica a determinação alternante aos conceitos de orgânico, por um lado, e de aórgico, por outro. Como vimos, um é o oposto complementar do outro. Hölderlin concebe essa oposição de modo dinâmico, que lembra as operações da dialética de Hegel. Cada um dos termos se torna mais definidamente o que é à medida que se opõe ao outro. Justamente ao fazê-lo, porém, dá-se um processo de fusão de um com o outro. Por exemplo, por meio da sua oposição ao orgânico, levada às últimas conseqüências, define-se o aórgico, que seria o indefinível, e se torna indefinido o orgânico, que seria o definido.

Desse modo, diz Hölderlin em "Fundamento ao Empédocles", que

> a natureza e a arte se opõem na vida pura somente de modo harmônico. A arte é a flor, a consumação da natureza, a natureza somente se torna divina pela articulação com a arte, diferente, porém harmônica. Quando cada qual é totalmente o que pode ser e uma se articula com a outra e supre a deficiência que a outra necessariamente tem para ser inteiramente o que é, para ser o que, enquanto particular, é capaz de ser, então a consumação lá está, e o divino está no meio de ambas.[80]

No texto "Sobre o modo de proceder do espírito poético", Hölderlin caracteriza a tarefa do poeta como a produção daquilo que chama de *das Harmonischentgegengesetzte* — que se pode traduzir como "o harmonicamente contraposto".[81] Ele formula essa exigência nas seguintes palavras, por exemplo:

> O problema de ser livre como um jovem e viver no mundo como uma criança, de ter a independência de um homem culto e a acomodação de um homem comum soluciona-se na observação da seguinte regra: põe-te, por escolha livre, em contraposição harmônica a uma esfera externa, assim como estás, por natureza, em contraposição harmônica em ti mesmo, mas de modo irreconhecível enquanto permaneceres em ti mesmo.[82]

Uma esfera externa é uma parte do mundo. Contrapor-se *tout court* a uma esfera externa é ou bem isolar-se dela ou bem lutar com ela, de modo a transformá-la e/ou ser por ela transformado. Nessa luta, ora o ser humano é vitorioso ora vencido; ora, para ele, o mundo é tudo e ele nada, ora ele é tudo e o mundo nada. Tal é a relação que o ser humano moderno, o ser humano do *Ur-Teil*, o ser humano da separação tem com o mundo.

Contrapor-se *harmonicamente* a uma esfera externa, por outro lado, é reunir-se a ela numa totalidade superior, em que as diferenças não se revelem antagônicas, mas complementares. É assim que, ao se contrapor harmonicamente à esfera externa da linguagem, o poeta produz o poema. Desse modo, ele constitui uma exterioridade em que se reconhece. Essa exterioridade não é mais apenas matéria, pois foi formada pelo espírito.[83]

Ao contrário das proposições descritivas, como as filosóficas, que são unívocas, na medida em que, ao afirmar alguma coisa, simultaneamente negam as coisas que se opõem a essa afirmação, o poema não quer afirmar coisa alguma em particular e possui a densidade contraditória e a "unidade infinita"[84] dos organismos.

O poeta não somente luta com as palavras, mas, como Carlos Drummond no poema "O lutador", faz amor com elas, enlaça-as, acaricia-as, persegue-as, tenta persuadi-las, submete-se a elas, ouve suas queixas, beija-as, apaixona-se por elas, sonha, joga e brinca com elas. E o que acabo de dizer da relação do poeta com as palavras e a linguagem aplica-se também à sua relação com o tema do poema, que também constitui uma esfera externa.

Nessas esferas externas, o poeta se joga inteiro. "A poesia", diz Hölderlin em carta a Steinkopf, "não deve ser apenas explosão apaixonada e caprichosa, nem deve ser uma peça de arte forçada e fria, mas deve surgir ao mesmo tempo da vida e do entendimento ordenador, da sensação e da convicção".[85] É o ser humano integral — sua cultura e sua natureza, sua mente e seu corpo, seu intelecto e sua intuição, seu conhecimento e sua sensibilidade, sua liberdade e sua necessidade, sua sobriedade e sua paixão, sua seriedade e seu humor, em contraposição harmônica à esfera externa da linguagem e do tema, tomados, igualmente, em sua integralidade formal e material — que se lança no poema. É por isso que o poema representa, num nível mais elevado, a unidade perdida de liberdade e necessidade, atividade e passividade, espírito e matéria, idéia e realidade, sujeito e objeto, constituindo o que Hölderlin chama de "individualidade poética".[86]

Comecei tencionando relacionar o modo de Hölderlin pensar, como filósofo, *sobre* o mundo, com o seu modo de pensar, como poeta, *o* mundo. O resultado é que o que ele pensa sobre o mundo leva-o ao ceticismo em relação à potência de todo pensar *sobre* o mundo e à afirmação da potência de pensar *o* mundo: para ele, só a poesia, e não a filosofia, é capaz de proporcionar o conhecimento — pela via de uma intuição estético-intelectual — do absoluto. Permitam-me, agora, de acordo com esse resultado, reler o poema "Hälfte des

Lebens". Entretanto, para facilitar sua interpretação, não o lerei na bela tradução de Bandeira, mas numa versão mais literal, embora menos bonita.

METADE DA VIDA

Com peras amarelas suspende-se,
Plena de rosas silvestres,
A terra sobre o lago,
Ó cisnes graciosos,
E, bêbados de beijos,
Mergulhais a cabeça
Na água santa e sóbria.

Ai de mim, onde, se
É inverno, achar as flores, e onde
A luz do sol
E as sombras da terra?
Os muros estão
Mudos e frios, ao vento
batem as bandeirolas.

O título é importante: "Metade da vida". Imediatamente, evoca a idéia de meia-idade. Ostensivamente, trata-se de um poema sobre a passagem do tempo: a chegada do inverno, a chegada da velhice. Aceitemos esse sentido. Adiante, voltarei a esse título.

Peras amarelas são peras maduras. A pêra é uma fruta suculenta e deliciosa, que mal amadurece e já está prestes a se estragar. Desde a Antigüidade, por isso, funciona como metáfora para a perecibilidade, como em Teócrito:

Ó amores corados como maçãs,
atirem setas no adorável Filino,
atirem, que o miserável não tem pena do meu amigo:
todavia, mais maduro do que pêra, as mulheres dizem
*Ai ai Filino, já foge a flor da tua beleza.**[87]

* ὦ μάλοισιν Ἔρωτες ἐρευθομένοισιν ὁμοῖοι,/ βάλλετέ μοι τόξοισι τὸν ἱμερόεντα Φιλῖνον,/ βάλλετ', ἐπεὶ τὸν ξεῖνον ὁ δύσμορος οὐκ ἐλεεῖ μευ./ καὶ δὴ μὰν ἀπίοιο πεπαίτερος, αἱ δὲ γυναῖκες,/ "αἰαῖ", φαντί, "Φιλῖνε, τό τοι καλὸν ἄνθος ἀπορρεῖ".

O escoliasta comenta que "mais maduro" significa "mais perecível" (*asthenésteros*).[88]

Já as rosas silvestres ou selvagens revelam que se trata de uma paisagem não cultivada, produto não da arte, mas da natureza: de uma paisagem natural. A rosa é metáfora tradicional da efemeridade e é dedicada a Afrodite, a deusa do amor. Há aqui, portanto, uma insinuação de sentimentos ou emoções fugazes e não domesticados pelo entendimento.

Cisne é metáfora de *poeta* desde a Grécia antiga. Platão diz que Orfeu escolheu ser reincarnado como cisne.[89] Antípatro de Sídon diz, num epigrama sobre o poeta Anacreonte:

> *A tumba de Anacreonte: o cisne de Teio aqui*
> *dorme com sua pura loucura por rapazes.*
> *Um auge lírico ele canta sobre o desejo de*
> *Bathyllo, e o mármore branco tem perfume de hera.*
> *Nem Hades extinguiu os teus amores e na casa*
> *de Aqueronte é da febre de Chipre que padeces.**[90]

Também Horácio, na segunda ode do livro IV, compara Píndaro a um cisne. Além disso, Aristófanes (*Aves*, 769 ss.) o associa a Apolo, o deus da poesia.

Pois bem, os cisnes, "bêbados de beijos", isto é, entregues aos sentimentos e às emoções, entregues à natureza, mergulham a cabeça "na água santa e sóbria". Lembremo-nos de que Hölderlin diz que Homero, para fazer seus poemas, rouba para o reino de Apolo a sobriedade junônica ocidental. É o que fazem os cisnes — os poetas — ao mergulhar a cabeça na água sóbria.

Metade do poema passa-se, como indicam as peras maduras, no final do verão ou no começo do outono. Não é mais o auge da bela estação: já não estamos no estado da natureza, mas no estado da naturalidade.

Mas a água é também espelho, reflexo, reflexão. Mergulhando nela, o eu mergulha em si. Os cisnes passam da pura integração embriagada com a natureza para o mergulho no espírito, que é o que os torna sóbrios. Eis aqui também outro sentido do título "Metade da vida". A

* Τύμβος ' Ανακρείοντος. ὁ Τήιος ̓ενθάδε κύκνος/ εὕδει χ̓η παίδων ζωροτάτη μανίη./ ἀκμήν οἱ λυρόεν τι μελίζεται ἀμφὶ Βαθύλλω/ ἵμερα, καὶ κισσου λευκὸς ὄδωδε λίθος./ οὐδ' ' Αίδης σοι ἔρωτας ἀπέσβεσεν, ἐν δ' ' Αχέροντος/ ὢν ὅλος ὠδίνεις κύπριδι θερμοτέρη.

água, como o eu, reflete, isto é, duplica, o mundo; o sujeito transforma a natureza em seu objeto. Ao fazê-lo, porém, ele dela se distancia, torna-a apenas metade da vida, cuja metade é o próprio espírito. Desse modo, ele conquista a sobriedade, a razão e a liberdade, mas perde a embriaguez com que se entregava e integrava ao mundo. Assim prepara-se o segundo plano, que é o da separação, e que se encontra na outra metade do poema.

A separação do eu e do mundo é representada pelo inverno, cuja chegada é lamentada: "ai de mim...". Observe-se que só nesse instante se manifesta o sujeito do poema. O mundo tornou-se frio e unidimensional: já não há flores, nem luz do sol, nem sombras, isto é, já não há contrastes, já não há multiplicidade real no mundo do qual o sujeito se separou. Só restam dois objetos: os muros e as bandeirolas ao vento. Os muros frios, alheios, representam a separação: entre o sujeito e o objeto, entre o ser humano e a natureza, entre o ser humano e o ser humano, entre cada ser humano e ele mesmo. Cada objeto se tornou um muro impenetrável, vedando a passagem e a paisagem. Restam as bandeirolas, batendo ao vento. Enquanto a palavra portuguesa "batem" pode referir-se tanto à imagem das bandeirolas tremulando quanto ao som que fazem, a palavra alemã original, *klirren*, refere-se exclusivamente a esse som. Nesse sentido, o "rangem os cata-ventos" da tradução de Bandeira era, embora menos literal, mais adequado. Ouve-se o som do bater, o que não quer dizer que se vejam as bandeirolas: a formulação insinua antes o oposto. Não lidamos, aqui, com a dimensão espacial do mundo; quando a encontramos, acima, é na forma de muros. O som do tremular ocorre no tempo, como que afirmando a sua passagem. O vento é uma metáfora para a passagem do tempo. Ora, o tempo não é senão, como dizia Kant, "a forma do sentido interno, isto é, da intuição de nós mesmos e de nossa condição interna".[91] Toda a desolação da paisagem refere-se à separação do eu e do não-eu.

Mas a segunda estrofe inicia com uma pergunta: "Ai de mim, onde, se/ É inverno, achar as flores, e onde/ A luz do sol/ E sombras da terra?". À luz do pensamento filosófico de Hölderlin, podemos responder: no poema. É o próprio poema que é a "metade da vida". Ele é vida porque nele o ser humano, que não dispõe, no mundo moderno, senão de uma vida pela metade, tem a intuição estética da contraposição harmônica que constitui a integralidade da vida. Ele é apenas a metade da vida, pois, por um lado, ele não é completo sem o leitor, que constitui a outra metade; e, por outro, a restituição efetiva da vida integral não poderá se dar senão no mundo. Mas, por enquanto, o poema constitui a única noção que nos é dada d'*aquele ser, no único sentido da palavra.*

NOTAS

(1) Manuel Bandeira, "Poemas traduzidos" em *Estrela da vida inteira*, Rio de Janeiro, José Olympio, 1966, p. 445.

(2) Manuel Bandeira, "Itinerário de Pasárgada" em *Poesia completa e prosa*, Rio de Janeiro, José Aguilar, 1967, p. 121.

(3) Friedrich Hölderlin, "Brief an den Bruder, 31/12/98" em *Sämtliche Werke und Briefe*, Munique, Carl Hanser, 1970, vol. 2, p. 797.

(4) Friedrich Holderlin, "Brief an Hegel, 26/01/95" em *Sämtliche Werke und Briefe*, cit., vol. 2, p. 639.

(5) Dieter Henrich, *Der Grund im Bewusstein*, Stuttgart, Klett-Cotta, 1992, pp. 127 e 796, n. 152.

(6) Em linguagem fenomenológica: toda consciência é intencional.

(7) Em texto de 1965-1966 ("Hölderlin on Judgement and Being: A Study in the History of the Origins of Idealism", em *The Course of Remembrance and Other Essays on Hölderlin*, Stanford, Stanford University Press, 1997, p. 79), Dieter Henrich pensa que o parágrafo sobre modalidade pode não fazer parte da principal seqüência argumentativa de *Urtheil und Seyn*; em 1992 ("Der Grund im Bewusstsein", cit., pp. 707-26), porém, ele tenta mostrar como se dá essa articulação.

(8) Friedrich Hölderlin, "Urteil und Seyn" em *Sämtliche Werke und Briefe*, cit., vol. 1, pp. 840-1.

(9) Cf. *Der Grosse Duden Etymologie*, Mannheim, Bibliographisches Institut, 1963.

(10) Citado por Violetta L. Waibel, *Hölderlin und Fichte 1794-1800*, Paderborn, Schöningh, 2000, p. 140).

(11) J. G. Fichte, "Recension des Aenesidemus oder über die Fundamente der vom Hern Prof. Reinhold in Jena gelieferten Elementarphilosophie", em *Sämtliche Werke*, Berlim, Veit & Comp., 1845-1846, vol. 1, p. 10. Disponível também em *Fichte im Kontext*, Berlim, Karsten Worm, 1999, CD-ROM.

(12) Dieter Henrich, *Der Grund im Bewusstsein*, cit., p. 95.

(13) Friedrich Hölderlin, "Brief an Schiller, 04/09/95", em *Sämtliche Werke und Briefe*, cit., vol. 2, p. 667.

(14) Ibidem.

(15) Friedrich Hölderlin, G. W. F. Hegel & Friedrich Schelling, "Das älteste Systemprogramm des deutschen Idealismus" em Friedrich Hölderlin, *Sämtliche Werke und Briefe*, cit., vol. 1, p. 918.

(16) Friedrich Schiller, "Etwas über die erste Menschengesellschaft nach dem Leitfaden der Mosaischen Urkunde" em *Kleinere Schriften — Sämtliche Werke*, Leipzig, Inselverlag, s. d., vol. 7, p. 325.

(17) Friedrich Hölderlin, "Hyperion oder der Eremit in Griechenland" em *Sämtliche Werke und Briefe*, cit., vol. 1, p. 640.

(18) Friedrich Schiller, "Über naive und sentimentalische Dichtung" em *Sämtliche Werke*, Munique, Carl Hanser, 1962, vol. 5, p. 695.

(19) Pouco importa aqui se a anterioridade cronológica é do processo de reflexão transcendental ou do esboço de filosofia da história. O que conta é a articulação de ambos.

(20) Naturalmente, tomo a palavra "infância" no sentido etimológico: *in-fans*, "o que não fala".

(21) "Friedrich Hölderlin, "Hyperion (voletzte Fassung)" em *Sämtliche Werke und Briefe*, cit., vol. 1, p. 559.

(22) Violetta L. Waibel, *Hölderlin und Fichte 1794-1800*, cit., p. 125.

(23) Immanuel Kant, "Idee zu einer allgemeinen Geschichte in weltbürgerlicher

Absicht" em *Werke*, Berlim, Preussische Akademie der Wissenschaften, 1902 ss., p. 27. Reimpressão: Berlim, Walter Gruyter, 1968.

(24) Ibidem, p. 26.

(25) Michael Konrad, *Hölderlins Philosophie im Grundriss*, Bonn, H. Bouvier u. Co., 1967, p. 38.

(26) São interessantes as circunstâncias que ocasionaram os escritos de Jacobi. Tendo sido informado de que o filósofo Moses Mendelssohn preparava-se para escrever uma obra sobre o caráter e os escritos do recentemente falecido poeta Lessing, Jacobi lhe perguntou, por meio de uma amiga comum, se sabia que Lessing havia sido um spinozista. Foi a partir do choque de Mendelssohn – pois Spinoza era tido por panteísta ou ateu – que Jacobi escreveu, em 1785, *Sobre a doutrina de Spinoza, em cartas ao Sr. Moses Mendelssohn*. Ao fazê-lo, a intenção manifesta de Jacobi era complexa. O que queria era, mais ou menos como Pascal havia feito, *mutatis mutandis*, em relação a Descartes, lutar contra as pretensões da filosofia racionalista do seu tempo, que considerava desmesuradas. Entretanto, julgava que o ápice ou a verdade da filosofia puramente racional era o spinozismo, que, segundo ele, em última análise era um ateísmo. Por isso, ao atacar o spinozismo, ele pretendia estar atacando toda filosofia puramente racional. Assim, Jacobi via a sua tarefa como quádrupla: primeiro, demonstrar que a filosofia de Spinoza constituía o auge da filosofia puramente racional; segundo, demonstrar que a filosofia de Spinoza, corretamente entendida, era atéia; terceiro, demonstrar que todas as outras filosofias puramente racionais desembocavam – na medida em que fossem conseqüentes – na de Spinoza; quarto, demolir a filosofia de Spinoza e, com isso, toda filosofia puramente racional. Paradoxalmente, a quarta etapa do trabalho de Jacobi foi praticamente ignorada, enquanto as três anteriores exerceram uma enorme influência na Alemanha do final do século XVIII, de maneira que Jacobi, *malgré lui*, pôs em voga a filosofia de Spinoza. Foi desse modo que esta acabou por fazer parte do fundo filosófico comum a Hegel, Schelling e Hölderlin.

(27) O último Heidegger, tendo pinçado em Hölderlin a antiga grafia, passou a empregar a palavra para indicar que não pensava mais o ser (*das Sein*) à maneira metafísica (Martin Heidegger, *Beiträge zur Philosophie (vom Ereignis)*, Frankfurt am Main, Vittorio Klostermann, 1994, p. 436). O uso da palavra *Seyn* significaria, portanto, mais um passo na direção da superação da metafísica. Se tivermos em mente que, para Heidegger, um dos erros inaugurais da metafísica havia sido a tradução, por ele considerada degenerescente, da palavra grega *ousía* pela latina *substantia* (Martin Heidegger, "Die Metaphysik als Geschichte des Deins" em *Nietzsche*, Pfullingen, Neske, 1961, vol. 2, pp. 399-457), essa pretensão não deixa de ser curiosa, pois, para Hölderlin, como para Jacobi, *Seyn* era exatamente a tradução de *substantia*.

(28) Hermann Diels & Walther Kranz (org.), *Die Fragmente der Vorsokratiker*, Hildesheim, Weidmann, 1992, vol. 1, p. 153.

(29) Baruch Spinoza, *Éthique*, Paris, Vrin, 1977, p. 80, Liber I, Propositio XXIX, Scholium.

(30) Richard Glauser, "Aesthetic Experience in Shaftesbury", em *Aristotelian Society*, Londres, vol. 76 (volume suplementar), nº 1, p. 32, 7/1/2002.

(31) Johann Gottfried Herder, "Einige Gespräche über Spinoza's System nebst Shaftesbury Naturhymnus" em *Philosophie von Platon bis Nietzsche*, Berlim, Directmedia, 1998, CD-ROM, p. 29456.

(32) F. W. J. von Schelling, "Ideen zu einer Philosophie der Natur" em Otto Weiss (Org.), *Sämmtliche Werke*, Leipzig, Fritz Eckardt, 1907, vol. 1, p. 152. Disponível também no CD-ROM *Philosophie von Platon bis Nietzsche*, Berlim, Directmedia, 1998, CD-ROM.

(33) Anthony Ashley Cooper Shaftesbury, "Third Earl of Sensus Communis, an Essay on the Freedom of Wit and Humour in a Letter to a Friend" em Lawrence E. Klein (org.),

Characteristics of Men, Manners, Opinions, Times, Cambridge (UK), Cambridge University Press, 1999, p. 322.

(34) Ibidem.

(35) Ibidem.

(36) Ibidem, p. 333.

(37) Richard Glauser, "Aesthetic Experience in Shaftesbury", cit., p. 31.

(38) Ernst Cassirer, *Die Platonische Renaissance in England und die Schule von Cambridge*, Berlim, Teubner, 1932, p. 116.

(39) Ernst Cassirer, *Filosofia de la ilustración*, México, Fondo de Cultura Económica, 1943, p. 306.

(40) Immanuel Kant, "Kritik der Urteilskraft", em *Werke*, cit., p. B 181.

(41) Ibidem, p. B 194.

(42) Friedrich Schiller, "Über naive und sentimentalische Dichtung", cit., p. 704.

(43) Immanuel Kant, "Idee zu einer allgemeinen Geschichte in weltbürgerlicher Absicht", cit., p. 306.

(44) Michael Konrad, *Hölderlins Philosophie im Grundriss*, cit., p. 53.

(45) Friedrich Hölderlin, "Über die Verfahrungsweise des poetischen Geistes" em *Sämtliche Werke und Briefe*, cit., vol. 1, pp. 881-2.

(46) Michael Konrad, *Hölderlins Philosophie im Grundriss*, cit., p. 54.

(47) Ibidem, p. 55.

(48) Ibidem, p. 59.

(49) Friedrich Hölderlin, "Brief an Casimir Ulrich Böhlendorff, 4/12/1801" em *Sämtliche Werke und Briefe*, cit., vol. 2, p. 927.

(50) Peter Szondi, *Poetik und Geschichtsphilosophie*, Frankfurt am Main, Suhrkamp, 1974, p. 195.

(51) Johann Gottfried Herder, "Sechste Sammlung" em Heinz Stolpe, Hans-Joachim Kruse & Dietrich Simon (Org.), *Briefe zur Beförderung der Humanität*, Weimar, Aufbau, 1971, vol. 1, p. 369.

(52) Friedrich Hölderlin, "Brief an Friedrich Steinkopf, 18/6/99" em *Sämtliche Werke und Briefe*, cit., vol. 2, p. 831.

(53) Friedrich Hölderlin, "Hyperion oder der Eremit in Griechenland", cit., p. 657.

(54) Friedrich Hölderlin, "Brief an Johann Gottfried Ebel, 10/01/1797" em *Sämtliche Werke und Briefe*, cit., vol. 2, p. 717.

(55) Friedrich Schiller, "Über die ästhetische Erziehung des Menschen in einer Reihe von Briefen" em *Sämtliche Werke*, cit., p. 581.

(56) Jean-Jacques Rousseau, *Discours sur l'origine et les fondements de l'inégalité parmi les hommes*, Paris, Éditions Sociales, 1971, pp. 156 ss., nota 9.

(57) Friedrich Hölderlin, "Der Gesichtspukt, aus dem wir das Altertum ansuzehen haben" em *Sämtliche Werke und Briefe*, cit., vol. 1, p. 846.

(58) Ibidem, p. 845.

(59) Peter Szondi, *Poetik und Geschichtsphilosophie*, cit., p. 190.

(60) Friedrich Hölderlin, "Hyperion (vorletzte Fassung)", cit., p. 559.

(61) Günther Mieth, "Anmerkungen" em Friedrich Hölderlin, *Sämtliche Werke und Briefe*, cit., pp. 921-1170.

(62) Friedrich Hölderlin, "Brief an den Bruder, Sep. 93" em *Sämtliche Werke und Briefe*, cit., vol. 2, p. 571, grifos meus.

(63) Friedrich Hölderlin, "Hyperion oder der Eremit in Griechenland", cit., p. 669.

(64) Friedrich Hölderlin, "Hyperion (vorletzte Fassung)", cit., p. 559.

(65) Friedrich Schiller "Über naive und sentimentalische Dichtung", cit., p. 716.

(66) Ibidem, p. 695.

(67) Wilhelm von Humboldt, "Über den Charakter der Griechen, die idealische und

historische Ansicht desselben" em Andreas Flitner & Klaus Giel (Org.), *Werke*, Darmstadt, Wissenschaftliche Buchgemeinschaft, 1963, vol. 2, p. 67.

(68) Friedrich Schiller, "Über naive und sentimentalische Dichtung", cit., p. 704.

(69) Friedrich Hölderlin, "Hyperion oder der Eremit in Griechenland", cit., p. 657.

(70) A formulação é de Waibel: "A beleza é a manifestação do ser no ente particular" (*Schönheit ist die Erscheinung des Seins im Dasein*) (Violetta L. Waibel, *Hölderlin und Fichte 1794-1800*, cit., p. 179).

(71) Friedrich Hölderlin, "Über die Verfahrungsweise des poetischen Geistes", cit., p. 864.

(72) "Aórgico", palavra que uso no lugar de *Aorgisch*, é provavelmente uma invenção do próprio Hölderlin, articulada a partir (1) do prefixo grego de negação *a-*, (2) da primeira sílaba da palavra grega *órganon*, tomada como raiz desta, e (3) do sufixo adjetivador alemão *-isch*. Como o prefixo *a-* admite a variante *an-* antes de vogais, Schelling, na mesma época, preferiu cunhar a palavra *anorgisch* (F. W. J. Schelling, "Erster Entwurf eines Systems der Naturphilosophie" em *Sämmtliche Werke*, Tübingen, Cotta, 1856-1861, p. 92; disp. em CD-ROM, Berlim, Total Verlag, 1997). Não seria incorreto traduzir *aorgisch* por *inorgânico*, vocábulo de origem francesa, hibridamente construído com um prefixo latino preposto a um radical grego. Entretanto, três considerações me aconselham a preferir o neologismo aórgico, análogo ao alemão. A mais importante é que a tradução alternativa antes obscureceria do que iluminaria o sentido tencionado por Hölderlin. A segunda é que o termo *aorgisch* jamais foi dicionarizado em alemão, de modo que conserva, nessa língua, a mesma estranheza que aórgico em português. A terceira é que, tratando-se de construção sintática e morfologicamente grega, não fica totalmente deslocada em português.

(73) Friedrich Hölderlin, "Grund zum Empedokles" em *Sämtliche Werke und Briefe*, cit., vol. 2, pp. 116 ss.

(74) Salvatore Lo Bue, "Hölderlin contra Hegel. Per una scienza della logica poietica", *Giornale di Metafisica*, Gênova, vol. 22, n°s 1-2, pp. 147-66, 2000.

(75) Violetta L. Waibel, *Hölderlin und Fichte 1794-1800*, cit., p. 291.

(76) J. G. Fichte, "Über Geist und Buchstab in der Philosophie, Brief 2", em *Sämmtliche Werke*, Berlim, Veit & Comp., 1845-1846, vol. 8, pp. 275-91. Disponível no CD-ROM *Fichte im Kontext*, Berlim, Karsten Worm, 1997-1999.

(77) J. G. Fichte, "Grundlage der gesammten Wissenschaftslehre" em I. H. Fichte (org.), *Sämmtliche Werke*, Berlim, Veit & Comp., 1845-1846, vol. 1, p. 130 s. Disponível no CD-ROM *Fichte im Kontext*, Berlim, Karsten Worm, 1997-1999.

(78) Ibidem, p. 145.

(79) Dieter Henrich, "Hegel und Hölderlin" em Dieter Henrich (org.), *Hegel im Kontext*, Frankfurt, Suhrkamp, 1971, p. 33.

(80) Friedrich Hölderlin, "Grund zum Empedokles", cit., p. 116.

(81) Konrad (1967, p. 33) sugere que Hölderlin tenha cunhado essa expressão a partir da frase, que se encontra no *Hipérion*, έγ διαφέρον έαυτῶ, "o um que difere de si próprio", que é uma paráfrase de uma proposição que Platão, no *Simpósio* (187a), atribui a Heráclito.

(82) Friedrich Hölderlin, "Über die Verfahrungsweise des poetischen Geistes", cit., p. 879.

(83) Apenas para estimular (ou estarei desencorajando?) o leitor, observo que, em "Sobre o modo de proceder do espírito poético", Hölderlin mostra todas as relações possíveis de oposição complementar pelas quais progressivamente se separam e definem e, ao mesmo tempo, cada vez mais se interpenetram, o espírito que produz o poema, a matéria que recebe o seu trabalho e o próprio poema; e mostra as relações entre ora a forma, ora o conteúdo do espírito (poderíamos dizer: ora o aórgico, ora o orgânico do

espírito) em relação ora à forma, ora ao conteúdo da matéria ou do poema, relação em que, alternativamente, ora a forma, ora o conteúdo de um ou de outro constituem a unidade e a permanência, em oposição à mudança e ao progresso de um ou de outro.

(84) Friedrich Hölderlin, "Über die Verfahrungsweise des poetischen Geistes", cit., p. 875.

(85) Friedrich Hölderlin, "Brief an Friedrich Steinkopf, 18/06/99", cit., p. 831.

(86) Friedrich Hölderlin, "Über die Verfahrungsweise des poetischen Geistes", cit., p. 875.

(87) Teócrito, *Idylles*, Paris, PUF, 1968, pp. VII, 118 ss.

(88) *Scholia in Theocritum (scholia vetera)*, Stuttgart, Teubner, 1967, p. VII: 120.

(89) Platão, "Leges" em John Burnet (Org.), *Platonis opera*, Oxford, Clarendon Press, 1989, p. 620a.

(90) Antípatro de Sídon, "7.30" em *The Greek Anthology*, Londres, Harvard University Press, 1993, vol. II, p. 20.

(91) Immanuel Kant, "Knitik der reinen Vernunft", em *Werke*, cit., p. B 49.

A POESIA CONFLUENTE

Benedito Nunes

À memória de Angelita Silva, tradutora dos Four Quartets

THE WASTE LAND

APRIL is the cruellest month, breeding
Lilacs out of the dead land, mixing
Memory and desire, stirring
Dull roots with spring rain.
Winter kept us warm, covering
Earth in forgetful snow, feeding
A little life with dried tubers.
Summer surprised us, coming over the Starnbergersee
With a shower of rain; we stopped in the colonnade,
And went on in sunlight, into the Hofgarten,
And drank coffee, and talked for an hour.
Bin gar keine Russin, stamm' aus Litauen, echt deutsch.

[...]

Unreal City,
Under the brown fog of a winter dawn,
A crowd flowed over London Bridge, so many,
I had not thought death had undone so many.
Sighs, short and infrequent, were exhaled,
And each man fixed his eyes before his feet.
Flowed up the hill and down King William Street,
To where Saint Mary Woolnoth kept the hours
With a dead sound on the final stroke of nine.
There I saw one I knew, and stopped him, crying 'Stetson!
'You who were with me in the ships at Mylae!
'That corpse you planted last year in your garden,
'Has it begun to sprout? Will it bloom this year?
'Or has the sudden frost disturbed its bed?
'Oh keep the Dog far hence, that's friend to men,
'Or with his nails he'll dig it up again!
'You! hypocrite lecteur!—mon semblable,—mon frère!'

T. S. Eliot,
Poesia, Rio de Janeiro, Nova Fronteira, 1981.

A TERRA DESOLADA

Abril é o mais cruel dos meses, germina
Lilases da terra morta, mistura
Memória e desejo, aviva
Agônicas raízes com a chuva da primavera.
O inverno nos agasalhava, envolvendo
A terra em neve deslembrada, nutrindo
Com secos tubérculos o que ainda restava de vida.
O verão nos surpreendeu, caindo do Starnbergersee
Com um aguaceiro. Paramos junto aos pórticos
E ao sol caminhamos pelas aléias do Hofgarten,
Tomamos café, e por uma hora conversamos,
Bin gar keine Russin, stamm' aus Litauen, echt deutsch.

[...]

Cidade irreal,
Sob a fulva neblina de uma aurora de inverno,
Fluía a multidão pela Ponte de Londres, eram tantos,
Jamais pensei que a morte a tantos destruíra.
Breves e entrecortados, os suspiros exalavam,
E cada homem fincava o olhar adiante de seus pés.
Galgava a colina e percorria a King William Street,
Até onde Saint Mary Woolnoth marcava as horas
Com um dobre de morte ao fim da nona badalada.
Vi alguém que conhecia, e o fiz parar, aos gritos: "Stetson,
Tu que estiveste comigo nas galeras de Mylae!
O cadáver que plantaste ano passado em teu jardim
Já começou a brotar? Dará flores este ano?
Ou foi a imprevista geada que o perturbou em seu leito?
Conserva o Cão à distância, esse amigo do homem,
Ou ele virá com suas unhas outra vez desenterrá-lo!
Tu! Hypocrite lecteur! — mon semblable —, mon frère!"

Tradução de Ivan Junqueira

1

Eliot pensou a respeito da poesia: sobre sua natureza, suas funções, seu nexo com a sociedade e a história. Pensou sobre a crítica, como poeta crítico e crítico poeta que foi, atento à feitura e à difusão da experiência humana verbalizada. Pensou que na poesia a emoção se cristaliza na palavra e que na palavra se cristalizam os sentimentos. Válvula de escape da emoção, é também a poesia um desvio da personalidade, em vez de ser a expressão dela. Os poetas estão à busca de outra linguagem. E nessa busca, segundo Eliot nos diz expressamente, formam uma comunidade inconsciente. A tarefa direta que lhes incumbe é com a sua língua; contribuem para preservá-la, distendê-la e aperfeiçoá-la. Mas Eliot também pensa na e com a poesia, ou seja, é poeta que mobiliza o pensamento na direção do mito, da religião e da filosofia, fazendo-os confrontar-se. A linguagem poética torna-se, então, uma força de convergência.

É singular que essa força de convergência atue de encontro ao que há de heterogêneo e dividido na matéria e na forma poética eliotianas — a sua dispersividade — impondo, afinal, à composição toda, uma unidade múltipla, a dos fragmentos, feita de contrastes, à semelhança da bela harmonia oculta, visada por Heráclito de Éfeso.

A dispersividade e o fragmentarismo — dois traços exemplares que igualmente distinguem a fisionomia da poesia moderna — marcam de diferentes maneiras *A terra desolada*[1] e *Quatro quartetos*,[2] as duas mais conhecidas obras poéticas de T. S. Eliot.

A terra desolada compõe-se de cinco partes, cada qual com um título — "O enterro dos mortos", "Um jogo de xadrez", "O sermão do fogo", "Morte pela água", "O que o trovão disse" — e um determinado número de estrofes. "O enterro dos mortos" compõe-se de cinco estrofes, poeticamente autônomas, embora formem um só conjunto. A dispersão da matéria nessa poesia — abastecida por um considerável corpo de notas, de referências, esclarecedoras, eruditas — corresponde ao fragmentarismo de sua forma.

Fragmento é pedaço ou parte de um todo. Noção preponderantemente espacial, valorizado com Schlegel na estética do Romantismo alemão, fragmento também significa o instantâneo de algo complexo a desenrolar-se temporalmente e, como tal, equivalente ao seccionamento da linguagem comum na qual se investem as múltiplas experiências da poesia eliotiana.

Nessa poesia a sempre crueza do real está encimada por arcadas alegóricas. Quem são os mortos a serem enterrados na primeira parte de *A terra desolada*? A multidão que transita pela Ponte de Londres, mas sob a arcada de uma cidade irreal, *unreal city*: "Sob a fulva neblina de uma aurora de inverno/ Fluía a multidão pela Ponte de Londres, eram tantos,/ Jamais pensei que a morte a tantos destruíra".

Mortas são as flores, os lilases, morta a terra, embora raízes grimpem por toda parte. Morrem os jacintos e já em outra estrofe a célebre vidente, Madame Sosostris, põe cartas. Experiência, pois, sucede a experiência. Mas, opostas ao pólo da vida, essas experiências são fundamentalmente literárias. "Como nos heróis de Flaubert, a fonte de saber do poeta (e do homem Eliot), não é a vida imediata", observa Kathrin Rosenfield.[3] Tudo o que ele sabe desta vida, mas também dos ciclos vitais e dos mistérios fertilizantes e regeneradores, absorve, truncada e indiretamente, de livros de antropologia (Eliot cita Frazer e Miss Weston como fontes principais). Ora, as notas de Eliot nunca remetem a uma experiência vivida, apenas recuperam possíveis experiências por meio de textos e de representações artísticas... A própria vida é vista por um olhar alheio: o do personagem Tirésias, espécie de "encruzilhada" onde inúmeros personagens — externos e internos — do poema encontram-se e confundem-se, conforme Eliot esclarece em *A terra desolada*.[4] É o olhar de Tirésias, o vidente homérico, que acompanha o enterro dos mortos; ele assiste à partida de xadrez e conclui: "Penso estarmos na alameda dos ratos/ Onde os homens mortos perderam seus ossos".

Segundo próprio Eliot, o Tirésias do poema é aquele que vê a poesia se fazendo. Mas não apenas isso: esse sujeito ostensivo também vê o exterior, sobretudo os elementos marinhos e vegetais da natureza, e ao ver a poesia se fazendo torna-a uma força de convergência dramática, associando-a ao mito, à religião e a outros universos poéticos. No entanto, é um sujeito quase silente, tantas são as vozes que falam ou que têm a palavra nesse poema, como as duas que se sucedem na primeira estrofe de "O enterro dos mortos": uma, um eu singular; outra, a plural de um nós:

Abril é o mais cruel dos meses, germina
Lilases da terra morta, mistura
Memória e desejo, aviva
Agônicas raízes com a chuva da primavera.
O inverno nos agasalhava, envolvendo
A terra em neve deslembrada nutrindo
Com secos tubérculos o que ainda restava de vida.
O verão nos surpreendeu, caindo no Sternbergesee
Com um aguaceiro. Paramos junto aos pórticos
E ao sol caminhamos pelas aléias do Hofgarten,
Tomamos café, e por uma hora conversamos.

A terra desolada, ao mesmo tempo sátira, balada metafísica e Apocalipse, "é, para Otto Maria Carpeaux, o poema mais assombroso da literatura moderna".[5] Por que assombroso? Não só por essa mistura de gêneros, que confirma a sua dispersividade temática, mas também pela lancinante visão da Sibila de Cumes nele evocada e por ele transportada — à custa de seu próprio fragmentarismo — do mundo antigo, onde está morrendo,[6] ao nosso mundo, lacerado, dividido por múltiplos conflitos e mortes.

No meio desse mundo ressoa um mítico trovão entre sagradas palavras do hinduísmo — *datta, sayadhvam, damyata* (dar, compreender, controlar) — constantes de um dos Upanishads. Sob tal aspecto, os versos eliotianos parecem concentrar uma longa sessão purgatorial, se não uma *saison en enfer.*

Eu, Tirésias, embora cego, palpitando entre duas vidas,
Um velho com as tetas engelhadas, posso ver,
Nessa hora violácea, o momento crepuscular que luta
Rumo ao lar [...]

Já os *Quatro quartetos* — cada qual levando o nome de um lugar visitado, "Burnt Norton", "East Coker", "Little Gidding", "The Dry Salvages" — "são quatro grandes poemas filosófico-religiosos...".[7] Mas quem nesses versos olha, fala, reflete? Quem é o personagem fabular dos *Quatro quartetos*, cada qual com o aspecto externo inteiriço dos poemas tradicionais longos, com mais de 180 e menos de 270 versos, compostos de cinco estrofes, mas internamente dispersivos quanto à matéria e fragmentários na forma?

Sabemos que esse personagem está perto; mas também sabemos que ele, um tanto vidente e um tanto filósofo, um tanto adivinho e um tanto reflexivo, vem de longe, trazido da Grécia pré-clássica, citando Heráclito no começo, em dois fragmentos, ou vem da Índia vedântica, como leitor dos Upanishads. Os *Quartetos* assombram pela sua envolvência intelectual e mítica — *mítica* e *mística*, acentuamos —, mas como meditação das idéias e visão das coisas, que atestam a sua presença sensível, mormente vegetal: "Alho e safiras na lama.../ o girassol.../ a clematite... o rio... o mar... a rosa... a pomba... o fogo... a incandescência". A sua envolvência é proporcional à complexidade dos componentes. Nele, há os mais díspares: biográfico, cósmico, poético, metalingüístico, histórico e metafísico.

O biográfico, que assoma em "East Coker" não tem a ver com o indivíduo, mas com uma geração de poetas que tenta compreender o mundo e aprofundar seu significado:

> *Assim, eis-me aqui na metade do caminho e vinte anos se passaram*
> *— Vinte anos a rigor desperdiçados, os anos de l'entre deux*
> *guerres — tentando aprender como empregar as palavras* [...]

O componente cósmico acompanha o tempo, mas também o precede, quer seja o rio ou o mar, quer seja a água ou o fogo: "A água e o fogo escarvarão/ Os poderes fundamentais que olvidamos".

Em várias passagens, os *Quartetos* nos falam do cósmico entrelaçado ao poético, sendo o poético identificado ao movimento da linguagem. Quando há poesia, são as palavras que se movem; e o fazem na direção do silêncio em que recaem. Mas aí o movimento é um detalhe da forma de que necessitam para alcançar esse fim:

> *As palavras se movem, a música se move*
> *Apenas no tempo; mas o que apenas vive*
> *Pode apenas morrer. As palavras após a fala alcançam*
> *O silêncio. Apenas pelo modelo, pela forma*

Podem as palavras ou a música alcançar
O repouso, como um vaso chinês que ainda se move
Perpetuamente em seu repouso.

Quem as provoca ao movimento é o poeta, tentando sempre aprender a empregá-las, e de novo começando a fazê-lo em cada tentativa. E tudo o que aprende é escolher a melhor das palavras, que deve ser sem pompa ou tímida. Eliot nos dá assim o delineamento de sua própria poética: é essa palavra, correntia, correta e digna, essencial, que veicula o "natural intercâmbio do antigo com o novo".

Assim como não é o indivíduo que está em jogo nesses versos, assim não é a pequena mas a grande História o que pulsa no movimento da humanidade, acima do qual se projeta o plano religioso da Redenção (sabe-se que Eliot converteu-se ao catolicismo anglicano): o ponto crítico porém metafísico dessa história se dá quando a não-História a move.

A mais apropriada descrição dos *Quatro quartetos*, feita por Helen Garden, diz-nos que esses poemas apresentam "uma série de meditações sobre a existência no tempo, a qual, começando de um lugar e de um ponto no tempo e voltando para outro lugar e outro ponto, tenta descobrir nesses pontos e lugares qual é o significado e o conteúdo de uma experiência, o que a ela nos leva e o que dela deriva, o que nós lhe trazemos e o que ela traz para nós, mas qualquer dessas descrições terá de ser breve e abstrata...".[5] A matéria temática do poema não é uma idéia ou um mito, mas em parte certos símbolos comuns, como aqueles quatro elementos que os pensadores gregos antigos nomearam: a água, o ar, a terra, o fogo.

Mas com isso ainda não se esgotou a fecundidade material e formal do poema eliotiano. Acompanhando o dispersivo da matéria, a forma, anteriormente descrita como inteiriça, fragmenta-se em estrofes intermediárias, às vezes pequenas e em cantábile:

O tempo e o sino sepultaram o dia
Nuvens negras arrebatam o sol [...]

O mundo inteiro só nos vale de hospital [...]

Senhora, cujo santuário se alteia sobre o promontório
Orai por aqueles que se fazem ao mar.

A pomba mergulhando rasga o espaço
Com flama de terror incandescente. [...]

O poema é rico em imagens como símbolos dispersos e recônditos, mas eminentes, como o fogo, o teixo e a rosa, mar e pedra, a memória e a morte, e outros menos eminentes, como a urtiga e as crianças na macieira. A memória, que está para além do desejo, liberta-nos do passado e do futuro. Esse nascimento é tanático, pois que "morremos com os agonizantes" e "nascemos com os mortos". Pela poesia efetiva-se, em parte, esse morrer. Não é cada poema um epitáfio? O passo decisivo, sempre mortal, é o nascimento: "É um passo rumo ao todo, ao fogo, uma descida à garganta do mar/ Ou à pedra indecifrável — e daí é que partimos".

Esse limite mítico do poema, falando-nos do nosso princípio e do nosso fim, mostra-nos a sua força de convergência, que mobiliza o pensamento. Quer isso dizer que *Quatro quartetos* convoca poetas e filósofos; alia-os à linguagem, citando-os, do mesmo modo que cola textos religiosos e filosóficos à sua própria escrita.

2

É como se a experiência humana do Ocidente, culturalmente situada, se filtrasse nos relevos que constituem a orografia doutrinária do grande poema; as fontes em que o poeta bebeu, as concepções de que se apropriou podem ser recolhidas no fluxo geral das imagens e idéias, como se nascessem da própria experiência do poema. Do ponto de vista crítico e mesmo para uma leitura mais acurada, impõe-se destacar os espécimes filosóficos e religiosos que ingressaram no ciclo poético dos *Quartetos*, seja os greco-latinos e cristãos, seja os orientais, chinês e hindu.

Já havia Eliot adotado em *A terra desolada* processo semelhante, recorrendo, por exemplo, aos Upanishads. Revivendo filosofias, religiões e mitos essenciais, a poesia dos *Quartetos* representa para a nossa época o que a *Divina Comédia* foi para o medievo. Dante ergueu o seu poema na base da crença dominante — a teologia cristã, em que o homem encontrava a satisfação espiritual desejada. A poesia de Eliot reflete, precisamente, a incerteza do homem contemporâneo quanto ao destino de seu impulso religioso — incerteza que hoje nos conduz à aventura espiritual e a uma condição que só não é de inteira disponibilidade em razão das heranças do passado.

A nossa época é um ponto de confluência. Descem sobre nós, como por efeito de brusca inclinação do plano da história, diversas formas de pensamento, que procuramos assimilar e manter à custa de uma atividade exaustiva, assinalada, no Ocidente, por essa inquietude do espírito, inventando crenças, retomando fórmulas mágicas, teúrgicas e ascéticas: a propagação da ioga, o interesse pelo ocultismo, o desenvolvimento da teosofia, o estudo da filosofia vedanta etc. Mas a nossa época é também, pelo mesmo motivo, um plano de dissidências.

A visão intuitiva daquilo que Eliot desenvolve eleva-se desse acervo cultural misto. O poeta pressupõe que existe uma profunda unidade por baixo da extrema diversidade — a unidade do espírito humano, destinado a cumprir um tipo de aventura, que promove, em distintos tempos e espaços, a eclosão de mitos, símbolos, arcabouços teóricos, vicissitudes e técnicas.

O acento mítico e místico dos *Quartetos*, que é marcante, alimenta-se de certo realismo antropológico. E quando, além de sua própria experiência, Eliot utiliza como matéria poética a experiência dos sábios, santos e filósofos, é porque pretende fazer mais do que uma antropologia: quer escrever a justificação do homem, ou seja, uma antropodicéia.

Em um dos poemas a unidade da experiência humana é considerada uma corrente, que jorra do manancial primitivo, dos mitos que perduram mesmo sob a crosta formada pelos hábitos da vida urbana, pela técnica e pela ilustração intelectual. É o *primitive terror*, como diz em "The Dry Salvages":

> [...] *Eu disse antes*
> *Que a experiência passada revivida pelo sentido*
> *Não é a experiência de uma só vida apenas*
> *Mas de muitas gerações — não esquecendo*
> *Alguma coisa que é provavelmente toda inefável*
> *O olhar para trás além da segurança*
> *Do que a história registra, o futuro olhar para trás*
> *Sobre o ombro, na direção do terror primitivo.*

O poeta tenta fazer uma antropologia porque invoca as atitudes fundamentais do homem, recuperadas, em parte, nos mitos, e esse propósito está de acordo com a acepção moderna da mitologia. Naquilo que têm de mais primitivo, os mitos, para empregar as expressões de George Gusdorf, constituem o formulário ou a estilística do comportamento humano em seu processo de inserção na realidade. Dotados de consistência ontológica, por eles descobrimos como o homem reage ao mundo e qual o sentido primeiro que retira das coisas e de sua própria existência. Nos *Quartetos* encontramos toda uma ontologia primitiva: a situação do ser humano é descrita e avaliada segundo os elementos essenciais que integram o simbolismo mítico e as práticas místicas.

O aproveitamento da religião e da filosofia atesta que o autor deu val à sua experiência das coisas o cunho de revivescência da cultura. Por isso, tanto os *Quatro quartetos* como *A terra desolada* podem ser considerados poemas culturais, pois filtram ou decantam certos valores humanos, quer religiosos quer filosóficos. Esses poemas, de modo especial, mostram o que há de plástico, maleável e receptivo na atual busca de padrões espirituais. Revelam o que essa postura tem de angustiante; as indecisões e as tentativas repetidas, a escolha desta ou daquela forma de pensamento, às vezes equivalentes não pela certeza que asseguram, mas pela origem comum nas vicissitudes da espécie ou no terror cósmico primitivo. Justamente sob esse aspecto, os *Quartetos* são a contraparte da *Divina Comédia*. Nesta, a firmeza do espírito acerca-se da teologia cristã; naqueles, a insegurança intelectual espraia-se e não adota uma forma determinada.

O tema radial do grande poema de Eliot é a temporalidade. Considera, a par do caráter efêmero das coisas e dos seres, o processo histórico, tentando relacioná-lo com o destino humano para mostrar que a experiência coletiva é tão inefável quanto a experiência de cada indivíduo. A reflexão sobre a temporalidade implica outros temas essenciais: nascimento e morte, ser e movimento, fim e princípio, ação e inação (ou ação e contemplação).

Os *Quartetos* harmonizam diferentes atitudes e formas de pensamento. Sua poesia foi capaz de unir o que a especulação filosófica, a racionalização do sentimento religioso — e a influência do espírito de grupo ou classe — separaram em distintos formulários, doutrinas, dogmatismos e igrejas. Daí o admirável sentido universalista desses poemas, como busca da eternidade no fluxo do tempo.

3

Nos *Quartetos* a experiência do tempo foi amplamente desenvolvida em toda a sua complexidade. Trata-se, por certo aspecto, do tempo circular das mitologias, decorrente da sucessão uniforme das coisas, e do movimento cíclico em que se alternam nascimento e morte. Assim aparece no verso do terceiro quarteto, "The Dry Salvages": "Tempo o destruidor é o tempo preservador".

Nesse poema sobreleva o acordo entre dois elementos — mar e tempo — associados miticamente. A água sempre foi considerada fator de formação, de gênese, antes mesmo de Tales, quer pelos gregos, quer pelos egípcios, babilônicos e hebreus. Homero chamou ao oceano de pai dos deuses. Está escrito no "Gênese" que o espírito de Deus pairava sobre as águas. Os órficos atribuíam ao tempo a mesma função geradora das águas: é a primeira causa entre todas as coisas, ou o primeiro dos deuses, imortal e ilimitado, engendrando o fogo, o ar e o elemento líquido. Unindo o mar e o tempo, Eliot não constrói uma alegoria, mas simboliza uma sobrevivência mítica:

Não podemos pensar num tempo que fosse sem oceano[6]
Ou num oceano não juncado de destroços
Ou num futuro que não fosse passível
Como o passado, de não ter destino.

Na mesma ordem de simbolização, mas em contraste com o oceano, o poeta nos fala do rio como um elemento dócil, tratável, que serve para demarcar fronteiras ou conduzir mercadorias. Domesticado pelo construtor de pontes, esquecido pelos habitantes das cidades, ele é, entretanto, "um forte deus moreno, indomável, intratável". As relações humanas, os processos da técnica, toda a civilização, enfim, encobrem ou disfarçam a realidade primitiva, sem jamais extinguir a sua presença. E nessa matriz reside a força perene de criação, pela qual o homem se renova, juntamente com os outros seres:

[...] *Desonrado, desfavorecido,*
Pelos adoradores da máquina, mas espera, vigia e espera.
Seu ritmo estava presente nos quartos das crianças,
No viçoso ailanto do jardim de abril,
No perfume das uvas na mesa do outono
E no círculo noturno, na luz de gás do inverno.
O rio está dentro de nós, o mar está todo à nossa volta;
O mar é a borda da terra também, o granito
Dentro do qual ele chega, as praias onde atira
Suas sugestões de uma outra e mais remota criação [...]

O tempo, posto em relação com a água, é menos a ordem de sucessividade no enlace das coisas (para empregar o conceito de Leibniz) do que a substância mesma do mundo e da vida. Por isso, por outro aspecto, o tempo apresenta-se como *duração* no sentido bergsoniano, correspondendo à consciência de ser ou de existir. Ser consciente quer dizer durar. Cada momento é a convergência do passado na forma de lembrança e do futuro como expectativa. Assim, sucessão das coisas confunde-se com a própria atividade da consciência. Não há, portanto, senão uma unidade temporal, que se apresenta ora subjetiva ora objetivamente.

O tempo não é apenas medida do movimento; é o próprio movimento indecomponível e concreto da vida, que cria sem cessar. Mas a inteligência, em sua função prática de adaptar o homem ao fluxo contínuo das coisas, delimita-o em porções, submetendo-o à categoria do espaço. Entretanto, não existem dois momentos iguais, do mesmo modo que não existem dois estados de consciência que sejam idênticos. "Se tudo está no tempo, tudo muda interiormente, e a mesma realidade concreta nunca se repete", disse Bergson. Consciência das coisas, que esse oceano perpétuo deflui. O tempo, assim entendido, é duração, e exprime, igualmente, a continuidade na sucessão de estados que parecem descontínuos ou uma só direção unitária que se diversifica em seu curso. Segundo Bergson escreveu em *L'évolution créatrice*, a duração "é o progresso contínuo do passado que se alimenta do futuro e vai crescendo à medida que avança". Completando esse pensamento, observa que, para um ser consciente, existir consiste em mudar, mudar em amadurecer, amadurecer em criar a si mesmo, indefinidamente.

A intuição bergsoniana está presente nos *Quartetos*. Confirmam-no, especialmente, certos versos, como estes de "East Coker":

> [...] *Há, parece-nos,*
> *Quando muito um limitado valor*
> *O conhecimento impõe um padrão e falseia*
> *Porque o padrão é novo a cada instante*
> *E cada instante é uma nova e chocante*
> *Avaliação de tudo o que temos sido* [...]

Poderíamos, assim, tentando apreender o sentido da experiência do tempo no poema de Eliot, reduzi-la aos padrões mais óbvios que certamente incorporou. No primeiro caso, seria a experiência temporal da realidade objetiva; no segundo, atividade consciente que liga o passado e o futuro pelo que há de único e irreiterável em cada momento. Aproximando-se ali das fontes míticas do pensamento humano, aqui da forma viva e atuante de uma das mais sedutoras filosofias da nossa época, o bergsonismo, Eliot tenta exprimir algo que não pode ficar restrito a nenhuma dessas duas modalidades, por ser uma intuição mística.

Fundamentalmente, o tempo não é sucessão, nem mudança indefinida (criação incessante). É ordem ou lei das coisas, sem dúvida, mas recobrindo a quietude, transcendendo a dissipação dos momentos e a instabilidade da consciência. Daí a ambigüidade do tempo. Cada momento é trama do passado com o futuro; transição que remete do que foi para o que será. Mas essa fuga permanente, essa inconstância, é apenas o signo visível da realidade imutável, do eterno presente que serve de eixo em torno do qual gravitam passado e futuro. Se o tempo não representa a eternidade, toda a existência é uma dissipação absurda, porque desprovida de sentido. Pois o verdadeiro tempo, o tempo real, não se divide em antes ou depois — é um agora e sempre, *nunc et semper*, disfarçado nas coisas e nos homens, encobrindo nestes a quietude mística do espírito e naquelas a íntima correspondência que faz de todas uma só coisa, como se a grande ilusão dos sentidos fosse a multiplicidade, quer espacial, quer temporal. Traduzindo esse ponto de vista, que é o *leitmotif* dos *Quartetos*, Eliot reencontra a concepção platônica: tempo conhecido por meio da experiência, é o reflexo mutável de uma realidade imutável descoberta por iluminação. Vários trechos permitem essa interpretação. Em "Burnt Norton" encontramos o seguinte:

Tempo passado e tempo futuro
Ambos permitem uma pequena consciência.
Ser consciente não é estar no tempo,
Mas só no tempo, o momento no jardim das rosas.
O momento na igreja delineada na fumaça
Podem ser lembrados; envolvidos em passado e futuro
Somente através do tempo, o tempo é conquistado.

Para precisar a significação do influxo platônico antes assinalado no aproveitamento do tema central — o tempo —, vejamos resumidamente quais as variações desse mesmo tema nos *Quatro quartetos*.

No primeiro surge a intuição do tempo como reflexo da eternidade. Procura-se o ponto estático do universo e, simultaneamente — tanto quanto podemos conceber a expressão simultânea em poesia —, a quietude da alma, mesmo considerados os impulsos e as tendências que condicionam o seu dinamismo. No segundo, "East Coker", o poeta focaliza a própria atividade humana (adotando, por sinal, a ênfase do Eclesiastes). Põe a descoberto as suas fases cíclicas, a recorrência de certas atitudes, numa sucessão uniforme de atos pelos quais se realiza a humana aventura (o nascimento, o trabalho, a construção, a procriação etc.). Também relaciona a experiência individual com a experiência transmitida, de uma geração para outra, e o que, nesse intercâmbio, é perdido ou conservado.

A título de elemento de transição indispensável entre "East Coker" e "The Dry Salvages", o que completa essas idéias é a função contemplativa da alma. Ligada ao mundo inteligível ou das essências, seu impulso fundamental, desviado pelas impressões dos sentidos, leva-a à contemplação do ser, do supremo inteligível. Estamos diante da propensão platônica dos *Quartetos*.

Libertar a alma, purificá-la, praticar a ascese que sublima o desejo, significa dar-lhe o seu rumo natural, que é a contemplação ativa, como estado de plenitude. A ascese tem nos *Quartetos* o sentido de recuperação do tempo — do tempo real ou verdadeiro. Por meio dela, o que é ação transforma-se em quietude. O homem vive no tempo apenas simbolicamente. Alcançando a santidade, o revestimento temporal de sua existência desprende-se, passando a viver no eterno presente, sem antes nem depois, sem princípio nem fim.

Confirmando no último quarteto, "Little Gidding", a ascendência do platonismo em sua concepção do tempo, Eliot termina por mostrar que a própria História é também a expressão temporal da eternidade, como se enfim homens e coisas fossem apenas manifestações do ser uno, de que tudo nasce, no qual tudo se mantém e para onde tudo retorna.

4

Pelo que já expusemos, são inegáveis as fontes místicas dos *Quartetos*. Neles confluem, interpretando-se, o hinduísmo do *Bhagavad-Gita*, a concepção penetrante de Heráclito e a contemplação serena de Lao Tzu. Mas, a nosso ver, foi em *As confissões* de santo Agostinho que Eliot encontrou o molde no qual melhor se ajusta a vivência do tempo expressa em seus poemas. Platonismo, cristianismo, taoísmo unem-se, desse modo, em uma só estrutura poética.

A existência do mal afetou santo Agostinho, determinando o processo agônico de sua conversão. O problema do tempo exerceu enorme influência sobre o pensamento e a imaginação cintilantes do bispo de Hipona. Pois se os gregos tinham a idéia serena de que tudo existe eternamente, os Padres da Igreja retomaram filosoficamente o princípio bíblico da criação do mundo, *ex nihilo*, por um ato de inteligência e vontade supremas, estabelecendo a ordem dos seres a partir do início absoluto do tempo. Aos que perguntam o que Deus fazia antes da criação, santo Agostinho, em suas *Confissões*, responde, perturbado, que o obreiro de todos os tempos não pode ficar sujeito à sucessão dos séculos, pois a sua existência é um eterno "hoje", que transcende passado e futuro. Diz ele em outra passagem: "Na eternidade, ao contrário, nada passa, tudo é presente, ao passo que o tempo nunca é todo presente. Esse tal verá que o passado é excluído pelo futuro, e que todo o futuro toma origem no passado, e todo o passado e futuro são criados e dimanam daquele que sempre é presente". O tempo procede de Deus, o que equivale a afirmar que a eternidade é o sentido oculto do tempo. Passado e futuro são formações contingentes, condicionando a vida em sua aparência de movimento, dissipação, trânsito entre o ser e o nada. No início dos *Quartetos* — a grave abertura de "Burnt Norton" — irrompe esse pensamento:

Tempo presente e tempo passado
Presentes são ambos talvez em tempo futuro
Se todo o tempo é eternamente presente
Todo o tempo é irredimível.
O que podia ter sido é uma abstração
Permanecendo uma perpétua possibilidade
Somente um mundo de indagação
O que podia ter sido e o que foi
Apontam para um só fim sempre presente.

A eternidade disfarçada pelo ritmo do movimento é neste apreendida como forma (*pattern*), que se realiza por meio do movimento. Heráclito não afirmara somente que as coisas se apresentam como fluxo incessante; concebe uma razão oculta (*logos*) ou unidade, que condiciona e transcende o movimento. O fragmento 2 do filósofo de Éfeso, que Eliot utilizou, juntamente com o de número 60, como epígrafe dos *Quartetos*, segundo o texto estabelecido por H. Diels ("Die Fragmente der Vorsokratiker"), diz o seguinte: "Apesar de que a razão seja comum, a maioria vive como se tivesse uma razão individual".

Essa razão universal que em tudo se manifesta é também o Caminho (Tao) dos taoístas, criação velada e eterna, transeunte no tempo, que não sofre mudança ou decadência, que é imperturbável e fixa, segundo o Tao Te King, atribuído a Lao Tzu. Torna-se fácil reconhecer a marca de tais influências em "Burnt Norton":

No ponto imóvel do mundo em movimento, nem a carne, nem a
ausência da carne
Nem de, nem para onde; no ponto imóvel lá está a dança,
Mas nem parada nem em movimento. E fixidez a isto não chamemos
Onde passado e futuro são recolhidos. Nenhum movimento de,
nem para onde
Nem ascensão nem declínio. Se não fosse o ponto imóvel
Não haveria dança, e lá só existe a dança.

Apenas sei dizer, lá nós estivemos: mas onde não sei dizer.
E não sei dizer qual foi a duração porque seria no tempo colocá-la.

Reflete-se também aqui outro pensamento de Heráclito, que é a segunda epígrafe dos *Quartetos*: "Para subir e descer, o caminho é um só e mesmo caminho".

Desfazendo as oposições entre ser e vir-a-ser, passado e futuro, inércia e movimento, Eliot estabelece a intuição do eterno, reunindo, para o mesmo fim, os conceitos e símbolos que o tornariam manifesto: o verbo cristão e o logos grego, o tao chinês e a alma universal, o Atman bramânico. A realidade percebida por intermédio dos sentidos, mutável e inconsistente, torna-se apenas o revestimento da verdadeira realidade, que é una e intemporal. À primeira corresponde o conhecimento ilusório, como no mundo sensível de Platão. Reveste-se, por isso, de um sem-número de formas passageiras, sujeitas ao ciclo de nascimento e morte. Constitui, assim, a trama fugidia da criação divina, cujos múltiplos fios embaraçando o conhecimento místico da unidade tecem o véu sutil que os hindus denominam Maia ou formam, como foi escrito em um dos Upanishads, a "máscara dourada que oculta a face da Verdade".

Depois de figurar a eternidade no tempo, Eliot, seguindo a via mística, mostra-nos a alma em busca do equilíbrio e da liberdade interior. Despojando-se da servidão aos desejos, superando a ação e o sofrimento, o amor limitado à satisfação presente e a esperança condicionada pelos sucessos futuros, ela encontra a quietude, o estado inefável que os *jivan-mukta* da Índia, os taoístas e os místicos do Ocidente alcançaram. A verdade apreendida pelo budismo, de que o sofrimento é efeito da ação, retorna nos versos de Eliot, em que transparece a atitude ascética dirigida para libertar o espírito humano de suas limitações temporais. Foi esse o alvo do misticismo, qualquer que seja a sua procedência religiosa. A finalidade da ascese, restringida no platonismo à posse do inteligível, é a conquista da plenitude espiritual que caracteriza o estado de santidade, como realização do ser para o qual não existem limitações ou aparências, movimento ou transitoriedade. Tudo se concentra em um eterno presente. O desejo deixa de ser movimento — implica posse imediata do que é por si mesmo desejável. Do mesmo modo, a fonte do amor é, para o santo, imóvel, intemporal, princípio e fim do próprio movimento.

No terceiro quarteto — "The Dry Salvages" — atribui-se ao santo a função de apreender a interseção da eternidade com o tempo:

Mas apreender
o ponto de interseção do sem tempo
com o tempo é uma ocupação para o santo.

O processo de ascese mística encontra-se no segundo *Quarteto* — "East Coker" — refletindo exatamente as fases de purificação da alma, segundo a técnica comum ao Oriente e ao Ocidente. Recompõe a subida do monte Carmelo de são João da Cruz, de quem Eliot toma os seguintes versos:

Para venir a lo que no sabes
Has de ir por donde no sabes
Para venir a lo que no gustas
Has de ir por donde no gustas
Para venir a lo que no posees
Has de ir por donde no posees
Para venir a lo que no eres
Has de ir por donde no eres.

A paráfrase do poeta inglês ao poeta e santo espanhol é a seguinte:

[...] *Para chegar lá,*
Para chegar onde estás, para sair de onde não estás,
Deves ir por um caminho onde não há êxtase.
Para chegar ao que não sabes
Deves ir por um caminho que é o caminho da ignorância
Para possuir o que não possuis
Deves ir pelo caminho do despojamento
Para chegar ao que és
Deves ir através do caminho onde não estás
E o que não sabes é a única coisa que sabes
E o que possuis é o que não possuis
E onde estás é onde não estás.

Por esse levantamento preliminar das influências que ressaltam da leitura dos *Quartetos*, pode-se fazer uma idéia da riqueza de seu conteúdo, que é fundamentalmente místico. A poesia dessa obra é a grande poesia religiosa? Traria ela um sentido universalista que liga por assim dizer o Oriente e o Ocidente e, de modo especial, o cristianismo e o hinduísmo? Ou é a poesia de uma nova religiosidade sincrética? Nenhuma grande poesia religiosa seria feita de citações...

Num último apanhado, é preciso referir a passagem do terceiro poema, em que se alude a Krishna. Eliot integra, nesse ponto, uma nova intuição. Encontrou-a, certamente, no *Bhagavad-Gita*, onde Krishna, entre outros ensinamentos, transmite a noção de que o homem deve permanecer sereno mesmo quando age, sem ansiedade pelos resultados de sua obra ou pelos frutos da ação. Nisso reside o princípio da ação contemplativa e da contemplação ativa, que parece resumir a atitude prática em relação ao problema do tempo, correspondendo à formula desenvolvida no poema de Eliot:

> *Enquanto o tempo está recolhido, considera o futuro*
> *E o passado com igual espírito.*
> *No momento que não é de ação ou de inação;*
>
> *E não pensa no fruto da ação.*
> *Avante.*

As ligações filosóficas e religiosas dos *Quartetos* não podem ser esgotadas com as presentes incidências. No entanto, é lícito dizer que o poema de Eliot talvez seja a única resposta de nossa época às perguntas que santo Agostinho fez: "Quem poderá prender o coração do homem para que pare e veja como a eternidade imóvel determina o futuro e o passado, não sendo ela nem passado, nem futuro? Poderá, porventura, a minha mão que escreve explicar isto? Poderá a atividade de minha língua conseguir, pela palavra, empresa tão grandiosa?".

A resposta dos *Quartetos* é dada no plano da História, até onde nos leva "The Dry Salvages" quando diz:

> [...] *Como já se disse,*
> *A experiência vivida e revivida no significado*
>
> *Não é a experiência de uma vida apenas*
>
> *Mas a de muitas gerações — não esquecendo*
> *Algo que, provavelmente, será de todo inefável:*
> *Olhar para além da certeza*
> *Da História documentada.*

Mas prendemo-nos ao tempo e submetemo-nos à História. Embora esquadrinhemos passado e futuro, não chegamos a apreender — o que é tarefa para os santos — a interseção entre a História e a não-História, entre o tempo e o intemporal. No entanto, tudo o que acontece depende dessa interseção, pensável mas imprevisível, que se esboça em nossa memória. A memória é capaz de libertar-nos da servidão à História, e tornar a História sinônimo de liberdade:

Esta é a função da memória:
Libertação — não menos amor mas expansão
De amor para além do desejo, como também libertação
Do passado e do futuro.

É a História que afinal nos redime do jugo do tempo, pensava Eliot à época da Segunda Guerra Mundial quando escrevia os *Quartetos* sob o fragor das bombas voadoras nazistas sobre Londres: "Assim, enquanto a luz declina/ Numa tarde de inverno, numa capela reclusa/ A História é agora a Inglaterra".

Esse ponto-agora da História ocorre porque para Eliot se dá o que está para além de toda História e que é o que a rege. Encontramos, de novo, a incidência platônica e agostiniana do pensamento do poeta. A Encarnação, o além histórico, para o Eliot católico apostólico e anglicano, é a perfeita inserção do temporal com o intemporal.

A hipótese em parte conjecturada, o dom parcialmente
compreendido, é encarnação.
Aqui se atualiza a impossível
União de esferas da existência,
Aqui passado e futuro
Estão reconquistados e reconciliados...

Com o que acabamos de expor, completa-se a concepção do mundo eliotiana: o homem não está aqui para conhecer, mas está para os momentos de unção, em que a linguagem dos mortos toma o lugar da linguagem dos vivos — também uma intersecção do intemporal — e para purgar-se por meio das desventuras históricas a caminho da Redenção que lhe foi prometida. A poesia desvela esse caminho, e o faz dando ao lirismo eliotiano a pulsão do pensamento indagador, filosófico, dramatizando a existência individual e histórica interrogada.

NOTAS

(1) Seguimos a tradução de Ivan Junqueira em T. S. Eliot, *Poesia*, Rio de Janeiro, Nova Fronteira, 1981.

(2) Para esta obra, seguimos a tradução de Angelita Silva publicada no jornal *A Província do Pará*, suplemento *Letras e Artes*, Belém, 2/12/1956.

(3) K. Rosenfield, "*Waste Land* ou Babel: gramática do caos", em T. S. Eliot & Charles Baudelaire, *Poesia em tempo de prosa*, tradução Lawrence Flores Pereira, organização Kathrin H. Rosenfield, São Paulo, Iluminuras, 1996.

(4) "Notes on the Waste Land" em *Collected Poems*, Nova York, Harcourt, Brace and Company, 1934.

(5) Otto Maria Carpeaux, *História da literatura universal*, Rio de Janeiro, *O Cruzeiro*, 1966, vol. VIII, p. 3222.

(6) Consta da epígrafe: "*Nam Sibyllam quidem Cumis ego ipse oculis meis vidi in ampulla pendere, et cum illi pueri dicerent: Sibulla ti telleis; respondebat illa: apothanein tello*" [Pois com os meus próprios olhos vi em Cuma a Sibila, suspensa dentro de uma ampola e quando as crianças lhe diziam: Sibila, o que queres?; ela respondia: Quero morrer] (Petrônio, *Satiricon*).

(7) Otto Maria Carpeaux, *História da literatura universal*, cit., vol. VIII, p. 3224.

(5) Helen Garden, "The Music of Four Quartets (1949)" em Bernard Bergonzi (ed.), *T. S. Eliot: Four Quartets*, Londres, Mac Macmillan, 1969, pp. 125-6.

(6) É imprescindível ler esse verso no original: "We cannot think of a time that is oceanless". O adjetivo *oceanless* não pode ser transposto literalmente, com toda a sua força expressiva, para a nossa língua.

CONSCIÊNCIA E HEROÍSMO NO MUNDO MODERNO

Jorge Coli

ÉBAUCHE D'UN ÉPILOGUE POUR LA DEUXIÈME ÉDITION, 1861

Tranquille comme un sage et doux comme un maudit,...
j'ai dit:
Je t'aime, ô ma très belle, ô ma charmante...
Que de fois...
Tes débauches sans soif et tes amours sans âme,
Ton goût de l'infini,
Qui partout, dans le mal lui-même se proclame,
Tes bombes, tes poignards, tes victoires, tes fêtes,
Tes faubourgs mélancoliques,
Tes hôtels garnis,
Tes jardins pleins de soupirs et d'intrigues,
Tes temples vomissant la prière en musique,
Tes désespoirs d'enfant, tes jeux de vieille folle,
Tes découragements;
Et tes feux d'artifice, éruptions de joie,
Qui font rire le ciel, muet et ténebreux.
Ton vice vénérable étalé dans la soie,
Et ta vertu risible, au regard malheureux,
Douce, s'extasiant au luxe qu'il déploie...
Tes principes sauvés et tes lois conspuées,
Tes monuments hautains où s'accrochent Les brumes.
Tes dômes de métal qu'enflamme le soleil,
Tes reines de théâtre aux voix enchanteresses,
Tes tocsins, tes canons, orchestre assourdissant,
Tes magiques pavés dressés en forteresses,
Tes petits orateurs, aux enflures batoques,
Prêchant l'amour, et puis tes égouts pleins de sang,
S'engoufrant dans l'Enfer comme des Orénoques,
Tes anges, tes bouffons neufs aux vieilles défroques
Anges revêtus d'or, de pourpre et d'hyacinthe,
O vous, soyez témoins que j'ai fait mon devoir
Comme un parfait chimiste et comme une âme sainte.
Car j'ai de chaque chose extrait la quintessence,
Tu m'as donné ta boue et j'en ai fait de l'or.

Charles Baudelaire,
Les fleurs du mal

PROJETO PARA UM EPÍLOGO, EDIÇÃO DE 1861

Tranqüilo como um sábio e suave como um maldito,...
eu disse:
Eu te amo, oh! minha muito bela, oh! minha encantadora...
Quantas vezes...
Tuas devassidões sem sede e teus amores sem alma,
Teu gosto do infinito
Que em todos os lugares, no próprio mal, se proclama,
Tuas bombas, teus punhais, tuas vitórias, tuas festas,
Teus arrabaldes melancólicos,
Tuas casas de cômodos,
Teus jardins cheios de suspiros e de intrigas,
Teus templos vomitando a prece musicada,
Teus desesperos de criança, teus brinquedos de velha louca,
Teus desânimos;
E teus fogos de artifícios, erupções de alegria,
Que fazem o céu rir, mudo e tenebroso,
Teu vício venerável exposto sobre a seda,
E tua risível virtude, com olhar infeliz.
Doce, se extasiando diante do luxo por ele desdobrado...
Teus princípios salvos e tuas leis conspurcadas,
Teus monumentos altivos onde as brumas se agarram,
Tuas cúpulas de metal que o sol incendeia,
Tuas rainhas de teatro com vozes sedutoras,
Teus sinos que tocam o alarme, teus canhões, orquestra ensurdecedora,
Teus calçamentos mágicos que se erguem qual fortalezas,
Teus oradorezinhos, com empolações barrocas,
Pregando o amor, e depois, teus esgotos cheios de sangue,
Se engolfando no Inferno como Orenocos,
Teus anjos, teus bufões novos com velhos andrajos,
Anjos vestidos de ouro, de púrpura e de jacinto,
Oh! vós, sede testemunha de que cumpri meu dever
Como um químico perfeito e como uma alma santa.
Pois de cada coisa extraí a quintessência,
Tu me deste tua lama e eu a transformei em ouro.

Tradução de Jorge Coli

A modernidade teve seus poetas, que a celebraram. Whitman, Cendrars, Cocteau, os futuristas, Mário de Andrade, os da Paulicéia Desvairada. As máquinas, que mostravam poderes e forças como jamais haviam sido criadas antes, foram admiradas na música, na pintura, em prosa e em verso. A arte entusiasmou-se por um mundo que se transformava tecnicamente, acreditou nas utopias futuras do progresso.

Tomemos este trecho de Baudelaire, extraído dos *Journaux intimes*:

> O que é mais absurdo do que o progresso, já que o homem, como é provado pelos fatos cotidianos, é semelhante e igual ao homem, quer dizer, sempre no estado selvagem! O que são os perigos da floresta e da planície diante dos choques e dos conflitos cotidianos da civilização? Que o homem enlace sua enganada no bulevar, ou transpasse sua presa em florestas desconhecidas, não é ele o homem eterno, quer dizer, o mais perfeito animal de rapina?[1]

Walter Benjamin comenta: "É sobretudo a 'fé no progresso' que ele [Baudelaire] persegue com seu ódio, como uma heresia, uma doutrina errada, e não como um erro comum".[2]

Aquilo que fazia vibrar os artistas encantados pela modernidade, isto é, o princípio de progresso, a teleologia da felicidade coletiva, está completamente eliminado de Baudelaire, que demonstra, por sinal, raros entusiasmos positivos.

No entanto — é ainda Walter Benjamin quem lembra —, Baudelaire moderniza as alegorias, empregando palavras prosaicas, sobretudo urbanas, dentro da poesia lírica: *quinquet, wagon, omnibus, bilan, revérbère, voirie.*[3] Na ruptura entre clássicos e românticos, o uso dos termos considerados vulgares, que deviam ser excluídos nas grandes tragédias, acenderam o estopim dos conflitos: foi assim na batalha de Hernani, por causa de um verso que menciona um "escalier dérobé".[4] Baudelaire, porém, introduz, com essas palavras, signos de novidade moderna. Para melancolia, em vez de *mélancolie*, ele prefere *spleen*,[5] expressão inserida na moda graças ao anglicismo da época: *spleen*, que significa baço, órgão no qual os antigos imaginavam que os humores negros se juntavam para tornar melancólico um caráter, diverge de *mélancolie* pela modernidade do estrangeirismo — *mélancolie* transfigurada em *spleen* soa mais moderno. E *spleen* recobre esses termos baudelairianos: angústia, azar, tédio, melancolia...

A poesia brota de passos nas ruas da cidade industrial: "Exercito sozinho esta absurda esgrima,/ Farejando em cada canto os acasos da rima,/ Tropeçando em palavras como na calçada,/ Dando às vezes com versos há muito sonhados" [Le soleil: Je vais m'exercer seul à ma fantasque escrime,/ Flairant dans tous les coins les hasards de la rime,/ Trébuchant sur les mots comme sur les pavés,/ Heurtant parfois des vers depuis longtemps rêvés].[6]

O poeta tropeça nas palavras como nas pedras da rua; e é farejando em cada canto dessa paisagem urbana que nasce a poesia.

Éric Hazan, num estudo sobre Baudelaire e Paris, explica:

> A "esgrima fantasiosa" é um esporte solitário que ele exercita, no que era ainda a periferia da cidade, os subúrbios — o Canal Saint-Martin e o subúrbio do Temple sem dúvida, quando ele morava na rua des Marais du Temple ou na rua d'Angoulême; ou ainda no subúrbio Saint-Denis, na fumarada dos trens, quando ele morava no Hotel da Estrada de Ferro do Norte... O que é certo é que o subúrbio — nevoento, enlameado, ou *sacudido pelas carroças pesadas* — é o estrato parisiense onde Baudelaire encontra os seres que vagueiam nas *Flores do mal.*[7]

Flanar é encontrar a poesia, captando as aparições casuais nas ruas, e delas extrair impressões misteriosas. Diante da cidade moderna, o olhar do poeta não é o do hábito, que caleja a percepção. É, ao contrário, o de uma sensibilidade muito aguçada: aguçada por estados "anormais", febris, que o jejum e as drogas (os paraísos artificiais) podem trazer. Nessa percepção do *flâneur* encontra-se a substância da poesia. Não existem verdades últimas, não existem seguranças de qualquer sorte. Há, ao contrário, um processo contínuo que busca se nutrir do efêmero.

Em verdade, o poeta é um vampiro da cidade moderna. Ele suga dali a força criadora. Essa força, porém, não traz um benefício ao poeta: o benefício vem para a poesia: "Quando desce à cidade, tal como um poeta,/ Mesmo a sorte das coisas mais vis enobrece/ e entra como um rei, sem ruídos e sem lacaios,/ Em todos os palácios e nos hospitais" [Quand, ainsi qu'un poète, il descend dans les villes,/ Il ennoblit le sort des choses les plus viles,/ Et s'introduit en roi, sans bruit et sans valets,/ Dans tous les hôpitaux et dans tous les palais].[8]

Enobrecer a sorte das coisas mais vis: eis a chave principal.

Há uma dualidade em Baudelaire. Por um lado, a recusa violenta do progresso, do mundo moderno banalizador, corruptor do espírito — daí seu horror pela fotografia, vista por ele apenas como um modo mecânico de reproduzir a imagem do mundo. Mas, por outro, ele cultiva a idéia de que o artista moderno está ancorado no presente, aprisionado pelo presente, e não pode escapar dele. O presente é uma prisão, e o poeta, o "rei de um país chuvoso", do qual não pode fugir. Os convites às viagens,

Minha criança, minha irmã
Pensa na doçura
De ir lá longe vivermos juntos!
Amar à vontade
Amar e morrer
*No país que se parece contigo.**[9]

as nostalgias de um nirvana harmonioso sobre a terra,

Lá, tudo é apenas ordem e beleza
*luxo, calma e volúpia.***[10]

são apenas nostalgias. Trata-se de viagens impossíveis, que tornam ainda mais melancólico "o país chuvoso", ao qual o poeta moderno foi

* Mon enfant, ma soeur,/ Songe à la douceur/ D'aller là-bas vivre ensemble!/ Aimer à loisir,/ Aimer et mourir/ Au pays qui te ressemble!
** Là, tout n'est qu'ordre et beauté,/ Luxe, calme et volupté.

condenado, sem remissão. Essas viagens são tanto mais impossíveis quanto a modernidade surge, em Baudelaire, como a manifestação contemporânea do humano, o abominável.

Baudelaire é leitor de Joseph de Maistre, cujo pensamento conservador combateu a Revolução Francesa e que via com cinismo as generosidades rousseaunistas, percebendo, como Hobbes, a matéria perversa e violenta de que seriam feitos a natureza e o homem. Baudelaire assume uma culpa coletiva, uma espécie de teologia da queda, presentes em De Maistre; é este quem enuncia: "Todo malvado é um Heautontimoroumenos",[11] empregando a palavra complicada que daria título a um poema de Baudelaire. Essa palavra, grega, título de uma comédia de Terêncio, significa o homem que se pune a si próprio. É nela, por sinal, que se encontra a conhecida frase *Homo sum, humani nihil a me alienum puto*: "Sou homem, nada que é humano me é alheio", que os humanistas do Renascimento celebrariam. De Maistre, o cristão, contava com o sagrado que redime: o humano se ultrapassa pelo divino. Baudelaire, ao contrário, limita-se ao humano, concebido como contingente, como órfão: é possível perceber em Baudelaire a falta angustiada do divino e do sagrado porque o sagrado se perdeu. Deus parece fugir, Deus tornou-se inapreensível, e a redenção se tornou impossível.

OS CEGOS

Atravessam assim o escuro ilimitado,
Esse irmão do silêncio eterno. Ó cidade!
Enquanto à nossa volta cantas, ris e berras,

Tomada de prazer até a atrocidade,
Vê! Também eu me arrasto! E mais que eles, pasmado,
*Pergunto: o que procuram no Céu tantos cegos?** [12]

Sem redenção, o humano está entregue a si próprio, à sua perversidade natural. Heautontimoroumenos é a consciência do homem dual, ao mesmo tempo carrasco e vítima:

* Les aveugles: Ils traversent ainsi le noir illimité/ Ce frère du silence éternel. Ô cité!/ Pendant qu'autour de nous tu chantes, ris et beugles,// Éprise du plaisir jusqu'à l'atrocité,/ Vois! je me traîne aussi! mais, plus qu'eux hébété,/ Je dis: Que cherchent-il au Ciel, tous ces aveugles?

O HEAUTONTIMOROUMENOS

Irei agredir-te sem cólera
Nem ódio, como um magarefe,
Como ao rochedo fez Moisés!
E far-te-ei brotar das pálpebras,

Pra refrescar meu Saara,
As águas do teu sofrimento.
Cheio de esperança, o meu desejo
Nesse teu choro nadará

Como uma nau a pôr-se ao largo
E no meu ébrio coração
Os teus soluços ecoarão
Como um tambor rufando à carga!

Não serei eu um falso acorde
Nesta divina sinfonia
Graças à voraz Ironia
Que me perturba e que me morde?

Está na minha voz, tão gritante!
Esse veneno é o meu sangue!
Eu sou o mais sinistro espelho
Onde a megera se contempla.

Eu sou a chaga e sou a faca!
Sou eu a face a bofetada!
Eu sou os membros e a roda
E também vítima e carrasco! * [13]

* Je te frapperai sans colère/ Et sans haine, comme un boucher,/ Comme Moïse le rocher!/ Et je ferai de ta paupière,// Pour abreuver mon Saharah,/ Jaillir les eaux de la souffrance./ Mon désir gonflé d'espérance/ Sur tes pleurs salés nagera/ Comme un vaisseau qui prend le large,/ Et dans mon coeur qu'ils soûleront/ Tes chers sanglots retentiront/ Comme un tambour qui bat la charge!// Ne suis-je pas un faux accord/ Dans la divine symphonie,/ Grâce à la vorace Ironie/ Qui me secoue et qui me mord?// Elle est dans ma voix, la criarde!/ C'est tout mon sang, ce poison noir!/ Je suis le sinistre miroir/ Où la mégère se regarde.// Je suis la plaie et le couteau!/ Je suis le soufflet et la joue!/ Je suis les membres et la roue,/ Et la victime et le bourreau!

Heautontimoroumenos, o carrasco de si próprio, o duplo que encerra agredido e agressor, arma e ferida, o poeta consciente do homem como vítima e como violência ao mesmo tempo, nos revela um Baudelaire próximo a Sade. Mas essa proximidade, essencial, carrega-se de duas sombras modernas, no sentido de serem românticas, ou neo-românticas: 1) o gozo da violência é angustiado; 2) o gozo da violência é voluptuoso.

A primeira diferença ocorre porque no universo de Baudelaire o gozo violento e a angústia vão de par, trazidos pela consciência da condenação à impureza, essa mesma condenação que transforma o convite à viagem em nostalgia impossível. Está claro, isto é o avesso do que ocorre em Sade, para quem o sofrimento erótico está na ordem da natureza, e essa ordem deve eliminar a angústia eliminando a culpa: talvez seja esse o sentido principal da pedagogia contida em *A filosofia na alcova.*

A segunda pressupõe a ausência da volúpia, bem perceptível, embora não explicitada, nos textos de Sade. As orquestrações orgiásticas, os procedimentos sexuais descritos pelo marquês de modo tão metódico falam do gozo como intensidade e orgasmo, mas não como desejo. Baudelaire, ao contrário, amplia desmedidamente o desejo: sua poesia é muito menos sexual que desejante. Esse desejo é feito de contradições perturbadoras, que se alimenta das impurezas, que pressupõe a temporalidade corruptora.

E, no entanto, sereis semelhante a esse lixo,
A essa horrível infecção
Estrela de meus olhos, sol de minha natureza
Vós, meu anjo e minha paixão!

Então, oh minha bela! Dizei ao verme
que vos devorará com beijos
Que eu guardei a forma e a essência divina
De meus amores decompostos! *[14]

O final do poema, referindo-se ao poder do artista de guardar "a forma e a essência divina", é revelador. O que é imundo transfigura-se em poesia. O artista possui o poder de recriar, a partir desse dado primeiro, uma espécie de sobre-realidade. Para empregar os termos de

* Et pourtant vous serez semblable à cette ordure,/ A cette horrible infection,/ Étoile de mes yeux, soleil de ma nature,/Vous, mon ange et ma passion!// Alors, ô ma beauté! dites à la vermine/ Qui vous mangera de baisers,/ Que j'ai gardé la forme et l'essence divine/ De mes amours décomposés!

Baudelaire: uma realidade espiritualizada, uma contemporaneidade heróica, que parte do instante captado, do artifício que engana: a moda, a maquiagem. O transitório, a mobilidade efêmera das grandes cidades, adquirem porém vertiginosa profundidade num mergulho em si mesmo — nesse transitório moderno — mas também num mergulho dentro do poeta.

> Para nós, basta ver a árvore ou a casa; inteiramente absorvidos em contemplá-las, nós nos esquecemos de nós mesmos. Baudelaire é o homem que não se esquece nunca. Ele se olha ver; ele olha para se ver olhar; é sua consciência da árvore, da casa que ele contempla e as coisas só lhe aparecem através dela [consciência], mais pálidas, menores, mais fora de alcance, como se ele as percebesse através de uma luneta. Elas não se indicam nunca umas às outras, como a seta mostra o caminho, como o marcador mostra a página, e o espírito de Baudelaire nunca se perde em seus dédalos. Sua missão imediata é, ao contrário, remeter a consciência a si própria.[15]

Eu sou a ferida e a faca... O homem encontra-se em si mesmo, mas exilado de si. Encontra-se no mundo, mas exilado do mundo. É Sartre quem formula, ainda: "'O homem sensível moderno' não sofre por tal ou qual motivo particular, mas, em geral, porque nada nesta terra poderia contentar seus desejos".[16] Essa insatisfação não vem da abundância, da saciedade; também não surge daquilo que falta em modo circunstancial, mas de uma ausência de sentido. Compreende-se o ódio pelo progresso, que Baudelaire exprime: a modernidade traz um falso sentido, um falso sinal, a essa ausência: Deus não é Deus, nem a máquina é Deus. A modernidade é condição de existência; não é com ela que se fabricam sentidos, mas é dela que pode nascer o heroísmo: ele não a transcende, mas a engrandece pela consciência da heróica angústia. Nela nasce a obra de arte e o seu papel metamórfico.

A gênese da criação artística se encontra admiravelmente evocada num poema incompleto, o esboço de um epílogo para a segunda edição das *Flores do mal*. Eis aqui a segunda parte dele:

> *Tranqüilo como um sábio e suave como um maldito,...*
> *eu disse:*
> *Eu te amo, oh! minha muito bela, oh! minha encantadora...*
> *Quantas vezes...*
> *Tuas devassidões sem sede e teus amores sem alma,*
> *Teu gosto do infinito*
> *Que em todos os lugares, no próprio mal, se proclama,*
> *Tuas bombas, teus punhais, tuas vitórias, tuas festas,*
> *Teus arrabaldes melancólicos,*

Tuas casas de cômodos,
Teus jardins cheios de suspiros e de intrigas,
Teus templos vomitando a prece musicada,
Teus desesperos de criança, teus brinquedos de velha louca,
Teus desânimos;

E teus fogos de artifícios, erupções de alegria,
Que fazem o céu rir, mudo e tenebroso,

Teu vício venerável exposto sobre a seda,
E tua risível virtude, com olhar infeliz.
Doce, se extasiando diante do luxo por ele desdobrado...

Teus princípios salvos e tuas leis conspurcadas,
Teus monumentos altivos onde as brumas se agarram,
Tuas cúpulas de metal que o sol incendeia,
Tuas rainhas de teatro com vozes sedutoras,
Teus sinos que tocam o alarme, teus canhões, orquestra ensurdecedora,
Teus calçamentos mágicos que se erguem qual fortalezas,
Teus oradorezinhos, com empolações barrocas,
Pregando o amor, e depois, teus esgotos cheios de sangue,
Se engolfando no Inferno como Orenocos,
Teus anjos, teus bufões novos com velhos andrajos,
Anjos vestidos de ouro, de púrpura e de jacinto,
Oh! vós, sede testemunha de que cumpri meu dever
Como um químico perfeito e como uma alma santa.
Pois de cada coisa extraí a quintessência,
*Tu me deste tua lama e eu a transformei em ouro.** [17]

* Tranquille comme un sage et doux comme un maudit,.../ j'ai dit:/ Je t'aime, ô ma très belle, ô ma charmante.../ Que de fois.../ Tes débauches sans soif et tes amours sans âme,/ Ton goût de l'infini,/ Qui partout, dans le mal lui-même se proclame,/ Tes bombes, tes poignards, tes victories, tes fêtes,/ Tes faubourgs mélancoliques,/ Tes hôtels garnis,/ Tes jardins pleins de soupirs et d'intrigues,/ Tes temples vomissant la prière en musique,/ Tes désespoirs d'enfant, tes jeux de vieille folle,/ Tes découragements;// Et tes feux d'artifice, éruptions de joie,/ Qui font tire le ciel, muet et ténebreux.// Ton vice vénérable étalé dans la soie,/ Et ta vertu risible, au regard malheureux,/ Douce, s'extasiant au luxe qu'il déploie...// Tes principes sauvés et tes lois conspuées,/ Tes monuments hautains où s'accrochent Les brumes./ Tes dômes de métal qu'enflamme le soleil,/ Tes reines de théâtte aux voix enchanteresses,/ Tes tocsins, tes canons, orchestre assourdissant,/ Tes magiques pavés dressés en forteresses,/ Tes petits orateurs, aux enflures batoques,/ Prêchant l'amour, et puis tes égouts pleins de sang,/ S'engoufrant dans l'Enfer comme des Orénoques,/ Tes anges, tes bouffons neufs aux vieilles défroques/ Anges revêtus d'or, de pourpre et d'hyacinthe,/ O vous, soyez témoins que j'ai fait mon devoir/ Cornme un parfait chimiste et comme une âme sainte./ Car j'ai de chaque chose extrait la quintessence,/ Tu m'as donné ta boue et j'en ai fait de l'or.

Esse poema concentra, de modo notável, a relação que Baudelaire mantinha com a modernidade e, em particular, com a modernidade urbana. As invocações reiteradas dos versos fazem surgir a cidade já interpretada de modo precioso pelo poeta, e a enumeração que precede o enunciado do processo poético já é a transfiguração alquímica que esse enunciado contém. Não podia ser de outro modo, pois é a própria poesia que se diz processo poético. Ela nos declara transformar a lama em ouro, mas só pode nos mostrar a lama transformada, isto é, o ouro. Assim, a criação poética é aqui também consciência estética da criação poética. Nessa volta sobre si, Baudelaire se distancia do Romantismo, do qual ele é, de certo modo, oriundo. Diversamente dos românticos, que, sofrendo, por suas sensibilidades exasperadas e privilegiadas, agredidas pelas asperezas difíceis do mundo moderno, buscavam a fuga pelo imaginário, para outras épocas, para a natureza (que Baudelaire odeia, chamando a natureza dos românticos de "legumes santificados") — ou mesmo pelo suicídio[18] — Baudelaire enfrenta, com uma acuidade desesperada, a consciência do contemporâneo. Porque não propõe uma fuga do mundo presente, fuga daquilo que poderia ser chamado vagamente de real (fuga para tempos recuados ou países exóticos: se "Convite à viagem" nos leva a um nirvana perfeito, desejável mas impossível, "Viagem a Citera" nos traz ao horror inevitável de nosso próprio corpo e de nossos prazeres), mas uma transformação desse real pela imaginação e pela criação artística.

O sentido da criação está na consciência de si: um poder imaginativo que parte da imersão no moderno para criar um heroísmo a partir desse mesmo moderno. A consciência poética que sobrevive na modernidade é a forma mais aguda e torturada desse heroísmo.

O mundo é transfigurado pela presença do criador no mundo. Eis uma frase extraída do texto "Notes sur l'art philosophique", de 1866: "O que é a arte pura, segundo a concepção moderna? É criar uma sugestiva magia contendo ao mesmo tempo o objeto e o sujeito, o mundo exterior ao artista e o próprio artista".[19] Sartre diz que o poeta poderia desenvolver um discurso sobre a pouca "realidade" do mundo exterior:

> Pretextos, reflexos, telas, os objetos nunca valem por si próprios e só têm a missão de dar-lhe a oportunidade de se contemplar enquanto os vê. Há uma distância original de Baudelaire em relação ao mundo que não é a nossa; entre ele e os objetos se insere sempre uma translucidez um pouco embaçada, um pouco adoradora demais, como uma lufada de vento quente no verão.[20]

Distância e aproximação, mundo banal e mundo sublimado pela criação poética. De lá vem a importância, para Baudelaire, do jogo de olhares e do jogo de espelhos — eles significam consciência do mundo através da consciência de si no mundo: lucidez inspirada que cria, ao mesmo tempo, a identificação e a alteridade imediatas. Baudelaire não impõe seu mundo ao mundo. Para ele, sem a lama o ouro não se faz. E essa lama é, ela própria, o produto do homem no mundo. Sartre nota que isso é a causa da situação central em que se encontra a questão do *artifício* em Baudelaire, do papel essencial que ele adquire em seu pensamento, porque o artifício é a marca do homem no mundo, que lhe permite o reconhecimento de si nas aparências. De lá vem a importância da maquiagem, do dândi — enquanto ser artificial — da cidade, criação perpétua do humano.

Para o criador é necessária, no entanto, a capacidade de apreensão da modernidade espiritualizada. Essa capacidade é eminentemente sensorial: ela se faz pelos olhos, pela língua, pelos ouvidos, pelo nariz, pelas mãos — mas tudo aquilo que recebem os sentidos está filtrado pelos estados segundos da consciência. Por isso surge a necessidade dos paraísos artificiais: as drogas, o enfraquecimento físico, a febrilidade, a música de Wagner, própria a produzir a mais prodigiosa embriaguês. Magia poética, sem dúvida, mas que acaba se situando além dos instrumentos sensíveis, de onde entretanto ela se origina. Portanto, se a fascinação da modernidade se encontra na lama — a "normalidade" da lama só se enxerga enquanto lama. Isto é, se Baudelaire afirma a fascinação contida na modernidade, ele afirma também a existência de uma consciência superior mergulhada na banalidade, dessa relação nascendo a dificuldade de estar no mundo. Duas vertentes complementares: de um lado, a modernidade banal que engendra o tédio; de outro, a modernidade que, por transfiguração nela operada pela arte, é fonte de fascínio. Tal dicotomia se junta na imagem do albatroz: o poeta tem asas de gigante que o impedem de andar.

NOTAS

(1) Charles Baudelaire, *Les paradis artificiels suivis des Journaux intimes*, Paris/Lausanne, Éditions de Clairefontaine, 1947, p. 252.

(2) Walter Benjamin, *Charles Baudelaire, un poète lyrique à l'apogée du capitalisme*, Paris, Payot, 1982, p. 247.

(3) *Quinquet* era um novo tipo de lanterna; vagão; ônibus; balancete; revérbero; viação.

(4) Escada disfarçada ou escondida.

(5) Ver estudo de Agnes Verlet, "Le spleen, une vanité profane" em *La Nouvelle Critique – Dossier Baudelaire*, Paris, p. 35.

(6) Charles Baudelaire, *As flores do mal*, trad. Fernando Pinto do Amaral, Lisboa, Assírio & Alvim, 1996, p. 215.

(7) "Le sombre Paris" em *La Nouvelle Critique*, cit., p. 30.

(8) Do poema "O sol" em Charles Baudelaire, *As flores do mal*, cit., p. 215.

(9) "Convite à viagem", tradução do autor.

(10) Idem.

(11) De Quincey, autor bem conhecido por Baudelaire, também emprega essa palavra em seu *Confessions of an English Opium-Eater*. Assinalado por Fernando Pinto do Amaral em Charles Baudelaire, *As flores do mal*, cit., p. 359. Sobre a relação de De Maistre e Baudelaire, ver Daniel Vouga, *Baudelaire et Joseph de Maistre* (Paris, Corti, 1957).

(12) "Os cegos" em Charles Baudelaire, *As flores do mal*, cit., p. 236.

(13) Em Charles Baudelaire, *As flores do mal*, cit., p. 205.

(14) Poema "Uma carniça": o poeta se dirige à amada, contemplando uma carniça. Tradução do autor.

(15) Jean-Paul Sartre, *Baudelaire*, Paris, Gallimard, 1963, p. 27.

(16) Ibidem.

(17) Tradução do autor.

(18) Essa consciência dolorosa afasta o suicídio porque, ela própria, enquanto consciência, é inevitável. Isso faz de Baudelaire um sobrevivente, para empregar a expressão de Sartre.

(19) Charles Baudelaire, *Oeuvres complètes*, Paris, Laffont, 1986, p. 736; também citado por Jean-Paul Sartre em *Baudelaire*, cit., p. 27.

(20) Ibidem.

UM SURREALISMO PLATÔNICO

Olgária Matos

Para Sérgio Cardoso e Glória Kalil

LESBOS

Mère des jeux latins et des voluptés grecques,
Lesbos, où les baisers, languissants ou joyeux,
Chauds comme les soleils, frais comme les pastèques,
Font l'ornement des nuits et des jours glorieux;
Mère des jeux latins et des voluptés grecques;

Lesbos, où les baisers sont comme les cascades,
Qui se jettent sans peur dans les gouffres sans fonds,
Et courent, sanglotant et gloussant par saccades,
Orageux et secrets, fourmillants et profonds;
Lesbos, où les baisers sont comme les cascades!

Lesbos, où les Phrynés l'une l'autre s'attirent,
Où jamais un soupir ne resta sans écho,
A l'égal de Paphos les étoiles l'admirent,
Et Vénus à bon droit peut jalouser Sapho!
Lesbos, où les Phrynés l'une l'autre s'attirent,

Lesbos, terre des nuits chaudes et langoureuses,
Qui font qu'à leurs mirois, stérile volupté!
Les filles aux yeux creux, de leurs corps amoureuses,
Caressent les fruits mûrs de leur nubilité;
Lesbos, terre des nuits chaudes et langoureuses,

Laisse du vieux Platon se froncer l'oeil austère;
Tu tires ton pardon de l'excès des baisers,
Reine du doux empire, aimable et noble terre,
Et des raffinements toujours inépuisés.
Laisse du vieux Platon se froncer l'oeil austère.
Tu tires ton pardon de l'éternel martyre,
Infligé sans relâche aux coeurs ambitieux,
Qu'attire loin de nous le radieux sourire
Entrevu vaguement au bord des autres cieux!
Tu tires ton pardon de l'éternel martyre!

Qui des Dieux osera, Lesbos, être ton juge!
Et condamner tont front pâli dans les travaux,
Si ses balances d'or n'ont pesé le déluge

LESBOS

Mãe dos jogos do Lácio e das gregas orgias,
Lesbos, ilha onde os beijos, meigos e ditosos,
Ardentes como os sóis, frescos quais melancias,
Emolduram as noites e os dias gloriosos;
Mãe dos jogos do Lácio e das gregas orgias;

Lesbos, ilha onde os beijos são como as cascatas,
Que desabam sem medo em pélagos profundos,
E correm, soluçando, em meio às colunatas,
Secretos e febris, copiosos e infecundos,
Lesbos, ilha onde os beijos são como as cascatas!

Lesbos, onde as Frinéias uma à outra esperam,
Onde jamais ficou sem eco um só queixume,
Tal como Pafos as estrelas te veneram,
E Safo a Vênus, com razão, inspira ciúme!
Lesbos, onde as Frinéias uma à outra esperam,

Lesbos, terra das quentes noites voluptuosas,
Onde, diante do espelho, ó volúpia maldita!
Donzelas de ermo olhar, dos corpos amorosas,
Roçam de leve o tenro pomo que as excita;
Lesbos, terra das quentes noites voluptuosas,

Deixa o velho Platão franzir seu olho sério;
Consegues teu perdão dos beijos incontáveis;
Soberana sensual de um doce e nobre império,
Cujos requintes serão sempre inesgotáveis.
Deixa o velho Platão franzir seu olho sério.
Arrancas teu perdão ao martírio infinito,
Imposto sem descanso aos corações sedentos,
Que atrai, longe de nós, o sorriso bendito
Vagamente entrevisto em outros firmamentos!
Arrancas teu perdão ao martírio infinito!

Que Deus, ó Lesbos, teu juiz ousara ser?
Ou condenar-te a fronte exausta de extravios,
Se nenhum deles o dilúvio pôde ver

De larmes qu'à la mer ont versé tes ruisseaux?
Qui des Dieux osera, Lesbos, être ton juge?

Que nous veulent les lois du juste et de l'injuste?
Vierges au coeur sublime, honneur de l'archipel,
Votre religion comme une autre est auguste,
Et l'amour se rira de l'Enfer et du Ciel!
Que nous veulent les lois du juste et de l'injuste?

Car Lesbos entre tous m'a choisi sur la terre
Pour chanter le secret de ses vierges en fleurs,
Et je fus dès l'enfance admis au noir mystère
Des rires effrénés mêlés aux sombres pleurs;
Car Lesbos entre tous m'a choisi sur la terre.

Et depuis lors je veille au sommet de Leucate,
Comme une sentinelle à l'oeil perçant et sûr,
Qui guette nuit et jour brick, tartane ou frégate,
Dont les formes au loin frissonnent dans l'azur;
Et depuis lors je veille au sommet de Leucate

Pour savoir si la mer est indulgente et bonne,
Et parmi les sanglos donc le roc retentit
Un soir ramènera vers Lesbos, qui pardonne,
Le cadavre adoré de Sapho, qui partit,
Pour savoir si la mer est indulgente et bonne!

De la mâle Sapho, l'amante et le poète,
Plus belle que Vénus pars ses mornes pâleurs!
— L'oeil d'azur est vaincu par l'oeil noir que tachète
Le cercle ténébreux tracé par les douleurs
De la mâle Sapho, l'amante et le poète!
— Plus belle que Vénus se dressant sur le monde
Et versant les trésors de sa sérénité
Et le rayonnement de sa jeunesse blonde
Sur le vieil Océan de sa fille enchanté;
Plus belle que Vénus se dressant sur le monde!

— De Sapho qui mourut le jour de sin blasphème,
Quand, insultant le rite et le culte inventé,
Elle fit son beau corps la pâture suprême

Das lágrimas que ao mar lançaram os teus rios?
Que Deus, ó Lesbos, teu juiz ousara ser?

De que valem as leis do que é justo ou injusto?
Virgens de alma sutil, do Egeu orgulho eterno,
O vosso credo, assim como os demais, é augusto,
E o amor rirá tanto do Céu quanto do Inferno!
De que valem as leis do que é justo ou injusto?

Pois Lesbos me escolheu entre todos no mundo
Para cantar de tais donzelas os encantos,
E cedo eu me iniciei no mistério profundo
Dos risos dissolutos e dos turvos prantos;
Pois Lesbos me escolheu entre todos no mundo.

E desde então do alto da Lêucade eu vigio,
Qual sentinela de olho atento e indagador,
Que espreita sem cessar barco, escuna ou navio,
Cujas formas ao longe o azul nos faz supor;
E desde então do alto da Lêucade eu vigio

Para saber se a onda do mar é meiga e boa,
E entre os soluços, retinindo no rochedo,
Enfim trará de volta a Lesbos, que perdoa,
O cadáver de Safo, a que partiu tão cedo,
Para saber se a onda do mar é meiga e boa!

Desta Safo viril, que foi amante e poeta,
Mais bela do que Vênus pelas tristes cores!
— O olho do azul sucumbe ao olho que marcheta
O círculo de treva estriado pelas dores
Desta Safo viril, que foi amante e poeta!
— Mais bela do que Vênus sobre o mundo erguida,
A derramar os dons da paz de que partilha
E a flama de uma idade em áurea luz tecida
No velho Oceano pasmo aos pés de sua filha;
Mais bela do que Vênus sobre o mundo erguida!

— De Safo que morreu ao blasfemar um dia,
Quando, trocando o rito e o culto por luxúria,
Seu belo corpo ofereceu como iguaria

D'un brutal dont l'orgueil punit l'impiété
De celle qui mourut le jour de son blasphème.

Et c'est depuis ce temps que Lesbos se lamente,
Et, malgré l'bonneur que lui rend l'univers,
S'enivre chaque nuit du cris de la tourmente
Que poussent vers le cieux ses rivages déserts!
Et c'est depuis ce temps que Lesbos se lamente!

Charles Baudelaire,
"Poemas Condenados, II", em *As flores do mal*,
Rio de Janeiro, Nova Fronteira, 1985.

A um bruto cujo orgulho atormentou a injúria
Daquela que morreu ao blasfemar um dia.

E desde então Lesbos em pranto lamenta,
E, embora o mundo lhe consagre honras e ofertas,
Se embriaga toda noite aos uivos da tormenta
Que lançam para os céus suas praias desertas!
E desde então Lesbos em pranto lamenta!

Tradução de Ivan Junqueira

Baudelaire foi o surrealista da moral." Com essa expressão, Breton indicava, em seu *Manifesto do surrealismo*, a compreensão baudelairiana da modernidade à qual o poeta se sentia condenado: fim do platonismo e do cristianismo. Fim do platonismo: os objetos sensíveis encontram-se em perpétuo devir, jamais semelhantes a si mesmos, infiéis a todo *modelo ideal* apreendido pelo Espírito:[1] "Em si mesmos e por si mesmos", escreve Platão, "os objetos possuem certa constância em sua realidade. Não são dilacerados para o alto ou o baixo como as imagens que deles fazemos; ao contrário, por si mesmos e em si mesmos, possuem a exata realidade originária de sua natureza".[2] É, pois, a opacidade e a espessura do sensível que a alma lamenta e das quais se esforça por liberar-se. Fim do cristianismo: desaparecimento da idéia de "pecado original" — heresia própria ao moderno, cujo reverso é a nostalgia da sacralidade perdida, que se fortalece, em Baudelaire, com a dúvida quanto às possibilidades de redenção, em um mundo abandonado por Deus. Sua *ersatz*: a noção de progresso que implicou uma reabilitação anticristã da curiosidade teórica que o cristianismo condenara. *Wertfrei*: a ciência moderna desconhece os valores da ciência clássica, a busca dos fins últimos, do Sumo Bem, da perfeição contemplativa de um universo dotado de um *télos* imanente. Recusa a natureza como obra de Deus, não devendo conhecê-la como Deus a criou, a fim de não rivalizar com a onisciência divina e colocar-se na condição de criatura, corpo mortal, mas de vida eterna. O tempo atual não é mais o da espera da salvação, mas oportunidade de desenvolvimento indefinido de conhecimentos, auto-afirmação humana pela ciência e pela técnica despoetizadoras, em que a ausência de valores ou limites éticos faz que se confunda liberdade de pesquisa com onipotência. No horizonte de expectativa da história, Baudelaire não vislumbra um regresso a uma unidade perdida com o Éden[3] e o restablecimento de uma harmonia universal, mas uma catástrofe sem redenção, pois o eclipsamento do sagrado vai de par com a corrupção moral do homem moderno: "há pois uma Providência diabólica que prepara a infelicidade desde o berço?".[4]

Assim, *As flores do mal*[5] é o título da poética onde o Mal se associa ao Belo, arruinando, a um só tempo, a tradicional adequação entre o Belo e o Bem como ainda a metafísica de sua separação. Moral e estética, o sentimento do sublime e o da finitude acompanham, sem resolução, o poeta. Não se trata aqui de uma possível aproximação a Kant, para quem o sentimento do sublime se diferencia do sentimento moral e que, como todo juízo estético, é "desinteressado" — enquanto o sentimento moral traduz um interesse da razão prática de ver cumpridas suas ordens — a lei do dever e a aproximação progressiva do Bem neste mundo... O sentimento do sublime kantiano, espécie de *teatralização* da moralidade, faz de cada um "espectador", como aquele que, do alto da sacada protegida de seu alojamento, contempla a embarcação na voragem vertiginosa do oceano turbulento, na experiência de forças de ultrapassamento e desmedida.[6] O sublime, para Baudelaire, é de natureza diversa: "Te odeio, oceano! teus espasmos e tumultos/ Em si minha alma os tem; e este sorriso amargo/ Do homem vencido, imerso em lágrimas e insultos,/ Também os ouço quando o mar gargalha ao largo".[7] Baudelaire, bem antes de Nietzsche, propõe que a poesia seja não uma resposta à estética "desinteressada", ou que apenas produza "belas obras", e sim que reabra ao homem as "portas do Éden". Seu poema "Uma viagem a Citera" — que na mitologia clássica dizia respeito aos casais amorosos que lá encontravam o espelho de sua felicidade — conduz o poeta moderno não a uma felicidade prometida, mas sim medir-se ao mais inquietante, "palavras de mel", interessadas em influenciar sentimentos e induzir comportamentos — o que levara Platão a expulsar o Poeta de sua cidade "mudar a vida", o terror por "palavras cintilantes e coloridas", os *poikiloi logoi.*

A crítica baudelairiana à arte contemporânea não é que esta seja "interesssada" mas simplesmente "interessante" — de onde desaparece a preocupação platônica de qualquer "influência moral" da arte sobre seus ouvintes ou espectadores. Se a crítica platônica às artes imitativas ganha tom intransigente a ponto de bani-las do espaço público, isso advém do reconhecimento, na pólis grega, da tendência, já na época, ao desaparecimento da relação entre "palavra e não-violência"; o reconhecimento, com a sofística, de que a utilização da força passava a integrar a linguagem poética.[8] Em vez de louvar o poeta, Platão elogia apenas aqueles que seguem ritmo e métrica sob a vigilância dos guardiães do Estado — para não apenas esconjurar o perigo da arte mas sobretudo para restabelecer a separação, a *kátharsis*, a fim de restabelecer palavras "não misturadas", garantidoras de um discurso que restabeleça severidade moral e puritanismo estético. Antiplatônico, Baudelaire fala, ao contrário, de sua reversibilidade: a reversibilidade entre o sublime e o mal é a marca do Moderno. É essa também a razão da recusa baudelairiana do rousseaunismo e de sua doutrina da bondade natural do homem e da benevolência universal: "o homem naturalmente bom seria um *monstro*, quero dizer, *Deus*".[9] Ou ainda: "Ormuz e Arimã, vós sois o Mesmo", segundo a lógica baudelairiana do conflito dos duplos.[10] Baudelaire reconhece no homem dois impulsos simultâneos: um na direção de Deus, outro na de Satã, lembrando que este é, indissociavelmente, o Senhor do Mal e o Grande Vencido, bendito porque maldito. Pois "o que é a Queda? Se é a unidade tornada dualidade, foi Deus quem caiu. Em outros termos, não seria a criação a queda de Deus?".[11]

O mesmo pode-se dizer da maldição de Safo, habitante de Lesbos, ou ainda do masculino e do feminino, da poesia e da filosofia. Safo e suas companheiras, as lesbianas, viviam entre si seus amores, afastadas dos homens — e foram poetas. Se poesia se diz no feminino, o poeta é um escritor masculino. Essa é a razão pela qual Baudelaire pratica uma primeira inversão: mulheres com atividade masculina. Método dos paradoxos e dos extremos é o de Baudelaire: o paradoxo é um antisistema, pois qualquer retorno a um Modelo se tornou, na modernidade, impossível. Como escreveu Baudelaire acerca da Exposição Universal de 1855, "um sistema é uma espécie de maldição que nos impulsiona a uma abjuração perpétua. É preciso sempre inventar outros e este cansaço é um cruel castigo".[12] Poder-se-ia encontrar aqui a presença tanto de Heráclito quanto de De Maistre, em que a "lei dos contrários" governa tanto a ordem cósmica quanto a física. Assim, se o vermelho do céu faz louvores ao verde"[13] é que, para viverem em harmonia, os tons, como os homens, devem mudar seus valores, "simpatias" e "antipatias" — suas correspondências.[14] A identidade em suas variações faz que o poeta reconheça no homem duas postulações contraditórias, "uma em direção ao Deus, outra a Satã",[15] o horror à vida e o êxtase de existir.

Baudelaire conjuga o moderno e o antigo, em uma estética da indiferenciação ou da confusão das coisas, dando a palavra ao Demônio, como no poema em prosa "As tentações". O demônio propõe ao homem adormecido: "se quiseres, farei de ti o senhor das almas [...], e conhecerás o prazer — que renascerá indefinidamente — de saíres de ti mesmo e te esqueceres em um outro — e de atrair as outras almas até se confundirem com a tua".[16] Fusão ou confusão de todas as almas, pois, que é experiência própria da metrópole moderna, onde se vive a perda da identidade, na imersão na massa citadina. Se o Eu se constitui, antes de tudo, pela memória, o prazer diabólico consiste na faculdade da exceção por excelência: o *esquecimento*. Mas a isso o demônio responde: "embora eu sinta alguma vergonha em me lembrar, eu não quero esquecer nada!".[17] Eis por que Benjamin anota: "o moderno aparece, em Baudelaire, como uma energia graças à qual [Baudelaire] se apropria imediatamente da antigüidade".[18] Esse anacronismo essencial marca a contemporaneidade que silencia a proveniência, a tradição.

Lesbos é a ilha de nascimento de Safo; a geografia, uma viagem no espaço e no tempo. Como se lê em uma nota do *Passagen-Werk* [Passagens parisienses], Benjamin não foi insensível ao que Baudelaire queria significar, por isso anotou "eu viajo para conhecer minha geografia".[19] Baudelaire desvia-se, pois, de Paris por Lesbos, a fim de conhecer seus contemporâneos. Lesbos, a ilha das escolas de poesia e música, onde o culto neopagão não é tão-somente pureza e ternura, mas também "revolta sexual", a tentativa baudelairiana de prencher o vazio e o aviltamento dos corações na modernidade na busca do Absoluto: "Lesbos, ilha onde os beijos são como as cascatas,/ Que desabam sem medo em pélagos profundos,/ [...]/ Secretos e febris, copiosos e infecundos,/ [...]/ Lesbos onde as Frinéias uma à outra esperam,/ Onde jamais ficou sem eco um só queixume,/ Tal como a Pafos as estrelas te veneram,/ E Safo a Vênus, com razão, inspira ciúme!".[20] Pafos: pequena cidade antiga, a alguns quilômetros de Chipre, onde se erguia o templo de Afrodite; com essa referência o poeta-filósofo enobrece o safismo e estabelece Safo como rival de Vênus. Os cultos, em Pafos, até o tempo dos Ptolomeus, eram exercidos por sacerdotes cujos poderes eram temporais *e* religiosos — com o que Baudelaire combina os extremos, o secular e o religioso, o *topos* da mulher fatal e o das *femmes damnées*, Helena de Tróia e Safo: o amor é, nos dois casos, doença divina, punição, já que proibidos: Helena, adúltera, e a "Safo viril". Safo, "sob seus melodiosos dedos/ ressou talvez outrora, nos ventos/ lésbios, uma lira sobre o pátrio/ Egeu, onde os roseirais de Mitilene/ aromatizavam a aragem, caras às secretas amigas/ de Safo de cabelos violetas".[21] Também as alusões às Frinéias e a Platão engrandecem Lesbos: "Lesbos, onde as Frinéias uma à outra esperam". Safo enfrentando Vênus, as Frinéias, o Olimpo inteiro: "Que Deus, ó Lesbos, teu juiz ousara ser?".[22] Guerra metafísica, Baudelaire a trava contra todos os princípios instituídos. A mulher é objeto de um culto impossível, ela é, sim, um "objeto", mas Absoluto, é vazio, é maldição. Baudelaire celebra, exalta, blasfema a mulher, pois ela é o Outro — mistério tão insondável quanto Deus. A mulher é, a um só tempo, paradisíaca e mortal. E assim como a mulher moderna é cheia de maneirismos, de elegância e maquiagem, a Frinéia antiga é musical em sua flauta, e, como suas irmãs de Lesbos, é de beleza radiosa, cortesã sem rival.[23] Acusada de impiedade, durante seu julgamento de hetaira, ao defender Frinéia, seu juiz retira o véu de Afrodite que lhe cobria o rosto: sua radiosa beleza e a perfeição de seus encantos foram causa de comoção "religiosa" para seus acusadores.

Essa beleza clássica, amoral, é moderna: "De que valem as leis do que é justo ou injusto?/ Virgens de alma sutil, do Egeu orgulho eterno,/ O vosso credo, assim como os demais, é augusto,/ E o amor rirá tanto do Céu quanto do Inferno!/ De que valem as leis do que é justo ou injusto?".[24] E se essa beleza se eclipsou desde a Antigüidade, cabe ao poeta — vigiar — "do alto da Lêucade" — a idade de ouro da poesia, da música, da beleza sensual e religiosa. Baudelaire defende a "Safo viril" da austeridade sexual dos últimos escritos de Platão: "Deixa o velho Platão franzir seu olho sério".[25] A condição moderna é a da "queda" desse "paraíso para sempre perdido": "Uma Idéia, uma Forma, um Ser/ Vindo do azul e arremessado/ No Estige plúmbeo e enlodaçado/ Que o olho do Céu não pode ver [...]".[26] Estige, o rio que conduz os barqueiros e as almas para o Hades, os ínferos, o esquecimento, a morte. O que reúne o homem antigo e o moderno é o exílio eterno da humanidade contemporânea. Aqui a influência de Plotino,[27] claramente expressada no poema "O irremediável": a queda do Uno no Múltiplo, a fragmentação da Idéia que, por meio da Criação, degrada-se até cair na matéria,[28] na figura da finitude, do limite, do mal, da imperfeição metafísica.[29] Mulheres tão diversas quanto Safo e Helena, Medéia e Frinéia, Penélope e Fedra comparecem nos poemas: superpostas à modernidade, todas vivendo à "margem da sociedade" ou claramente dela excluídas, compartilhando, no masculino, a mesma sorte do poeta, também ele socialmente reprovado, condenado ao isolamento, ao dandismo, à ociosidade, em um sistema — o capitalismo taylorista — que "declara guerra à *flânerie*".[30] Pois se gramaticalmente a poesia é do sexo feminino, poética e filosoficamente é do sexo masculino. O acordo entre coisas discordantes é o que "mantém o Ser no ser, uma conexão de tensões opostas, como no caso do arco e da lira".[31] Não se trata aqui de uma "dialética" de tipo hegeliana ou do positivismo e suas leis do progresso,[32] de sínteses tranqüilizadoras ou superação do "atraso", pois, em Baudelaire, as antíteses são preservadas sem resolução: "Diotima diz que Eros floresce na riqueza e morre na pobreza; unindo as duas idéias, Safo diz que o Amor é [...] tecelão de mitos".[33] Mas deve-se, aqui, pensar também no Mal, de que fazem economia as "dialéticas" e todas as filosofias do progresso, pois há sempre nelas se não "astúcia" ao menos um sentido secreto atuante que, através ou por detrás dos homens, dota a "contingência desoladora do mundo" — tudo o que parece absurdo ou aberrante nas ações dos homens — de uma significação racional, impedindo assim aos feitos de serem um "tecido descozido de loucura", "vaidade pueril" ou "sede de destruição". Diferindo de toda dialética — pensemos na de Kant, na de Hegel ou na de Marx[34] —, o poeta foi escolhido como o contraditor.[35] Baudelaire escreve:

Pois Lesbos me escolheu entre todos no mundo
Para cantar de tais donzelas os encantos,
E cedo eu me iniciei no mistério profundo
Dos risos dissolutos e dos turvos prantos;
Pois Lesbos me escolheu entre todos no mundo.

E desde então do alto da Lêucade eu vigio,
Qual sentinela de olho atento e indagador,
Que espreita sem cessar barco, escuna ou navio,
Cujas formas ao longe o azul faz supor;
E desde então do alto da Lêucade eu vigio

Para saber se a onda do mar é meiga e boa,
E entre os soluços, retinindo no rochedo,
Enfim trará de volta a Lesbos, que perdoa,
O cadáver de Safo, a que partiu tão cedo,
Para saber se a onda do mar é meiga e boa!

Desta Safo viril, que foi amante e poeta,
Mais bela do que Vênus pelas tristes cores!
— O olho do azul sucumbe ao olho que marcheta
O círculo de treva estriado pelas dores
Desta Safo viril, que foi amante e poeta![36]

Não dialético, pensando por antinomias e paradoxos, o poeta se diz "entre todos o escolhido", aquele que, como Safo, "opera mágoas".[37] Doce e amargo misturados no Amor, mas nenhum"superado" ou transformado. Além dos paradoxos, inversão que fusiona homem e mulher, santidade e mundaneidade, pois o poeta diz: "Pois Lesbos me escolheu entre todos no mundo/ Para cantar de tais donzelas os encantos", quando se sabe que, entre todas no mundo católico, a "escolhida" foi Maria, a "mãe de Deus", a Virgem absoluta de quem nasceu o "Deus que se fez homem".

Baudelaire, como Hércules apaixonado por Ophale, depõe não só as armas de guerreiro como sua própria virilidade, trocando-as pelo bordado da deusa, transitando do masculino ao feminino. Além do mais, no poema "Safo",[38] o amoroso não é como o guerreiro (da *Ilíada*) — que enfrenta a morte e que por sua coragem a transforma em memória imorredoura —: o herói moderno sente medo, é um "covarde". Não domina o dossel como gostaria o mito platônico do cocheiro do *Fedro*. O guerreiro covarde, a mulher que enfrenta o perigo interessam Baudelaire. Pois Safo "morreu ao blasfemar um dia/ quando trocando o rito e o culto por luxúria/ Seu belo corpo ofereceu como iguaria/ A um bruto cujo orgulho atormentou a injúria/ Daquela que morreu ao blasfemar um dia": tocada por alguma maldição, a poeta grega teria um dia vivido um amor de perdição por um lindo jovem, o barqueiro Fáon de Mitilene — o que a levou a renunciar ao amor pelas mulheres, ao repúdio das amigas e ao desespero: desprezada pelo "belo tenebroso", põe fim à própria vida, atirando-se do alto das brancas falésias da ilha de Lêucade, nas águas do espumante oceano.[39] Note-se o moderno em tensão com o antigo: o poema baudelairiano fala em "noites voluptuosas" e em "luxúria", atribuindo ao mundo grego os traços libertinos de Sade, não sem lhe imprimir um tom grave, o da fatalidade da experiência irreversível do tempo, lá mesmo onde procura as raízes anteriores do ser, sua unidade e eternidade: "Lesbos das quentes noites voluptuosas,/ Onde, diante do espelho, ó volúpia maldia!/ Donzelas de ermo olhar, dos corpos amorosas [...]".[40] Safo, a "patrona das histéricas", escreve Baudelaire,[41] é o poeta no feminino. *Histeria*: revogabilidade de desempenhos e papéis, cujo teor não é psicológico, mas metafísico: "sempre cultivei com terror e prazer imenso minha histeria".[42] Esta não significa apenas a despossessão de si, mas a projeção de si em um outro e de modo *teatral*. Trata-se da intrusão do Outro no Si e na duplicação de si em proveito do Outro e, ao fim e ao cabo, só existe o Outro no qual nos projetamos. Baudelaire o celebrou em Safo, como Flaubert em Madame Bovary. No romance de Flaubert,

Baudelaire reconhece a histeria em ação, quando o romancista renuncia ao sexo masculino pelo feminino. Conjugando histeria e androginia, o romancista perde sua identidade masculina; além disso, Madame Bovary é uma mulher que tem aspirações de homem, e cujo comportamento compromete a diferença dos sexos: "a diferença dos sexos e não a diferença sexual, a nuance entre as duas expressões devendo ser mantida — a diferença sexual é de natureza fisiológica, enquanto a diferença entre os sexos, mesmo se se estabelece sobre essa base, possui uma diferença imaginária".[43] As categorias do masculino e do feminino não demarcam apenas nem preferencialmente a sexualidade ou a diferença sexual, mas dizem respeito a uma divisão metafísica, a partir da qual se distribuiriam todas as demais categorias. Safo, Madame Bovary, George Sand cometem um atentado à economia moral do mundo. Também as lesbianas das *Flores do mal* são as *damnées* que romperam o pacto social, ou ainda, o "pacto natural", entregando-se a práticas amorosas transgressivas, ou pior, a um modo de vida que ignora a partição do masculino e do feminino, recusando o tipo de amor que mutilaria a sexualidade.[44] Safo, a mulher-dândi, é a perfeição da *antiphysis* e da contra-religião — ela dramatiza também o desterro do poeta no momento do capitalismo, que lhe retirará qualquer missão. Pois o amoroso é sócio do ócio, não participa das guerras ou da luta entre as classes, não cumpre deveres de bom cidadão, não intervém na vida pública; mais que inútil, é perigoso para a sociedade que "declara", como escreveu Benjamin, "guerra à *flânerie*" e ao amor desinteressado dos quadros da família e da procriação: "Vós que minha alma perseguiu em vosso inferno,/ Pobres irmãs, eu vos renego e vos aceito,/ Por vossa triste dor, vosso desejo eterno,/ Pelas urnas de amor que inundam vosso peito!".[45] Signo e prática da sexualidade estéril — como a do nascimento de Vênus da cabeça de Zeus —, a lesbiana é a negação da fatalidade do corpo; ela é, simultaneamente, o puro artifício e o puro místico, como a "prostituição sagrada", a mesma que no mundo contemporâneo vem a público sob a máscara de novas Vênus. O sagrado: a mulher que "é um ser terrível e incomunicável, como Deus", como o infinito que não pode ser conhecido porque ofuscaria o homem em sua finitude. A mulher é sem explicação, talvez porque "nada tenha a explicar".[46]

Baudelaire, o duplo de Safo, o escolhido para vigiar, do alto do rochedo, o mar, para ver se este, indulgente, devolveria o corpo da poeta, a "Safo viril, que foi amante e poeta,/ Mais bela do que Vênus pelas tristes cores!/ [...]/ O círculo de treva estriado pelas dores/ Desta Safo viril, que foi amante e poeta!".[47] Baudelaire compõe, assim, como sentinela de olhar seguro e certo, sua própria imagem lesbiana, assumindo a função essencialmente feminina da expectativa e da espera.[48] Ele, o poeta, aguarda, como uma companheira — como uma mulher — o regresso "do cadáver". O poema celebra os "mistérios sáficos" em cadências rituais e litúrgicas: "Ó monstros, ó vestais, ó mártires sombrias,/ Espíritos nos quais o real sucumbe aos mitos,/ Vós que buscais o além, na prece e nas orgias,/ Ora cheias de pranto, ora cheias de gritos [...]".[49] Virginais e demoníacas, monstros e mártires, mescla de profano e religioso, do místico e do erótico, o mundo feminino é, para Baudelaire, o ponto de encontro entre o sensual e o místico, o masculino e o feminino, o arcaico e o moderno, o latim e o francês. "Franciscae mea laudes", poema escrito em latim e publicado nas *Flores do mal,* o atesta. Redigido em prosa eclesiástica, como um *Dies Irae,* é um poema de amor sem traço de blasfêmia: a referência mística santifica a inspiração erótica, e esta erotiza a experiência mística: "Velut stella salutaris/ In naufragiis amaris.../ Suspendam cor tuis aris!".[50] No poema, *Maris stella* torna-se *stella salutaris,* nomeando não Maria Virgem mas Francisca, a "modista erudita e devota", isto é, a costureirinha para quem o poeta compôs os versos; quanto à eternidade cristã, a jovem modista a transforma em fonte da juventude — eterna e pagã, porque se trata da moda em Paris.[51] Quanto à língua da Igreja, ela é mobilizada para outros fins, mais licenciosos, como a língua latina o permite, como se sabe pelos poetas romanos:

> [...] não pareceria ao leitor, como a mim, que a língua da última decadência latina — suspiro supremo de uma pessoa de forte compleição, já transformada e preparada para a vida espiritual — é a mais apropriada para exprimir a paixão como a compreendeu e sentiu o mundo poético moderno? A misticidade é o outro pólo deste ímã de que Catulo e seus sequazes, poetas brutais e puramente epidérmicos, só conheceram o pólo da sensualidade. Nessa língua de maravilhamento, o *solecismo* e o barbarismo parecem forçar as negligências de uma paixão que esquece e desdenha as regras.[52]

A língua, como o homem moderno, que é *homo duplex,* é também como as mulheres. Duplos porém invertidos. Não somente, na modernidade, Satã converteu-se no bom Deus, mas sobretudo e de maneira radical o Mal se transformou — mas continua a existir, embora a modernidade não mais se aperceba dele. Não por acaso, Baudelaire evoca o *abismo* pascaliano. Se para os gregos este era o infinito, o caos do filósofo jansenista extravia ainda mais: "é uma esfera cujo centro se encontra em toda parte e a circunferência em nenhuma",[53] que o poeta se apressa em denominar *spleen*. Da melancolia a seu deslocamento para uma palavra inglesa, o que se indica não é o abandono de Deus com respeito ao mundo e a experiência do precipício (*gouffre*), mas o sofrimento, a insignificância e a vertigem do "espírito tomado de angústia", o sentimento pascaliano do mal ontológico do homem. Pois a "paixão pelo presente" é um calvário sem remissão:

> assim vai ele [o poeta], correndo, procurando. O que procura? Certamente, tal como eu o caracterizei, este solitário dotado de uma imaginação ativa, sempre viajando através do grande deserto dos homens, tem uma finalidade mais alta do que a de um *flâneur*, um alvo mais geral, outro com respeito ao prazer fugitivo das circunstâncias. Ele procura algo que chamaremos aqui modernidade [...].Trata-se, para ele, de evidenciar na moda o que ela pode conter de poético no interior do histórico, de retirar o eterno do transitório.[54]

Se a modernidade possui o Belo, este não mais corresponde a essências estáveis, sendo ela o subjetivo e o histórico no sentido da "tirania do provisório". Clássico na forma, anticlássico nos duplos reversíveis, trânsitos e paradoxos, Baudelaire mostra a modernidade prisioneira de sua própria duração, no desequilíbrio entre os prazeres e os dias. Têm fim as *aphrodisia*, os cuidados do corpo e de si à maneira clássica, pois deles desaparece um de seus elementos mais marcantes, a " introspecção".[55] Assim, as rédeas do dócil corcel do *Fedro* de Platão se perderam; na modernidade, o controle das paixões, agora desmedidas e desordenadas, encontram o homem fora de si, do tempo, da lógica e da moral.[56]

Por isso, Safo é blasfema *e* crística; Mme. de Merteuil, uma Eva, mas "satânica";[57] a Vênus grega, hoje moderna, é Vênus negra, não por ser venal, mas simulada. Baudelaire combina ainda o jansenismo de Pascal e o imoralismo do marquês de Sade, a vertigem de um mundo abandonado de Deus e os libertinos,[58] como Laclos, Sade, De Maistre. A inserção de Sade em Laclos, da *Filosofia na alcova* nas *Ligações perigosas*, permite a Baudelaire atribuir satanismo aos "libertinos". Ao pensar as questões de moral e moralidade para os séculos XVII e XVIII, Baudelaire o faz em confronto com o Mal, pensando suas configurações históricas na modernidade — a "imoralidade" dos séculos XVII e XVIII — e a do XIX, passam por um descentramento — do ético ao religioso, ou mais precisamente, ao teológico, a partir da "consciência do pecado". A modernidade consiste nisto: "a energia do Mal caiu na cotação"; ela perdeu o sentido do religioso, confundindo o sagrado e o profano, tudo tornando-se passível de adoração. Se os tempos libertinos com sua irreligiosidade, sofriam condenação, isso se dava em consciência de causa, pois os libertinos sabiam-se em luta contra o pecado em suas práticas amorosas — com o que faziam, simultaneamente, a experiência e a prova da existência de Deus, da existência do Mal.

Contra a falsa moralidade do século XIX, a pertinência, para Baudelaire, de Sade, que jamais negou a perversidade da natureza do homem e com quem desaparece a dicotomia do bem e do mal, fundamentos da moral cristã; quando Sade recusa a naturalidade do Bem, rechaça igualmente qualquer "moral natural". Tanto Sade quanto seu "continuador", Baudelaire, arruinam a moral filosófica dos séculos XVIII e XIX, em particular o rousseaunismo e sua concepção de um estado de primitivo no qual o "homem é bom", a natureza um espaço da benevolência universal (visão que permitia ao autor do *Discurso da desigualdade* assimilar bondade e natureza). Contrariando essa concepção, Baudelaire escreve: "foi esta natureza infalível que criou parricídio e antropofagia e mil outras abominações que o pudor e a delicadeza impedem nomear".[59] Pode-se afirmar, como diversos autores o fazem,[60] que a concepção moral de Baudelaire encontra suas raízes em particular em Sade, um Sade aclimatado ao pensamento artificialista próprio à modernidade (toda "virtude" é artificial, não-natural); diversamente, porém, do Mal sadiano — que o leva à recusa de toda moral — Baudelaire preocupa-se com moral e religião:[61]

> há no homem uma misteriosa força da qual a filosofia moderna se isentou; no entanto, sem essa força inominada, sem essa inclinação primordial, uma multidão de ações humanas permanecerão inexplicadas e inexplicáveis. Tais ações só atraem porque são más, perigosas; elas possuem a atração do abismo [...] É agradável que determinadas explosões de antigas verdades saltem aos olhos de todos os complacentes [*complimenteurs*] da humanidade, de todos os sonolentos e adormecidos que repetem com todas as variações o tema "eu nasci bom, vocês também, todos nós nascemos bons!", esquecendo — não! fingindo esquecer — a todos os igualitaristas contrariados [...] que todos nascemos *marquis pour le mal*.[62]

O libertino Sade, deslocado da erotomania e da erotologia para o plano filosófico e religioso do Mal, produz, com suas influências sobre Baudelaire, um "ultracismo" ético, de tal forma que o pensamento dos extremos constitui a modernidade — e no caso a do Segundo Império, método tanto mais eficaz quanto os devaneios humanitários do século

XIX não apenas revelam seus limites mas surgem como puro e simples absurdo: Satã torna-se Lúcifer, com o que Baudelaire fortalece e dá um sentido original à crítica ao progresso indefinido do homem. Pois, escreve Baudelaire, "a verdadeira civilização não se reconhece no gás, nem nas máquinas a vapor, nem nas mesas-brancas,[63] mas na diminuição dos rastros do pecado original"[64] — oxímoro ao qual se segue outro na afirmação segundo a qual "os verdadeiros cristãos não acreditam no inferno".[65]

Para apagar as reminiscências da natureza e tematizar o mal, Baudelaire volta-se para as mulheres — as da antigüidade e as da modernidade. De onde sua idolatria por elas, as "rivais de Deus" e da "obra da criação", ambas apontando para um mistério comum: a mulher é tão insondável quanto Deus, Baudelaire tanto ama quanto odeia esses ídolos. A luta esgrimista baudelairiana é uma guerra metafísica pois diz respeito aos "primeiros princípios". A mulher, como Deus, é o absolutamente Outro, o incognoscível, objeto de um culto impossível — de maldição, portanto. As lesbianas da antigüidade e as *damnées* modernas levam-no a Deus, "o mais prostituído dos seres", o Ser por excelência, ele, o amigo supremo de todo indivíduo, reservatório inesgotável do amor".[66] O amor erótico não é apenas uma contra-religião mas também uma contranatureza, pois não mais existe transcendência ou imanência: Baudelaire desfaz a metafísica, ou melhor, o mito do Uno, pois este "sai de si" e se prostitui na *natura naturata.* Transvalorando o preceito segundo o qual "Deus faz bem tudo o que faz", esta ordem bem-feita é criada pelo demônio, Senhor do universo material ao mesmo tempo que seu grande prisioneiro, e sua perfeição coincide com seu encarceramento na matéria.[67] Contrariando ainda a afirmação que diz que "quem contemplou seus pecados é maior que aquele que viu anjos", Baudelaire considera que os seres, no fundo de si mesmos, só contemplam a Satã. Deus diabólico, diabo divino, a Safo viril, a mulher dândi moderna, o dândi Lúcifer, correspondem, todos, à perfeição da anti-*physis*, signos do despaisamento do homem na modernidade capitalista: o deslocamento de populações inteiras, as fortunas rápidas asseguradas pelo comércio e pelos bancos, o caráter cabal dos contrastes e antagonismos sociais e políticos, a desvalorização simbólica das origens familiares e de nascimento em proveito da sociedade industrial amnésica, a emergência das classes trabalhadoras e proletárias que acampam às portas da civilização urbana.[68] A violência desses novos tempos foi freqüentemente tratada, na época, sob a designação de "satânica". Trata-se de saber o que significa *bios* — o *viver* — na época do advento das massas, da multidão, do trabalho industrial e de seu antagonista, a *flânerie.* E, mais ainda, da multiplicação ao infinito não apenas das mercadorias, mas dos homens na multidão anônima onde desaparecem rostos, indivíduos e consciência — o que confere à multidão sua fisionomia *unheimilich*, de perturbante estranhamento, o insondável número de sósias no coletivo, que nos roubam a alma e o destino, fazendo de todos nós *estrangeiros absolutos*. Paris permite ao poeta reconhecer o movimento da razão histórica efetuando-se sobre si mesma no cotidiano, razão histórica que é perda de si e exílio; a grande metrópole não é a capital cosmopolita de todos os povos, mas a "capital dos estrangeiros" em sentido próprio. Em Paris não há estrangeiros porque todos o são — eis o que reúne o habitante nativo e o estrangeiro "exótico". A Paris de Baudelaire é a "pátria comum de todos os estrangeiros". A "Paris do Segundo Império em Baudelaire"[69] é uma cidade mítica sem limites temporais; nela tudo se confunde, criando-se a atmosfera de exílio universal. Nela se presentifica o dândi, aquele que se isola no coração da sociedade populosa: vestido todo de preto, botas envernizadas, altivamente desdenhoso em suas *manières* refinadas; suas pretensas insensibilidade e indiferença o distinguem e diferenciam como ser urbano na sociedade de massa. O dandismo[70] é, nesse horizonte, expressão e efetuação da liberdade, da independência, da individualidade. O dândi vive à margem da sociedade: "a beleza do dândi", anota Baudelaire, "consiste sobretudo em sua expressão fria, que procede da resolução inabalável de não se sentir comovido por nada: dir-se-ia um fogo latente que se deixa adivinhar, que poderia mas não quer resplandecer".[71] O dândi, em meio à produção em massa das mercadorias e da multidão, tenta criar as condições da "raridade", da individualidade . Por isso veste-se com uma gravata vermelho-berrante e com luvas cor-de-rosa: "estamos em 1840 [...]. Numa certa época, tivemos até luvas verdes. A cor só desaparecia como parte dos hábitos a contragosto. Baudelaire não era o único a usar luvas cor-de-rosa. Sua marca encontra-se na combinação desses dois efeitos com o negro de seu terno".[72] O dândi é um "bode expiatório", como os "seres sagrados". Nele, como em *Don Juan*, a dor do remorso vinga Deus, mas orgulhar-se do remorso vinga o homem — como no poema "O irreparável", onde os mártires de um caminho em extravio se orgulham do martírio: "o remorso, peculiar ingrediente do prazer", anota Baudelaire em seus *Paraísos artificiais*,

> logo afunda na deliciosa contemplação do remorso, em uma espécie de análise voluptuosa; e esta é tão rápida que o homem, demônio natural, para falar como os Swedenborguianos, não se apercebe do quanto ela é involuntária e como, a cada segundo, aproxima-se mais e mais da perfei-

ção diabólica. Ele *admira* seu remorso e se glorifica, ao mesmo tempo que perde sua liberdade. Eis aí meu homem hipotético, o espírito de minha escolha, tendo alcançado este grau de alegria e liberdade que o constrange a se admirar a si mesmo.[73]

A "*consciência* no Mal" é o antídoto ao torpor do progresso, cegamento definitivo, imersão na inconsciência do bom-senso: "por progresso entendo a atrofia progressiva da alma", escreve Baudelaire, "e a dominação progressiva da matéria".[74] Adversário da crença acrítica no progresso indefinido, mecânico e externo ao homem, o progresso é "queda" progressiva do homem no Mal e perda dessa consciência. A humanidade "capitalista" da metrópole, com seu "estilo" e "elegância", afetações todas elas irrisórias, é "caricatural" e, como a caricatura, que começa a surgir nos jornais diários, é resumo de uma comunicação política da cidade — a moda é o efêmero, a comunicação e a vida momentâneas, a fisionomia moral e política da cidade e de seus moradores: "deixo de lado", observa Baudelaire,

> a questão de saber se, ao tornar a humanidade mais delicada (polida e urbana) na proporção dos novos prazeres que traz o progresso indefinido, não seria sua tortura mais engenhosa e mais cruel; pois se procedendo por uma obstinada negação de si mesmo, não seria uma forma de suicídio incessantemente renovado e se, aprisionado no círculo de fogo da lógica divina, ele não se assemelharia ao escorpião que se traspassa a si mesmo com sua terrível cauda, este eterno *desideratum* que produz seu eterno desespero.[75]

Fatalidade e liberdade são a marca do progresso que revela a "natureza metafísica" do *homo duplex* pascaliano, pois o homem, desde a queda do paraíso,[76] se encontra dilacerado entre miséria e grandeza, inferioridade e superioridade. É o homem sob o signo de Satã, o anjo caído, ao mesmo tempo Senhor do Mal e o Grande Vencido. Assim também o herói moderno, o dândi, que vive uma solidão excêntrica, pascaliana, dos dois infinitos, a miséria e a grandeza do homem diante do infinito. O dândi em sua duplicidade contraditória pode apresentar alguns traços da *bohème* que, como o dândi, mas também diferente em diversos aspectos — sobretudo políticos e morais —, a ele se assemelha por seu estilo de vida e uma "atitude estética". A *bohème* se caracteriza pela falta ou recusa voluntária a um trabalho fixo e regular; freqüenta bistrôs e cabarés populares, prefere a vida noturna, desfruta de uma liberdade sexual ostensiva, tem inclinação para a embriaguez e a utilização de drogas, por vezes se vale de códigos secretos próprios a uma confraria de iniciados. Cabelos compridos, vestuário amaneirado ou excêntrico, negligência quanto ao aspecto físico, acompanhado de um ideal artístico, por assim dizer, buscado como uma "vocação marginal" e cultivado à revelia de normas, é um *outsider* com respeito às instituições legitimadoras como as Academias etc. Com tendências transgressivas, não se subordina a conformismos, desenvolve sua liberdade contra interditos e contra o poder, repudia o mundo da moral repressiva.[77] Na França, a partir da Monarquia de Julho e de Louis-Philippe, a burguesia, pela primeira vez na Europa, é a verdadeira classe dominante. Desse ponto de vista, a *bohème* pode ser compreendida como a atitude mais aberta contra a persistência do *Ancien Régime*.[78] Quanto ao dândi, ao menos como Benjamin[79] compreende Baudelaire, ele testemunha uma revolta que ainda não encontrou seu caminho e pode tomar qualquer direção, a das barricadas ou a do desprezo da massa. Benjamin o celebra como representante de uma casta altiva, uma "nova aristocracia" cultuadora do Eu, assustada com os estigmas da sociedade burguesa mas incapaz de a eles se opor. Trata-se de um "heroísmo aristocrático", sem entusiasmo e "tomado pela melancolia" que se insurge contra a maré em alta da "democracia" e do "nivelamento rebaixado" espiritual e do "gosto". Revolta sobretudo estética, como o atesta a predileção de Blanqui, o conspirador e seu *pathos* das barricadas — pelas luvas pretas. O dândi não se guia pela ética do trabalho, não é moderado em sua conduta, não procura estabilidade e prosperidade econômica. Não faltaram críticas ao caráter politicamente instável daqueles que Marx diluiu na *bohème* em seu *Dezoito Brumário*, denomiando-os *lumpenproletariat*, e seu apoio ora aos poderosos, ora ao subproletariado urbano. Os insurretos de 1848 que apóiam o golpe de Estado de Napoleão III não passam de "aventureiros em cima das barricadas": "são conspiradores que aderem a todo tipo de gente duvidosa [...]. Ao lado dos desclassificados enfurecidos, cujos meios de subsistência são duvidosos, ao lado de dejetos, depravados e rebaixadamente aventureiros da burguesia, há vagabundos, soldados liberados, ex-condenados a trabalhos forçados que deixaram as prisões, escroques, charlatães, ladrões à mão armada, jogadores, leões-de-chácara de bordéis, trapeiros, mendigos" etc. Para Marx do *Dezoito Brumário*, a *bohème* não é o povo mas a plebe ou ralé.[80]

Mas os dândis, diversamente da *bohème*, se definem pelo *satanismo*, que revela uma "estranha espiritualidade"; Baudelaire assim os caracteriza:

são, ao mesmo tempo, os sacerdotes e a vítima, todas as condições materiais complexas a que se submetem, desde a toalete impecável a qualquer hora do dia e da noite até as peripécias mais perigosas do esporte, são sempre uma ginástica apropriada para fortalecer a vontade e disciplinar a alma. Na verdade, eu não estava totalmente errado em considerar o dandismo como uma espécie de religião.[81]

O dândi é como Satã, cujos terríficos sofrimentos provêm da desproporção entre suas magníficas faculdades (adquiridas instantaneamente em um ato diabólico) e o meio (enquanto criatura de Deus) em que foi condenado a viver. Ato satânico por excelência é a consciência levada ao seu estado máximo, dos poderes e da potência mesma de Deus — definição que por isso mesmo é também a de Satã. Eis por que Satã, como o dândi, foi "traído pela sorte", é o irmão gêmeo de Caim, portador de um segredo negado aos homens de seu tempo, escondido nas profundezas da matéria: só o conhecem aqueles que o invocam e compartilham seu exílio, os "párias malditos" aos quais Satã ensina "o gosto do paraíso", diante da forma absoluta de seu crime, "o sentimento quase inefável, tanto ele é terrível, da alegria na maldição".[82] Satã é, em seu travestimento, o maldito em sua semelhança perfeita com Deus — ou então a imagem de Deus no espírito absolutamente privado de Deus. Essa incurável nostalgia do paraíso que é a dor do exílio é a do poeta; de Satã; de Hermes, o Alquimista:

Hermes que oculto me conquistas
E para sempre me intimidas,
Tu me fazes igual a Midas,
O mais triste dos alquimistas;

Por ti do ouro o ferro improviso
E torno inferno o paraíso [...][83]

A consciência do exílio é a consciência da modernidade, a imersão cada vez mais profunda na matéria e a a trofia do espírito, a perda coletiva da "rainha das faculdades": a Imaginação.[84] De alguma forma é a Imaginação a "faculdade do artifício", uma vez que a modernidade é perda irreversível do "natural".

Artifício por excelência é a máscara do dândi, seu hábito de mudar de rosto, mas também e sobretudo a maquiagem da mulher. Com a maquiagem, a mulher "parece mágica" e "sobrenatural", a fim de vencer o "natural" e impactar os espíritos. O elogio da aparência levada a termo por Baudelaire desloca a tradição e aponta o moderno, uma vez que a trajetória da filosofia no Ocidente dualizou essência e aparência em nome da essência. Para Baudelaire, a "essência" se retirou do mundo e dela só resta a ausência que deve ser presentificada pelo "frívolo", pelo travestimento, pela maquiagem. Substituta da idealidade perdida, onde a sedução vai de braços dados com o fetichismo, a mulher é sósia de Satã, príncipe do travestimento e do disfarce, cuja força provém, a um só tempo, de sua contestação e de sua marginalidade. E aqui se superpõem as lesbianas, Madame Bovary, Georges Sand, o dândi. Pois a maquiagem, como a máscara do dândi, confere à mulher moderna uma *beleza antiga*. Assim, o pó-de-arroz no rosto vem a ser uma "mica de mármore", enobrecendo a mulher moderna como se fosse uma estátua grega. Na mulher, a consciência tácita do moderno, isto é, do efêmero, do contingente, do transitório, pois a maquiagem (como a moda) é sua maneira de consolidar e divinizar sua "frágil beleza". É sobretudo a mulher quem endossa a beleza da moda, a mulher do *demi-monde*. Qual um *ídolo*, pela moda a mulher revela seu ser terrível, isto é, incomunicável.[85] É mágica pela toalete, pelo refinamento da maquiagem, por suas atitudes, mas, antes de tudo, pelo seu olhar, "vago ou fixo", "distração indolente ou atenção fixa". O olhar ausente encontra-se também nos inúmeros poemas de Baudelaire sobre os gatos, olhar que "qual dardo dilacera e fere fundo".[86] Assim, Baudelaire atribui à mulher, lá mesmo onde se encontra sua misoginia, um charme mágico; essas "mulheres mundanas" e seus *compagnons de route* — os dândis — são, segundo Baudelaire, "os narcisos da derrisão" que contemplam a massa citadina como "um rio que lhes devolve sua própria imagem".[87] A mulher moderna é narcísica, como os gatos.[88]

Reunindo, assimilando e assemelhando, por anacronismos, o politeísmo greco-romano, a filosofia antiga e a civilização moderna dita cristã, Baudelaire compôs: "O que me falta ao coração e o que o redime/ Sois vós, ó Lady Macbeth, alma afeita ao crime,/ Sonho de Ésquilo exposto ao aguilhão dos ventos [...]".[89] Toda a onomástica baudelairiana — Safo, Lesbos, Lady Macbeth, Letes, Estige, Afrodite, Vênus, Platão, Frinéia, Flaubert, Georges Sand, escritores, filósofos, pintores, personagens lendárias e literárias clássicas e modernas, bem como referências geográficas (Lêucade, Capadócia, Hades), deuses — tem o sentido de sobrepor, mesclando-os às massas da grande metrópole moderna e sua linhagem direta, seus ancestrais antigos. Assim a justaposição de Vênus, Platão, Frinéia e Safo em "Lesbos" foi só o começo de seu método. Há nas *Flores do mal* uma Circe homérica e um pensador austero — Antístenes, o cínico[90] —, sereias e mulheres fatais. Como em "A

Beatriz", evocadora da amada de Dante mas em tudo seu contrário: ela é uma "Vênus negra". Essa Beatriz humilha e é impenitente, francamente "sádica".

A modernidade é o lugar de duplos — sombras, simulacros e fantasmagorias. O que é o duplo, a fantasmagoria, o sósia, senão sombras que perderam o próprio corpo, *revenants* que não correspondem mais às coisas que são? A fantasmagoria não volta de lugar algum e não procede de nenhum, é simulacro tal como o de Lucrécio,[91] aquele que vem de longe e não diz respeito a um corpo, mas sim é um compósito engendrado a partir de diferentes corpos, não sendo pois reflexo de um corpo real e existente, mas uma rede de partes e detalhes provenientes de diversos outros. Por isso, o simulacro não encontra correspondência no "real", mas se constitui de realidades e irrealidades, como as mercadorias, como a moda. "Ecletismo", se ecletismo houver, ele é a experiência da dúvida, pois no mundo contemporâneo qualquer identidade vacila, toda beleza está contaminada com o "pecado original".[92] O *spleen* baudelairiano resulta da morte de Deus, o que faz do Eterno o equivalente da Queda: "Ir ao fundo do abismo, Inferno ou Céu, que importa?".[93] Céu e inferno, Deus e Satã, anjo e demônio, a modernidade é o lugar do paradoxo e entre eles o do esquecimento do pecado original. Em sua desmemória, o presente se oferece a todas as formas do falso. Desse modo, quando Baudelaire teoriza o moderno é para considerar tanto a intransmissibilidade da tradição quanto para indicar a epifania do instantâneo e do inapreensível. Para Baudelaire há, no presente, um descompasso entre a tradição e sua transmissão — o que significa que o passado não coincide com sua desvalorização. Ao contrário, a perda da aura — das coisas no universo regido pela lei do valor e da multiplicação das mercadorias, por um lado, perda da auréola da arte e da poesia, por outro, a modernidade é o momento de *fundação* de um *choc* sobreposto ao passado. Tempos entrecruzados e simultâneos — o da antigüidade e o da modernidade — e sua correspondência não se dá na forma tradicional da *adequatio*. Há um silêncio na modernidade baudelairiana: a dos passantes, a da multidão, a do olhar que "olha sem ver", justamente na época em que as revoluções se vinculam à liberdade da circulação da palavra. Os lazeres e o consumo de massa multiplicam observadores privados do olhar. Tem fim o sujeito consciente ao qual correspondia uma identidade subjetiva. Baudelaire fala de uma passividade que provém, antes, do sonho e da hipnose. Em "Alguns temas baudelairianos", Benjamin, comentando Baudelaire, menciona olhos que perderam a capacidade de olhar.

Lesbos e Paris, Safo e *Les damnées*, a eternidade da beleza grega e a maquiagem moderna dão a compreender o presente — mundo a um só tempo sem Deus mas tomado pelo terror divino. Pois não é uma das maiores astúcias do demônio fazer crer "que ele não existe"?

NOTAS

(1) Cf., entre outras obras, *República*, VII, 519a; *Phédon*, 81c; *Banquete*, 210e a 211b.

(2) *Crátilo*, 386e.

(3) No poema "A vida anterior", Baudelaire evoca um Éden cuja felicidade se encontra menos na simplicidade e na inocência e muito mais no "fausto" das artes: "átrios colossais", "colunata" e "fulgores".

(4) Baudelaire inspira-se tanto nas antigas profecias persas quanto nas representações platônicas do inferno.

(5) Lembre-se que em 1845 Baudelaire tinha o projeto de reunir seus poemas sobre os amores malditos em um volume que se denominaria *As lesbianas*, mas abandona-o sob censura e os inclui em suas *Flores do mal*: "*As lésbicas*: no ano de 1845 um jovem poeta francês projetava publicar com esse título um livro de versos que, entretanto, só apareceria dez anos depois, trazendo na capa outras palavras — mais simbólicas embora ainda perversas [...]. Manteve as três peças malditas. O título *Flores do mal* foram, por sua vez, publicados com o escândalo merecido! ('Lesbos' e 'Les femmes damnées I e II' na edição de 1857)"(cf. Joaquim Brasil Fontes, *Eros, tecelão de mitos*, São Paulo, Iluminuras, 2003).

(6) No entrecruzamento do mundo sensível e do inteligível, o sublime kantiano é o sentimento em que o espírito humano descobre em si mesmo "tudo o que ultrapassa qualquer medida dos sentidos", o que é "absolutamente grande", para além de qualquer comparação. Cf. Immanuel Kant, *Crítica do juízo*, São Paulo, Iluminuras, 1995, parágrafo 25.

(7) "Obsessão", em Charles Baudelaire, *As flores do mal*, trad., introd. e notas de Ivan Junqueira, Rio de Janeiro, Nova Fronteira, 1985, p. 299.

(8) Com efeito, a grande preocupação platônica não é o que seria valorizado por Aristóteles, a *kátharsis* como "cura" ou "purificação" da desmedida das paixões pela mobilização mimética dos espectadores, a compaixão com os sofrimentos dos heróis em cena, mas antes a identificação com o tirano!

(9) Cf. *Le peintre de la vie moderne* em *Oeuvres complètes*, Paris, Gallimard, 1976, vol. II.

(10) A perspectiva baudelairiana do moderno previne o poeta de qualquer escolha política, entre classes ou déspotas, por um lado, dominados e oprimidos, por outro, ambos participando da violência primordial e, assim, da mesma culpabilidade originária, da mesma *hybris*. Essa é a razão pela qual Benjamin observava que Baudelaire foi o agente duplo de sua própria classe, simultaneamente dentro e fora da burguesia, vendo, pois, a Revolução dos dois lados, o da vítima e o do carrasco, cujos papéis são intercambiáveis. A dor, na ausência do divino que a redima e justifique, faz do homem ininterruptamente e ao mesmo tempo "vítima e carrasco". Assim, a Revolução Francesa e a "filosofia do progresso" são o "paganismo dos tolos", estando o progresso destinado a consolar o homem de sua abdicação e decadência moral, além de ser messiânico, prometedor da plena felicidade do homem no futuro dos desenvolvimentos técnicos e científicos. Governados, pois, por uma "providência" que não controlam, os homens acreditam agir a partir de si mesmos, mas isso não passa de uma "ilusão do orgulho", pois pensam dispor das prerrogativas do Criador como durante a Revolução Francesa,

quando procuraram instaurar *ex nihilo* uma constituição política, desencadeando catástrofes e violência e o "inocente" solve a "dívida" do culpado. Cf. Charles Baudelaire, *Choix de maximes consolantes sur l'amour*, I, cit., p. 550.

(11) Cf. *Mon coeur mis à nu*, ft 33, em *Oeuvres complètes*, Paris, Gallimard, 1975, vol. I, p. 688.

(12) "Meu coração a nu", em *O Spleen de Paris* em *Poesia e Prosa de Charles Baudelaire*, Rio de Janeiro, Nova Aguilar, 1995, p. 534.

(13) Idem.

(14) O conceito baudelairiano de "correspondências" encontra-se em uma constelação onde se superpõem o "visionário" Swedenborg, as "mesas brancas", o absinto, as drogas, os "paraísos artificiais", referências alquímicas e esotéricas (como a Hermes Trismegisto), cartomantes, quiromantes, grafólogos, mas também os estados de semelhança, analogias e correspondências próprios à teoria do conhecimento da Renascença européia: "Até o século XVI", anota Michel Foucault, "a semelhança desempenhou o papel de construtor no saber da cultura ocidental. Foi ela que conduziu em grande parte a exegese e a interpretação dos textos; foi ela que organizou o jogo dos símbolos, permitiu o conhecimento das coisas visíveis e invisíveis, guiou a arte de representá-las. O mundo se englobava a si mesmo: a terra repetia o céu, o rosto se mirava nas estrelas. [...] A representação dava-se como repetição: teatro da vida ou espelho do mundo, eis o título de toda linguagem, sua maneira de anunciar e formular seu direito a dizer" (*Les mots et les choses*, Paris, Gallimard, 1972, p. 32).

(15) *Mon coeur mis à nu*, cit., p. 682.

(16) Idem, p. 68.

(17) Ibidem.

(18) Walter Benjamin, "Paris, capital do século XIX", *Passagen-Werk* (j5,1). *Passagens parisienses*, Belo Horizonte, Ed. UFMG, no prelo.

(19) Charles Baudelaire, "Lesbos", em *As flores do mal*, cit., pp. 497 e 499.

(20) Idem.

(21) Gabrielle d'Annunzio, "Poema paradisíaco", apud Mario Praz, *La chair, la mort et le diable*, Paris, Denoël, 1977, pp. 223-4.

(22) "Lesbos", cit., p. 501.

(23) Praxíteles, no séc IV a. C., tomou-a por modelo e amante, esculpindo-a em uma estátua de ouro, depois exposta no templo de Delfos. Conta-se que Apeles pintou sua *Vênus saindo das águas* depois de vê-la banhando-se.

(24) Charles Baudelaire, "Lesbos", cit., p. 501.

(25) Ibidem, p. 499. Baudelaire refere-se à *República* e a *As leis*: "de qualquer modo que se olhe esta forma de prazer", diz Platão, "seja por gracejo ou seriamente [...], a união dos machos com os machos e das fêmeas com as fêmeas é contra a natureza e que uma tal viciosa desordem provém, antes de tudo, de sua impotência em se dominarem no prazer" (Platão, "Les lois", livro I, em *Oeuvres complètes*, trad. franc. Emile Chambry, Paris, Garnier, 1946, vol. VI, p. 21).

(26) Charles Baudelaire, "O irremediável" em *As flores do mal*, cit., p. 309.

(27) Filósofo neoplatônico de Alexandria que lá viveu por volta de 205 d. C.

(28) O conceito de "matéria" recebe, em Baudelaire, a denominação de "satanismo", cujo sentido será desenvolvido adiante.

(29) Este é o tema pascaliano presente em Baudelaire, como veremos adiante.

(30) Lembre-se que, principalmente a partir da monarquia de julho de 1830, com a burguesia e sua operosidade comercial e bancária — encarnação de uma nova ordem social e política —, aparece, em contrapartida, a personagem do *flâneur*, como a dos boêmios, ou melhor, a *bohème*, ambos ociosos, figurações da instabilidade, do deslocamento permanente, da desordem, os "ciganos do espírito".

(31) Heráclito, frag. 51, em *Os pensadores*, São Paulo, Abril Cultural, 1973. Cf. Joaquim Brasil Fontes, *Eros, tecelão de mitos*, cit., p. 216.

(32) Cf. A. Comte, *Cours de philosophie positive* e, em particular, a "lei dos três estados", o teológico, o metafísico, o positivo ou definitivo, que corresponde ao último desenvolvimento do espírito, de agora em diante "científico" e conhecedor de leis, previsíveis, repetitivas e constantes na natureza e na sociedade.

(33) Joaquim Brasil Fontes, *Eros, tecelão de mitos*, cit.

(34) "Mulheres malditas: Delfinna e Hipólita" em *As flores do mal*, cit., p. 505 ss.

(35) Evidentemente esses autores não são nomeados, mas o ideário difuso captado na poesia e na prosa de Baudelaire abrange o pensamento alemão, aliás bastante ativo na França com os exilados Heine e Marx, entre outros.

(36) A idéia de uma "astúcia da razão", antes de adquir a força que viria a ter, em especial no pensamento de Hegel, já se esboça em Kant, em particular em *A idéia de uma história universal do ponto de vista cosmopolita*. Mas é todo o racionalismo — para o qual tudo é explicável — que está em questão. Não existe história e progresso, história como progresso, tudo acontecendo *ad majorem Dei gloriam*. O pensamento de Baudelaire vai de encontro a toda tradição teológica, filosófica e política do Ocidente, ele é o contrapelo de crenças, convicções e evidências sedimentadas no senso comum.

(37) Charles Baudelaire, "Lesbos", cit., pp. 501 e 503.

(38) Máximo de Tiro apud Joaquim Brasil Fontes, *Eros, tecelão de mitos*, cit., pp. 215-6.

(39) Cf. Joaquim Brasil Fontes, *Eros, tecelão de mitos*, cit., pp. 42 ss.

(40) Charles Baudelaire, "Lesbos", cit., p. 499.

(41) "L'école païenne" em *L'art romantique*, p. 91.

(42) *Mon coeur mis à nu*, cit., p. 640.

(43) Pierre Laforgue, *Oedipe à Lesbos*, Paris, Eurédit, 2002, p. 130. A "misoginia" de Baudelaire com respeito a George Sand talvez revele um dos componentes do "inconsciente" poético baudelairiano. Inconsciente deve ser entendido como uma "disposição" à verdade que não é nem "manifestação" nem "ocultamento", mas impossibilidade de identificar-se àquilo que nos escapa no cerne mesmo da percepção. Assim o travestimento que permite transitar do mundo das mulheres para o dos homens. Travestimento e não "disfarce", o que autorizava George Sand, aliás baronesa Duvenant, a mudanças cujas conseqüências eram sobretudo sociais. A baronesa Duvenant metamorfoseando-se em George Sand é a mulher de respeitabilidade burguesa pondo-se a viver a existência de um escritor e conhecendo amores que desafiam a moral instituída.

(44) Baudelaire tinha o projeto, em 1845, de reunir seus poemas sobre os amores malditos em um volume que se denominaria *As lesbianas*, o que o poeta abandona sob censura, incluindo-os em suas *Flores do mal*: "*As lésbicas*: no ano de 1845 um jovem poeta francês projetava publicar com esse título um livro de versos que, entretanto, só apareceria dez anos depois, trazendo na capa outras palavras — mais simbólicas embora ainda perversas". Manteve as três peças malditas. O título *Flores do mal* foi, por sua vez, publicado com o escândalo merecido! ("Lesbos" e "Les Femmes damnées I e II" na edição de 1857).

(45) Charles Baudelaire, "Mulheres malditas" em *As flores do mal*, cit., p. 399.

(46) Charles Baudelaire, *Le peintre de la vie moderne*, cit., p. 561.

(47) Charles Baudelaire, "Lesbos", cit., p. 503.

(48) Cf. Joaquim Brasil Fontes, *Eros, tecelão de mitos*, cit.

(49) "Mulheres malditas", em *As flores do mal*, cit., p. 399.

(50) Na tradução de Ivan Junqueira: "Bendita estrela dos mares,/ Nos naufrágios, nos pesares.../ A alma elevo a teus altares!" (Charles Baudelaire, "Louvores à minha Francisca" em *As flores do mal*, cit., p. 261).

(51) Lembre-se que, para Baudelaire, a moda é o elemento passageiro, frágil, levia-

no, da estética. Ela resolve, sem o resolver, o conflito histórico entre o passado e o futuro, porque ela é o traço de *repetição,* o que volta na forma do neo, do retrô.

(52) Charles Baudelaire, *Oeuvres complètes,* cit., vol. I, p. 940.

(53) Pascal, coleção Os pensadores, São Paulo, Abril Cultural, 1979.

(54) Charles Baudelaire, *Oeuvres complètes,* cit., vol. II, p. 694.

(55) Lembre-se que os "cuidados de si" na era clássica correspondiam a uma dietética, à prudência e ao equilíbrio na "erótica", dizendo respeito a uma "sabedoria prática". Cf , em particular, Michel Foucault, *História da sexualidade 2* (10ª ed., Rio de Janeiro, Graal, 2003).

(56) Baudelaire interpela as paixões revolucionárias e a "luta entre as classes", tomando por emblema a Revolução Francesa. Diferentemente dos heróis revolucionários, o herói moderno não luta, com o que o poeta se afasta do puritanismo ascético e do rigorismo cívico da República Francesa. Que se pense na contemporaneidade de suas críticas, uma vez que um de seus valores mais enfáticos — a laicidade — passou a operar como uma religião ortodoxa, as noções de República e de igualitarismo dissimulando desigualdades crescentes tanto na qualidade de vida material quanto espiritual, os ideais da República convertendo-se numa paródia de si mesmos. O messianismo ascético do presente — sacrifícios em nome das gerações futuras — é um dos traços teológicos da República virtuosa. A isso Baudelaire prefere os "libertinos".

(57) O que interessa nos libertinos e, especialmente, nas *Ligações perigosas,* é a maneira de dominar ou não o que se poderia designar por o Outro, significando este, aqui, ao mesmo tempo uma personagem particular e o que nela ameaça escapar.

(58) Laclos e suas *Ligações perigosas,* o marquês de Sade e sua *Filosofia na alcova,* e Joseph de Maistre reconhecem, segundo Baudelaire, o "caráter satânico" da Revolução Francesa. Cf. Charles Baudelaire, *Jornaux intimes,* Paris, Corti, 1949.

(59) *Mon coeur mis à nu,* cit.

(60) Cf. número da revista *Magazin Littéraire* dedicado a Baudelaire.

(61) Se, para Sade, moral e religião são invenções humanas, ambas estranhas à ordem da natureza, o mesmo poderia ser dito de Baudelaire, mas a discussão tenderia ao infinito. Pois dever-se-ia enfrentar a questão da religião em Baudelaire, mas esse não é o eixo deste trabalho, cujo foco é preferencialmente a concepção baudelairiana da modernidade.

(62) Charles Baudelaire, *Oeuvres complètes,* cit., vol. II, p. 715. Baudelaire escreve *marquis* [marquês] e não *marqués* [marcados] para o mal, e esse *marquis* só pode ser, na sua formulação espirituosa, o marquês de Sade.

(63) Sabe-se que para o conceito baudelairiano das "correspondências", encontramos a presença de Swedenborg, espíritas, cartomantes, quiromantes, grafólogos etc., como já indicado em nota anterior.

(64) Charles Baudelaire, *Oeuvres complètes,* cit., vol. I, p. 697. Observação saborosamente irônica, sobretudo porque seu contexto é o ensaio consagrado à primeira parte de *Os miseráveis,* de Victor Hugo, romance, como se sabe, progressista e humanitarista, se assim se quiser.

(65) Ibidem, p. 686.

(66) *Journaux intimes,* cit., pp. 79-80.

(67) A queda na "matéria" é o que Baudelaire entende por "satanismo" da modernidade. Walter Benjamin procura explicitar a multiplicidade dos sentidos aí implicados em seu *Passagen-Werk* e a crítica baudelairiana da "novidade", do "progresso", da "técnica", do *sex-appeal do inorgânico,* do fetichismo, da análise dos autômatos, dos contos de Hoffmann etc. A queda progressiva na "matéria", além do fenômeno da transferência do meu desejo de consumo ao "desejo do outro" suposto possuir e desfrutar daquilo que eu ainda "não possuo", propõe o pré-prazer como forma de vida social das gran-

des massas, um "messianismo dos objetos" que prometem felicidade e bem-estar pelo consumo de bens materiais mas frustra o consumo pois a "matéria" alienada e agente, além de transformar a qualidade em quantidade, confisca o tempo da fruição: quanto mais tecnologia se produz, o homem dispõe de menos tempo; a usura do tempo é também a perda da qualidade dialética do vivido. As diversas significações do modo de produção capitalista, das exposições universais da mercadoria no século XIX, os templos do consumo, a inscrição da arte no mercado mundial etc. são todos temas abordados por Baudelaire, que procura desfetichizar o fetiche por meio do próprio fetichismo (mundo dominado pelas coisas, objetos parciais de desejos sempre diferidos e nunca realizados, desaparecimento do Sujeito consciente da filosofia clássica — "o homem não passa, na modernidade, de um caleidoscópio dotado de consciência"). Isso foi enunciado, mais recentemente, por Adorno nos seguintes termos: "até hoje ainda ninguém se dedicou a nenhuma verdadeira exploração da psicodinâmica do *gadget* e já seria tempo de realizar um estudo a fim de que se evidenciem os laços emocionais existentes entre o quadro objetivo das condições atuais de existência e os indivíduos que nele vivem" (Adorno, *Strars down to Earth*, trad. francesa *Des étoiles à la Terre: la rubrique astrologique du Los Angeles Times: étude sur une superstition secondaire*, Paris, Exils, 2000, p. 84). Que se atente para a imaterialidade da matéria nas transações financeiras, o fim da centralidade do trabalho e sua atomização planetária, a automação que, diversamente de criar "tempo livre" para a "auto-realização" de nossas aptidões intelectuais, artísticas etc. produz desemprego e uma massa de "seres supérfluos" etc. Cf. revista *Actuel Marx: Violence de la Marchandisation*, Paris, PUF, nº 34, 2003.

(68) Falar nas desordens e comoções da sociedade do século XIX, da Revolução Francesa até o Império, de Napoleão Bonaparte a Luiz Napoleão seria pouco. Escritos políticos e a imprensa da época de Baudelaire exprimem a violência das relações sociais e os termos que recobrem insurreições e motins: "barbárie", "loucura", "furor", "embriaguez", "extermínio", "ódio", "mártir": violência, enfim. Cf. D. Oehler, *Le spleen contre l'oubli-juin 1848*, Paris, Payot, 1996.

(69) Título do ensaio de Benjamin no *Passagen-Werk* (trad. franc., *Le livre des passages*; trad. ing., *The Arcade Project*; trad. ital., *Il libro dei passaggi*).

(70) Talvez seja possível afirmar que Baudelaire tem um precursor em Byron, e na personagem de Dom Juan, o protótipo do dândi. Com efeito, em *O pintor da vida moderna*, Baudelaire observa que os dândis ingleses descendem, todos, de Byron. Quanto a *Don Juan*, sob o olhar baudelairiano, ele é o *Impenitente* radical: "[...] o tranqüilo herói, por sobre a espada penso/ Olhava a água passar e em torno nada via" ("Dom Juan nos infernos" em *As flores do mal*, cit., p. 143). A referência aqui é, principalmente, *O naufrágio de Don Juan*, de Delacroix, onde o herói não é assediado pelo remorso em meio ao crepúsculo, na fúnebre nau que se dirige ao Hades. O dândi Dom Juan não sente senão desprezo e indiferença por seu destino.

(71) Charles Baudelaire, "Le dandi" em *Le peintre de la vie moderne*, cit., p. 712. Lembre-se a maneira pela qual Walter Benjamin refere-se a Baudelaire e seu dandismo da indiferença: "Baudelaire brilhou no céu do Segundo Império como um astro sem atmosfera" — o que, segundo o método dos "extremos" — que aproximam o poeta-filósofo (Baudelaire) e o filósofo-poeta (Benjamin) —, é uma estrela mas impedido de emitir sua luz.

(72) Walter Benjamin, *Passagen-Werk*, j11a,2. Há, também, outra marca do dândi: seu desejo de detectar, na realidade, outra realidade, analogamente a que Salvador Dali dizia da paranóia quando a ela se referia como outra interpretação possível do real e, assim, atividade lógica criadora. Algo se passa com o desejo amoroso na modernidade, tal como apreendido por Baudelaire, uma espécie de "projeção em cadeia de objetos parciais". Nesse sentido, embora em outro contexto, podemos aproximar o dândi baudelairiano e o dândi Baudelaire de seu "herdeiro" Lacan, quando este trata do amor romântico, se

levarmos em consideração as relações de Baudelaire com o Romantismo (em particular com a pintura de Delacroix): "a matriz do amor romântico e do *amour fou* surrealista", escreve Leda Tenório da Motta, "é a poesia trovadoresca do século XII francês [...]. Analisando o rodeio dos cavaleiros em torno das impossíveis damas casadas e encasteladas que levam a peito conquistar, Lacan nos pede [...] para ponderar que todos os obstáculos interpostos à felicidade desses cantores apaixonados não só caucionam a inacessabilidade de seu objeto, mas lá se encontram para garantir o que está verdadeiramente em questão, por baixo das aparências: uma 'demanda de não-real'. E nos adverte que a paradoxal função que o poeta do amor cortês se põe a exercer, erguendo barreiras contra seu próprio desejo, nessa busca impossível ambientada numa Idade Média em que o casamento se torna sacramento, denota uma perfeita administração da solidão narcísica, e uma organização do vazio" (*Literatura e contracomunicação*, São Paulo, Unimarco, 2004, pp. 88-9). Também Michael Löwy, em seu livro *Walter Benjamin: aviso de incêndio* (São Paulo, Boitempo, 2005), refere-se ao "marxismo gótico" do filósofo e à importância do amor cortês para o filósofo que tanto se dedicou a Baudelaire.

(73) Charles Baudelaire, op. cit., p. 58.

(74) Charles Baudelaire, *Curiosités esthétiques*, p. 267.

(75) Ibidem, p. 228.

(76) Baudelaire retoma, conferindo-lhe novos e ampliados sentidos, o *Paraíso perdido* de Milton em seus *Paraísos artificiais*.

(77) Théophile Gautier caracterizou a *bohème* como "o amor da arte e o horror por tudo que é burguês". Cf. Enzo Traverso, *La pensée dispersée*, Paris, Lignes, 2004.

(78) Recorde-se que, em meados do século XIX, tanto na Inglaterra quanto na Alemanha, a burguesia industrial domina a economia mas seu estilo de vida e mentalidade permanecem modelados pela *landed gentry* e o *Junkertum*. Em outros termos, a burguesia instalou sua *Zivilisation* mas não desalojou sua antiga *Kultur*, a modernidade industrial permanecendo envolta nas formas culturais da tradição, ligadas a práticas obsoletas nas relações sociais. Para os conservadores, a *bohème* misturada à multidão citadina não passa de subversivos da ordem social e moral, aventureiros perigosos, atraídos por bebidas, drogas e violência. De qualquer modo, a *bohème* é francamente antiburguesa e procura reviver, em meio ao moderno, uma comunidade que permanece "invulnerável" aos constrangimentos do dinheiro, do utilitarismo calculista e das leis da produção mercantil. Se a liberdade da *bohème* é um protesto contra a exclusão social, por outro lado não se preocupa, por sua disposição "individualista", em inscrever-se em formas oficiais de cidadania como o recurso a instituições jurídicas, por exemplo. São, então, "classes perigosas".

(79) Cf. *Charles Baudelaire, um lírico no auge do capitalismo*, São Paulo, Brasiliense, 1991; Walter Benjamin, *Passagen-Werk*, cit.

(80) Sobre as diferentes considerações de Marx acerca da *bohème*, cf. J. Seigel, *Paris bohème: culture et politique aux marges de la vie bourgeoise 1830-1930*, Paris, Gallimard, 1991; H. Kreuzer, *Die Bohéme: Beiträge zur ihrer Beschreibung*, Stuttgart, J. B. Metzler, 1968.

(81) Charles Baudelaire, *L'art romantique*, cit., p. 90.

(82) Ibidem, p. 226.

(83) "Alquimia da dor" em *As flores do mal*, cit., p. 303.

(84) Cf. "Le Salon de 1859" em *Oeuvres complètes*, cit., vol. II, p. 619.

(85) Cf. *Le peintre de la vie moderne*, cit., p. 713.

(86) Cf. "O gato" (XXXIV) em *As flores do mal*, cit., p. 185. Ver também "O gato" (LI) na mesma obra.

(87) Cf. *Le peintre de la vie moderne*, cit., p. 719.

(88) Assim também o texto clássico de Freud: a mulher narcísica — cujo traço mais

característico é bastar-se a si mesma — não responde ao desejo que desperta, trata todos os homens segundo uma mesma medida: "suas necessidades (*Not*) não as fazem tender a amar mas a serem amadas e lhes agrada o homem que preenche tal condição. [...] Essas mulheres exercem a maior atração sobre os homens, não apenas por razões estéticas, pois normalmente são as mais bonitas, mas por razões psicológicas interessantes" ("Pour introduire le narcisisme", em *La vie sexuelle*, Paris, PUF, 1969, p. 94).

(89) Charles Baudelaire, "O ideal" em *As flores do mal*, cit., p. 147.

(90) Considerando-se discípulos de Sócrates, os cínicos, em suas práticas e ditos, contrariavam e questionavam convenções sociais e eram conhecidos por sua altivez moral. Recorde-se, aqui, o encontro de Diógenes de Sínope e Alexandre da Macedônia. Como o filósofo tinha por morada um "tonel" e andava com uma lanterna "à procura de um homem que não se deixasse influenciar pelas convenções sociais", o Imperador, amante da filosofia grega, pergunta-lhe se este precisa de alguma coisa; a isso Diógenes responde que Alexandre estava encobrindo o Sol e que se desviasse, portanto, dele. Cf. Diógenes de Laércio, *Vida e doutrina dos filósofos ilustres*, autor latino do século II.

(91) Cf. Lucrécio, *De rerum natura*, livro IV.

(92) Em contraste com o Platão da *República*, a modernidade baudelairiana não é uma caverna platônica. Com efeito, Platão "recalca" o conflito enunciado pela própria alegoria quando descreve corpos e sombras. Pois, se a propagação da luz revela instantaneamente sombras projetadas nas paredes da gruta, com o eco das palavras trocadas entre os homens no exterior da morada subterrânea não ocorre o mesmo, o som e o eco não são simultâneos — assim seu sentido é posterior a sua emissão, há sempre um intervalo entre o som e seu eco ou sentido, diversamente do corpo e sua sombra, do corpo refletido e seu reflexo. Há no som dois sons, e Platão descuida em dizê-lo para garantir a identidade do real e a adequação das coisas a sua essência. A Baudelaire interessa o "intervalo", o momento do *choc*, as anamorfoses, tudo o que suspende o "lugar-comum": "o lugar-comum não consiste em um grupo isolável de idéias, não procede da lógica do verdadeiro e do falso mas o que cimenta aos poucos idéias em circulação [...] privando-as de sua vitalidade em um movimento de clausura do pensamento" (Pierre Bayard, *Peut-on appliquer la littérature à la psychanalyse?*, Paris, Editions de Minuit, 2004, p. 106).

(93) Charles Baudelaire, "A viagem" em *As flores do mal*, cit., p. 453.

A LIBERDADE LIVRE

Marcelin Pleynet

ADIEU

Oui, l'heure nouvelle est au moins très-sévère.

Car je puis dire que la victoire m'est acquise: les grincements de dents, les sifflements de feu, les soupirs empestés se modèrent. Tous les souvenirs immondes s'effacent. Mes derniers regrets détalent, — des jalousies pour les mendiants, les brigands, les amis de la mort, les arriérés de toutes sortes. — Damnés, si je me vengeais!

Il faut être absolument moderne.

Point de cantiques: tenir le pas gagné. Dure nuit! le sang séché fume sur ma face, et je n'ai rien derrière moi, que cet horrible arbrisseau!... Le combat spirituel est aussi brutal que la bataille d'hommes; mais la vision de la justice est le plaisir de Dieu seul.

Cependant c'est la veille. Recevons tous les influx de vigueur et de tendresse réelle. Et à l'aurore, armés d'une ardente patience, nous entrerons aux splendides villes.

Que parlais-je de main amie! Un bel avantage, c'est que je puis rire des vieilles amours mensongères, et frapper de honte ces couples menteurs, — j'ai vu l'enfer des femmes là-bas; — et il me será loisible de posséder la vérité dans une âme et un corps.

Arthur Rimbaud

ADEUS

Sim, a nova hora é pelo menos muito severa.

Porque posso dizer que a vitória me possui: o ranger dos dentes, os silvos do fogo, os suspiros pestilentos se moderam. Todas as lembranças imundas se apagam. Meus últimos lamentos se retiram — inveja dos mendigos, dos bandidos, dos amigos da morte, de todos os que foram passados para trás. Condenados, se eu me vingasse!

É preciso ser absolutamente moderno.

Nada de cânticos: manter o terreno conquistado. Dura noite! o sangue seco fumega em meu rosto, e não tenho nada atrás de mim além deste horrível arbusto!... O combate espiritual é tão brutal quanto a batalha dos homens; mas a visão da justiça é prazer só de Deus.

Contudo, é a vigília. Recebamos todos os influxos de vigor e de autêntica ternura. E ao romper da aurora, armados de uma ardente paciência, entraremos nas esplêndidas cidades.

Falava da mão amiga! Já é uma vantagem que eu possa rir dos velhos amores ilusórios, e cobrir de vergonha esses casais mentirosos — vi o inferno das mulheres, lá embaixo; — e então me será permitido possuir a verdade em uma alma e um corpo.

Aceitem ou não, me obstino terrivelmente em adorar a liberdade livre.
Arthur Rimbaud, nov. 1870

Sempre tive escrúpulos em dirigir-me a um público numa língua que não fosse a que lhe é a mais familiar. Penso que isso é de certo modo uma falta de cortesia, ou mesmo de civilidade, e jamais o fiz sem primeiro desculpar-me. Assim, antes de tratar da obra de Rimbaud, faço alguns questionamentos nesse âmbito. Seria preciso, por certo, falar todas as línguas. Para o bom entendimento do que nos envolve no século XXI, e do que nos propõe o destino da mundialização, todas as línguas parecem dever ser mobilizadas. Mas o que aconteceria se cada um de nós falasse efetivamente todas as línguas? E de que se falaria? E não aconteceria o mesmo se o mundo inteiro falasse apenas uma única língua? O que seria daquilo que se exprime essencial e mundialmente em cada língua?

E se o bom entendimento do que dispõe o século XXI, e o chamado destino da mundialização, implicasse antes de tudo, e a cada vez, falar todas as línguas em cada uma delas, sempre, e para cada um, todas as línguas em uma, a sua?

Mas não é isso o que, de certo modo, realiza em cada língua a obra do poeta que merece esse nome (Dante, Villon, Shakespeare, Hölderlin, Rimbaud...) e que paradoxalmente, por essa razão, é na maior parte das vezes reconhecido internacionalmente... e intraduzível?

TUDO É FRANCÊS

O que passo a considerar, ao abordar a obra de Rimbaud, é o que sucede, no francês, com essa intrusão de um pensamento, de uma língua outra e no entanto a mesma, que produz acontecimento, e de tal modo que ela mobiliza, que ela atrai o interesse de todas as línguas... embora seja essencialmente intraduzível.

Rimbaud escreve em 15 de maio de 1871, numa carta a Paul Demeny chamada "A carta do vidente": "Encontrar uma língua — De resto, toda palavra sendo idéia, o tempo de uma linguagem universal virá! [...] Será um discurso da alma para a alma, resumindo tudo, perfumes, sons, cores, pensamento fisgando pensamento e puxando".

Fisguemos, pois, e puxemos, assinalando que hoje, quando tudo parece à disposição e pronto para ser consumido indiferentemente na inconseqüência de um espetáculo generalizado, tal discurso parece inaudível; e que certamente não é inútil, ao abordar uma obra como a de Rimbaud, acentuar primeiro a dificuldade, ou mesmo a impossibilidade, de traduzi-la, de compreendê-la, seja em que língua for, até mesmo, se posso dizer, em francês.

Conhecida e difundida como "poesia", palavra que praticamente não tem mais sentido em língua nenhuma, a obra de Rimbaud, por essa mesma razão, não é mais legível hoje, e menos ainda, certamente, do que o foi durante sua vida, embora ela seja internacionalmente célebre e traduzida nas mais diversas línguas.

O que sucede com a obra de Rimbaud? O que se sabe dela? O que se quer saber? Em 1991, por ocasião do centenário da morte do poeta, Jack Lang, então ministro da Cultura, não recomendou às crianças das escolas que enviassem umas às outras um poema de Rimbaud?

Em abril de 2000, não é a carta, carta de poucas páginas, chamada do "vidente", na qual Rimbaud escreve em particular que "tudo é francês, isto é, detestável em supremo grau", que é arrematada pelo Estado e comprada pela soma de 3,3 milhões de francos?

O mesmo quanto ao Rimbaud poeta. O ícone religiosamente poético, e portanto ininteligível, não tem preço.

"Tudo é francês, isto é, detestável em supremo grau", escreve Rimbaud no mesmo ano em que nasce a Terceira República.

Não convém reconsiderar o acontecimento que é a obra de Rimbaud, se quisermos simplesmente entender o que foi feito, entre outras, dessa frase arrematada por 3,3 milhões de francos pelo Estado francês?

Talvez se entenda melhor, se compreenda melhor o acontecimento que é o surgimento da língua de Rimbaud no francês, lembrando, por exemplo, que Philippe Pétain — que em 1940 converte a Terceira República num regime de colaboração com a Alemanha nazista —, nascido em 1852, é um exato contemporâneo de Rimbaud.

Sabemos que Rimbaud nasceu em 10 de outubro de 1854 e morreu em 10 de novembro de 1891. Esses dois homens falavam a mesma língua?

O que visa Rimbaud quando escreve: "Tudo é francês, isto é, detestável em supremo grau", por ocasião da constituição da Terceira República? Regime nascido, em 1870, da repressão sangrenta à Comuna de Paris, e o mais longo da história desse país, a França, pois dura até sua conversão em um regime de colaboração com os nazistas, por um marechal da França, Philippe Pétain, em 1940.

Como ler Rimbaud? Essa evocação do destino da Terceira República francesa diz suficientemente que, para um homem de minha geração (eu que nasci em 1933, ano em que, convém lembrar, Hitler chegava ao posto de chanceler do Terceiro Reich, e passei a maior parte de minha infância num país majoritariamente pétainista), Rimbaud permanece ativamente presente no centro do debate, no século XX e neste início do século XXI, com a "liberdade livre".

Quantas vezes me vi em situação de retomar, e em sua forma mesma, a questão que, nos anos 1870, Rimbaud dirige numa carta a Ernest Delahaye, um de seus dois principais correspondentes da época: "O que há com teu país? Ele está doente?".

Em 1940, aos sete anos de idade, estou como muitos franceses à beira de uma estrada de província assistindo à chegada dos *panzers* alemães. Aos doze anos, em 1945, na praça de uma aldeia, vejo uma mulher humilhada e de cabeça raspada em nome do novo conformismo da multidão. Nos anos 50, a França e os franceses morrem na Tunísia, no Marrocos, na Indochina para salvar o império colonial da Terceira República. Em 1954, os anacronismos nacionalistas levam o governo francês a "pacificar" o território argelino. É a guerra com suas seqüelas de crimes e torturas. Sou convocado. Nessa questão os criminosos não foram apenas militares; aquele que lhes deu carta branca, François Mitterrand, será, em 1981, 27 anos mais tarde, eleito presidente da República. Trata-se então, muito seriamente, de fazer esquecer maio de 68 na França. E não é para confirmar esse esquecimento que, em maio de

2002, os franceses, de direita e de esquerda, unem-se para plebiscitar o mesmo, e outro "novo homem", Jacques Chirac?

Pensamentos retroativos? Talvez... No entanto é desde meu nascimento, em 1933, que a questão se apresenta para mim e, retroativamente, se abre a esta outra questão: "O que é que, embora livre por essência, busca sempre libertar-se?". Perspectiva declarada, imediata e contínua de minha leitura de Rimbaud.

"As pessoas estão exiladas em sua pátria!", escreve Rimbaud a seu professor Georges Izambard, em agosto de 1870. O que sucede com essa "pátria", com o francês, a França? O século XIX é só um começo na disposição da sujeição voluntária e generalizada, o obscurecimento, "o futuro de uma ilusão" (e, conseqüentemente, o futuro das resistências e das lutas vãs, surdas e clandestinas contra esses obscurantismos)... O século XX inteiro se desdobra socialmente como o campo de experimentação de técnicas de alienação, de repressão e de sujeição, tais como os séculos passados nunca haviam conhecido antes.

Em outras palavras, acompanha o que se apresenta socialmente como um progresso, as profundas mudanças, o abalo das fundações históricas e culturais, a mobilização, geralmente confusa, de inteligências e energias sacrificadas a contra-emprego.

Marx e Engels, em 1848, darão uma boa descrição desse momento específico: "A burguesia não pode existir sem revolucionar constantemente os instrumentos de produção, portanto as relações de produção, isto é, todo o conjunto das relações sociais. Essa mudança contínua da produção, esse abalo ininterrupto de todo o sistema social, essa agitação, essa perpétua insegurança distinguem a época burguesa de todas as precedentes. Todas as relações sociais tradicionais e fixas com seu cortejo de noções e de idéias antigas e veneráveis se dissolvem; e todas as que as substituem envelhecem antes mesmo de poderem se ossificar".

Que a burguesia seja apenas um dos vetores da sujeição planetária à ordem lógica do desenvolvimento hegemônico das ciências e das técnicas não altera em nada esse processo, a sociedade moderna sendo essencialmente uma sociedade burguesa.

Nascida da Revolução Francesa, que sucumbe no Terror, uma nova sociedade se impõe, de início empiricamente, revolucionando o conjunto das relações sociais e estabelecendo tecnicamente, em nome da ciência, seu poder sobre formas de sujeição, de repressão e de terror tanto quanto possível mais discretas e racionais, isto é, mais eficazes.

Ao longo desse século XIX que passa da Primeira República ao Império, à Restauração dos Bourbon, à Monarquia de Julho, à Segunda

República, ao Segundo Império, à Terceira República, a França moderna busca confusamente formas de governo suscetíveis de aterrorizar sem "terror". Assim como a Primeira República nasce do grande Terror de 1793-1794, nada impede que a Terceira nasça da repressão sangrenta à Comuna de Paris. E não acabou, o futuro dessa ilusão tem futuro; o século XX, sabemos, herdará todos os arcaísmos dessa ideologia republicana de que o século XXI não parece preparado para livrar-se.

Em 1952, por exemplo, François Mauriac, que inicia então sua campanha contra a mediocridade dos políticos da Quarta República, fará esta avaliação em seu *Bloc-notes*: "Todo o nazismo está prefigurado na glorificação do falso Henry*",[1] entenda-se, no caso Dreyfus, que, como sabemos, estende-se sob a Terceira República de 1894 a 1906, data da reabilitação de Alfred Dreyfus.

Nesse contexto, que se pode considerar constituído de diversos modos de dispor a liberdade humana no quadro de uma sujeição generalizada e, se posso dizer, prospectiva, é que convém levar em conta a maneira pela qual se dispõem, impensáveis, a obra e a vida de Rimbaud.

Impensáveis tanto para as melhores das interpretações quanto para as mais escrupulosas das biografias, porque elas se acham literariamente limitadas a esse contexto, independentemente do fundo ideológico sobre o qual se estabelecem, penetrando mais fundamentalmente nele, isto é, abrindo nele um caminho.

Em condições históricas de uma feroz mediocridade, a obra e a vida de Rimbaud são ainda hoje, e não deixarão de ser, um acontecimento, na medida em que sua questão fundamental ("O que é que, embora livre por essência, busca sempre libertar-se?") assume, para o humano, o desvelamento dinâmico de toda palavra, de toda existência e de todo pensamento. Na medida, portanto, em que essa questão, que atravessa todas as formas de organização social, implica, para ser entendida, uma reserva necessária quanto às crenças religiosas, religiosamente mantidas, nessas formas de organização.

Para que uma questão como essa ("O que é que, embora livre por essência, busca sempre libertar-se?") se imponha, como a impõem a obra e a vida de Rimbaud, é preciso que a lógica (o pensamento) que lhe é própria seja bem justificada. O que pode certamente ser entendido e demonstrado se nos interrogamos sobre os automatismos e os hábitos adquiridos, de opiniões e de saber, que tal "lógica" *contraria*. Rimbaud assinala isso a seu correspondente Delahaye em 1872: "os hábitos não oferecem consolo aos lamentáveis dias".

* Nome do coronel que forjou uma acusação de traição contra Alfred Dreyfus. (N. T.)

No momento em que seu pensamento se desdobra, e excepcionalmente se expõe, na carta de 15 de maio de 1871 a Paul Demeny (carta chamada, não sem razões múltiplas e contraditórias, "A carta do vidente"), Rimbaud, alguns dias antes, em 13 de maio, faz significativamente preceder esta única lição ("Decidi oferecer-lhe uma hora de literatura nova", escreve a Paul Demeny)... Rimbaud faz então preceder essa carta de outra, endereçada a seu ex-professor de retórica Georges Izambard. Esta, de 13 de maio, destinada a um membro do ensino, versa significativamente sobre a função social da transmissão do saber.

De Charleville, em 13 de maio de 1871 (dois dias antes, portanto, de enviar a célebre "Carta do vidente"), Rimbaud escreve a Georges Izambard, seu ex-professor: "Eis-nos aqui de novo, professor. Temos deveres para com a sociedade, o senhor me disse; o senhor faz parte do corpo docente: *segue a velha rotina, eu também sigo o princípio: procuro cinicamente me manter*;[2] desenterro antigos imbecis do colégio: tudo que posso inventar de tolo, de sujo, de ruim em ação e em palavras, ofereço-lhes: pagam-me em cerveja e mulher. *Stat mater dolorosa, dum pendet filius* — Tenho deveres para com a sociedade, é justo —; e tenho razão. O senhor também tem razão quanto a hoje".

Descrição cuja ironia não deve nos escapar. Ao descrever o que faz, Rimbaud ilustra ironicamente o que pensa do ensino, do que lhe ensinaram, desse "princípio" que ele segue: "Eis-nos aqui de novo, professor [...] o senhor segue a velha rotina, *eu também sigo o princípio* [...] tudo que posso inventar de *tolo*, de sujo, de ruim *em ação e em palavras*, ofereço-lhes [...]".[3]

Nesse mês de maio de 1871, Rimbaud excepcionalmente se explica sobre os "deveres para com a sociedade" e sobre o que sucede com ela.

Como não foi percebido que essas explicações valem para toda a sua estada na sociedade européia e, de maneira geral, para a sociedade ocidental?

Tomando altitude ao escrever, dois anos mais tarde, em 1873, *Uma estação no inferno*,* no capítulo intitulado "O impossível" Rimbaud revelará a perspectiva na qual se dispõe seu pensamento: "Os filósofos: o mundo não tem idade. A humanidade se desloca, simplesmente.

* O título original é *Une saison en enfer*, que também poderia ser vertido para *Uma temporada no inferno*, título, aliás, empregado em algumas edições em português da obra. Neste artigo, preferimos *Uma estação no inferno*, pois essa tradução corresponde melhor aos propósitos do autor quando comentará a multiplicidade de sentidos da palavra *saison*, como o leitor verá adiante. (N. T.)

Estais no Ocidente, mas livres para habitar vosso Oriente, por mais antigo que se furte — e habitar nele confortavelmente. Não sejais um vencido. Filósofos, sois de vosso Ocidente".

É divertido ler, nas *Oeuvres complètes* da edição da Pléiade, o comentário de Antoine Adam à carta de 13 de maio de 1871 sobre o ensino: "Os historiadores", escreve Antoine Adam, "não estão de acordo sobre esses 'imbecis do colégio'. Serão ex-colegas? Serão professores? É naturalmente impossível decidir".

"Naturalmente" não deixa de ser espirituoso! Então não é a seu ex-professor que Rimbaud escreve?

Como não levar em conta que, nesse mês de maio de 1871, Rimbaud define o mais explicitamente possível o que é para ele a "sociedade"? "Antigos imbecis do colégio" — que poderão eventualmente tornar-se professores, como a mãe aflita agarrada ao filho.

Os comentadores sustentam que aqui Rimbaud evoca a própria mãe. Certamente, por que não? Mas ater-se a isso é esquecer que Rimbaud acha essa "poesia subjetiva" (esse tipo de raciocínio) "horrivelmente insípida", acrescentando que, quanto a isso, "tem razão".

O mesmo vale, portanto, para o que se deveria entender por "transmissão do saber".

Mas isso não é tão evidente assim. Daremos a esta carta de um jovem poeta de dezesseis anos e meio, de um gênio precoce, o crédito de um pensamento capaz de emitir um juízo sobre a filosofia ocidental, isto é, sobre a história da metafísica?

Porque é realmente disso que se trata. É difícil, por exemplo, lendo o que Rimbaud escreve a Georges Izambard, em 13 de maio de 1871 — "É falso dizer: Eu penso. Deveria-se dizer: Pensam-me. Perdão pelo jogo de palavras. Eu é um outro..." —, não evocar o questionamento do *cogito ergo sum* de Descartes. Embora pareça que ninguém mais quer pensar nisso.

Como chegar a um acordo sobre a importância a atribuir à frase de Rimbaud que visa aos "imbecis do colégio"? Estudantes? professores? filósofos? É preciso considerar os universitários seriamente debruçados sobre essa espinhosa questão!

Sem esquecer que Rimbaud já qualifica de "rotina" ("o senhor segue a velha rotina") o ensino, a instrução pública por trás da qual se dissimulam politicamente as escolas de formação ideológica e republicana que terão em Victor Hugo, especialmente, um porta-bandeira.

"Velha rotina", "cabide universitário": "o senhor acabará como um satisfeito que não fez nada, nada tendo querido fazer".

Se entendermos realmente o que, aos dezesseis anos e meio de idade, Rimbaud escreve a seu professor (em 1871), o que veio a seguir não é algo logicamente esperado e inteligível? Isso desde que se queira entender por "poesia" uma palavra na palavra — uma palavra que fala —, uma palavra que fala na palavra, quando ela é a singular essência dessa "liberdade livre" que distingue o homem na totalidade das coisas e do universo: quando é pensamento em ato.

Ressalve-se que a miséria do mundo revelada por Rimbaud está (forma dessa miséria) intrinsecamente embutida no programa social de formação e de instrução pública da segunda metade do século XIX, com o objetivo (e Rimbaud o compreenderá) de tornar precisamente *ininteligível* qualquer outro discurso que não o autorizado na "velha rotina" da dívida social: "Temos deveres para com a sociedade". Rimbaud evidencia que essa "dívida", forma de sujeição voluntária, tem essencialmente por função submeter a inteligência a "antigos imbecis do colégio", ocupados em reduzir tudo ao social. Ainda a Izambard, Rimbaud esclarece: "O senhor não compreenderá tudo; e eu quase não saberei lhe explicar".

Realmente, nunca, e hoje menos do que nunca, se quis reconhecer que Maio de 68 na França foi antes de tudo, na origem, um movimento estudantil e universitário, uma crise interna ao saber, e portanto ao ensino — essencialmente uma revolta interna contra as formas e os modos de transmissão da ideologia leiga e republicana do saber.

Um dos pensadores, ainda hoje o mais lucidamente ativo e cujos livros (em particular *A sociedade do espetáculo*, publicado em 1967) são os únicos a formular verdadeiramente o que determina Maio de 68, o "situacionista" Guy Debord, escreverá: "Foi a poesia moderna dos últimos cem anos que nos levou até aí. Éramos alguns a pensar que seu programa devia ser executado na realidade, e que em todo caso não havia outro". Como desconfiar que, ao falar de "poesia moderna", Debord não esteja evocando, em primeiro lugar e essencialmente, Rimbaud?

Chegamos até aí. E a partir daí todos parecem ter ficado muito prudentes sobre o assunto.

Ao destacar certas declarações e os movimentos de Rimbaud, entre 1870 e 1871, a crítica e os poetas de profissão contentam-se geralmente com um Rimbaud simpatizante da Comuna de Paris. Rimbaud *communard*, logo convertido num Rimbaud politicamente correto, de esquerda. Em suma, um Rimbaud que vem confirmar o ensino das escolas leigas e as leis do magistrado Émile Combes. Mas é preciso reconhecer que, tanto à direita quanto à esquerda, tanto ao clericalismo quanto ao anticlericalismo, Rimbaud é muito dificilmente convertível.

O debate, como sabemos, opõe no começo do século XX — e não

certamente por acaso — dois dos principais e dos mais vigilantes leitores de Rimbaud: o católico Paul Claudel e o trotskista André Breton. Ambos dão a Rimbaud uma importância quase mística — Claudel em particular, que faz dele, como sabemos, praticamente um dos elementos constitutivos de sua conversão ao catolicismo. Mas, no que concerne à dificuldade de converter Rimbaud a qualquer religião que seja, é sem dúvida André Breton quem diz mais. Este, por razões muito próximas às de Guy Debord (que, num certo momento, chegou a freqüentar o Surrealismo), foi certamente quem captou da maneira mais justa o acontecimento que constitui, no francês, o surgimento da língua de Rimbaud.

Por prova basta a atitude de Breton por ocasião da publicação, cuidadosamente orquestrada pelos meios literários parisienses, de um texto de Rimbaud (*La chasse spirituelle* [A caça espiritual]) que era considerado perdido, e cuja falsidade Breton foi o único a afirmar, antes que os autores da mistificação o confessassem.

André Breton, é incontestável, demonstra uma excepcional compreensão — paradoxalmente, pode-se dizer — formal da língua, da frase, do fraseado de Rimbaud. Tem por ele uma admiração que, como amiúde no autor dos *Manifestos do Surrealismo*, parece tomar a forma enfática de um culto.

Nada, porém, pode reduzir a obra de Rimbaud a uma simples apreciação; por mais enfaticamente elogiosa que seja, esta não deixará, num momento ou noutro, de criar embaraços a seu autor.

Assim, não se pode ignorar que, em 1930, no *Segundo manifesto do Surrealismo*, ao intimar seus companheiros a tomar partido na revolução social, André Breton julga dever, excepcionalmente, fazer reservas em relação a Rimbaud. Ele escreve então: "Rimbaud se enganou, Rimbaud quis nos enganar. Ele é culpado perante nós de ter permitido, de não ter tornado inteiramente impossível certas interpretações desonrosas de seu pensamento, gênero Claudel". E, com certeza, o anticlericalismo leigo de Breton se revela tão obscurantista, se não mais, que o clericalismo católico de Claudel, a menos que se trate aí das duas faces da mesma moeda, ilustrando a função do artista e do poeta a serviço da Igreja católica ou da Igreja republicana e leiga, ambas, como todos sabem, tendo sempre necessidade de santos e de mártires, de místicos revolucionários.

Tais mal-entendidos — o de Claudel, o de Breton — integram leituras "poéticas" que qualificarei de programadas por um "encantamento incompreensível, e uma dormência sobrenatural".

Sob a forma da religião poética, a socialização leiga, ou clerical, de Rimbaud revela apenas a exatidão do julgamento de Nietzsche ao declarar, em 1870: "Acreditamos ampliar nossas dimensões ao acolher um grande gênio. Na verdade, encolhemos as do gênio para fazê-lo penetrar em nós".

Onde reencontraremos, onde seguiremos Rimbaud em sua obra?

Convém, mais uma vez, lembrar que o único livro que Rimbaud fez questão de publicar, e de fazer conhecer, tem por título *Uma estação no inferno*, e desconfiar do sucesso de certos clichês que os contemporâneos de Rimbaud julgaram dever difundir.

É surpreendente que Verlaine — que se acreditou o mais próximo, o mais íntimo amigo de Rimbaud — tenha criado os clichês que ainda hoje dominam a obra e a biografia de Rimbaud? A má ação tem por título *Les poètes maudits* [Os poetas malditos], e apresenta-se então, como se apresentará com freqüência a seguir, acobertada sob a admiração mais sincera.

Da iniciativa de Verlaine, é pouco dizer que foi comandada por uma vontade de vulgarização, para não dizer por uma vulgaridade, que historicamente conheceu e conhece ainda hoje um grande sucesso. O recente livro do ministro das Relações Exteriores da França, Dominique de Villepin, com cerca de oitocentas páginas sobre a poesia, intitulado, a partir de uma frase de Rimbaud, *Éloge des voleurs de feu* [Elogio dos ladrões de fogo], não é senão a consagração oficial e quase governamental desse mal-entendido.

Em 1884, quando Rimbaud vive exilado em Aden, em que consiste essa publicação de Verlaine, *Les poètes maudits*, que associa Rimbaud precisamente àqueles de quem ele fugiu? Sabe-se que, entre todos, aquele de quem Rimbaud mais quis se afastar foi Verlaine e o que este representa da sociedade literária do Parnaso contemporâneo.

Como não lembrar o que Rimbaud escreve nas últimas linhas de *Uma estação no inferno*: "Que dizia eu de mão amiga? Uma bela vantagem é que posso rir dos velhos amores mentirosos, e cobrir de vergonha essa gente mentirosa — Eu vi o inferno das mulheres nesse mundo!"?

Pode-se pensar que em 1884, quando publica *Les poètes maudits*, Verlaine não escolhe esse título em função do título que Rimbaud publicou dez anos antes? Como esse título não ficaria vulgarmente associado ao autor de *Uma estação no inferno*? O raciocínio é simples: como é que aquele que escreveu *Uma estação no inferno* não seria logicamente um poeta maldito? De resto, Verlaine dedica-se a isso já no prefácio da edição de 1884 de *Les poètes maudits*, especialmente no retrato que propõe de Rimbaud, e que dá a entender que ambos, ele e Rimbaud, teriam sido um casal.

Após o escândalo do mês de julho de 1873, em Bruxelas, e sua repercussão na França, quem terá lido de outro modo as linhas que Verlaine dedica amorosamente ao retrato de Rimbaud, na abertura de *Les poètes maudits*? Cito:

> Não é mesmo "o Menino sublime" [...] mas não sem o protesto dos lábios há muito sensuais e de um par de olhos mais perdidos numa lembrança antiga do que num sonho precoce? Um Casanova garoto [*sic*], mas de aventuras mais experientes, não ri nessas narinas ousadas? e esse belo queixo acidentado não parece "mandar às favas" toda ilusão que não deve a existência à mais irrevogável vontade? Enfim, a nosso ver, a soberba melena só pôde ser desfeita por sábios travesseiros, aliás calcados pelo cotovelo de um puro capricho sultanesco [*sic*] e pelo desdém viril de uma toalete inútil para essa literal beleza *do diabo*!.[4]

O que essa sopa afetiva e pederástica tem por função alimentar?

Será preciso, a propósito da "melena [...] desfeita [...] por sábios travesseiros", apresentar uma imagem mais realmente íntima de Rimbaud, lembrando que ele raspou os cabelos ao saber da morte de sua irmã Vitalie, em 1875?

Nada aí que Verlaine queira saber, ao construir a mitologia fantasmática de um Rimbaud "poeta maldito" com sua "literal beleza do diabo", e cuja "maldição" ele quer dar a entender que partilhou. Pois um pouco adiante ele acrescenta, como para reduzir Rimbaud, eu diria, à medida dele, Verlaine: "Na época relativamente distante de *nossa intimidade*, o sr. Arthur Rimbaud era um menino".[5]

O que significaram, e o que significam ainda hoje, tais declarações que associam antes de tudo, e essencialmente, Rimbaud aos "poetas malditos", isto é, à miséria do meio poético e literário da época? Verlaine, em sua miséria, não é manifestamente, masoquistamente, por escolha, biográfica e literária, aquele que mais realmente quer ser "maldito"? Se houvesse necessidade, sua "conversão" viria nos confirmar isso.

Quando Verlaine escreve: "Na época relativamente distante de nossa intimidade...", quem não entende que Verlaine, ao publicar *Les poètes maudits*, estabelece mitologicamente sua própria biografia? Uma biografia da qual Rimbaud, justamente com *Uma estação no inferno*, procurou se afastar.

Em seu título, em seu projeto, em sua realização, o objetivo de *Les poètes maudits* não pode ser visto senão como a própria negação do livro de Rimbaud; livro no qual Verlaine se vê implicado como "virgem louca", livro que ele dolorosamente recebeu, que mantém sob sua posse, e cuja leitura ele está, mais ou menos conscientemente, decidido a obliterar.

O que diz, em sua leitura mais imediata, o título do livro de Rimbaud? *Uma/ estação/ no/ inferno*? Que diz esse título, senão que o autor considera ter *passado* (sublinho "passado") "uma estação", uma temporada, no inferno, e que ao sair se dá conta disso? "Maldito" ele seria se tivesse ficado ali. Essa, de fato, é toda a intriga do livro.

Não é necessário ser um psicólogo hábil para compreender que fazer Rimbaud figurar entre os poetas "malditos" é, se posso dizer, um desejo piedoso.

É verdade que o século XIX, o século XX e o século XXI fazem do inferno uma concepção bastante banal, cotidiana e, em suma, familiar: "Creio-me no inferno, logo estou nele", escreve Rimbaud.

Acreditamo-nos no inferno, logo estamos nele, vivemos sob uma fatalidade, somos "malditos". Como não consideraríamos os poetas de que fala Verlaine e, de outro lado, Rimbaud, como curiosidades de outro tempo? Vimos outros, do gênero, infinitamente mais monstruosos... Então, a danação, o inferno, nós conhecemos e sabemos bem que é algo que se deixa viver!

Acontece que Rimbaud, quando escreve *Uma estação no inferno*, com toda a certeza não pensa que vive nele, e menos ainda que vive sob uma maldição, que é um dos condenados.

DANTE E RIMBAUD

É muito difícil considerar um livro, publicado em 1873 e intitulado *Uma estação no inferno*, sem fazer referência à *Divina Comédia* de Dante, que Rimbaud muito provavelmente leu, na tradução de Lamennais, tal como aparecia, em versão bilíngüe, com um longo prefácio, nas *Obras póstumas* de Lamennais, em 1854 (essa leitura por Rimbaud é perfeitamente demonstrável).

Sabe-se que *A Divina Comédia* conhece um sucesso de tradução e uma influência mais ou menos manifesta na França, no século XIX. Balzac admirava-a sem reservas, cita com freqüência Dante, e é por referência explícita à *Divina Comédia* que dá ao conjunto de sua obra o sobretítulo *A comédia humana*.

Rimbaud retoma o título de Balzac nas *Iluminuras*, no poema em prosa "Vidas", onde escreve: "Eu ilustrei a comédia humana" (certamente evocando *Uma estação no inferno*) — e pode-se pensar por outro lado que, em outro poema em prosa, "Cenas", ele busca uma nova compreensão da *Divina Comédia* de Dante, ao escrever "A antiga Comédia prossegue em seus acordes e divide seus Idílios".

É verdade que, do conjunto dos três livros ("Inferno", "Purgatório", "Paraíso") que compõem a obra de Dante, é "Inferno" que parece ter atraído mais particularmente o interesse dos escritores franceses dos séculos XIX e XX. Quem pensará por isso que Dante, qualquer que seja sua biografia, pudesse alguma vez ser considerado um "poeta maldito"? Rimbaud certamente não.

De resto, se é difícil não evocar *A Divina Comédia* ao ler Rimbaud, convém imediatamente assinalar que o "inferno" rimbaudiano tem uma envergadura bem distinta ("absolutamente moderno") que a do inferno dantesco.

Dante apenas atravessa o inferno como observador, "como um homem livre" ("come persona franca", ele escreve no canto II, 132), enquanto Rimbaud passa ali toda uma temporada.

No entanto a ambição escatológica do francês "moderno" não é menor que a do florentino. Ela se distingue, primeiramente, em que "o moderno", e em particular o francês, acha-se em situação de periodizar o inferno, o que implica um pensamento completamente diferente do tempo.[6]

"UMA" ESTAÇÃO

O que distingue a obra de Rimbaud, considerando que essa obra se fixa antes de tudo no único livro que ele buscou publicar (sabemos que foi editado por conta do autor), não é essencialmente "o inferno": é que o inferno se fixa aqui em "uma" estação.

Se quisermos compreender melhor o que acontece com a obra de Rimbaud, é preciso, no que concerne a *Uma estação no inferno*, ficar vigilante tanto ao sentido que damos à palavra *enfer* [inferno] quanto ao que damos à palavra *saison* [estação, temporada], e desconfiar do que entendemos naturalmente por essas palavras.

Na obra de Rimbaud, a palavra *saison* não aparece pela primeira vez no título de seu livro *Une saison en enfer*. A palavra *saison* parece ocupar mais particularmente o escritor a partir de maio de 1872, isto é, a partir do momento em que Rimbaud, tendo vivido onze meses em Paris, em companhia de Verlaine, retorna a Charleville, para voltar a Paris dois meses depois.

A palavra *saison* impõe-se num poema datado de maio de 1872 e intitulado "Bannières de mai" [Bandeiras de maio] (Rimbaud talvez estivesse ainda em Charleville), do qual destaco os versos seguintes, tais como participam da elaboração da multiplicidade de sentidos que Rimbaud dá à palavra *saison*:

Qu'on patiente et qu'on s'ennuie
C'est trop simple. Fi de mes peines.
Je veux que l'été dramatique
Me lie à son char de fortune.
Que par toi beaucoup, ô Nature
— *Ah! moins seul et moins nul!* —, *je* meure,
Au lieu que les Bergers, c'est drôle,
Meurent à peu près par le monde.

Je veux bien que les saisons m'usent.
À toi, Nature, je me rends*;*
Et ma faim et toute ma soif.
Et, s'il te plaît, nourris, abreuves.
Rien de rien ne m'illusionne;
C'est rire aux parents, qu'soleil,
Mais moi je ne veux rire à rien;
*Et libre soit cette infortune.**[7]

Observamos que os versos não são rimados mas ritmados, e que o poema se apresenta como uma meditação em octossílabos

A palavra *saison* aparece igualmente na conclusão de uma carta datada "parmerde, Junphe 72" [parmerda (Paris-merda), junho de 1872] onde Rimbaud escreve: "Et merde aux saisons" [E merda às estações].

Mas é certamente num poema não datado (que é possível pensar tenha sido escrito entre abril e maio de 1873, e cujo primeiro verso é "Ó estações, ó castelos" [Ô saisons, ô châteaux] — poema que Rimbaud retoma e publica em *Uma estação no inferno*) que melhor se esclarece a meditação sobre a natureza, a morte e as estações que Rimbaud iniciou com "Bannières de mai", e tal como culmina literalmente em *Uma estação no inferno.*

* Esperar com paciência e tédio/ É simples demais. Desdenho minhas penas./ Quero que o verão dramático/ Prenda-me a seu carro de fortuna./ Que muito por ti, ó Natureza/ — Ah, menos só e menos nulo! — eu morra,/ Enquanto os Pastores, que estranho,/ Estão quase a morrer pelo mundo.// Aceito que as estações me consumam./ A ti, Natureza, me entrego,/ E toda a minha fome e minha sede./ Se te apraz, nutre, sacia./ Nada de nada me ilude;/ Rir dos pais é rir do sol,/ Mas eu não quero rir de nada;/ E livre seja este infortúnio.

Há várias versões desse poema. Pierre Brunel, em sua edição crítica de *Uma estação no inferno*,[8] observa: "Esse poema teve certamente vários títulos: 'Bonheur' [Felicidade] (é o título indicado no rascunho de 'Delírios II'), 'Les saisons' ou 'Saisons'" (donde esta nota marginal num manuscrito: "c'est pour dire que ce n'est rien la vie: voilà donc les Saisons" [É para dizer que não tem importância a vida: eis portanto as Estações].

No final desse rascunho e dessa parte de *Uma estação no inferno* publicada sob o título "Delírios II", o poema "Ó estações, ó castelos" é assinalado na frase seguinte: "Nas grandes cidades, na aurora, *ad matutinum*, no *Christus venit*, seu dente, doce até a morte, me avisava com o canto do galo Feli(cidade)".

O próprio poema confirma o que assinala esse rascunho: "Ó estações, ó castelos" participa do estudo da felicidade ("J'ai fait la magique étude/ Du bonheur, qu'aucun n'élude"). Convém citá-lo por inteiro, no original:

Ô saisons, ô châteaux!
Quelle âme est sans défauts?

Ô saisons, ô châteaux!

J'ai fait la magique étude
Du bonheur qu'aucun n'élude.

Salut à lui, chaque fois
Que chante le coq gaulois

Ah! je n'aurai plus d'envie,
Il s'est chargé de ma vie.

Ce charme a pris âme et corps,
E dispersé les efforts.

Ô saisons, ô châteaux!
L'heure de sa fuite, hélas!
Sera l'heure du trépas.
Ô saisons, ô châteaux! *[9]

* Ó estações, ó castelos!/ Que alma é sem defeito?// Ó estações, ó castelos!// Eu fiz o mágico estudo/ Da felicidade que ninguém elude.// Saudemo-la, toda vez/ Que cante o galo gaulês.// Ah! não terei mais vontade,/ Ela se encarregou de minha vida.// Esse feitiço tomou alma e corpo/ E dispersou os esforços.// Ó estações, ó castelos!/ A hora de sua fuga, infelizmente,/ Será a hora do trespasse./ Ó estações, ó castelos!

Mais uma vez, há várias versões desse poema. A que acabo de citar é a que Rimbaud fez figurar na parte intitulada "Delírios II" de *Uma estação no inferno*. Tal fato assinalaria, se houvesse necessidade disso, que Rimbaud insistiu assim em marcar a função *decisiva* da palavra *saison* no título de seu livro.

O que leva Rimbaud a querer marcar, isto é, viver, de 1872 a 1873, especialmente por meio de "Bannières de mai" e do poema que publica em *Uma estação no inferno*?

As estações (*saisons*) estão aqui evidentemente associadas a uma meditação sobre o escoamento do tempo. Mas o que se deve entender por isso? Em primeiro lugar que, tanto em "Bannières de mai" quanto em "Ó estações, ó castelos", esse escoar do tempo, ligado aos fenômenos naturais, deve ter um prazo: "a hora do trespasse" — a morte, quer seja ela natural ou não.

Em "Bannières de mai" temos: "Que muito por ti, ó Natureza/ [...] eu morra [...]/ aceito que as estações me consumam./ A ti, Natureza, me entrego", onde se pode reter o "aceito" — "me entrego" — me entrego à evidência, à evidência do que Rimbaud pensa, ao antecipar a morte.

A meditação se torna mais manifesta em *Uma estação no inferno* com a frase, na última publicação do poema, que precede e a que segue "Ó estações, ó castelos".

Lembremo-nos de que uma das versões manuscritas trazia na abertura a declaração que acabou suprimida por Rimbaud: "é para dizer que não tem importância a vida/ eis portanto as estações", onde se pode ler: "a vida", "as estações". Mas o que mais?

Em *Uma estação no inferno*, a publicação desse poema é introduzida e preparada pelas linhas seguintes:

> A Felicidade era minha fatalidade, meu remorso, meu verme: minha vida seria sempre demasiado imensa para ser devotada à força e à beleza.
>
> A Felicidade! Seu dente, doce até a morte, me avisava com o canto do galo – *ad matutinum*, ao *Christus venit* – nas mais sombrias cidades.*

Refiro-me a meditação porque, em junho de 1872, na carta que Rimbaud envia de Paris a Ernest Delahaye e que termina por "Et merde aux saisons. Et 'colrage' [courage]" [E merda às estações. E coragem],

* Le Bonheur était ma fatalité, mon remords, mon ver: ma vie serait toujours trop immense pour être dévouée à la force et à la beauté.
Le Bonheur! Sa dent, douce à la mort, m'avertissait au chant du coq – *ad matutinum*, au *Christus venit* – dans les plus sombres villes.

Rimbaud evoca suas condições e suas horas de trabalho: "Agora é à noite que trabalho da meia-noite às cinco [horas] da manhã [...] Às três da madrugada a vela se apaga: todos os pássaros gritam ao mesmo tempo nas árvores: acabou. Não mais trabalho. Eu precisava olhar as árvores, o céu tomado por essa hora indizível, primeira da manhã".

Isso transforma em algo bem diferente quando Rimbaud trabalha, alguns meses mais tarde, em *Uma estação no inferno*: "*ad matutinum*", "ao *Christus venit*".

É com toda a razão que os editores da obra de Rimbaud, Henri de Bouillane de Lacoste, Pierre Brunel e Steve Murphy[10] tendem a considerar "Ó estações, ó castelos" como um elo da gênese de *Uma estação no inferno.*

Resta considerar o próprio da meditação de Rimbaud, que parece associar e questionar a felicidade, as estações, o eterno retorno das estações e o escoamento do tempo.

> *J'ai fait la magique étude*
> Du bonheur, *qu'aucun n'élude*
> [...]
> *L'heure de sa fuite, hélas!*
> *Sera l'heure* du trépas.

Se nos concentrarmos nesse ponto, Rimbaud parece antecipar sua fuga ("hélas") levando em conta, se posso dizer, o "trépas" [falecimento, trespasse]... "é para dizer que não tem importância a vida/ eis portanto as estações".

Não está aí, em essência, o objeto da meditação, da experiência meditativa de Rimbaud? Ela se esclarece melhor ainda ao mostrar, se examinarmos um verso bastante curioso, que o nacionalismo espontâneo e natural aos franceses, como o do cidadão de qualquer país, priva-o de sua conotação irônica e o torna ilegível. Rimbaud escreve:

> *J'ai fait la magique étude*
> *Du bonheur qu'aucun n'élude.*
>
> *Salut à lui, chaque fois*
> *Que chante le coq gaulois.*

Em outra versão: "Je suis à lui *chaque fois/ Si chante son*[11] *coq gaulois"* [Pertenço a ela *toda vez/ que canta seu galo gaulês*].

"Ninguém elude" a "felicidade" — ninguém elude seu patriotismo, de tal modo que a felicidade parece estar aí "toda vez que canta o galo gaulês", e os dois versos seguintes não deixarão então de ser interpretados em sentido contrário: "Ah! não terei mais vontade,/ Ela [a felicidade] se encarregou de minha vida".

O que saberemos dessa "felicidade", e dos versos que inicialmente ela intitula, se não se esclarecer o que a associa emblematicamente ao "galo gaulês"? Se não se perceber que "o galo", como símbolo da França, torna-se um emblema oficial na época de Luís Felipe e da Segunda República (1830-1852), quando *figura na haste das bandeiras dos regimentos*?

Rimbaud retornará uma única vez à palavra *saison* num dos poemas em prosa das *Iluminuras*, "Bárbaro" — e o fará com a mesma conotação. Que se entendam assim estes versos: "Bem depois dos dias e das estações, das pessoas e dos países [...] *restabelecido das velhas fanfarras de heroísmo — que ainda nos atacam a cabeça*[12] e o coração — longe dos antigos assassinos [...]" [*Bien après les jours et les saisons, et les êtres et les pays* [...] *remis des vieilles fanfares d'héroïsme – qui nous attaquent encore le coeur et la tête — loin des anciens assassins* (...)].

De resto, não é só com o poema "*Ô saisons, ô chateaux!*", publicado em *Uma estação no inferno*, que Rimbaud evoca o reinado de Luís Felipe.

Em outra passagem de *Uma estação no inferno*, intitulada "O impossível", após ter escrito: "Eu mandava ao diabo as palmas dos mártires" [*J'envoyais au diable les palmes des martys*]" e ter acrescentado: "no entanto quase nem imaginava o prazer de escapar aos sofrimentos modernos..." [*pourtant je ne songeais guère au plaisir d'échapper aux souffrances modernes...*"]), Rimbaud conclui: "O sr. Prudhomme nasceu com o Cristo" [*M. Prudhomme est né avec le Christ*].

O sr. Prudhomme,* a imagem, o arquétipo do burguês da época de Luís Felipe, a figura moderna de felicidade "que ninguém elude" ["l'heure sa fuite, hélas!/ Sera l'heure du trepas"]. O sr. Prudhomme nasceu com o Cristo... afirmar isso não é caracterizar "a felicidade" em questão e pôr em cena o vasto período histórico onde têm lugar "os sofrimentos modernos"?

O sr. Prudhomme e o Cristo... O que isso quer dizer, senão que é preciso entender-se, no tempo, sobre a felicidade "que ninguém elude", e compreender bem do que se trata quando Rimbaud explica: "é para dizer que não tem importância a vida — eis portanto as estações"?

* Referência a um tipo criado por Henri Monnier, representando a nulidade magistral e satisfeita consigo. O termo também significa "probo". (N. T.)

Enfatizo que a expressão "é para dizer" assinalaria, como se houvesse necessidade de dizê-lo, que tudo isso quer dizer alguma coisa... Mas o quê? A "felicidade" ("seu dente, doce até a morte"), a vida, as estações... É preciso entender-se sobre o eterno retorno das estações e o tempo tal como passa na periodização sazonal.

As estações ("Ó estações, ó castelos") assinalam certamente o tempo que parece poder ser, em seus castelos, habitado naturalmente, com felicidade, mas é não menos naturalmente que a hora da fuga da felicidade, "infelizmente, será a hora do trespasse...".

Para acompanhar o que Rimbaud coloca então em jogo, convém lembrar que, em "Bannières de mai", os versos "Aceito que as estações me consumam/ A ti, Natureza, me entrego" prosseguem por esta declaração espantosa: "*E livre seja*[13] este infortúnio". O que é ser livre de sua própria morte?

Não é da "fortuna" dessa espantosa liberdade que trata *Uma estação no inferno*?

A meditação poética de Rimbaud leva-o a descobrir que o tempo, no seu escoar, no periódico retorno sazonal do escoamento do tempo, não é senão a caracterização do tempo como passado, como escoamento do sucessivo e distanciamento em exílio de todo instante... O escoar do tempo não é senão a caracterização temporal como "passagem" ("hélas"), ou a "felicidade" do sr. Prudhomme não é senão uma morte disfarçada em vida: um inferno climatizado. Com *Uma estação no inferno*, o pensamento de Rimbaud busca esclarecer esse "hélas!".

A última parte do livro, intitulada "Adeus", o confirma. Convém entender assim: "O outono *já*!"[14] [o que não deixa de evocar "l'heure de sa fuite, hélas!"] — Mas para que lamentar um eterno sol, se estamos empenhados na descoberta da clareza divina — longe das pessoas que morrem nas estações" [*L'automne déjà! — Mais à quoi bon regretter un éternel soleil, si nous sommes engagés à la découverte de la clarté divine — loin des gens qui meurent sur les saisons*].

Haveria portanto, para Rimbaud, um saber, um modo de ser, uma clareza divina (e como um pensador não divinizaria a clareza?)... haveria a descobrir uma clareza divina que evita todas as queixas ("hélas!") e todos os lamentos ("déjà!")... "*loin des gens qui meurent sur les saisons*".

Lembremos que, em "Bannières de mai", Rimbaud escreve:

> *Que muito por ti, ó Natureza*
> *Ah! menos só e menos nulo! — eu morra*
> *Enquanto os Pastores, que estranho,*
> *Estão quase a morrer pelo mundo.*

Haveria então um saber "menos nulo", um conhecimento, uma clareza necessariamente divinos, que sairiam pelo mundo em busca das cercanias da morte, longe dos que morrem nas estações?

Se considerarmos que, no título do livro que Rimbaud publica em 1873, deve ser dada uma importância se não superior, ao menos igual ao sentido da palavra *saison* do que ao sentido da palavra *enfer*, seremos também obrigados a considerar que o que devemos entender por "estações" é que define o inferno e os seus limites.

QUESTIONAR O TEMPO

De fato, *UMA estação no inferno* não é uma estação entre outras — uma estação no eterno retorno das quatro estações —, mas uma certa disposição quanto ao tempo, podendo enquanto tal ser um inferno. É uma disposição do tempo em que a caracterização e a fixação do temporal são vividas como escoamento do sucessivo, uma disposição do tempo em que o "era" do passado se fixou na rigidez e na impossível proximidade de todo instante ("O outono já!" — "sua fuga, infelizmente!").

Não é aqui o inferno a estação, a travessia sazonal desse *hélas!*, e das formas que ele toma no tempo em que se estabelece como periodicidade crônica?

Compreender-se-á que *Uma estação no inferno* é uma meditação sobre a vida como "espírito", corpo — música no corpo —, felicidade, e sobre a antecipação da morte[15] como imanência de uma certeza: uma meditação sobre o tempo.

UMA estação no inferno estabelece, na disposição natural do eterno retorno das quatro estações, a fixação de um período (UMA estação) que oblitera e aliena toda livre compreensão ("e livre seja este infortúnio!") do tempo.

Assim Rimbaud dispõe no prólogo a *Uma estação no inferno* as dificuldades que, periodizando e datando o inferno, ordenam todos os discursos, todas as palavras. A primeira dessas dificuldades é o acesso, a dificuldade de acesso ao passado.

A primeira palavra do prólogo (convém insistir na palavra "prólogo" para designar as páginas que precedem a estação), a palavra que vem antes de todo discurso manifesto, é justa e significativamente a palavra *jadis* [outrora] — a evocação da memória do "outrora" cria embaraços no inferno.

Rimbaud abre o prólogo de *Uma estação no inferno* invocando, mais do que evocando, o passado. Esse passado na voz presente do poeta cria embaraços no inferno e, portanto, leva à "descoberta da claridade divina". Ele abre o prólogo invocando muito classicamente (segundo o modelo de Homero e dos poetas gregos) sua memória:[16] "Outrora, *se lembro bem,*[17] minha vida era um festim onde se abriam todos os corações, onde todos os vinhos corriam" [*Jadis, si me souviens bien, ma vie était un festin où s'ouvraient tous les coeurs, où tous les vins coulaient*].

O prólogo é essencialmente dedicado a pôr em cena os embaraços com esse *jadis,*[18] seu distanciamento, sua perda, o poeta estando no inferno por uma noite ter encontrado uma beleza amarga, por terse armado contra a justiça, por tê-la injuriado, por ter fugido: "Uma noite, sentei a beleza sobre meus joelhos. — E a achei amarga — E a injuriei. Eu me armei contra a justiça" [*Un soir, j'ai assis la beauté sur mes genoux. — Et je l'ai trouvée amère — E je l'ai injuriée. Je me suis armé contra la justice*].

O que se deve entender por "Eu me armei contra a justiça"? Alguns comentários interpretam: me armei contra a justiça social. Devemos segui-los? Será essa uma das preocupações do Rimbaud que parodia o "temos deveres para com a sociedade"? Será essa uma preocupação de Rimbaud quando ele evoca a vida como "um festim"?

Não se deve, ao contrário, considerar que Rimbaud (sob a autoridade do *jadis*) se refere ao pensamento convencional para o qual, já que tudo passa, tudo merece passar, e que é a justiça mesma essa lei do tempo que lhe impõe devorar os filhos?

Num dos rascunhos de *Uma estação no inferno*, Rimbaud escreve: "Melhor evitar [a mão] brutal da morte..." e, na entrelinha: "estúpida justiça".

Sendo assim, o "eu me armei contra a justiça — confiei meu tesouro ao ódio" me parece mais exatamente visar a um mesmo obstáculo quanto ao tempo. Mas o que significa esse obstáculo situado na perspectiva, no ponto de fuga, de um "outrora" em que "a vida era um festim onde se abriam todos os corações"?

Não é essa revolta, esse armamento, essa fixação cega que determinam todos os embaraços e todos os ressentimentos embaraçados quanto ao tempo, com a admirável lógica do que segue? "Consegui fazer desaparecer do meu espírito toda a esperança humana" [*Je parvins à faire s'évanouir de mon esprit toute l'espérance humaine*]. Pode-se entender como: *consegui fazer desaparecer do meu espírito tudo o que o homem, em sua essência, pode esperar dele mesmo enquanto esse homem.*

Rimbaud retorna, o mais explicitamente possível, a esse movimento infernal e a esses embaraços na seção de *Uma estação no inferno* intitulada "Delírio II, Alquimia do Verbo", onde escreve: "Meu caráter se azedava. Eu dizia adeus ao mundo..." e ainda: "Minha saúde ficou ameaçada. Vinha o terror... Eu estava maduro para o trespasse..." [*Mon caractère s'aigrissait. Je disais adieu au monde.../ Ma santé fut menacée. La terreur venait... J'étais mur pour le trépas...*].

Ele faz a demonstração disso: submeter-se à convenção segundo a qual "já que tudo passa, tudo merece passar" e armar-se contra essa "estúpida justiça" para "evitar a mão brutal da morte" são a mesma coisa, é algo que fixa igualmente o tempo e participa igualmente do não-acesso ao "outrora".

O próprio da justiça (e da revolta contra a justiça) do "já que tudo passa, tudo merece passar" não é antes de tudo voltar a vontade contra o tempo? Tempo que não é senão o do ressentimento, do espírito de vingança e da autodestruição que arrasa e condena, tempo do terror e do trespasse?

Assim, na encenação do prólogo a *Uma estação no inferno*, Rimbaud dispõe os modos dessa má vontade que diz "Eu":

> *Eu me armei contra a justiça,*
> *Eu fugi. Ó feiticeira, ó miséria, ó ódio, é a vós que meu tesouro foi confiado.*
> *Chamei os carrascos para, ao perecer, morder a coronha de seus fuzis.*
> *A infelicidade foi meu deus*
> *E a primavera me trouxe o riso medonho do idiota.**

Uma estação no inferno desdobra o tempo e a travessia, e o desvelamento do tempo do terror, de suas origens, de suas conseqüências, de seu término nos limites do moderno, da sujeição à morte dos amigos da morte, "os atrasados de todo tipo", diz finalmente Rimbaud. E ele manifesta isso explicitamente, é uma antecipação quanto a seu ser terminado, o prazo na iminência de uma certeza ("ultimamente me achando a ponto de..." — "eu estava maduro para o trespasse"), que o leva a retomar, a pensar, a descobrir a disposição panorâmica dessa "estação".

"Ultimamente me achando *a ponto*[19] de dar a última *fífia*, pensei em buscar a chave do festim antigo, onde recuperaria talvez meu ape-

* Je me suis armé contre la justice/ Je me suis enfui. Ô sorcière, ô misère, ô haine, c'est à vous que mon trésor a été confié!/ J'ai appelé les bourreaux pour, en périssant, mordre la crosse de leurs fuzils/ Le malheur a été mon dieu/ Et le printemps m'apporté l'affreux rire de l'idiot.

tite": *fífia*: som falso e discordante, a última "fífia" é o último som falso e discordante, a última falsa nota (assim, é realmente, é finalmente de música e de poesia que se trata nessa antecipação), e essa falsa nota é também, evidentemente, a morte (a morte na partitura).

A maioria dos comentários evoca a esse respeito a temporada de Rimbaud no hospital, depois que Verlaine disparou contra ele um tiro de revólver. Mas compreende-se bem, ao ler as linhas que precedem e as que seguem, que a busca da "chave do festim antigo" ocorre num mundo que não é senão um enorme hospital, um enorme asilo de velhos, o asilo de velhos do inferno, o inferno como asilo de velhos.

É com esse "ultimamente" ("e ultimamente me achando...") que o inferno se abre e se periodiza, se atualiza e se historiciza, ou seja, que ele é atravessado de um modo diferente. O inferno se abre e se periodiza (em *uma* estação), e se embaraça a partir do momento em que o demoníaco pode entender que o ressentimento, o espírito de vingança, não o intima senão a conquistar a morte em seu asilo de velhos — o asilo de velhos da morte sendo então, precisamente, o corpo do demoníaco.

Assim é ao próprio demônio que Rimbaud faz dizer: "Permanecerás hiena etc., exclama o demônio, conquista a morte..." – "Permanecerás hiena etc." que deve ser entendido como: te alimentarás de lixo.

O inferno, aqui, esse período do inferno, se assemelha, nesse epílogo, ao que Nietzsche formulou ao escrever: "A vontade, essa libertadora, tornou-se uma malfeitora; e, por não poder voltar atrás, ela se vinga sobre tudo que pode sofrer. Eis aí, por certo, eis aí tudo o que é a *vingança* mesma: o ressentimento da vontade contra o tempo e seu 'era'... E, como aquele que quer sofre por não ter podido querer atrás, o querer e toda a vida haveriam de ser — castigo".[20]

Não é o caso, evidentemente, de forçar a aproximação entre Rimbaud e Nietzsche, mas ainda assim é na crise própria ao término sem fim da metafísica, e no desvelamento do "estágio supremo" desse término (a era do niilismo), que surge no francês e no alemão essa meditação (esse pensamento) sobre o Tempo... e o que se esclarece nesse pensamento sobre o Tempo.

"Que venha, que venha/ O tempo que a gente ama" [*Qu'il vienne, qu'il vienne,/ Le temps dont on s'éprenne*] escreve Rimbaud em "Canção da torre mais alta" ["Chanson sur la plus haute tour"], quando retoma o poema em *Uma estação no inferno.*

Quanto a Nietzsche, ele se pergunta: "quem ensinou a se reconciliar com o Tempo e com algo mais elevado que toda reconciliação?".

Mas o que se passa então? Por que e como se explica que, lendo a segunda parte de *Assim falava Zaratustra* (ela data de 1882-1883), no capítulo intitulado "Da redenção" (ou ainda "Da libertação"), não se possa ler Nietzsche, que apresenta Zaratustra como "um vidente que quer e cria, um futuro e uma ponte para o futuro" — mas também, de certo modo, um aleijado nessa ponte, que se pergunta se "é um poeta ou um homem de verdade"... Por que não se pode ler essas linhas, entre outras, sem evocar Rimbaud?

Sabemos perfeitamente que Rimbaud não pôde ler Nietzsche e que Nietzsche não leu Rimbaud (a "Carta do vidente" data de 1871, e *Uma estação no inferno*, de 1873; quando Nietzsche publica o segundo livro do *Zaratustra*, em 1883, Rimbaud administra os negócios de sua casa comercial de Harar, nos confins da Etiópia, na Abissínia).

Mas podemos saber e compreender que a afinidade de inteligência nessas duas obras participa, no tempo, de duas atitudes quanto a uma mesma abertura... uma mesma abertura quanto ao Tempo, quanto ao questionamento do Tempo visto como possibilidade do fundamento da essência do homem, para além do homem considerado em seu aspecto cotidiano. Questionamento do tempo visto em sua dimensão mais ampla e tal como nele se desvela uma travessia.

Rimbaud, numa das prosas das *Iluminuras*, justamente intitulada "A uma razão", escreve: "Muda nossa sorte, calibra os fiéis da balança, *a começar pelo tempo*"[21] [*Change nos lots, crible les fléaux*]. Deve-se entender "calibra" [*crible*] como "examinar com cuidado", e "fiéis da balança" [*fléaux*] como a haste horizontal de uma balança em cujas extremidades são suspensos os pratos.

Vejamos a totalidade dessa prosa:

> *Um toque de teu dedo no tambor dispara todos os sons e começa a nova harmonia.*
> *Um passo teu é o levante dos novos homens e sua marcha.*
> *Tua cabeça se desvia: o novo amor!*
> *Tua cabeça se volta – o novo amor!*
> *"Muda nossa sorte, calibra os fiéis da balança, a começar pelo tempo", te cantam essas crianças. "Eleva, não importa aonde, a substância de nossas fortunas e de nossos desejos", te imploram.*
> *Vinda de sempre, que partirás a toda parte.**

* À une raison: Un coup de ton doigt sur le tambour décharge tous les sons et commence la nouvelle harmonie./ Un pas de toi c'est la levée des nouveaux hommes et leur enmarche./ Ta tête se détourne: le nouvel amour!/ Ta tête se retourne — le nouvel amour!/ "Change nos lots, crible les fléaux, à commencer par le temps", te chantent ces enfants. "Elève n'importe où la substance de nos fortunes et de nos voeux", on t'en prie./ Arrivée de toujours, qui t'en iras partout.

A "Razão" singular (que essa prosa diz ser por essência musical: "a nova harmonia"), a meditação, o pensamento de Rimbaud (que está para a história do pensamento assim como o gênio precoce de Mozart está para a história da música), esse livre pensamento participa da abertura de um estudo ("Foi primeiro um estudo", explica Rimbaud em "Delírios II, Alquimia do Verbo" e, entre outros, nas *Iluminuras*: "Retomemos o estudo ao ruído da obra devoradora..." [*Reprenons l'étude au bruit de l'oeuvre dévorante...*]).

Um "estudo", de fato, singularmente determinado por uma inteligência poética (criadora) precoce, quanto à consciência de seu isolamento e de seu isolamento de si mesma, e quanto ao isolamento implicado pelo próprio Tempo: "esse isolamento sendo a primeira condição de possibilidade de uma diferenciação entre pessoa e comunidade", escreve Heidegger em 1930, no seu curso sobre Kant intitulado *Da essência da liberdade humana.*[22]

O ressentimento contra o tempo e seu "era", o inferno, o inferno do medo e do ressentimento do medo, participam aqui da experiência singular: do clarividente "estudo" de Rimbaud ("Foi primeiro um estudo").

Assim, numa primeira versão de "Sangue ruim" ["Mauvais sang"], Rimbaud escreve: "O inferno, ali com certeza os delírios de meus medos" e, no corpo do texto: "o inferno, castigo eterno". E ainda, em "O impossível": "Não há um suplício real no fato de que, desde essa declaração da ciência, o cristianismo, o homem se iluda, prove a si mesmo as evidências, se encha de prazer ao repetir essas provas, e viva apenas assim? Tortura sutil, tola, fonte de minhas divagações espirituais. A natureza poderia se entediar, talvez! O sr. Prudhomme nasceu com o Cristo".

O tempo do ressentimento contra o Tempo não produz cultura, ciência, sociedade, do Cristo ao sr. Prudhomme... do Cristo aos modernos? Não dá ele sentido à história, tal como ela termina nesse inferno ("o inferno, ali com certeza os delírios de meus medos"), tal como se instala no regime do terror, tal como é explorada a seguir num regime de terror climatizado, tal como regula finalmente o mundo conforme as ciências e as técnicas?

MÉTODO – OU LIBERDADE LIVRE

Mas se quisermos realmente seguir o que está em jogo nessa questão, o que a encenação desenvolvida no prólogo a *Uma estação no inferno* supõe, quanto ao tempo e à periodização do inferno, devemos ainda considerar o movimento do pensamento e do método próprio ao poeta.

"Breve vigília de embriaguez, santa! Nem que seja apenas pela máscara que nos deste. Nós te afirmamos, método! Não esquecemos que ontem glorificaste cada uma de nossas idades" [*Petite veille d'ivresse, sainte! Quand ce ne serait pour la masque dont tu nous as gratifié. Nous t'affirmons, méthode! Nous n'oublions pas que tu as glorifié hier chacun de nos âges*], escreve Rimbaud na prosa das *Iluminuras* intitulada "Manhã de embriaguez".

Método do despertar e do despertado. Já em 13 de maio de 1871, em sua carta sobre o ensino e a retransmissão do saber, Rimbaud se apresenta como "empenhado na descoberta da clareza...". Ele escreve: "Quero ser poeta e trabalho para me tornar *vidente*: o senhor não compreenderá tudo e eu quase não saberei lhe explicar. Trata-se de chegar ao desconhecido pelo desregramento de *todos os sentidos*" (Rimbaud sublinhou "vidente" e "todos os sentidos"). E ele repete na carta de 15 de maio (a "Carta do vidente"): "O poeta se faz *vidente* por um longo, imenso e *pensado*[23] [*raisonné*] desregramento de *todos os sentidos*".

É curioso que não tenham se inquietado com essa declaração, e que em geral tenham sumariamente entendido "desregramento de todos os sentidos" como um desregramento apenas dos cinco sentidos. Verlaine e os meios literários parisienses insistiam (e ainda insistem) na versão de um Rimbaud "menino sublime"... "ladrão de fogo", jovem vadio.

"Todos os sentidos" significa por certo, e na medida em que são pensamento,[24] o desregramento dos cinco sentidos, no sentido, se posso dizer, que damos a cada um deles. Mas justamente, a propósito de sentido, como não entender também, entre outras coisas, o "desregramento" do "*bom senso*" que é em Descartes sinônimo da "razão"? O desregramento do "senso comum" (do *Gemeinsinn* kantiano) como faculdade de julgar o belo por um sentimento de valor universal, o desregramento do "sentido moral", do "sentido da história" e de todas as histórias, e do "sentido da liberdade", tanto no conceito de "liberdade negativa" (liberdade como independência, liberdade entendida como livre de alguém ou de alguma coisa) quanto no conceito de "liberdade positiva" transcendental (Kant)?

A frase atribuída a Rimbaud, que teria declarado que o que ele escreve "quer dizer tudo o que isso diz e em todos os sentidos", não se acha justificada desse ponto de vista (do ponto de vista do desregramento de todos os sentidos)?

Rimbaud está totalmente consciente de ter de trabalhar "um longo, imenso e *pensado*[25] desregramento de todos os sentidos" — condição para, escreve ele um pouco mais adiante nessa mesma carta, "encontrar uma língua", "o homem não trabalhando, não estando ainda despertado...".

ENCONTRAR UMA LÍNGUA

É à experiência de um "despertar", de um "despertado" que se determina, no desregramento pensado de todos os sentidos, que nos convida a utilização feita por Rimbaud da palavra *saison* em *Uma estação no inferno*... Essa "estação" uma, entendida como período que vale tanto por um ano quanto por um conjunto de tempo bem mais vasto: "um tempo infinito" contabilizado, historicizado na duração do tempo. "Ele durou dois mil anos", diz Rimbaud, que observa noutra parte que "o pensamento requer larga espessura de tempo"... "Uma estação de 2000 anos com o inferno", aqui agora em abril de 1873, e aqui agora na aurora do século XXI.

Que sentido pode ter o desregramento que Rimbaud pratica nessa continuidade? O que é que *Uma estação no inferno* faz aparecer como desregramento das estações e do tempo? "A natureza se entediaria?", pergunta Rimbaud.

A compreensão de tal desregramento pensado de todos os sentidos parece tender, primeiro, a descobrir que o senso comum, aquilo que entendemos imediatamente, aquilo que parecemos entender naturalmente (na ordem lógica da retransmissão do saber), não costuma ser senão o habitual de um longo hábito que esqueceu o inabitual de onde um dia brotou — surpreendendo o homem na estranheza e envolvendo o pensamento em seu primeiro espanto — como as estações, a natureza... "A liberdade na salvação", declara Rimbaud.

Será preciso, para concluir, explicar que esse habitual (ao qual se trata de aplicar o desregramento) é aqui em primeiro lugar, mais particularmente, mais essencialmente, a palavra, na medida em que ela, em seus hábitos convencionados, cessou de surpreender, isto é, de falar?

Tradução de Paulo Neves

NOTAS

(1) François Mauriac, *Bloc-notes*, Paris, Seuil, 1993, col. Points, t. I (1952-1957).

(2) Grifos meus. Rimbaud destaca apenas a palavra "manter".

(3) Grifos meus.

(4) Paul Verlaine, *Les poètes maudits* em *Oeuvres en prose, complètes*, Paris, Gallimard, 1972, Bibliothèque de la Pléiade. Grifos meus.

(5) Grifos meus.

(6) Sobre o duplo movimento de compreensão e de atualização do que associa a obra de Dante e a de Rimbaud, deve-se ler o único livro que esclarece e dimensiona uma considerável questão ("L'ancienne comédie poursuit ses accords et divise ses Idylles"), livro que Philippe Sollers dedicou à *Divina Comédia*. Ver a versão publicada pela Gallimard, na coleção Folio (Paris, 2002). É nesse mesmo livro que Sollers propõe uma investigação para nós aqui decisiva, quando escreve: "Convoco Rimbaud, nem que seja por uma razão de bom senso, a saber: que ninguém se perguntou o que queria dizer *Une saison en enfer*. Por que 'une saison'?".

(7) Grifos meus.

(8) Arthur Rimbaud, *Une saison en enfer*, edição crítica por Pierre Brunel, Paris, Librairie José Corti, 1987.

(9) Grifos meus.

(10) Arthur Rimbaud, *Oeuvres complètes*, edição crítica de Steve Murphy, Paris, Librairie Honoré Champion, 1999, vol. I: *Poésies*.

(11) Grifo meu.

(12) Grifos meus.

(13) Grifos meus.

(14) Grifo meu.

(15) Sobre o princípio de "antecipação do ser terminado", ver Martin Heidegger, "O conceito de tempo", conferência de 1924, que se apresenta como o primeiro resumo de sua obra maior *Ser e tempo*, em *Martin Heidegger, Cahiers de l'Herne*, Paris, 1983.

(16) "Memória, filha da Memória", "Musa, dize-me o herói...", assim começam *A Odisséia*, *A Ilíada*, *A Teogonia*, *Os trabalhos e os dias*... e, de maneira mais geral, o canto do aedo grego.

(17) Grifos meus.

(18) Que pode também se entender por: "j'ai dit" [eu disse].

(19) Grifos meus.

(20) Friedrich Nietzsche, *Assim falava Zaratustra*, segunda parte: "Da redenção".

(21) Grifos meus.

(22) *M. Heidegger, De l'essence de la liberté humaine: introduction à la philosophie*, Paris, Gallimard, 1987.

(23) Grifo meu.

(24) Empédocles: "Pois o sangue que banha o coração é pensamento"; e Nietzsche: "De tudo o que é escrito, gosto apenas do que se escreve com sangue. Escreve com sangue, e aprenderás que o sangue é pensamento" (*Assim falava Zaratustra*, cit.).

(25) Grifo meu.

O FIM DO MUNDO "FINITO"

Michel Déguy

VENT DU NORD-EST

L'homme n'a pas encore commencé son travail: il en est encore à préparer ses outils. Quand le temps sera venu, à peine gardera-t-il ce nom d'homme...

(Le grand vent qu'il fait, qui crie dans la cheminée, me souffle des insanités.)

— Quelle acquisition, la mémoire!...

Quand l'homme aura reconnu qu'il n'est rien, alors cela pourra commencer. Alors l'intelligence pourra ou disparaître, ou tout remplacer? Elle commencera à bâtir.

Les questions, les énigmes nécessaires auront été avalées. Naître, souffrir, mourir ne feront plus de difficultés. Il y aura longtemps que l'énergie, les matières, les êtres vivants auxiliaires seront à disposition. Le commerce, l'industrie, ne seront plus. Il y aura une seule science et elle sera presque innée.

La terre ne sera qu'une ville. Rien ne se fera plus naturellement — c'est-à-dire aveuglément.

Paul Valéry,
VI, 255 [1916], em *Poésie perdue*,
Paris, Gallimard, 2000, p. 118.

VENTO DO NORDESTE

O homem ainda não começou seu trabalho: está ainda preparando suas ferramentas. Quando chegar o momento, dificilmente conservará o nome de homem...

(O grande vento que faz, que assobia na lareira, me sopra insanidades.)

— Que aquisição a memória!...

Quando o homem tiver reconhecido que é nada, então poderá começar. Poderá a inteligência ou desaparecer ou substituir tudo? Ela começará a construir.

As questões, os enigmas necessários terão sido rebaixados. Nascer, sofrer, morrer não serão mais dificuldades. Haverá muito que a energia, os materiais, os seres vivos auxiliares estarão à disposição. O comércio e a indústria não mais existirão. Haverá uma única ciência e ela será quase inata.

A terra será apenas uma cidade. Nada mais se fará naturalmente — isto é, às cegas.

De Paul Valéry há uma leitura, não redutora, mas acadêmica, mundana, rotineira e acima de tudo enfraquecedora, *e* uma leitura feita a partir de sua extremidade, que não o faz entrar na paisagem como uma velha colina, ponto de referência, que não o submete à erosão, se quiserem, mas torna a aguçá-lo, renova sua complexidade. A primeira introduz Paul Valéry nos manuais, e a segunda, para exemplificar com o nome de um pensador contemporâneo, eu diria que é a de Jacques Derrida, cujo estudo, desde o título, intriga: "Qual Quelle".

Ao tornar-se célebre, uma obra entra em nosso cenário institucional, ou, como se diz hoje, no "patrimônio" (o patrimônio "cultural"), e ela é antes visitada do que lida, perde sua atualidade, não se conta mais com ela para modificar o presente, para compreender o acontecimento ou, pelo menos, para figurar como uma força do presente. Ora, evidentemente, o que me pergunto é por onde Paul Valéry poderia ainda ser "de atualidade"...

A leitura de Paul Valéry que chamei acadêmica, erosiva, seleciona na obra (de fato, é a leitura por "trechos seletos") o que seriam as "causas" do reconhecimento público crescente e inelutável do "grande escritor"; é uma leitura conservadora, se quiserem, cujo efeito de perspectiva é estabelecer a autoridade de um autor; a outra leitura, a que renova, se dedicará antes a "fazer viver" o autor, como se diz — mas reavivando suas contradições, sua complexidade, sua obscuridade, suas próprias salmodias.

Como sabemos bem, no caso de Paul Valéry, o retrato oficial — que pode evidentemente ser bem pintado e de boa fatura — acompanha-o da Agência Havas à Academia, da *Nouvelle Revue Française* aos frontões do Palais de Chaillot, dos discursos e comendas oficiais aos funerais nacionais, da poesia neoclássica à predileção ainda muito recente por certas adaptações teatrais burguesas, com Pierre Fresnay como Fausto! O outro interesse (o outro culto) volta-se para a lucidez anterior à aurora, os *Cahiers* [Cadernos] do despertar "antes de todo o mundo", a filiação mallarmeana, a poética do Collège de France engendrando a revista *Tel Quel* há quarenta anos, ou para pesquisas formais como as de Gérard Genette, a diversidade dos livros publicados — e também para a erótica secreta e aquela parte maldita cuja publicidade os herdeiros, naturais desta vez, gostariam de adiar. Buscando, pois, responder a uma questão simples do tipo "Paul Valéry *hoje* para nós", permito-me evocar furtiva e modestamente o que ele foi para mim, um encontro: meu pai — que nasceu quando Valéry tinha 35 anos — tinha um culto por Valéry e por Alain. Possuía belas edições de *La Jeune Parque* [A Jovem Parca] e do *Cemitério* [*O cemitério marinho*] com os comentários de Émile Chartier (Alain). Não se cansava de citar o *incipit* de *Monsieur Teste*, "a estupidez não é o meu forte", ou o do discurso pronunciado por Gabriel Hanoteaux ao receber Valéry na Academia Francesa: "Senhor, nascestes em Sète"; folheava mentalmente o *Album de vers anciens* [Álbum de versos antigos], conhecia *Les colonnes* [As colunas], *Narcisse* [Narciso], *Les pas* [Os passos], ou declamava *La Jeune Parque*, que aprendera de cor: "Qui pleure là sinon le vent simple à cette heure" [Quem chora ali senão o vento simples a esta hora]; *Regards sur le monde actuel* [Olhares sobre o mundo atual] era para ele um oráculo ("o tempo do mundo finito começa")... E, do Panteão de Valéry, Leonardo [da Vinci] e Edgar Poe, ele fizera o seu. Mantinha ele próprio seus *cadernos* — que conservo comigo. E não duvido de que foi por imitação de seu mestre. Eu poderia citar outros traços, inclusive o da superioridade "masculina" que reduz "a mulher" ao "doce clamor de um ombro bastante puro, nada detestável de ver despontar entre dois pensamentos".

Paul Valéry, essas quatro sílabas, esse grande significante francês, faz parte de minha infância... como dizer?... misturado aos anos de ginásio na Paris da guerra, às ruas que percorri; nos plátanos parisienses de minha memória há o de Valéry, "tu penches beau platane..." [inclinaste belo plátano]; havia entre nós, "bons alunos" clássicos, uma disputa, uma competição entre partidários do verso livre ou do verso claudeliano e, de outro lado, os defensores da prosódia clássica, opondo-se "Au sujet d'Adonis" [Acerca de Adônis] contra as "Positions et Propositions"

[Posições e proposições] de Paul Claudel, como outrora Corneille contra Racine, toda uma encenação da Querela dos Antigos e dos Modernos em cujo ritmo vive há tantos séculos a *literatura* e que nos preparávamos para herdar: essa espécie de prosopopéia da literatura em que consiste a literatura.

Foi por isso — já que os filhos contestam os pais para se emancipar da imitação, no que obedecem fatalmente à lei — que minha própria recusa filial da herança me fez "esquecer" Valéry. Em que momento? Quando meus estudos de filosofia e meu próprio "devir poeta" (se ouso dizer) me fizeram descobrir Kant e Mallarmé, ou Heidegger e o Surrealismo, entre tantos outros nomes e possibilidades que pareciam aos estudantes mais decisivos que Valéry. Com esses nomes lançávamos à cara dos pais nosso não.

E aconteceu-me, na universidade, de pensar que se deveria poder mostrar em quê, com precisão, o poema de Valéry, que em seu tempo foi tido por obscuro (cf. Alain), é menos forte e menos belo que seu modelo mallarmeano reverenciado...

Nem a poesia nem a filosofia, mas nem o romance nem uma ciência, conseguem monopolizar Valéry. Espírito infinitamente crítico, "cético", ele não reserva a nenhuma, a nenhum, uma afeição *privilegiada*, buscando antes separar-se para questionar, provocar, às vezes escarnecer, reduzir-lhes a "pretensão". Ele está à parte e em toda parte — em toda parte à parte.

De que seria ele então, para nós, um herói, um tipo? E seu nome o epônimo de quê? Talvez da *literatura*, e francesa. (Imagine-se hoje esta glória precoce que levou Valéry, no começo do século XX, a queixar-se nestes termos: "Vejo diariamente amigos antigos que eu tinha venderem o que eu lhes escrevera confidencialmente [...] esses meus papéis são negociados, oferecidos a domicílio, aparecem nas vitrines, são reproduzidos nos catálogos [...]!").

Promotor de uma espécie de herói, "Monsieur Teste", ele tornou-se um tipo. Sua vida "para nós" virou "lenda" que se mistura à sua obra. Sonhador de uma "comédia do intelecto", cujos personagens semifictícios chamavam-se Poincaré ou Degas e tantos outros, e entre eles o auto-retrato parcial de um asceta que "havia matado a marionete" (Teste), ele tornou-se para nós um de seus próprios personagens, filho do *cogito* e da Terceira República.

A conversação, a missiva, o elogio, o escrito de circunstância, e a "redação" no sentido do ministério e do secretariado (talvez como um avatar distante dos "notários" do rei da Sicília), são traços que fizeram dele o intelectual moderno, buscando toda manhã, com a pena, "o que ele pensa", submetido ao "controle do acontecimento", mais visionador que visionário de um declínio do Ocidente, e me pergunto se, nascido naquele momento do século em que Baudelaire anatematiza o "burguês", ele não salva essa figura, um tipo possível, uma bela singularidade, uma espécie de "maestria". Talvez se pudesse associar ainda essa figura, a do grande burguês letrado, ao grande protótipo "estóico", pois é *de uma sabedoria que se trata, e acaso há outra na Europa que não seja estóica?*

Eis aí o homem mediterrâneo sob o sol romano ("falta clamorosa") ou erguendo os olhos (é a Jovem Parca) a esses "todo-poderosos estranhos inevitáveis astros", o que "não depende de nós", diriam os filósofos do Pórtico, ou sozinho com seu corpo, como Epicteto, ou como Monsieur Teste adormecendo em combate com a dor, medindo toda a extensão de seu corpo — um corpo na banheira do sono, como Arquimedes, sopesando ali a gravidade do mundo — ou "vendo-se ver", buscando a linha divisória entre o que depende de si e o que não depende de si. Filho de Epicuro e de Virgílio, de Arquimedes e de Sêneca, sabendo que morre (e sabendo até que morre "sem dar-se conta disso", segundo a fórmula de Platão), mas filho de toda a "tradição" e da partilha leibniziana da Razão em *racional* e *razoável.*

Há outra sabedoria além da estóica, pergunto, para aquele que rejeita Blaise Pascal e a aposta, a apologia da religião cristã e a dobra analógica da Bíblia, do Livro, sobre si mesmo, segundo a "figuratividade" do Antigo ao Novo testamento?... E que inimigo mais íntimo (lembramo-nos disso e nos espantamos a cada leitura) esse Pascal para Valéry em Valéry, Pascal que é no entanto o homem dos *pensamentos* e da *retórica* e das *matemáticas*!

Se literato não fosse um termo carregado, estranhamente, de conotação mesquinha (desvio semântico a que resistem melhor literatura e literário), reapresentar "nosso herói", tal como em "VALÉRY" seus livros o transformaram, como herói da literatura não seria injusto; e sublinho rapidamente, agora, dois motivos insistentes dessa inventiva força "literaturológica".

Se Valéry não dá crédito à filosofia, antes suspeitando dela e a acusando, é que a filosofia, ele repete, não se conhece como literatura, ignora sua "causa material", isto é, não sabe suficientemente que ela se escreve e em que sentido é "escritura".

Ele, Valéry, como materalista (no sentido aristotélico a que me referi), inventa uma teoria da recepção da literatura, toma-a pelo lado do leitor, se posso dizer, enquanto relação mutável e contingente entre livro e leitura, prefigurando certas abordagens inovadoras atuais da sociologia e da teoria da literatura (Jauss). E isso numa terminologia que se poderia supor marxista e pós-moderna, a da produção/consumo... se não soubéssemos que Valéry não é marxista e não percebêssemos que, em suas lições no Collège de France, ele não emprega "consumo" no sentido da economia atual...!

O tipo de "literato" que evoco é feito dessa liga em que o escritor e o intelectual são indivisos e distintos, sobrepondo-se e rivalizando, dialogando e desequilibrando-se alternadamente. Pois, em última instância, quais são os "instrumentos" desse intelecto agente do qual Valéry foi a prosopopéia? Parece-me que, considerando num grau muito amplo de generalidade, eles se reduzem ao seguinte: a) a língua "natural" materna, e b) a metaforicidade dissimétrica na qual se operam as transações entre a ciência e essa língua, e a transferência "unilateral" daquela, principalmente física e matemática, a esta. O pensamento de Valéry é datado pelas ciências de seu tempo, nisto ele é mais intimamente pascaliano do que supõe. E não existe nenhuma instância de "metalinguagem", formal ou não, de onde possam ser por sua vez "criticados" esses dois "elementos".

O pensar do escritor está para sempre endividado: seu pensamento toma um tríplice empréstimo: da língua vernacular, da situação da passividade corporal e de seu "esquematismo" (em suas fábulas e apologias), e, em terceiro lugar, da ciência e de seu progresso.

A literatura é a prosa desse endividamento.

O que ele diria hoje e pode ainda nos servir (se o fizermos falar para hoje)? É o que me proponho entrever.

Nossa situação, a "cultural", se caracteriza pelo fato de muitas das palavras e locuções essenciais permanecerem as mesmas enquanto as coisas que se supõe elas denotam mudaram completamente: estamos em regime de homonímia sem sabermos (acreditando, por exemplo, que continuamos a falar de cultura ao falarmos do cultural...): transformadas em algo diferente mas "idêntico", como numa história de vampiros...

Valéry perceberia isso? Podemos supor que sim. O tempo do mundo finito... finda. Ele nos ajudaria a compreendê-lo? Certamente. A estupidez não era o seu forte. Uma espécie de moral provisória pode ser tirada de seu texto e de sua lenda — a do indivíduo não bárbaro.

Há em sua obra um interpretável à espera, em reserva; algo de oráculo, de pítico (um "futuro vigor", diria Rimbaud) — que ele próprio não teria compreendido como nós ("meus [pensamentos] têm o sentido que lhes atribuem"), mas que podemos "fazer falar"; e, buscando avaliar a diferença entre os dois (o sentido "para ele de [seus] pensamentos", e o sentido que nós lhe "atribuímos"), compreendemos melhor a originalidade de nosso tempo, o caráter "sem precedente" do que nos sucede, nos submerge...

Eis a ficção: imagino que Paul Valéry retorna entre nós esta manhã. Após uma longa ausência: 58 anos. Ele toma conhecimento deste mundo e de seu curso: pelos periódicos, jornais, rádio e tevê — todas as *news*. Ele acredita que se fala das mesmas coisas porque encontra as mesmas palavras. Quando as palavras são novas para ele — por erosão, ou importações recentes, ou acronímia pululante —, ele percebe e descobre sua significação. Mas o extravio, como sempre, vem da homonímia. Muitas coisas importantes sofreram ou estão sofrendo mutação. O "fenômeno futuro" (Mallarmé), ou iminente, avança sem que se perceba.

A alteração e a mutação estão cobertas de velhos nomes. Valéry acreditaria compreender, ainda mais que habituado a, e saudado por, sua inteligência extralúcida. No entanto se enganaria, em primeiro lugar, com as homonímias, e perderia tempo fazendo a correção, reajustando as bússolas e referenciais para "se localizar". Ele se localizaria?

Fala-se de anacronismo quando projetamos nossas significações (idéias ou coisas, representações ou semas, como preferirem) na máquina-de-remontar-o-tempo, fazendo-as preexistir antes de seu nascimento, por ignorância ou piada. "Catacrônico" seria o movimento inverso: fazer servir para nosso uso noções recentes, ou de outrora, a pretexto de uma terminologia inalterada. *Nihil novi sub sole!* E prossigamos! Valéry falava "já" dessa ou daquela de nossas coisas, de "nossos problemas". A prova? Ele empregava as mesmas palavras! "Produção, consumo, mundo-finito, cultura, inconsciência, comunicação etc." Sugiro colocar em exame (em acusação) essas homonímias: pelo contexto seria possível medir a distância entre o que ele pensou e o que pensamos sob (ou com) essas palavras. Medida de uma dis-semia (dis-seminação?) do que diz seu texto ao que dizem nossos discursos. Esse cálculo nos ajudaria a compreender nosso mundo, por derivação restituída.

Um sotaque se faz notar de saída, provinciano ou estrangeiro, atrasado ou arcaico. Se "retornasse", teria Valéry um sotaque, como um cortesão de Luís XIV ou um camponês de Marivaux que anuncia seu tempo primeiramente por sua pronúncia? Dificilmente (mesmo se Kundera, em seu último livro, faz observar a seu personagem, de volta a Praga vinte anos depois dos "acontecimentos", que ele parece não reconhecer de imediato as entonações tchecas). Um sotaque, talvez; mas as frases escritas não têm sotaque — ou melhor, elas teriam na cabeça do leitor silencioso o sotaque desse leitor. Qual é o sotaque semântico valeriano já datado?

Pois não somos contemporâneos. Sua lucidez é datada. Numa certa escala de historicidade, a da "grande duração", diria Braudel, vivemos na mesma época. Numa outra escala, não. Quando ele passeia seus "olhares sobre o mundo atual", o relógio geopolítico marca o final do século XIX: antes mesmo da Primeira Guerra Mundial!

Vale dizer: antes da modernidade? Pois ele declara "o começo do mundo finito" ao final do século XIX. E, portanto, ao término dos primeiros tempos modernos, os que iniciaram com as Grandes Conquistas e a *mathesis universalis* galileo-cartesiana (tempos que se prolongam, sob alguns aspectos, até os de Chaplin ou mesmo de Sartre. Pois as modernidades se sobrepõem. Que quer dizer "sobrepor-se"?). Mas para nós, do século XX, esse "tempo do mundo finito" que começava para Valéry (mesmo se havia começado quatro séculos mais cedo)... finda. Chamamos esse fim de "mundialização". Um findar que não acaba de findar, como todo fim, é nosso problema: é algo que (re)começa bem, ou algo que acaba mal? A "globalização" tanto destrói quanto recompõe o todo. O que há de provável, e mesmo de certo, é que adveio o que terá sido imprevisível ao próprio Paul Valéry.

Mesmo quando diz o por-vir, seu pensamento vem "de antes", sob muitos aspectos. E tanto mais enigmaticamente (é sempre a questão da "sobreposição") quanto, embora ele "terá sido" contemporâneo até o fim de sua vida dos triunfos de Marx e de Freud (entre outros, para não falar do advento das ciências humanas), não faz disso seu elemento nem seu mel: nascido sob a primeira derrota (1871), sua juventude — se são de fato os anos da adolescência e da juventude, anos de estudo, que nos formam — se passa na França e num liceu mediterrâneo onde nem o hegelianismo nem a psicologia científica dominam... Quando, na Poética tardia (no Collège de France), sua lucidez lhe faz inventar o que será teorizado vinte anos depois como "recepção", ele pensa em termos de consumo e de produção, mas essas palavras não têm o sentido que possuem hoje para nós, sentido que o marxismo e o consumismo lhes infundiram. Atenção para a homonímia! Essa vigilância seria por certo exercida com proveito no campo da egologia valeriana, onde os protótipos de ficção (Vinci, Teste, Descartes, Poe...) não ignoram evidentemente nem o sonho nem o inconsciente, embora não caminhem no "novo continente" psicanalítico. E em outros campos, estético, ético..., uma política de Valéry nos induziria ao anacronismo ou ao catacronismo?

Não se trata certamente de buscar o que Valéry não conheceu de seu tempo enquanto iluminava seu presente (de economia ou de filosofia, de lingüística ou de fenomenologia, de cinematografia ou de dodecafonismo!) para apreciar, isto é, depreciar, uma singularidade e até mesmo uma estreiteza "bem francesa", mas sim de apontar efeitos de catacronismo, que sua glória enorme pode provocar em seu leitor atual... em última instância para servir à compreensão do sem precedente de nosso tempo, dois séculos após o de seu nascimento.

Que pode um homem? perguntava Valéry...

A expressão "que pode um homem?" me faz pensar num *ecce homo.* Ela designa e mostra com o dedo "um homem", como se pronunciada desde uma instância exterior, uma espécie de tribunal a que compareceria o réu, "o homem", e no qual, descobrindo sua fraqueza, ele murmuraria num tom ansioso e irônico ao mesmo tempo: "mas que pode então o homem, este homem, o homem?!...", com os pontos, todos os pontos, de interrogação, de exclamação, de reticência... E é como se ouvíssemos a resposta: nada. Um homem "não pode" nada, nem este homem nem, certamente, "o homem". Não pode o quê? É o que veremos.

Eu disse "desde uma instância exterior": ora, sabemos que não há nenhuma. Nenhuma outra senão a que se faz chamar precisamente o homem, ou a humanidade. Portanto, "nós mesmos" é que nos julgamos. A instância de que falo é a do julgamento, desse juízo final que a todo instante se exerce, e na maioria das vezes em silêncio. Essa capacidade de julgar, enigmática, já que caracteriza um ponto de vista ao mesmo tempo imanente e transcendente, ou, se preferirem, uma transcendência repatriada, reatribuída ao homem enquanto sujeito e sujeitado a "si mesmo", uma quase transcendência, portanto, um modo de ser em como-se (isto é: como se o que ele concebeu acima dele, de exterior e de superior a si, chamemo-lo o teológico, lhe coubesse enfim), eis então que essa faculdade de julgar (Kant), essa potência, o define: o homem é juiz, juiz de si mesmo. Tudo cai sob seu julgamento, o ser e o ente, e ele próprio. Ele é um ser que é mais que ele mesmo, ou, para retomar os termos estranhos e belos de uma filósofa hispanófona recentemente desaparecida, Maria Zambrano (expressão vertiginosa em francês porque incorreta gramaticalmente): "o homem é o ser que padece sua própria transcendência".

> O homem ainda não começou seu trabalho: está ainda preparando suas ferramentas. Quando chegar o momento, dificilmente conservará o nome de homem...
>
> (O grande vento que faz, que assobia na lareira, me sopra insanidades.)
>
> — Que aquisição a memória!...
>
> Quando o homem tiver reconhecido que é nada, então poderá começar. Poderá a inteligência ou desaparecer ou substituir tudo? Ela começará a construir.
>
> As questões, os enigmas necessários terão sido rebaixados. Nascer, sofrer, morrer não serão mais dificuldades. Haverá muito que a energia, os materiais, os seres vivos auxiliares estarão à disposição. O comércio e a indústria não mais existirão. Haverá uma única ciência e ela será quase inata.
>
> A terra será apenas uma cidade. Nada mais se fará naturalmente — isto é, às cegas.[1]

Não está aí uma peça, uma amostra de vidência extralúcida?

Com uma rara força de pré-visão para além do horizonte (não esqueçamos qual podia ser o horizonte nas primeiras décadas do século XX), Paul Valéry focaliza a "antropomorfose", o devir-homem do homem, *sapiens*, *sapiens-sapiens*, *sapiens-sapiens-sapiens* — e é significativo que o último sábio ("philo-sophos"), ou que o racional ("luz") em escala ontogenética (aquela em que se filosofa para sua própria salvação, como diz Alain), não é levado em conta, não conta em nada aqui. Mas um sábio-cientista considera o devir da humanidade em escala antropogênica: seu próprio objetivo, seus próprios fins desaparecem: a humanidade não é feita para (destinada a) se tornar sábia mas poderosa (Dominique Janicaud).

O homem não conservará o nome de Homem. Paul Valéry não lhe concede assim o de "super-homem" (pois ele não pensa em Nietzsche; talvez porque não pense em termos de valores).

O encadeamento é então fulminante: a) reconhecimento do ser-nada; b) bifurcação possível entre o desaparecimento e a "substituição total", a prótese integral, a clonagem imortal de sua onipotência. Algumas palavras sobre essa ab-dicação, ab-stração da humanidade em termos de natureza ou de "criatura" que limitam: todos os atributos essenciais desaparecem (não apenas "a essência conforme a idéia em Deus" de Sua criação, mas os predicados de filosofia primeira, todas as determinações/negações, as definições, as "possibilidades" fixadas a uma "natureza"): *logos* ou mortalidade, ser-"político", ou antropologicamente "vivíparo" etc.: pronto para a construção total de um "outro homem" (outro também como "novo" no estilo que será e terá sido nazista ou comunista). É algo próximo — parece — do pensamento heideggeriano da Técnica: haverá apenas ciência; "ela será inata", quer dizer, talvez implantada — Energia, matéria e vida convertíveis (Einstein). "Lúcifer" terá triunfado; não haverá senão a velocidade da luz; a terra, uma única cidade, megalópole. Tudo será feito e reprodutível; a natureza terá desaparecido (como diz Mallarmé); a cegueira também: reinará somente a luz e sua "velocidade".

Mundo finito... ou mundo infinito?

A ser entendido talvez como "fim do mundo" (fábula baudelairiana) — como algo diferente; algo diferente de um "outro mundo" ou de "outros mundos".

Pode-se considerar demasiado "otimista" essa ficção científica, essa utopia lúcida, terrível. Por que "otimista"?

Porque ele não fala da coerção aterrorizante — digamos, orwelliana — que deverá administrar (cibernetizar por semiótica social) a transição. Porque ele salta por cima dos conflitos por vir nessa perspectiva: a revolta da superstição ou, se quiserem, das seitas contra a ciência: o século XX será religioso... ou não será (André Malraux); as contrafinalidades (anti)ecológicas (uma das quais é que a megalópole se transforma em favela-necrópole). Ele não descreve nem a eliminação dos miseráveis (os genocídios), dos "incapazes" de entrar no programa, nem o genocídio "implicado" na desterrestração/reterrestração...

Restringindo porém o campo, gostaria de me concentrar num objeto enigmático, equívoco, o da cultura. "Valéry e a cultura" poderia ser o título de meu texto. Se Valéry, como acabamos de entrever num exemplo, sabe pré-ver (extralúcido por audácia) o "fenômeno futuro" do fim do homem, ainda assim ele pertence ao mundo "moderno", isto é, "pré-pós" moderno!!!... "para nós". Da não-vidência, ou improvisação por impossibilidade de "considerar" as eras sucessivas da tecnociência (e a nossa, do computador, da tevê, da comunicação — chamemos o século, ou a geração, de Bill Gates), eu gostaria de circunscrever um "aspecto", o que ficou oculto para ele pela homonímia — e que ainda o é para nós, pela homonímia: o do cultural.

Reportemo-nos agora a Valéry, isto é... atrás. Trata-se de uma página de 1934, extraída das *Pièces sur l'art* [Peças sobre a arte].

Não gosto muito dos museus. Muitos são admiráveis, mas nenhum delicioso. As idéias de classificação, de conservação e de utilidade pública, que são justas e claras, têm pouca relação com as delícias.

Ao primeiro passo que dou em direção às coisas belas, uma mão retira-me a bengala, um escrito proíbe-me de fumar.

Transido já pelo gesto autoritário e pelo sentimento da coerção, penetro numa sala de escultura onde reina uma fria confusão. Um busto deslumbrante aparece entre as pernas de um atleta de bronze. A calma e as violências, as ninharias, os sorrisos, as contraturas, os equilíbrios mais críticos me compõem uma impressão insuportável. Estou num tumulto de criaturas congeladas, cada uma exigindo, sem obtê-la, a inexistência de todas as outras. E nem falo do caos de todas essas grandezas sem medida comum, da mistura inexplicável de anões e gigantes, nem sequer desse resumo da evolução que nos oferece um tal conjunto de seres perfeitos e inacabados, mutilados e restaurados, monstros e cavalheiros...

Somente uma civilização nem voluptuosa nem racional pode ter edificado essa casa da incoerência. Um não sei quê de insensato resulta dessa vizinhança de visões mortas. Elas têm ciúmes umas das outras e disputam o olhar que lhes dá a existência. Chamam de todos os lados minha indivisível atenção; desnorteiam o ponto vivo que arrasta toda a máquina do corpo para aquilo que o atrai...

O ouvido não suportaria ouvir dez orquestras ao mesmo tempo. O espírito não consegue acompanhar nem conduzir várias operações distintas, e não há raciocínios simultâneos. Mas o olho, na abertura de seu ângulo móvel e no instante de sua percepção, vê-se obrigado a admitir um retrato e uma marina, uma cozinha e um triunfo, personagens nos estados e nas dimensões as mais diversas; além disso, deve acolher no mesmo olhar harmonias e maneiras de pintar incomparáveis entre si.

Assim como o sentido da visão é violentado por esse abuso do espaço que uma coleção constitui, também a inteligência não é menos ofendida por uma estreita reunião de obras importantes. Quanto mais belas são, quanto mais são efeitos excepcionais da ambição humana, tanto mais devem ser distintas. Elas são objetos raros que seus autores quiseram que fossem únicos. Este quadro, dizem às vezes, mata todos os outros ao redor dele...

Creio que nem o Egito, nem a China, nem a Grécia, que foram sábios e refinados, conheceram esse sistema de justapor produções que se devoram umas às outras. Eles não ordenariam unidades de prazer incompatíveis sob números de matrícula e segundo princípios abstratos.

Assim, eis o que Paul Valéry tinha a dizer quanto ao uso do Museu, esse artefato gigantesco, esse dispositivo central no núcleo de nossas cidades e no núcleo da vida cultural dos grandes números humanos cujos fluxos "turísticos" não cessam de crescer! Esse "testemunho" é "de um outro tempo". Mas nós, pressionados por nosso tempo (em todos os sentidos do *tempus nos urget* de são Paulo), que temos a dizer?... E eu aqui, especialmente "pressionado" pelo tempo, como resumir? 1) Permaneço no exemplo: o caso do Museu tomado aqui como exemplar, isto é, permitindo tratar "metonimicamente" a situação, sob benefício de generalização; 2) vou "pintar" a mudança do tempo (isto é, a entrada na área do cultural numa geração) por uma anedota, uma breve narração, também ela tomada como exemplar; 3) responderei em três linhas à questão do "sentido da visita", ou seja, do uso do museu hoje — do uso, da função do cultural hoje.

Descritivamente: eu gostaria de narrar (preterição, portanto) a fabulosa mudança da qual "eu" sou uma testemunha, na escala de quarenta anos, no emprego (meu, portanto, e de todos) deste museu: O LOUVRE. É exatamente o mesmo prédio, ou, digamos, a mesma localização (estação de metrô "Louvre-Palais Royal"). Eu levava até lá meus filhos nos domingos de manhã quando seu adro era um estacionamento e a metade de sua superfície pertencia ao Ministério das Finanças (?!), para que brincassem de amarelinha, ou de esconde-esconde, sim, entre os sarcófagos, "como se estivessem em casa": queria que eles se acostumassem às obras-primas, à "Arte", sem prestar atenção nela, enquanto se divertiam, traçando em sua memória o caminho de uma visita recorrente, perene, "para sempre". Não vou agora lhes descrever o monstro de hoje, as filas intermináveis, incessantes desde a entrada, para um tempo de pausa médio de alguns segundos diante de algumas obras selecionadas pela visita guiada. É o mesmo em toda parte no mundo, Museu do Prado, Ermitage, National Gallery, Metropolitan...

Valéry não escaparia, nem tampouco Bernard Berenson ou aqueles grandes AMADORES, como os chamaram, cujo tempo de consideração das obras alimentava a "cultura". Meu amigo, o poeta Marteau, decidiu dar atenção uma por uma a cada "peça" do Louvre: passou ali um ano.

É de outro uso que se trata. Então vou usar agora uma abreviatura sociológica, ou antropológica, para responder ao "de que se trata?": Lenin perguntava: QUE FAZER?

Nosso tempo responde de uma maneira que o surpreenderia — porque ele entende de outro modo a questão. Responde em termos de lazer e de consumo, diante da longevidade humana incessantemente aumentada (nas sociedades desenvolvidas, é claro, tidas como modelo da hominização).

Responde por outra revolução que não a técnico-científica.

Caricaturemos: que fazer dos 4 aos 25 anos, mais tarde dos 60 aos 100 anos na terra, isto é, nesta terra de abundância consumista?

(A cada um segundo seus desejos, não é mesmo?) Resposta: televisão em casa e viagens organizadas, ou seja: museu, visita ao patrimônio humano em exibição concorrencial no grande mercado mundial liberal, publicitário.

Há uma diferença pequena e radical (dissimulada na homonímia e em todo um parasitismo semântico de "comprimentos de ondas" vizinhas) entre o tempo de Valéry (diríamos, "a cultura de Valéry") e o nosso, diferença que não podia não lhe ser imprevisível como uma "catástrofe" (no sentido neutro, matemático) que sua sensibilidade e sua inteligência, seus hábitos e sua lucidez podiam ainda menos antecipar por serem, precisamente, mais refinados.

Nós mesmos (a compreensão de si de uma época, se algo assim existe e pode ser inferido dos discursos de opinião, da "mídia") temos dificuldade de discernir os homônimos como uma diferença exatamente no mesmo, e temos também dificuldade de avaliar a distância tomada em relação ao tempo-de-Valéry. Buscando compor com o "fenômeno humano" (título de Teilhard [de Chardin]) enquanto cultura e enquanto (muito recentemente) a cultura de hoje, esta se tornou, e é, a *cultura do cultural*. Expressão enigmática que tem na tautologia sua opacidade provisória.

A civilização mundial é a dita "mundialização" em certos aspectos antecipados por Valéry, mas noutros não, na medida em que o debate, ou mesmo o combate, não é mais entre cultura e civilização (problemática alemã) mas entre as culturas no plural — e a questão é saber se o "multiculturalismo", ou diversidade das culturas no cultural (heterogeneidade apaziguada pelo mercado) produzirá "civilização" (mundial). Valéry dizia que as civilizações eram mortais: talvez a questão tornou-se a de saber se a civilização (do cultural) é mortal...

Para avançar um pouco (um pouquinho?) nesse assunto, é preciso agora responder por alguns traços característicos à questão "O que é então o cultural?". Faço-o na forma de uma hipótese, de uma conjetura (mesmo se o tom é axiomático), e com referências tomadas em nossa atualidade (portanto, colocando Valéry entre parênteses durante alguns minutos).

O cultural é um "fenômeno social total", para retomar uma expressão famosa de Marcel Mauss.

A definição inteiramente técnica do cultural aparece em toda parte — mas singularmente, por exemplo, nesta passagem do Relatório Querrien para o ministro da Cultura [da França] (1983):

> O patrimônio é o conjunto dos traços deixados, sob diversas formas, pelas mensagens genéticas que, de etapa em etapa, fizeram que nossa civilização fosse o que ela é. Pouco importa, desse ponto de vista, que os traços em questão estejam codificados em expressões arquitetônicas, em artes plásticas, em fabricações utilitárias, em atos solenes ou em linguagem corrente. Etc.

Tudo aqui requer um interminável comentário, que buscaria saber em que sentido essa noção, técnico-cultural, de patrimônio, difere do que se entendia por tradição... (ou por "patrimônio"). O patrimônio — palavra antiga mas coisa nova — é a mobilização contábil de tudo (tudo o que existe) como riqueza econômica potencial na "competição planetária".

O que se tornou o valor?

O valor patrimonial do fundo genotípico das culturas como valor inestimável (isto é, no qual se fixa a diferença última na variedade humana de povos e sociedades) acumulado antes de toda "acumulação primitiva", antes do trabalho operário, antes do capital, é hoje reconhecido e agregado "antes de valor de uso e de troca", na e pela economia cultural que mundializa o mercado.

A questão é a do fundo, ou reserva, ou crédito... J.-M. Rey chama nosso tempo o tempo do crédito, fazendo-o começar em 1720, na primeira grande bancarrota européia, a de John Law. Qual é essa reserva, quase infinita, convertível em "valor", a montante de toda produção, de todo processo histórico? Resposta: o genótipo em geral, que serve de grande metáfora biológica para toda "avaliação" antropológica dos "fenótipos" culturais. Ou, para recorrer a outro binômio conceitual clichê, o do par inato–adquirido: *a ideologia do cultural transforma todo o inato em adquirido, elevado ao "crédito"* de um tipo humano que poderíamos dizer étnico-nacional. Assim como o "gênio da língua", ou "a alma de um povo", ou o folclore caracterizam, no século XX, a propriedade do grupo humano, sua identidade, aquela que, agora transformada em sua "imagem de marca", faz sua diferença, sua unicidade inestimável, seu "preço"... oferecido, isto é, vendável, à curiosidade recíproca dos amantes de espécies humanas ou, se preferirem, ao turismo mundial, qual um "Produto da terra", ou das "raízes", idiossincrasia reconhecível "entre todas", assim também tudo o que existe é relacionado a essa ou àquela genotipia cultural e assim transformado ("agregado") em valor (in)apreciável enquanto expressão do fundo, ele mesmo (re)sintetizável (reabilitável, restaurável etc., como o centro histórico de uma velha cidade). Dito de outro modo e brutalmente: a contrafação é o futuro do típico original.

O Ocidente tem um exterior?

O cultural transformado em mundial, ou o mundial transformado em cultural, só tem de exterior a si (e por quanto tempo? E é daí que procede um risco de guerra?) poucos ecossistemas humanos religiosos diferentes, a saber: ou os últimos dos homens em via de extinção (amazônicos, novo-guineanos etc.), mas são os americanos que se ocupam de sua sobrevivência ou de sua "reserva"; ou os africanos negros descartados e abandonados pela "economia mundial"; ou os grandes conjuntos árabe-muçulmanos integrizados por sua resistência religiosa; ou a China, potência atômica a-religiosa para a qual a humanidade se divide em duas: chineses *versus* não-chineses. Há lugar nesse dispositivo para algo que não seja o anglo-saxão, algo que sirva "localmente" ao que Alain Joxe, por exemplo, chama uma "versão francesa" da modernidade? Mas a versão francesa (V.F.) nunca é a boa, a V.O. (versão original) é americana.

P.S.:

Este texto não considerou o tom, o "estilo" de Valéry, sua arte, que é escrever, sob o chamado aspecto da forma. Se fosse esse meu propósito, teria ido nessa direção: há os versos de Valéry, a prosa de Valéry, os cadernos e os poemas em prosa, ou o que deveríamos talvez chamar as prosas de Valéry, a *forma breve* (Florence Delay) em prosa: os prosemas.

Importa aqui uma observação, que aflorei há pouco. Parece-me que a partilha mais decisiva, a essencial discriminação para a atenção crítica, é a que concerne à diferença Mallarmé-Valéry. Num colóquio recente, ouvi Jean-Michel Maulpoix dizer (o que relato com esta precaução indispensável: não é impossível que minha audição não seja inteiramente fiel às frases ouvidas ou que digo ter ouvido) que a diferença interessante era a que existe entre Valéry e Rimbaud, ao mesmo tempo que qualificava Valéry de "príncipe do intelecto" (de fato, por que não?) e evocava o "tiritante Mallarmé", sem levar em conta, portanto, a lareira, o fogo, os entusiasmos das Terças-feiras na rua de Roma [onde morava Mallarmé]. Penso que o outro de Valéry não é Arthur Rimbaud, mas Mallarmé.

O gênio de Valéry é combinatório; seu intelecto está às voltas com a possibilidade. Ao dedicar *A Jovem Parca* a Gide, ele chama seu poema "esse exercício"; matemático, o que ele busca determinar é "o grupo de transformação". Em poética, é sempre a questão da perífrase que é decisiva. Seria interessante diferenciar a perífrase valeriana e a perífrase mallarmeana. Em Mallarmé a prosa devorou, ultrapassou o poema (falo do poema como poema versificado), Mallarmé não falaria de exercício. Ele não busca os possíveis, mas o melhor possível, o ótimo como definição; a verdadeira preciosidade não se satisfaz com uma perífrase visada entre "outras possíveis", mas com a melhor, com a única ou perfeita; o lance de dados ganhando pela dupla negação "apodítica". É arriscado, mais arriscado do que Valéry. O poema transfere-se à prosa: superpontuação, anacoluto, ambigüidades paradoxais por sobredeterminação. Em Valéry é mais freqüente a descrição; em Mallarmé, a definição, que metamorfoseia o concreto (o percepto) em sua desaparição elocutória ("a dançarina não é uma mulher e ela não dança"). Ela se torna "metáfora" — presta-se a transformar-se em outras. "Reflexos recíprocos." Isso interessa muito.

Tradução de Paulo Neves

NOTA

(1) VI, 255 [1916], em *Poésie perdue*, Paris, Gallimard, 2000, p. 118.

POESIA E MATÉRIA

Marcelo Coelho

L'ARDOISE

L'ardoise — à y bien réflechir c'est à dire peu, car elle a une gamme de reflets très réduite et un peu comme l'aile du bouvreuil passant vite, excepté sous l'effet de précipitations critiques, du ciel gris bleuâtre au ciel noir — s'il y a un livre en elle, il n'est que de prose: une pile sèche; une batterie déchargée; une pile de quotidiens au cours des siècles, quoique illustrés par endroits des plus anciens fossiles connus, soumis à des pressions monstrueuses et soudés entre eux; mais enfin le produit d'un métamorphisme incomplet.

Il lui manque d'avoir été touchée à l'épaule par le doigt du feu. Contrairement aux filles de Carrare, elle ne s'enveloppera donc ni ne développera jamais de lumière.

Ces demoiselles sont de la fin du secondaire, tandis qu'elle appartient aux établissements du primaire, notre institutrice de vieille roche, montrant un visage triste, abattu: un teint évoquant moins la nuit que l'ennuyeuse pénombre des temps.

Délitée, puis sciée en quernons, sa tranche atteinte au vif, compacte, mate, n'est que préparée au poli, poncée: jamais rien de plus, rien de moins, si la pluie quelquefois, sur le versant nord, y fait luire comme les bourguignottes d'une compagnie de gardes, immobile.

Pourtant, il y a une idée de crédit dans l'ardoise.

Humble support pour une humble science, elle est moins faite pour ce qui doit demeurer en mémoire que pour des formulations précaires, crayeuses, pour ce qui doit passer d'une mémoire à l'autre, rapidement, à plusieurs reprises, et pouvoir être facilement effacé.

Quel plaisir d'y passer l'éponge.

Il y a moins de plaisir à écrire sur l'ardoise qu'à tout y effacer d'un seul geste, comme le météore négateur qui s'y appuie à peine et qui la rend au noir.

Mais un nouveau virage s'accomplit vite; d'humide à humble elle perd ses voyelles, sèche bientôt:

"Laissez-moi sans souci détendre ma glabelle et l'offrir au moindre écolier, qui du moindre chiffon l'essuye."

L'ardoise n'est enfin qu'une sorte de pierre d'attente, terne et dure.

Songeons-y.

Francis Ponge,
L'atelier contemporain, Oeuvres complètes,
Paris, Gallimard, 2002, vol. 2, pp. 656-7. O texto também foi publicado em
Lyres (Paris, Gallimard, 1980, col. Poésie) e no *Nouveau Recueil.*

A ARDÓSIA

A ardósia — refletindo bem, isto é, bem pouco, pois ela tem uma gama de reflexos muito reduzida e um pouco como a asa do sanhaço passando depressa, a não ser quando sob o efeito das precipitações críticas, do céu cinza-azulado ao céu negro —, se há um livro nela, é só de prosa: uma pilha seca; uma bateria descarregada; uma pilha de jornais no curso dos séculos, embora ilustrados em alguns lugares pelos mais antigos fósseis conhecidos, submetidos a pressões monstruosas e soldados entre si; mas enfim o produto de um metamorfismo incompleto.

Falta-lhe ter sido tocada nos ombros pelo dedo do fogo. Contrariamente às filhas de Carrara, ela não se impregnará nunca de luz, nem a revelará, portanto.

Tais moças são do fim do secundário, enquanto que ela pertence aos estabelecimentos do primário, nossa mestre-escola de velha rocha, mostrando um rosto triste, abatido: uma tez evocando menos a noite do que a enfadonha penumbra dos tempos.

Arrancada do solo, depois serrada em lajotas, sua superfície talhada ao vivo, compacta, fosca, é somente preparada para o polimento, raspada: nunca nada mais, nada menos do que isso, se a chuva por vezes, na vertente norte, ali faz luzir como que a pala dos quepes de uma companhia de guardas, imóvel.

Contudo, há um ponto positivo na ardósia.

Humilde suporte de uma humilde ciência, ela é feita menos para o que deve residir na memória do que para as formulações precárias, calcárias, para aquilo que deve passar de uma memória a outra, rapidamente, muitas vezes, e que deve poder ser facilmente apagado.

Do mesmo modo, às ofensas do céu ela se opõe em formação oblíqua, uma ala recusada.

Que prazer passar nela uma esponja.

Há menos prazer em escrever sobre uma ardósia do que em apagar tudo num gesto só, como o meteoro negador que nela mal se apóia e a entrega ao negror.

Mas uma nova virada se consuma rápido: de úmida a humilde ela perde o hausto, seca em seguida:

"Deixem-me sem cuidado distender minha fronte e oferecê-la ao menor aluno, que com o menor paninho a enxuga."

A ardósia não é, afinal, senão uma espécie de pedra de espera, baça e dura.

Penso (sonho) isso.

Tradução de Marcelo Coelho

Comparado aos outros "poetas que pensaram o mundo" incluídos neste volume (Homero, Dante, Shakespeare, Camões...), o nome de Francis Ponge (1899-1988) é sem dúvida um dos menos conhecidos. Essa relativa obscuridade, essa situação modesta, vêm muito a calhar — como veremos — num autor que se voltou quase exclusivamente aos assuntos humildes, aos objetos sem importância, às coisas comuns. Ao mesmo tempo, a presença de Francis Ponge neste livro se impõe claramente, já que sua poesia se dedica, num sentido muito enfático, a "pensar o mundo".

Não causa surpresa que um poeta, qualquer poeta, termine por impregnar sua obra de temas filosóficos, políticos, religiosos, e toda poesia, nesse sentido, constitui em certa medida um ato de pensamento "sobre" o mundo. É também notório que em cada poeta esse "pensamento do mundo" surge filtrado por algo que é da ordem da expressão pessoal, ou, para usar uma fórmula muito freqüente, pelo "eu lírico". No caso de Ponge, contudo, é como se o mundo se apresentasse sem esse "eu", e quase sem a "filosofia", as idéias, os pensamentos desse eu. Sua poesia, como entre nós a de João Cabral de Melo Neto, rejeita esse impulso de expressão, não só por rejeitar a confissão biográfica, mas também por afastar-se da subjetividade, até mesmo da manifestação de um "eu" meditativo, pensante, cogitante, qualquer. Os poemas de Ponge são quase sempre na *terceira pessoa do singular* — este, aliás, seria o título de uma conferência sua, publicada mais tarde com o nome de "Tentativa oral". Não temos uma poesia que fale "sobre" o mundo indiretamente, como "objeto indireto" apresentado pelo eu do poeta, por suas idéias, memórias, sentimentos. Aqui, trata-se efetivamente de pensar "o" mundo, nessa regência verbal à francesa, como "objeto direto".

Mas talvez "mundo" seja uma palavra extensa demais, abstrata demais, para Ponge. Trata-se de pensar *as coisas*, uma coisa específica de cada vez. Seus textos mais típicos examinam objetos muito concretos: o figo, o sabonete, a chuva, a maçaneta... Raramente há temas mais gerais (a passagem das estações, um restaurante, a pradaria) ou temas "humanos" (a jovem mãe, o ginasta). Apresentam-se como tentativas de pensar um objeto, mais do que de sistematizar, totalizar, enquadrar o mundo exterior por uma ótica subjetiva. Daí a modéstia, o inclinar-se aos objetos, que estão na base dessa poesia. Eis o que Ponge diz a respeito de sua obra:

> Nunca, com certeza, desde que o mundo é mundo (estou falando do mundo sensível, tal como nos é dado a cada dia), não, nunca, seja qual for a mitologia na moda, nunca o mundo, nem por um só segundo, suspendeu o seu funcionamento misterioso. E no entanto, nunca, no espírito do homem — e precisamente desde que o homem parou de considerar o mundo unicamente como o campo de sua ação, o lugar e a ocasião de seu poder — nunca o mundo, no espírito do homem, funcionou tão pouco, tão mal.
>
> Ele já não funciona mais a não ser para alguns artistas. Se ele ainda funciona, é graças a eles.
>
> [...] A função do artista é assim bastante clara: ele deve abrir um ateliê e tratar de consertar o mundo, por fragmentos, como ele aparece. Não porque se toma por um mago. Mas por um relojoeiro. Reparador atento da lagosta ou do limão, da colméia ou da compoteira, aí está o artista moderno. Insubstituível em sua função. Seu papel é modesto, como se pode ver. Mas dele não se poderia abrir mão.[1]

Tais considerações, por si sós, justificam a presença de Ponge neste livro. O texto que segue está dividido em três partes. Na primeira, julguei necessário apresentar, ainda que de forma rápida, a obra de um autor ainda insuficientemente conhecido entre nós. Em seguida, relaciono os trabalhos de Ponge com o que seria o programa, o projeto, da arte moderna em geral, ou pelo menos com aspectos que considero decisivos da arte do século XX; por fim, analiso um poema específico de Ponge, "A ardósia", que talvez nos informe sobre as complexidades, ou os limites, desse projeto.

1

Francis Ponge começou a sua vida literária aproximando-se dos surrealistas, na década de 1920. Pertenceu ao Partido Comunista Francês de 1937 a 1947. Seu livro mais importante, publicado em 1942, intitula-se *O partido das coisas*. Seus textos, ou, melhor dizendo, seus poemas, raramente são compostos em verso, e não conhecem muitas mudanças de estilo ao longo das décadas. Com o passar do tempo, Ponge foi publicando coletâneas que reúnem, lado a lado, textos da década de 1930 ou 1940 com outros que foram escritos vinte anos depois. Sem contar os poemas que ele foi escrevendo e reescrevendo ao longo de toda a vida, terminando por publicar todos os rascunhos e anotações que levariam ao texto.

No Brasil, temos poucas mas excelentes traduções de Ponge: *A mesa*, que é um livro deste último gênero, com todos os esboços do autor em torno do tema: uma coletânea intitulada *Métodos*, com escritos e conferências de Ponge sobre a poesia, uma amostra de sua "arte poética"; e o próprio *O partido das coisas*. A tradução do título (cujo original é *Le parti pris des choses*) para o português é interessante, porque parece permitir uma leitura mais diretamente política, como se em vez do "Partido Comunista" tivéssemos um "Partido das Coisas" — mas é certo que *parti pris* significa também ter um "preconceito" a favor das coisas, estar "do lado das coisas", falar "a partir da ótica das coisas": Ponge afirma, com efeito, que em seus textos "as coisas são descritas, por assim dizer, do próprio ponto de vista delas".[2]

Trata-se de poemas em prosa, que ele próprio compara a verbetes de enciclopédia, com títulos muito simples, como as entradas de um verbete mesmo — "A vela", "A ostra", "A borboleta", "O engradado", "A toalha de banho", por exemplo. São textos descritivos, na terceira pessoa, como vimos, e que se inspiram não só no modelo do dicionário ou da enciclopédia, mas também num tipo de publicação escolar hoje em desuso, cujo título (que também viria a inspirar Carlos Drummond de Andrade), é justamente o de "Lição de coisas". São livros de leitura para as classes elementares que contêm pequenas histórias morais, explicações sobre brinquedos, animais, acidentes geográficos, sobre alguns ofícios (a colheita do trigo, a fiação do algodão, a encadernação de livros) e sobre objetos variados — tipos de tecido, instrumentos de trabalho, utensílios de cozinha etc. Esses livros do ensino primário fornecem, sem dúvida, uma das bases para a construção da poesia de Ponge.

Vamos inicialmente citar dois textos curtos do *Partido das coisas* para ter uma idéia do tipo de descrição, de "verbete", de "lição" que é feito no livro. "O cigarro", por exemplo:

> Recuperemos de início a atmosfera a um só tempo brumosa e seca, desgrenhada, onde, desde que incessante a cria, o cigarro está sempre enviesado.
>
> A seguir, sua pessoa: uma pequena tocha muito menos luminosa que perfumada, de onde se destacam e caem, em ritmo a determinar, um número calculável de pequenas massas de cinzas.
>
> Por fim, sua paixão: esse botão em brasa, escamando em películas prateadas, que uma bainha logo formada das mais recentes circunda. [3]

Nada mais que isso. Ao ler um texto desses pela primeira vez, tendemos a perguntar: "Pois bem, este é um poema sobre o cigarro, mas o que é que quer dizer?". Certa *intenção* está em jogo nessas linhas, e isso nos leva a indagar, por exemplo, se o cigarro "simboliza" algo, se está "no lugar" de alguma outra coisa. Talvez sim, e talvez nem seja difícil imaginar uma resposta; pressentimos, contudo, que isso não é o principal, que fazer alguma equação interpretativa ("o cigarro = x") seria trair o poema. Ou melhor, trair o cigarro... que está aqui na sua integridade, que é aqui apresentado "por si mesmo", e não mais como termo inicial de uma metáfora, não mais como "pretexto" para uma moral, para um conteúdo, para uma expressão. Pensar no que Ponge está querendo dizer com o cigarro é menos importante do que reparar naquilo que Ponge quer que reparemos, quando temos um cigarro diante de nós. O poeta não está propondo uma charada, mas sim uma nova experiência. Tentar "decifrar" esse texto é sem dúvida tarefa possível, tentadora e inesgotável; sem dúvida, o poema provoca a sensação de que foi dito "algo mais" do que o que lemos em suas linhas. Mas chegar a esse "algo mais" não se confundiria com a elucidação de um sentido metafórico, como se estivéssemos tratando de resolver um problema matemático, uma equação, do tipo x = y.

O poema já parece ter recolhido em seu interior ("recuperar" é o primeiro verbo do poema) múltiplas metáforas, já parece ser o resultado de múltiplas operações desse tipo, que circundam o objeto ("circundar" é o último verbo do texto) — mas preservam sua inteireza, não o dissipam em "outro sentido". A investigação sobre o cigarro abre-se, ou aponta, para a possibilidade de uma metaforização sem fim: a fumaça do cigarro é uma atmosfera, essa atmosfera é desgrenhada, o cigarro está sempre de viés dentro da atmosfera que se cria; o cigarro é uma tocha, mas tocha perfumada; é em parte tratado como ser humano —

"sua paixão", por exemplo — mas em parte como máquina produtora de cinzas, em parte também como uma atitude, um modo de ser; o cigarro tem quase uma psicologia. Diríamos melhor: o cigarro tem uma estética, uma poética. E diante disso, desse objeto que se dispersa em cinza, em fumaça, em "outra coisa", talvez possamos ver que o cigarro não é metáfora *de* algo, mas sim é ele próprio metáfora pura, é o mecanismo da metáfora transformado em cigarro; numa palavra, é poesia transformada em cigarro.

Passemos a um segundo poema, também do *Partido das coisas*, agora sobre a água: cito alguns trechos.

> [...] É branca e brilhante, informe e fresca, passiva e obstinada em seu único vício: a gravidade, dispondo de meios excepcionais para satisfazer esse vício: contornando, transpassando, erodindo, filtrando.
>
> No interior dela própria esse vício também atua: desaba sem cessar, renuncia a cada momento a qualquer forma, só tende a se humilhar, deita-se de bruços no chão, quase cadáver, como os monges de certas ordens. Sempre mais abaixo: tal parece ser a sua divisa: o contrário de excelsior.
>
> *
>
> Poder-se-ia dizer que a água é louca, por causa dessa histérica necessidade de só obedecer à sua gravidade, que a possui como uma idéia fixa.
>
> Certamente, tudo no mundo conhece essa necessidade, que sempre e em todos os lugares deve ser satisfeita. Este armário, por exemplo, se mostra muito cabeçudo em seu desejo de aderir ao chão e, se ele se encontrar algum dia em equilíbrio instável, preferirá danificar-se a infringi-lo...
>
> Inquietude da água: sensível à menor mudança de declividade. Pulando as escadas com ambos os pés ao mesmo tempo. Brincalhona, pueril de obediência, voltando imediatamente quando a chamamos mudando a inclinação para o lado de cá.[4]

Vemos novamente que a "coisa" tratada por Ponge existe de forma autônoma, tem sua lei, seu comportamento, seu modo, seus hábitos, suas instabilidades... é tratada como animal, como ser vivo, no que certamente constitui uma das operações ou estratégias mais freqüentes em seus poemas. Haveria uma grande metáfora, ou uma grande lição, subjacente a todos eles: a saber, a de que uma coisa não é *só uma coisa*, não é um objeto inerte, que está simplesmente aí, indigno de nossa atenção. Se repararmos atentamente, sugere Ponge, uma coisa se revela para nós como um mundo, uma rede de relações possíveis, uma troca viva.

Cabe sublinhar aqui um aspecto muito presente na obra de Ponge, que é o de uma certa euforia; seu propósito, diz ele, é de "fazer rejubilar-se o espírito humano".[5] Existe em Ponge o prazer de brincar com as coisas, ou melhor, de comunicar-se com elas, como uma criança que, em certa idade, ainda não sabe diferenciar entre o que é brinquedo e o que não é, entre o que está vivo e o que não está; todo objeto é assim objeto de uma constatação que é tátil, experimental, antes de se tornar uma coisa simplesmente, uma coisa sobre a qual não se pensa mais... Seria esta a euforia de Ponge: uma espécie de vitória contra a imobilidade, a desatenção, a indiferença — numa palavra, a morte.

Percebe-se em seus textos uma mistura de compaixão, de piedade pelas coisas humildes, e de alegria, de entusiasmo ao ver a vida que pode agitá-las. Na conferência intitulada "Tentativa oral", Ponge diz: "Minhas senhoras, meus senhores [...] quero chamar a atenção para um fato geralmente pouco considerado, que parece, no entanto, evidente tão logo o encaramos: *Nós não estamos sozinhos aqui. Nós estamos longe de estar entre nós*". E continua:

> Permitam-me, senhoras e senhores, *invocar*, ao mesmo tempo que os invoco, todas as *coisas* presentes nesta sala, estas coisas cujo silêncio, uma vez mais, estamos roubando, estas coisas que tratamos, que até aqui temos tratado com a desenvoltura e a brutalidade costumeira dessa espécie de selvagens para com elas que somos nós.
>
> Não sei se me faço entender; estou falando destas paredes, das tábuas deste assoalho, falo das chaves que vocês trazem nos bolsos, de todos esses objetos que nos acompanharam, ou que nos esperam aqui, e estão aqui conosco, e que devem se calar à força — talvez a contragosto — e dos quais não tomamos conhecimento nunca, sabem, nunca.[6]

Ponge afirma-se movido por uma espécie de piedade:

> [...] o que me sustenta, ou me empurra, me obriga a escrever, é a emoção provocada pelo *mutismo* das coisas que nos cercam. Talvez se trate de uma espécie de piedade, de solicitude, enfim, tenho o sentimento de instâncias mudas da parte das coisas, solicitando que finalmente nos ocupemos delas, que as digamos...
>
> Por que não dizer, indo um pouco mais longe (ainda não é muito longe), que os próprios homens, na sua maior parte, nos parecem privados de palavra, são tão *mudos* quanto as carpas ou os pedregulhos? Não é verdade que eles não dizem nada, que quando falam o que dizem é *nada* — que não exprimem nada de sua natureza muda?[7]

Nesse sentido, há uma mensagem política nessa poesia aparentemente descompromissada, que descreve o camarão ou uma laranja. Para fazer novamente referência ao título do livro de Ponge em português, o que se procura não é só "tomar partido" em favor das coisas, mas também criar uma poesia que seja "o partido das coisas", ou seja, o "representante das coisas", assim como um "partido dos trabalhadores" se afirmaria como "representante dos trabalhadores", atuando em defesa dos seus interesses, ou como seu porta-voz.

É para ser "porta-voz" das coisas que o "eu" do poeta cuida de se apagar, de anular-se:

> A esperança está portanto numa poesia pela qual o mundo invada a tal ponto o espírito do homem que ele venha a perder a palavra, depois reinvente um jargão. Os poetas não têm de modo algum de cuidar das relações humanas, mas ir de cabeça até o fundo do poço. A sociedade, aliás, se encarrega muito bem de empurrá-los, e o amor das coisas de mantê-los ali; eles são os embaixadores do mundo mudo.[8]

Em outro texto, Ponge é ainda mais radical nesse intuito de abandonar o foco das relações humanas:

> [...] o que eu procuro é sair dessa ciranda insípida em torno da qual o homem gira a pretexto de ser fiel ao homem, ao humano, e onde o espírito (pelo menos o meu espírito) se entedia mortalmente. E isso qualquer objeto me permite [...] Pode ser qualquer coisa desde que seja considerada honestamente, quer dizer, finalmente considerada (sem preocupação com tudo aquilo que se apregoa sobre o espírito, sobre o homem), sem nenhuma vergonha.
>
> Nunca nenhuma referência ao homem. Vocês têm uma idéia profunda a respeito da toalha de banho, todo mundo tem. Quer dizer alguma coisa para cada um, mas nunca ninguém teve a idéia de que a poesia era isso, que era disso que se tratava, dessa idéia profunda.[9]

2

Um dos problemas de comentar a obra de Ponge é que terminamos correndo o risco de transcrever muito o que ele próprio diz sobre a sua poesia; trata-se de autor muito programático, que expressa com clareza o que pretende. O programa de dar a palavra às coisas, de negar o mais superficialmente e mais tradicionalmente "humano" da poesia, de deixar a coisa "falar por si mesma", fazendo que a primeira pessoa desapareça diante dos objetos, não é contudo exclusivo de Ponge. Sem dúvida, ele o formula de modo muito sóbrio e terno, e de um ponto de vista "de esquerda", mas nós podemos encontrar, em outro autor decisivo para a arte moderna — e muito malcotado em função das suas posições políticas —, pontos de semelhança com o que Ponge defende. Penso em alguns trechos do "Manifesto técnico da literatura futurista", de Marinetti — notando, desde já, que sua retórica é muito diferente, pois os textos de Marinetti, com sua estridência tipográfica, estão nos antípodas da inquiridora escuta dos objetos tentada por Ponge. Mas vejamos alguns pontos em comum. Marinetti propunha, em 1912,

> Destruir na literatura o "eu", isto é, toda a psicologia. O homem, completamente avariado pela biblioteca e pelo museu, subjugado a uma lógica e a uma sabedoria apavorante, não oferece absolutamente mais interesse algum. Portanto, devemos aboli-lo na literatura, substituí-lo finalmente pela matéria, da qual se deve extrair a essência a golpes de intuição, o que não poderão fazer nunca os físicos e os químicos. Surpreender através dos objetos em liberdade e dos motores caprichosos a respiração, a sensibilidade e os instintos dos metais, das pedras, da madeira etc. Substituir a psicologia do homem, agora exaurida, pela obsessão lírica da matéria.
>
> Cuidai-vos de oferecer à matéria os sentimentos humanos, mas adivinhai antes os seus diferentes impulsos diretivos, as suas forças de compressão, de dilatação, de coesão e de desagregação, a sua grande quantidade de moléculas em massa ou os seus turbilhões de elétrons. Não se trata de exprimir os dramas da matéria humanizada. É a solidez de uma lâmina de aço que nos interessa por si mesma, isto é, a aliança incompreensível e inumana de suas moléculas ou de seus elétrons, que se opõem, por exemplo, à penetração de um óbice. O calor de um pedaço de ferro ou de madeira é já mais apaixonante, para nós, do que o sorriso ou as lágrimas de uma mulher. A matéria foi sempre contemplada por um eu distraído, frio, muito preocupado consigo mesmo, pleno de preconceitos e de obsessões humanas.
>
> O homem tende a sujar a matéria com sua alegria jovem ou com a sua velha dor, mas ela possui uma admirável continuidade de impulso para um maior ardor, um maior movimento, uma maior subdivisão de si mesma.[10]

Claro que não convém exagerar as semelhanças entre Ponge e Marinetti. A confiança de Marinetti no ativismo guerreiro, atlético, mecânico, nada tem a ver com o espírito de compaixão, de desarmamento, que existe em Ponge; e quando Marinetti fala da "matéria", sua concepção do termo parece ser bem cientificista, "atômica", como energia — o que é bem diferente do mutismo, do estado de desamparo em que se encontram as coisas para Ponge. Mas também são inegáveis certos pontos em comum: a necessidade de colocar em movimento a inércia das coisas, de descobrir sua espessura, de penetrar na agitação interna de cada objeto — a ponto de um comentador se referir à literatura de Ponge como "um trabalho permanente de agitação da matéria",[11] por exemplo. Eis o que diz o próprio Ponge, em seu texto sobre "o copo d'água":

> Compreendem o sentido de minha obra? Que é o de tirar da matéria seu caráter inerte; de reconhecer-lhe uma qualidade de vida particular à sua atividade; seu lado afirmativo, sua vontade de ser, sua estranheza fundamental (que faz dela a providência do espírito), sua selvageria, seus perigos, seus riscos.[12]

Também o horror à sujeira, àquilo que nos hábitos humanos tende a corromper a pureza da matéria (e, diríamos, da linguagem), mencionado no "Manifesto técnico", é um aspecto freqüente na obra de Ponge.[13]

Tais preocupações "anti-subjetivas" não se limitam de qualquer modo a uma aproximação entre Ponge e Marinetti, mas dizem respeito, creio, ao projeto moderno como um todo. A partir do famoso "*je est un autre*", "eu é um outro", de Rimbaud, temos exemplos ilustres na tradição moderna de uma explícita recusa daquilo que se entende por "humano", e da busca de um programa intensivo no rumo de dessentimentalizar, de dessubjetivar a arte.[14]

A "ciranda insípida" em torno do homem, de que fala Ponge, parecia aborrecer inúmeros artistas modernos, de Marinetti a Breton. Haveria contudo um termo mais esclarecedor do que o "eu", do que o "humano", se quisermos entender aquilo que a arte moderna, de forma muito ampla, tentou superar, ou suprimir: trata-se da *perspectiva*, do ponto de vista fixo, do recurso pelo qual a realidade pode ser representada de forma ilusionística, como se a partir de um olho confiável, que se coloca a serviço do espectador.

Um exemplo retirado do âmbito da pintura será útil neste contexto, e talvez banal: quando, num típico quadro cubista, aparece uma garrafa, um bule, um violão, um rosto humano, esse objeto é apresentado não de um único ponto de vista, mas de vários pontos de vista ao mesmo tempo. Poderíamos dizer que houve uma multiplicação de pontos de vista, não mais o ponto de vista único a partir do qual o real se organiza de um ângulo confiável, na ilusão de que somos nós que estamos vendo o quadro. É como se esse objeto, o violão por exemplo, tivesse dispensado o observador, o pintor do quadro, e resolvido expressar-se a si mesmo: ele se mostra em vários momentos, em várias formas e estados, sem que exista um observador que "selecione", entre os inúmeros ângulos e pontos de vista possíveis, um ponto privilegiado a partir do qual o enxergamos.

A questão é tratada num texto de Anatol Rosenfeld sobre o romance moderno, em que ele nota a abolição da perspectiva como algo comum à pintura, ao teatro, à literatura do século XX. No teatro, abole-se o palco italiano, que pretende dar uma ilusão de realidade, e cria-se "uma interpenetração entre o espaço cênico e o espaço empírico da sala". Na pintura, elimina-se o que corresponderia a uma visão "antropocêntrica", e o mundo deixa de ser apresentado em relação a uma consciência determinada, a partir de uma visão subjetiva, na qual o espectador, diante do quadro, "entrasse" na mente do pintor, ocupasse o lugar de onde ele viu o mundo. No romance, com o monólogo interior,

> desaparece ou se omite o intermediário, isto é, o narrador, que nos apresenta a personagem no distanciamento gramatical do pronome "ele" e da voz do pretérito. A consciência do personagem passa a manifestar-se na sua atualidade *imediata*, em pleno ato presente, como um Eu que ocupa a tela imaginária do romance.[15]

Desaparece o "intermediário", o narrador, o sujeito — e é isso, sem dúvida, o que Ponge faz em poesia. Para conseguir essa abolição da perspectiva, essa "presentificação" do mundo num texto, o que Ponge procura é não mais fazer um poema que descreva determinado objeto de um único ponto de vista, mas um poema que de alguma forma "se transformasse" no próprio objeto. Trata-se, digamos, de abolir a representação, não em favor de uma poesia abstrata, pura, mas de uma poesia que se substitua, até pela forma física, ao objeto ausente. Um texto de Ponge sobre o figo não será "sobre" o figo, mas irá justamente apresentar-se como um figo feito de palavras — cito de forma quase literal o título do seu texto.[16] O que não implica uma organização visual, tipográfica, do texto, para que assumisse por exemplo a aparência esquemática da fruta (Ponge considera o procedimento "caligramático", na esteira de Apollinaire, insuficiente). O poema vai aspirar à tridimensionalidade, a ser algo que se pode ver, ou ler, de vários ângulos, de diversos pontos de vista. Abolido o eu, é como se a poesia viesse a se transformar em escultura, em objeto sólido. É o que Picasso disse a Ponge certa vez: "Você, suas palavras parecem uns piõezinhos, sabe, umas estatuetazinhas, que vão rodando e cada palavra tem muitas faces, que vão clareando umas às outras".[17]

Deixemos, mais uma vez, o poeta explicar seu "método":

> Se não podemos pretender que o objeto tome claramente a palavra (prosopopéia), o que aliás daria uma forma retórica muito cômoda e se tornaria monótono, mesmo assim cada objeto deve impor ao poema uma forma retórica particular. Chega de sonetos, de odes, de epigramas: que a forma mesma do poema seja, de algum modo, determinada por seu assunto.[18]

No esforço de criar textos "tridimensionais", por assim dizer, há o propósito constante em Ponge de investigar a materialidade das próprias palavras, não só no seu aspecto sonoro ou na sua origem etimológica, como também em seus pormenores microscópicos, numa atividade de "logoscopia", como ele diz. Num texto sobre o copo d'água, por exemplo, Ponge afirma que essa palavra (em francês, *verre d'eau*), não poderia ser mais adequada para o objeto que ela designa, uma vez que a primeira letra, *v*, de *verre*, e a última, o *u*, de *eau*, têm justamente a forma de um cálice, de um copo...[19]

Chegamos assim ao outro pólo, digamos, da estética pongiana, em que ao imperativo de "tomar o partido das coisas" se acrescenta um complemento, o de "levar em conta as palavras". Ponge faz disso uma espécie de lema, de sigla, de equação: escreve "PPC = CTM" ("*parti pris des choses* égale *compte tenu des mots*"), isto é, "tomar o partido das coisas = levar em conta as palavras".[20] A palavra possui, portanto, materialidade e espessura próprias. Quando escreve sobre os caracóis, por exemplo, Ponge observa que, ao se deslocarem sobre a terra, eles obedecem ao lema do "*Go on*".[21] A frase aparece em inglês no poema, porque podemos pensar no "g", no "o", no segundo "o" de novo, no "n", como se fossem a casca do caracol e o seu corpo estendendo-se em linha reta... com cabeça e dois chifrinhos.

Não faltam exemplos dessa estratégia poética em toda a obra de Ponge, cuja índole, como se vê, parece sempre bem-humorada, pressupondo no leitor algo do espírito infantil, com seu inconformismo diante do que possa existir de inanimado no mundo — ou nas palavras. Remeto o leitor aos próprios textos de Ponge e às excelentes análises e ilustrações apresentadas por Leda Tenório da Motta, em seu estudo sobre o autor.[22]

Cite-se apenas uma última passagem de Ponge notando a "espessura" das palavras:

> As palavras são um mundo concreto, tão denso, tão existente quanto o mundo exterior. Um mundo que aí está. Por quê? porque todas as palavras de todas as línguas e principalmente das línguas que têm uma literatura, como a alemã, a francesa, e que têm também — como dizer? — que vêm de outras línguas que já tiveram monumentos, como o latim, essas palavras, cada palavra, é uma coluna do dicionário, é uma coisa que tem uma extensão, mesmo no espaço, no dicionário, mas é também uma coisa que tem uma história, que mudou de sentido, que tem uma, duas, três, quatro, cinco significações. É uma coisa espessa, contraditória freqüentemente [...][23]

Aqui talvez estejamos perto de uma situação típica da obra de Ponge, e talvez de muitos outros artistas modernos além dele. É que quando se tenta anular o eu, anular o homem, sair do sujeito para chegar ao objeto, ao mundo mudo e material das coisas, o mecanismo utilizado para transmitir tal experiência é a linguagem. Torna-se incerto, afinal, se a linguagem era um simples instrumento para recriar a voz dos objetos, seu modo de ser característico e autônomo, ou se, em vez de recuperar a materialidade das coisas, chegou-se à pura consideração da palavra, da escrita humana. O culto à matéria, do futurismo, termina no culto à linguagem, que é o culto moderno por excelência, o culto ao signo, ao significante, à sua espessura.

Podemos ilustrar essa passagem com exemplos da própria literatura modernista brasileira, onde numa primeira fase encontramos muitos poemas-colagem, do poema-piada, que funcionam como um *ready-made*, como um "objeto" — é o caso de alguns poemas do Oswald de Andrade que são recolhidos de textos dos viajantes do século XVI, ou de Manuel Bandeira, com seu "Poema tirado de uma notícia de jornal". Vale a esse propósito transcrever um poema da primeira fase de Carlos Drummond de Andrade, que reproduz um trecho do código de trânsito:

> *SINAL DE APITO*
>
> *Um silvo breve: Atenção, siga.*
> *Dois silvos breves: Pare.*
> *Um silvo breve à noite: Acenda a lanterna*
> *Um silvo longo: Diminua a marcha.*
> *Um silvo longo e breve: Motoristas a postos*
> *(A este sinal todos os motoristas tomam lugar nos seus veículos para movimentá-los imediatamente).*[24]

Este poema de Drummond, do seu primeiro livro, *Alguma poesia*, é sem dúvida "anti-subjetivo"; não podemos identificar nesses versos o ponto de vista de um "eu" a enunciá-los. Não que aqui se esteja tratando da "obsessão lírica da matéria" visada pelo futurismo, mas certamente existe a intenção de suprimir o "narrador" da literatura — só remanesce o eu que recolhe algo pronto, que escolhe este ou aquele pedaço de realidade, como o pintor cubista cola um pedaço de jornal, de partitura ou de papel de parede na tela... O objeto, tirado da realidade, oferece-se por si, sem comentário, sem perspectiva. Mas dessa vontade modernista de fazer valer o real, de apagar o sujeito, de "presentificar" a vida, o mundo exterior, no poema, passamos para outra fase, em que a materialidade da linguagem se interpõe, e apresenta-se para o poeta como algo talvez intransponível. Podemos citar um poema posterior do próprio Drummond, em que a contemplação "pongiana" da linguagem está presente, assim como a necessidade de penetrar "no reino das palavras":

> [...] *Lá estão os poemas que esperam ser escritos.*
> *Estão paralisados, mas não há desespero,*
> *há calma e frescura na superfície intata.*
> *Ei-los sós e mudos, em estado de dicionário.*
>
> [...] *Chega mais perto e contempla as palavras.*
> *Cada uma*
> *Tem mil faces secretas sob a face neutra.* [25]

Esse mundo "mudo", dotado de uma espessura inesgotável, de mil faces secretas — esse mundo que, como víamos, era o mundo material de Ponge, o mundo das coisas silenciosas e infinitamente espessas, acaba por revelar-se como o mundo da linguagem. E a absorção, a expectativa indagadora de Drummond perante o mundo das palavras é a mesma que Ponge descreve, quando celebra "a natureza escondida nos dicionários: palavras, essas pedras preciosas, esses maravilhosos sedimentos".[26] Ou nesta evocação pessoal:

> Lembro que, quando era criança, meu pai tinha dicionários na sua biblioteca, e eu entrava lá dentro como dentro de um baú cheio de tesouros, brincos, jóias, como o baú do marajá, o cofre de jóias, cheio de jóias.[27]

3

A análise a seguir dedica-se a um material menos precioso. Em "A ardósia", texto de Ponge escrito em 1961, veremos com mais detalhe de que maneira se dá a passagem das coisas às palavras; e de que maneira o projeto de dar voz aos objetos acaba se cumprindo (ou não).

A ARDÓSIA

A ardósia — refletindo bem, isto é, bem pouco, pois ela tem uma gama de reflexos muito reduzida e um pouco como a asa do sanhaço[28] passando depressa, a não ser quando sob o efeito das precipitações críticas, do céu cinza-azulado ao céu negro —, se há um livro nela, é só de prosa: uma pilha seca; uma bateria descarregada; uma pilha de jornais no curso dos séculos, embora ilustrados em alguns lugares pelos mais antigos fósseis conhecidos, submetidos a pressões monstruosas e soldados entre si; mas enfim o produto de um metamorfismo incompleto.

Falta-lhe ter sido tocada nos ombros pelo dedo do fogo. Contrariamente às filhas de Carrara, ela não se impregnará nunca de luz, nem a revelará, portanto.

Tais moças são do fim do secundário, enquanto que ela pertence aos estabelecimentos do primário, nossa mestre-escola de velha rocha, mostrando um rosto triste, abatido: uma tez evocando menos a noite do que a enfadonha penumbra dos tempos.

Arrancada do solo, depois serrada em lajotas, sua superfície talhada ao vivo, compacta, fosca, é somente preparada para o polimento, raspada: nunca nada mais, nada menos do que isso, se a chuva por vezes, na vertente norte, ali faz luzir como que a pala dos quepes de uma companhia de guardas, imóvel.

Contudo, há um ponto positivo na ardósia.

Humilde suporte de uma humilde ciência, ela é feita menos para o que deve residir na memória do que para as formulações precárias, calcárias, para aquilo que deve passar de uma memória a outra, rapidamente, muitas vezes, e que deve poder ser facilmente apagado.

Do mesmo modo, às ofensas do céu ela se opõe em formação oblíqua, uma ala recusada.[29]

Que prazer passar nela uma esponja.

Há menos prazer em escrever sobre uma ardósia do que em apagar tudo num gesto só, como o meteoro negador que nela mal se apóia e a entrega ao negror.

Mas uma nova virada se consuma rápido: de úmida a humilde ela perde o hausto, seca em seguida:

"Deixem-me sem cuidado distender minha fronte e oferecê-la ao menor aluno, que com o menor paninho a enxuga."

A ardósia não é, afinal, senão uma espécie de pedra de espera,[30] baça e dura.

Penso (sonho) isso.[31]

Este texto foi escrito para o catálogo de uma exposição de gravuras de um amigo de Ponge, Raoul Ubac, intitulada "Ardósias talhadas"; é só por esse motivo, dizem os organizadores da edição da Pléiade, que o texto foi incluído em *L'atelier contemporain*, com outras páginas sobre artistas plásticos, uma vez que seu espírito é bem mais próximo dos poemas de *O partido das coisas*. Uma curiosidade: *Le parti pris des choses*, antes de ser o nome do livro de Ponge, era originalmente o título de um desenho de Ubac.

Tentei não abusar das notas para explicar algumas particularidades do vocabulário de Ponge e das opções adotadas na tradução. Passo à análise do poema.

A ardósia, como se sabe, é uma pedra escura, sem a nobreza do mármore, bastante utilizada em construção, como material para pisos e revestimentos; em certas regiões da França, onde é presumivelmente mais comum, serve também para fazer telhados. Trata-se, enfim, de material modesto, pouco propício à exaltação poética, o que justamente atrai a simpatia de Ponge.

Podemos reparar, logo no início do texto, num jogo de palavras envolvendo o duplo sentido do verbo "refletir", que é tanto "pensar" quanto "espelhar": "A ardósia — refletindo bem, isto é, bem pouco, pois ela tem uma gama de reflexos bem reduzida [...]". Como se trata de uma pedra escura, fosca, "refletir bem" a seu respeito é refletir "bem pouco" a seu respeito... Vemos que desde as primeiras linhas o texto se abre em duas direções diferentes, ou, se quisermos, admite a dupla possibilidade de tomar o *partido da coisa* (ser, como a ardósia, capaz de pouco reflexo) e *levar em consideração a palavra*, adotando o outro sentido do verbo "refletir" (refletindo bem *sobre* o objeto, de um ponto de vista externo).

Se nos lembrarmos da frase de Ponge a respeito da forma que cada poema deveria ter (não se tratando mais de escrever odes, ou sonetos, mas sim de encontrar uma retórica para cada objeto, uma forma adequada para cada assunto), seria o caso de dizer que, nesse texto sobre a ardósia, a "forma", a "figura de retórica" predominante será a do reflexo, a do espelhamento; mas um espelhamento baço, escurecido, imperfeito. Isso se pode notar no começo exato do poema, em que temos o título, em letras maiúsculas:

A ARDÓSIA

e sua repetição/reflexo logo abaixo, em minúsculas:

A ardósia [...]

Na tradução, fiz referência a esse recurso duplicando a palavra "bem": "a ardósia — refletindo bem, isto é, bem pouco [...]".

Prossigamos, lendo agora o texto corrido, sem o trecho entre travessões. "A ardósia [...], se há um livro nela, é só de prosa." Sem dúvida, a obra de Ponge, sendo "poesia" mas sendo também "em prosa", recusando o verso, identifica-se com o "modo de ser" da ardósia: se imaginarmos que é a ardósia quem se apresenta em vez do poeta, cujo eu desaparece, vemos que a ardósia nesse sentido nega o "poeta", afirmando-se como "prosa". Há também, se quisermos, um jogo com os sons "ardoise/prose/poésie" que não rimam exatamente, mas de algum modo se espelham, se refletem sem muita luminosidade...

Ao mesmo tempo em que nega a "poesia", a ardósia se explica nos termos que um escritor compreende; exprime-se pelas referências "letradas": ei-la que se compara a um livro, ou melhor, a uma pilha de jornais, com algumas ilustrações... E novamente estamos diante de um fenômeno de rebaixamento, de diminuição: em vez de livro, é de jornal que se trata. Estamos às voltas com um poema que não é exatamente um poema, mas poema em prosa, e com um livro que não é exatamente um livro, mas pilha de jornais.

Seria lícito imaginar, além disso, que a "recusa" da poesia tradicional, a recusa da rima, é também uma forma de defender esse espelhamento imperfeito, esse reflexo escurecido que é próprio da ardósia: pois num poema rimado, com seus versos de sons emparelhados um em cima do outro, existiria como que um reflexo mais claro, mais límpido, um espelhamento sonoro; ao passo que num texto em prosa, as diferentes "camadas" — os versos — parecem ter-se esmagado; comprimiram-se, numa espécie de catástrofe; viraram um bloco, um parágrafo, ainda que algumas imagens poéticas (assim como as raras fotografias, as raras ilustrações presentes nos jornais antigos) permaneçam guardadas no meio do texto, como fósseis, submetidos a "pressões monstruosas".

O texto sugere que a prosa do jornal, a prosa da ardósia, é coisa efêmera, uma literatura passageira, como a asa de um pássaro. Mas há também a possibilidade, e neste caso a ardósia se torna capaz de mais reflexos, de brilhar mais, quando ela está sob efeito das "precipitações críticas". O duplo jogo entre matéria e mundo literário continua: uma precipitação atmosférica, a chuva, deixa o telhado de ardósia mais brilhante; mas é também o texto ocasional, sem muito brilho, que pode ganhar destaque se exposto ao olhar crítico...

Hipótese interpretativa difícil de confirmar. O tempo todo, de qualquer modo, estamos considerando a materialidade da pedra — que é escura, que fica molhada, que se apresenta em camadas, que admite a existência de fósseis — ao lado daquilo que pertence ao mundo literário: a página impressa, o texto a ser lido, criticado etc. Já temos, nesse primeiro parágrafo, uma espessura, uma dupla camada de sentido, que "materializa" o tema do texto diante dos nossos olhos; autor e matéria, ardósia e Ponge, se refletem. Haveria aqui, de resto, uma relação com a idéia material da própria imprensa, como uma técnica de reprodução de texto que, a exemplo da confecção de gravuras, supõe uma atividade de "prensamento", de pressão, de achatamento, de imposição — se quisermos — de certa bidimensionalidade ao mundo real; e também de um rebaixamento, no sentido de que a prosa é um discurso rebaixado, o *sermo humilis* da retórica em oposição às alturas da poesia. Ou seja, algo menos nobre, mais pobre, do que a poesia. A prosa, enquanto fala pouco elevada, terá uma "gama reduzida de reflexos": com efeito, o livro, o romance, o jornal, quando visam "refletir" a realidade, fazem-no de forma insuficiente, como produto de um "metamorfismo incompleto", ou (para transitar mais uma vez da geologia à literatura) de uma metáfora imperfeita... ao passo que a poesia, a grande literatura, talvez desse conta menos imperfeitamente da realidade. Seria difícil saber, no jogo dessas ironias, onde Ponge se coloca.

No segundo parágrafo, a comparação, novamente "desfavorável" à ardósia, se dá com outra pedra, o mármore, aqui representado alegoricamente — segundo uma arte poética mais "antiga" e mais própria ao mundo das belas-artes, das belas-letras — pelas "filhas de Carrara". A personificação serve a Ponge para fazer a passagem a outra ordem de imagens, na qual o mundo da imprensa cede lugar ao mundo escolar — e assim as "filhas de Carrara" serão estudantes do secundário, ao passo que a ardósia "pertence aos estabelecimentos do primário". Note-se, aliás, que elas são mencionadas no *segundo* parágrafo do texto...

Lembremos que além de servir para revestimentos e telhados, a ardósia é também utilizada como matéria-prima de lousas escolares. Sendo mais antiga que o mármore, do ponto de vista geológico, será também mais "velha" que as estudantes secundaristas, assemelhando-se a uma professora "triste, abatida, enfadonha" — pensamos naquelas professoras de antigamente, grisalhas, vestidas de cinza. Evoca-se assim o ambiente das "lições de coisas", tão presente na modéstia pongiana; e isso favorece um novo jogo de palavras, em que a menção à realidade geológica se confunde com outra referência ao mundo das letras, do abecedário. Ainda aqui, esse jogo se faz conforme o princípio do "reflexo imperfeito". Pois as eras geológicas do primário, do secundário, do terciário, apenas incompletamente conhecem analogia com a série escolar do primário, do secundário, do... universitário (ou, diríamos, do "terceiro grau", do "ensino superior", mas nunca do "terciário" nesse sentido). Enfim, é por ser utilizada na confecção de quadros-negros que a ardósia terá de ser apenas "preparada" para o polimento, como diz o quarto parágrafo, de modo a guardar uma aspereza que permita o uso do giz; por outro lado, no curso primário o aluno também será apenas "preparado" para um polimento posterior.[32]

Depois desses quatro parágrafos iniciais, onde se destacam, por assim dizer, os aspectos "negativos", menos nobres do seu tema, o texto de Ponge promove uma mudança de direção: "Contudo, há um ponto positivo na ardósia". Procurei ainda manter a terminologia escolar na tradução de "il y a une idée de crédit dans l'ardoise". Ponge identifica nessa pobreza meio enfadonha, escura, fria, da ardósia, um aspecto não tão soturno, não tão pesado, uma vez que a lousa pode convir à humildade, à leveza, talvez à própria irresponsabilidade do escritor, que não se vê na situação de escrever sobre o mármore, monumentalmente, imortalmente; não está obrigado nem mesmo a escrever com tinta e caneta, mas só com giz, coisa que se apaga, que não se fixa eternamente: a ardósia, assim, é "feita menos para o que deve residir na memória do que para as formulações precárias, calcárias [de giz], para aquilo que deve passar de uma memória a outra, rapidamente, muitas vezes, e que deve poder ser facilmente apagado".

A defesa dessa modéstia, dessa "antiescrita", desse apagamento do autor que se corrige o tempo todo, que escreve coisas que não são destinadas a ficar, é também apresentada como a defesa de um prazer muito específico, o de apagar o escrito na lousa com uma esponja. Ocorre que "esponja", em francês, é *éponge*; esse trocadilho com o nome do próprio autor, Ponge, aparece aliás em vários de seus poemas.[33] Temos um autor que nega a pretensão autoral, falando de apagar o escrito; mas apaga com uma "éponge", palavra ou coisa que reafirma o seu próprio nome. Desse modo, é como se o apagamento fosse ao mesmo tempo uma assinatura; note-se também que a assinatura, um tanto deformada, "mal refletida", reaparece no final do texto, nas suas últimas palavras, que são em francês "Songeons-y". Certamente um eco, esmaecido, fosco, de "Francis Ponge" — e eu traduzi como "penso (sonho) isso", explicitando o duplo sentido de *songer*, "sonhar" e "pensar", e forçando um pouco a sonoridade para ficar semelhante a "Ponge": "penso, sonho".

Seja como for, trata-se de uma defesa do passageiro, do precário, do apagável, em oposição ao que existe de eterno, ao que "deve residir na memória". Nesse sentido, se a pedra da ardósia se opõe ao mármore, a lousa onde se escreve com giz também se opõe a outro tipo de lousa (usando a ambigüidade do termo em português) que é a da lousa funerária, da lápide. O que há de banal e cotidiano na ardósia, o que nela remete ao telhado de uma casa, opõe-se ao que há de eterno, de imutável, numa pedra tumular — e a humildade da ardósia, então, é seu "ponto positivo": esse revestimento escuro e pobre está mais próximo da vida do que o branco mármore dos cemitérios.

Talvez não; o texto, aqui, mostra-se ambivalente. Pois se tínhamos na última linha algo como uma assinatura — (Songeons-y = Ponge), essa assinatura estava para ser corrigida, era uma assinatura errada, refletindo imperfeitamente o nome real do autor. Assinatura ou inscrição tumular? O texto da ardósia significaria uma espécie de túmulo de Ponge, mas túmulo não definitivo, não eterno...[34]

Ambigüidade, ironia, "indecidibilidade" que se prova mais intensa se lembrarmos um trecho de Ponge sobre o poeta clássico Malherbe:

> Com ou seu razão, não sei bem por quê, considerei sempre, desde minha infância, que os únicos textos válidos eram os que podiam ser inscritos na pedra; os únicos textos cuja assinatura (ou contra-assinatura) poderia dignamente aceitar, os que pudessem não ter nenhuma assinatura; os que permanecessem ainda como objetos, postos entre os objetos da natureza: ao ar livre, ao sol, sob a chuva, o vento.[35]

Cabe esclarecer, nesse contexto, o sentido de "pedra de espera". Trata-se de um termo de construção civil, equivalente em francês e português. "Espera" é o conjunto dos tijolos soltos, numa parede, que irão encaixar-se com os tijolos de outra parede, perpendicular à primeira. No contexto do poema de Ponge, penso numa ligação em ângulo reto, entre algo que está de pé e algo que está deitado, entre a chuva, a precipitação vertical do céu, e o túmulo — o "tranqüilo teto", o *toit tranquille* de que falava Valéry em seu "O cemitério marinho"—, onde está gravado o epitáfio; ou, se quisermos, a lápide seria como um tijolo que sobressai, inclinado, em ângulo, entre o subsolo e a superfície. Poderíamos ainda tomar ao pé da letra a palavra "espera", e imaginar que um túmulo não seria de fato eterno, mas uma pedra de espera entre a morte e a ressurreição... Trata-se de imaginário cristão demais para Ponge, provavelmente; mas um argumento a mais em favor da pobre ardósia contra o pretensioso mármore.

Cristianismo à parte, não é disparatado dizer que está em curso no poema a questão da morte e da ressurreição. Trata-se do desaparecimento e da ressurreição do próprio poeta: o que havia de pura fala da ardósia, de puro dizer-se da matéria, revela-se indiretamente alusão a um autor, ou melhor, à morte desse autor, cujo nome se inscreve baçamente no final do texto, e quase se apaga... a não ser, como a ardósia, "sob efeito das precipitações críticas".

Ainda um recurso "visual" pode ser lembrado. Sendo a ardósia uma pedra de espera, um tijolo na linha de encaixe entre uma parede e outra, vale notar que a palavra "ardósia" será também colocada mais ou menos no meio do texto de Ponge, no final da frase que compõe sozinha o quinto parágrafo do poema: "Contudo, há um ponto positivo na ardósia". A palavra se mostra suspensa no final do parágrafo, dividindo o texto em duas metades mais ou menos simétricas, e separa o discurso "negativo" — a ardósia é feia, obscura, velhota professora do primário — do discurso "positivo" — sua modéstia, sua humildade, os prazeres que ela proporciona. São duas paredes perpendiculares que o texto construiu — e a materialidade do texto escrito, aqui, coincide com o discurso da matéria, da pedra; torna-se figura, encenação, da própria ardósia. Sua função de pedra de espera está a meio caminho entre o título do poema ("A ardósia") e sua pseudo-assinatura ("Songeons-y"/Francis Ponge). Aliás, "pensar a ardósia" seria, na minha tradução, "sonhar nela", conforme nos deitarmos nesse leito ou examinarmos, despertos, a pedra.

O jogo entre sujeito e objeto, entre matéria e linguagem, parece estar assim resolvido no poema: a ardósia, recriada em texto, recebe as homenagens do poeta, cujo ponto de vista se apaga, cuja voz se mineraliza — graças, é claro, a um trabalho sobre a linguagem, que deixa de ter uma transparência automática, mas ganha camadas, placas superpostas de sentido.

Este seria, digamos, o jogo "moderno" em que Ponge, como tantos outros artistas do século XX, está envolvido. Atente-se agora, no mesmo texto, para outra dimensão, que não é necessariamente oposta ao que vínhamos apresentando, mas que introduz mais um elemento na análise, a dimensão da tradição literária, das citações, da "intertextualidade", se quisermos; o termo sempre soa algo pretensioso, mas vem ao caso à medida que é cada vez menos a voz da matéria, do objeto concreto e simples, que parece surgir à medida que continuamos a "escavar" o poema.

Uma alusão literária pode ser encontrada já no começo de "A ardósia", de forma muito discreta. Há uma conhecida declaração de Stéphane Mallarmé, poeta que era uma das grandes admirações de Ponge, segundo a qual "tudo termina num livro" ("tout aboutit à un livre"). A frase é típica do ideal estetizante de fins do século XIX: o objetivo supremo da vida é redundar em obra de arte. Ao lermos, nas linhas iniciais do texto, que "a ardósia [...] se há um livro nela [...])", a frase não deixa de surgir como uma resposta à idéia mallarmeana: "Se for para a ardósia terminar em livro, será um livro de prosa". O que significaria, talvez, negar a pretensão de Mallarmé, cujo projeto apontava não para "um" livro, mas para "o" livro, o livro do mundo, o poema capaz de dar conta, de modo absoluto, de todos os livros possíveis; ao passo que a ardósia seria humilde, fosca demais para isso: terminaria num livro qualquer, de prosa...

Observe-se, nesse mesmo parágrafo, outra menção a Mallarmé: o céu "cinza-azulado ou negro" da ardósia é também a negação de um famoso céu de Mallarmé (no poema "L'azur"), que o assombra, que o despreza e o esmaga com sua luz; o poeta preferiria estar protegido pela bruma, pelo teto da escuridão.[36]

O primeiro parágrafo situa-se, como vimos, no registro da noite e da chuva, que se opõe ao mundo do fogo, das "filhas de Carrara", isto é, do mármore. Esse par contraditório, o do mármore e da ardósia, também guarda dentro de si componentes de alusão literária. Mais do que uma comparação entre a qualidade concreta dos dois materiais, o que surge nas entrelinhas é uma peça clássica da poesia francesa, o soneto de Joachim du Bellay, publicado em 1558, "Heureux qui, comme Ulysse...". O poeta, vivendo em Roma, sente saudades da terra natal, e considera ser feliz aquele que, "como Ulisses", volta de uma longa viagem para viver junto de seus familiares "o resto de seus dias", "le reste de son âge". Nos dois últimos tercetos, Du Bellay diz que mais lhe apraz a morada que seus avós construíram,

Que de um paço romano o luxo desmedido;
Mais que o mármore duro apraz-me a ardósia fina;

Mais meu Loire gaulês do que o Tibre latino;
Mais o humilde Lyré que o monte Palatino,
E mais que a beira-mar a doçura angevina.[37]

Temos aqui, novamente, a menção à ardósia como uma pedra modesta, em comparação ao mármore duro, dos "templos audaciosos" da Roma antiga. Ao comparar a ardósia ao mármore, portanto, Ponge refere-se a uma contraposição bem-estabelecida na história literária francesa, e também a um debate que é muito próprio a essa tradição, que se dá entre o discurso clássico, formal, que imita os modelos da Antiguidade, e o discurso humilde, caseiro, provinciano, que usa os materiais que estão à mão para construir sua casa, seu telhado... — embora se deva notar, justamente, que Du Bellay defende o meio provinciano e doméstico citando o clássico Ulisses. A domesticidade, de qualquer modo, prevalece no texto de Ponge, em que, como vimos, o texto se refere implicitamente a um telhado de ardósia, inclinado, servindo como proteção contra a chuva: "às ofensas do céu ela se opõe em formação oblíqua".

Todavia, a concordância entre Ponge e Du Bellay talvez seja sutilmente subvertida. Se considerarmos que o soneto renascentista é peça canônica na literatura francesa, presente em todas as antologias, e que mais de um ginasiano teve de decorar, a referência de Ponge ao mundo da escola, da lousa, da professora primária enfadonha, vem sem dúvida "deslustrar" o texto a que se aludiu.

É curioso ainda, nessa estrofe, a consideração de que falta à ardósia "ter sido tocada pelos dedos do fogo". Pois o termo "ardósia", segundo uma etimologia que o Larousse diz contestada, viria de "arder", de queimar (derivando-se da cor escura dessa pedra). A ardósia, em todo caso, é comum na região das Ardenas, no norte da França — e, se as filhas de Carrara ostentam a claridade, a luz meridional, é das regiões brumosas e úmidas da fronteira francesa com a Alemanha que provém o material desse poema. Não encontro outra explicação para a recorrência de metáforas militares do texto — os "quepes" da companhia de guarda, a "vertente norte", e a "formação oblíqua", em "ala recusada" — do que a circunstância de se ter realizado, nas Ardenas, uma das mais importantes batalhas da Segunda Guerra Mundial, em fins de 1944, sob chuvas torrenciais. Vitória das tropas aliadas, mas vitória defensiva, sem brilho militar: bloqueou-se, naquela batalha, a última ofensiva de Hitler no fronte ocidental. Se "ala recusada" é um termo militar — o exército combate o inimigo numa formação oblíqua, em ângulo, apresentando uma ala e recuando outra —, cabe notar que em francês *aile* é tanto "ala" quanto "asa". O poema de Ponge já havia evocado a asa de um pássaro "passando depressa" no primeiro parágrafo, e na referência a uma *aile refusée* podemos pensar ainda num pássaro fechando as asas, recolhendo-se, na chuva, e desistindo de voar.

É de vôos, tempestades e tumbas que fala o último texto a ser invocado aqui. Trata-se de outro poema de Mallarmé, o "Túmulo de Edgar Allan Poe", o "*Tombeau d'Edgar Poe*" — uma homenagem fúnebre, um soneto-necrológio, em que Mallarmé reverencia a memória do autor de "O corvo". Cito a última estrofe do poema, na tradução de Augusto de Campos:

Calmo bloco caído de um desastre obscuro,
Que este granito ao menos seja eterno dique
Aos vôos da Blasfêmia esparsos no futuro.[38]

Mallarmé deseja que seu poema, que é também um *tombeau*, uma lápide, uma pedra funerária, funcione como barreira diante de todas as ofensas que venham a ser ditas, no futuro, contra seu admirado Poe. Seria, diz o soneto, um bloco eterno, ainda que não de mármore, e sim de granito; material certamente ainda menos nobre que a ardósia pongiana.

Se esta, como vimos, expunha-se às "precipitações críticas" e às "ofensas do céu", diante das quais se coloca uma *aile refusée* (aqui, "asa recusada"), temos em Mallarmé uma pedra a barrar "os vôos da Blasfêmia". A pedra pongiana, que "recusa" o vôo, que se mantém ao rés do chão, reproduz desse modo o "calmo bloco caído de um desastre obscuro". Ainda nessa ordem de imagens, via-se em Ponge a presença de um "meteoro negador", e o termo denota indiferentemente tanto uma pedra que despenca do céu como as precipitações da chuva. A afinidade entre os dois poetas, seu paralelismo, evidentemente se acentua nessa série de imagens. Ao mesmo tempo, sugere Ponge, a ardósia tem pouco em comum com o monumento eterno mallarmeano: "é feita menos para o que deve residir na memória do que para as formulações precárias, calcárias [...]" do giz sobre a lousa. Essa secura sem vitória da ardósia[39] não é a mesma do orgulhoso dique de granito de Mallarmé, assim como o túmulo de Poe não é o de Ponge... Se aqui há reflexo, espelhamento, é ainda uma vez de espelhamento imperfeito que se trata.

Entre a modéstia e a eternidade — entre o desejo de tornar, pelo texto, cada objeto presente, palpitante, palpável, e a necessidade de dar conta, pelo ofício da literatura, do tempo passado e futuro — situa-se então a ardósia de Ponge. *Terne* e *dure* ("baça" e "dura"), por certo. Mas estas duas últimas palavras do texto ecoam outras duas, *éternelle* ("eterna") e *dure* ("dura", do verbo "durar"). Como a dizer que, a cada tentativa moderna por parte do sujeito de entregar-se ao mundo mudo das coisas, há um mundo não moderno, ou pós-moderno, da tradição literária, da alusão, do palimpsesto, que o acompanha como uma sombra; e que é também a sua glória.

NOTAS

(1) "O murmúrio" em *Métodos*, tradução Leda Tenório da Motta, Rio de Janeiro, Imago, 1997, pp. 65-7. (Observo que seria possível traduzir "oficina" no lugar de "ateliê").

(2) *Proêmes*, reeditado em *Oeuvres complètes*, Paris, Gallimard, 1999, vol. 1, p. 198.

(3) Trad. Júlio Castañon Guimarães em *O partido das coisas*, São Paulo, Iluminuras, 2000, p. 65.

(4) Tradução Ignacio Antonio Neis e Michel Peterson em ibidem, p. 105.

(5) "My Creative Method", em *Métodos*, cit., p. 33.

(6) Em *Métodos*, cit., pp. 104-5.

(7) Ibidem, p. 85.

(8) "O mundo mudo", em *Métodos*, cit., pp. 73-4.

(9) "Tentativa oral", ibidem, p. 119.

(10) "Manifesto técnico da literatura futurista", *em* Gilberto Mendonça Teles, *Vanguarda européia e modernismo brasileiro: apresentação crítica dos principais manifestos vanguardistas*, 13ª ed., Petrópolis, Vozes, 1997, pp. 97-8.

(11) Guillaume Mainchain, "Quand il y a matière à écrire", *La Licorne*, UFR Langues Littératures Poitiers, nº 53, 2000, p. 180.

(12) "Le verre d'eau", em *Méthodes*; *Oeuvres complètes*, cit., vol. 1, p. 605.

(13) Cf. Jacques Derrida, *Signéponge*, Paris, Seuil, 1988, p. 29 ss.; Leda Tenório da Motta, *Francis Ponge — o objeto em jogo*, São Paulo, Fapesp/Iluminuras, 2000, p. 42.

(14) Conferir, por exemplo, o que dizia Apollinaire, em 1913, a respeito de uma pintura que deseja "atingir as proporções do ideal, não se limitando à humanidade" (*Os pintores cubistas*, trad. Sueli Tomazini Barros Cassal, Porto Alegre, L&PM, 1997, p. 19). A referência básica sobre esse assunto é, obviamente, o ensaio de Ortega y Gasset, publicado em 1925, sobre *A desumanização da arte*, de que há tradução brasileira de Ricardo Araújo (São Paulo, Cortez, 1991). Em 1930, André Breton, em seu prefácio a *Les champs magnétiques*, afirmava que "a passagem do sujeito ao objeto está na origem de toda preocupação artística moderna" (citado por Lionel Cuillé, "'Allons plus vite, nom de dieu': la matière prise de vitesse chez Ponge" em *La Licorne*, cit., p. 153). Lembremos também o célebre dito de T. S. Eliot em 1917, segundo o qual a poesia não é expressão da emoção, mas "fuga da emoção" ("Tradição e talento individual" em *Ensaios*, trad. Ivan Junqueira, São Paulo, Art, 1989, p. 47). Ou ainda as seguintes considerações de Paul Valéry, em 1933: "O que pode haver de mais simples do que fazer as pessoas estremecerem ou se enternecerem por meio da morte, da dor ou da ternura representadas? Mal se pode chamar isso de *criar*. É fácil dominar um público por um espetáculo ou um discurso que vai direto ao encontro de nossa fraqueza, que tortura ou dilata os corações, fazendo com que se viva uma vida fingida, pondo em ação as potências ingênuas da vida. Mas essa arte (que chamam de *humana*) é portanto *mentira*" ("Stéphane Mallarmé" em *Variété. Oeuvres Complètes*, Paris, Gallimard, 1957, vol. 1, p. 676).

(15) "Reflexões sobre o romance moderno", em *Texto/Contexto*, 3ª ed., São Paulo, Perspectiva, 1976, pp. 75-9.

(16) *Comment une figue de paroles et pourquoi*, em *Oeuvres complètes*, Paris, Gallimard, 2002, vol. 2.

(17) "A prática da literatura", em *Métodos*, cit., p. 152.

(18) "My Creative Method", em ibidem, p. 49.

(19) "Le Verre d'eau", em *Méthodes*; *Oeuvres complètes*, cit., vol. 1, p. 586. Importa lembrar, contudo, que essa observação de Ponge ocupa um espaço bem pequeno nesse texto de trinta e tantas páginas, que se estende sobre a etimologia do termo, mas também sobre a sede, a pureza, a luz... Sem dúvida, é nossa atenção "pós-concretista" à tipografia, tanto quanto a de Ponge, que dá mais destaque ao aspecto visual do signo.

(20) Ibidem, p. 30.

(21) *O partido das coisas*, cit., p. 85.

(22) *Francis Ponge — o objeto em jogo*, cit.

(23) "A prática da literatura", em *Métodos*, cit., p. 137.

(24) Em *Alguma poesia: poesia completa e prosa*, Rio de Janeiro, Aguilar, 1973, p. 68.

(25) "Procura da poesia" em *A rosa do povo*, em ibidem, p. 139.

(26) Apud Sydney Lévy, *Francis Ponge: de la connaissance en poésie*, Saint-Denis, Presses Universitaires de Vincennes, 1999, p. 21. Outro exemplo do fascínio do dicionário em Ponge está em seus "Fragments métatechniques", de 1922, nos quais se pode encontrar também uma breve discussão sobre o papel do "humano" da arte, que à primeira vista relativizaria nossa discussão anterior. *Nouveau recueil: oeuvres complètes*, cit., vol. 2, pp. 305-7.

(27) "A prática da literatura", cit., p. 136.

(28) No original, *bouvreuil*, que em português significa "pisco-chilreiro"; por razões de eufonia, preferi "sanhaço", ave também de cor cinza-azulada.

(29) Ala recusada: termo de tática militar.

(30) Espera: numa construção, é o conjunto de pedras ou tijolos soltos, "descasados", no extremo de uma parede, aos quais se irão juntar os tijolos correspondentes de outra parede, perpendicular à primeira.

(31) Em *L'atelier contemporain: oeuvres complètes*, cit., vol. 2, pp. 656-7. O texto também foi publicado em *Lyres* (Paris, Gallimard, col. "Poésie", 1980) e no *Nouveau recueil*.

(32) Como curiosidade, e para uma possível comparação, reproduzo dois textos sobre a ardósia de um livro de lições escolares.

L'ARDOISE

L'ardoise est une espèce de pierre bleuâtre très fine, qui se sépare facilement en feuilles minces.

Allons un peu dans la patrie de l'ardoise.

C'est dans les Ardennes, à Fumay et à Rimoigne, que se trouvent les principales ardoisières *de France.*

Il y à la une carrière souterraine.

Les mineurs détachent d'abord de grands blocs d'ardoise; ces blocs sont alors divisés en feuilles.

Chaque feuille est ensuite polie et coupée en tablettes de différentes grandeurs.

L'ardoise ainsi préparée peut servir à couvrir les toits.

L'ardoise la meilleure est celle qui est foncée, dure, sonore et ne se fend pas quand on la cloue.

La bonne ardoise dure de cinquante à cent ans.

MON TABLEAU D'ARDOISE

Prenez un morceau d'ardoise tombé d'un toit, et essayez d'écrire dessus.

C'est à peine si vous pourrez distinguer vos lettres.

Mais faites un mélange d'huile et de charbon, et frottez énergiquemente votre tablette.

Vous allez voir comme maintenant toutes vos lettres vont être claires et brillantes.

Pour les crayons, on emploie une qualité d'ardoise plus molle; car, si le crayon était aussi dur que le tableau, au lieu de lignes blanches, il ne ferait que des raies.

Il y a des carrières d'ardoises dans les Ardennes qui fournissent d'excellents tableaux pour les écoles.

Les ardoises d'Anjou servent principalement pour la couverture des toits.

Depuis quelques années on employe aussi une ardoise factice.

C'est un morceau de carton couvert d'un enduit composé d'huile, de sable et de charbon.

Cette ardoise en carton est plus légère et moins fragile que l'ardoise en pierre. Elle dure moins longtemps.

(G. Jost e V. Humbert, *Lectures practiques: éducation et instruction: leçons sur les choses utiles*, 23ª ed., Paris, Hachette, 1912.)

(33) Ver Jacques Derrida, *Signéponge*, cit.

(34) Caberia lembrar aqui outro texto de Ponge, em que, depois de várias páginas descrevendo "O prado", o autor coloca sua assinatura, como a indicar que seria enterrado ali, dizendo, no final do texto:

> [...] Senhores tipógrafos,
> Coloquem então aqui, o traço final.
> Depois, embaixo, sem nenhum entrelinhamento, depositem meu nome,
> Posto em caixa-baixa, naturalmente,
> Exceto as iniciais, por certo,
> Uma vez que são também
> As do Funcho e da Primavera
> Que amanhã crescerão por cima.
>
> ———
>
> Francis Ponge

"Le Pré", em *Nouveau recueil: oeuvres complètes*, cit., vol. 2, p. 344. (Traduzi *prêle*, "cavalinha", por "primavera", para manter uma planta começando com *p*.)

(35) *Pour un Malherbe*, apud Leda Tenório da Motta, cit., p. 33.

(36) "De l'éternel azur la sereine ironie/ Accable, belle indolemment comme les fleurs/ Le poète impuissant qui maudit son génie/ À travers un désert stérile de douleurs.// Fuyant, les yeux fermés, je le sens qui regarde/ Avec l'intensité d'un remords aterrant,/ Mon âme vide. Où fuir? Et quelle nuit hagarde/ Jeter, lambeaux, jeter sur ce mépris navrant?// Brouillards, montez! Versez vos cendres monotones/ Avec de longs haillons de brume dans les cieux/ Qui noiera le marais livide des automnes/ Et bâtissez un grand plafond silencieux!// Et toi, sors des étangs léthéens et ramasse/ En t'en venant la vase et les pâles roseaux,/ Cher Ennui, pour boucher d'une main jamais lasse/ Les grands trous bleus que font méchamment les oiseaux [...]". Na tradução de Augusto de Campos: "De um infinito azul a serena ironia/Bela indolentemente abala como as flores/ O poeta incapaz que maldiz a poesia/ No estéril areal de um deserto de Dores.// Em fuga, olhos fechados, sinto-o que espreita/ Com toda a intensidade de um remorso aceso,/ A minha alma vazia. Onde fugir? Que estreita/ Noite, andrajos, opor a seu feroz desprezo?// Vinde, névoas! Lançai a cerração de sono/ Sobre o límpido céu, num farrapo noturno,/ Que afogarão os lodos lívidos do outono,/ E edificai um grande teto taciturno.// E tu, ó Tédio, sai dos pântanos profundos/ Da desmemória, unindo o limo aos juncos suaves/ Para tapar com dedos ágeis esses fundos/ Furos

de azul que vão fazendo no ar as aves" (*Mallarmé*, 2ª ed., São Paulo, Perspectiva, 1980, pp. 41-3).

(37) "Plus me plaist le sejour qu'ont basty mes ayeux/ Que des palais Romains le front audacieux;/ Plus que le marbre dur me plaist l'ardoise fine,// Plus mon Loire gaulois, que le Tibre latin,/ Plus mon petit Lyré, que le mont Palatin:/ Et plus que l'air marin la douceur Angevine" (Du Bellay, *Les regrets*, Paris, Garnier-Flammarion, 1971, pp. 75-6). A tradução citada é a de E. Vilhena Morais, em Raymundo Magalhães Jr. (org.), *O livro de ouro da poesia da França*, Rio de Janeiro, Ediouro, s. d., p. 84.

(38) "Calme bloc ici-bas chu d'un désastre obscur,/ Que ce granit du moins montre à jamais as borne/ Aux noirs vols du blasphème épars dans le futur" (*Mallarmé*, cit., pp. 66-7).

(39) A chuva, "meteoro negador" no texto de Ponge, logo se seca: "d'humide à humble elle perd ses voyelles". Tentei traduzir o jogo de palavras, dizendo: "de úmida a humilde ela perde seu hausto", no sentido de uma queda no ímpeto, no fôlego, da palavra proparoxítona.

O LIVRO DO MUNDO

Haquira Osakabe

LIVRO DO DESASSOSSEGO

Tenho diante de mim as duas páginas grandes do livro pesado; ergo de sua inclinação na carteira velha, com os olhos cansados, uma alma mais cansada do que os olhos. Para além do nada que isto representa, o armazém, até à rua dos Douradores, enfileira as prateleiras regulares, os empregados regulares, a ordem humana e o sossego do vulgar. Na vidraça há o ruído do diverso, e o ruído diverso é vulgar, como o sossego que está ao pé das prateleiras.

Baixo os olhos sobre as duas páginas brancas, em que meus números cuidadosos puseram resultados da sociedade. E, com um sorriso que guardo para meu, lembro que a vida, que tem estas páginas com nomes de fazendas e dinheiro, com os seus brancos, e os seus traços à régua e de letras, inclui também os grandes navegadores, os grandes santos, os poetas de todas as eras, eles sem escrita, a vasta prole expulsa dos que fazem a valia do mundo.

No próprio registo de um tecido que não sei o que seja se me abrem as portas do Indo e de Samarcanda e a poesia da Pérsia, que não é de um lugar nem de outro, faz das suas quadras, desrimadas do terceiro verso, um apoio longínquo para o meu desassossego. Mas não me engano, escrevo, somo, e a escrita, segue, feita normalmente por um empregado deste escritório.

Fernando Pessoa,
Livro do desassossego II, Teresa Sobral Cunha (org.),
Campinas, Ed. Unicamp, 1994, p. 64.

1

É muito provável que nem mesmo Fernando Pessoa, ao imaginar pela primeira vez um livro denominado do *desassossego*, tivesse a mínima suspeita dos problemas que iria acarretar o empreendimento (finalmente póstumo) de sua organização e publicação.[1] Escritor compulsivo e múltiplo — como o revelam não só sua obra, por tantas mãos publicada, mas sobretudo o famoso baú, hoje depositado na Biblioteca Nacional de Lisboa —, deixou ele, entre seus escritos, vários projetos de publicação de seus trabalhos nos quais consta explicitamente o nome do *Livro do desassossego*. Não só isso. Deixou também rascunhados projetos de edição desse livro que jamais chegou, na verdade, sequer a organizar. Em 1914, um ano, portanto, depois da publicação de "Na floresta do alheamento", o primeiro texto proposto para o *Livro*, o poeta já escrevia a Armando Côrtes Rodrigues: "O meu estado de espírito obriga-me a trabalhar bastante, sem querer no *Livro do desassossego*. Mas tudo fragmentos, fragmentos, fragmentos".[2] Na verdade, ao longo dos anos, essa mesma impossibilidade unificadora que aí aparece como uma queixa do autor iria se confirmar cada vez mais, embora com a substancial alteração de seu estilo e com a definição mais clara de sua autoria. O caráter de notação e registro implicado pela escrita fragmentária acabaria por se tornar não apenas o modo particular de construção do *Livro*, mas sobretudo o grande empecilho para um consenso editorial em torno dele. Pessoa, em fragmento solto já do início dos anos 1930, ao chegar finalmente a uma atribuição clara de autoria em favor de Bernardo Soares, fala, no entanto, da necessidade de harmonizar materiais mais antigos com a psique desse seu semi-heterônimo, então recentemente definido. Mas o poeta não chegou a realizar tal empreendimento e mesmo o fato de haver naquele momento separado um envelope com fragmentos indicando *Livro do desassossego* não conseguiu livrar seus pósteros da tarefa insolúvel de propor uma organização minimamente consensual da referida obra. Não se pode negar que, de modo bastante compacto, há escritos de tom fragmentário e reflexivo que o poeta produz de 1929 a 1934, com bastante coerência estilística, e que poderiam permitir a composição de um livro quase autônomo, não fossem determinados problemas ligados a heterocliticidade natural de outros materiais pessoanos e que concernem, sob diferentes critérios, a tudo o que o poeta teria pensado sob o nome de *Livro do desassossego*. O maior desses problemas tem a ver com o fato de que, independentemente da vontade de qualquer pesquisador, e mesmo de Pessoa, que não os destruiu e não os alterou, há uma série nada desprezível de textos que — explícita, estilística ou tematicamente — se harmonizam com outra personagem que constava até 1916 como um co-autor do *Livro do desassossego* (o autor evidentemente seria o próprio Pessoa): trata-se de Vicente Guedes. Parece-me que, tendo sido Pessoa não só um escritor visceralmente prolífico e múltiplo, foi ele também, para o bem e para o mal, um arquivista não menos implacável. A vida, no entanto, deu conta de combinar sua fecundidade criadora com uma desordenação definitiva de boa parte do material do *Livro do desassossego*, fato que em nada combina com o espírito sistemático que caracteriza todo arquivista que se preze. Tanto assim que, passados mais de vinte anos da publicação da primeira edição do referido livro, vemo-nos ainda diante de uma discussão que, ao que parece, está longe de encerrar-se. Vejamos em que termos e em que circunstâncias ela se apresenta.

Organizada por Jacinto do Prado Coelho e com colaboração de Teresa Sobral Cunha e Maria Aliete Galhoz, a editora Ática, de Portugal, publicou pela primeira vez (em 1982) uma edição (a primeira a propor-se como tal) do *Livro do desassossego*, revelando uma surpreendente quantidade de textos e sobretudo uma fortíssima faceta simbolista-decadentista. (Só um parêntese: Jorge de Sena teria se proposto a uma edição do material e chegou a escrever uma grande introdução sobre o referido livro. A edição não saiu, mas a introdução é minuciosa, e sua leitura é obrigatória para qualquer pesquisador pessoano.)[3] Críticos como Eduardo Lourenço e George Rudolf Lind alertaram para a importância desse "novo" aspecto de Pessoa em ensaios bastante decisivos para a compreensão da obra toda do poeta. No que interessa a este artigo, no ensaio de Lind, publicado em 1983, o crítico já aponta para uma questão que mais tarde iria ser o centro de boa parte das discussões ligadas a uma fisionomia possivelmente definitiva do livro.[4] Segundo o crítico alemão, seu organizador, Jacinto do Prado Coelho, teria deixado de lado, para "editar em breve numa publicação separada", os textos atribuíveis a um "certo Vicente Guedes". De fato, esse nome consta mesmo de diferentes projetos, nos quais Pessoa afirma, por exemplo, a intenção de publicar o *Livro do desassossego*, "escrito por quem diz de si próprio chamar-se Vicente Guedes".[5] Por outro lado, a mesma diferença estilística que teria levado Jacinto do Prado Coelho a pensar em compor um livro diferente (com que título, afinal?) com certeza presidiu a edição que António Quadros publicou pelas edições Europa-América em 1986, propondo uma separação entre uma fase mais antiga e simbolista da produção do livro e outra claramente atribuível ao moderno decadentista Bernardo Soares. O saudoso crítico, considerando a vontade expressa de Pessoa na atribuição da autoria do *Livro* a Bernardo Soares, organizou em um primeiro volume os textos mais tardios e mais conformes ao caráter diarista da escrita do semi-heterônimo. Num segundo volume, dispôs os textos que, como ele mesmo afirma, ressoavam a um "simbolismo decadentista que pela mesma época, à margem da poesia dos heterônimos, Pessoa ia exprimindo...".[6] Mas ficou por conta de Teresa Sobral Cunha dar a Vicente Guedes, personagem de estilo e contorno simbolista-decadentista, uma espécie de herói wildiano, foros de cidadania literária, ao colocá-lo expressamente como co-autor do primeiro volume de sua edição em 1991, dada a público pela editorial Presença (o lado de Pessoa, e já de Bernardo Soares). Este último figuraria como o co-autor do segundo volume, desaparecendo deste, definitivamente, Vicente Guedes. Uma edição inglesa por conta do pesquisador americano Richard Zenith (Carcanet e Calouste Gulbenkian, 1992) daria início a um debate em que se questionariam dois pontos afirmados por Teresa Sobral Cunha tanto na sua edição de 1991 quanto nas posteriores edições (1994 e 1997), a saber: a precedência de um critério cronológico nas disposição dos fragmentos que comporiam o *Livro*, bem como a tese da dupla autoria: Vicente Guedes, seu primeiro co-autor, e Bernardo Soares, o co-autor definitivo. Num artigo em que fiz uma *mise au point* da questão, analisei os prós e os contras de cada uma das posições.[7] Aqui, todavia, assumo a tese da pesquisadora portuguesa, que considero, do ponto de vista da compreensão geral da obra pessoana, de maior fecundidade crítica.

2

De todo o conjunto de textos que Teresa Sobral Cunha atribui a Vicente Guedes, há um número deles, agrupáveis em torno do conhecido "Na floresta do alheamento", que forma uma inequívoca unidade estilística e que, não por coincidência, tem como um dos temas mais correntes o ato presente da escrita do próprio livro: *O livro do desassossego*. Do significado desse primeiro conjunto de textos à configuração que quinze anos após o dito livro foi assumindo, há, pelo menos aparentemente, uma diferença muito grande. Resta saber até que ponto o propósito inicial do autor alterou-se tão substancialmente e resta saber como essa provável alteração teve a ver com outros fatos relativos à produção da obra geral do autor.

Num documento sem data, apenas anotado como "pref.", Fernando Pessoa coloca-se na posição de editor de um livro de cujas páginas seria autor o suposto Vicente Guedes, cujo traço existencial mais definido, no dizer do próprio Pessoa, foi de alguém que "quase não existiu":

> este livro suave.
>
> É quanto resta e restará duma das almas mais subtis na inércia, mais dedicadas (?) ao puro sonho que tem visto este mundo. Nunca — eu o creio — houve criatura por fora humana mais complexamente que cedesse a sua consciência de si própria. Dândi/ no espírito, passeou a /arte/ de sonhar através do acaso de existir.[8]

Essa figura diáfana era na verdade um simulacro turvo do próprio Pessoa, era quem "não tendo onde ir nem o que fazer, nem amigos, que visitasse, nem interessasse em ler livros, soía gastar suas noites, no seu quarto alugado, escrevendo também".[9]

Que livro teria deixado essa figura por quem o autor-editor teria tanta ternura e simpatia?

Numa primeira citação em referência ao *Livro*, num texto com certeza contemporâneo do conhecido poema "Impressões do crepúsculo" e de "Na floresta do alheamento", logo, anterior ao nascimento dos heterônimos em 1914, diria o autor, Vicente Gudes:

> Às horas em que a paisagem é uma auréola da Vida, e o sonho é apenas sonhar-se, eu ergui, ó meu amor, no silêncio do meu desassossego, este livro estranho como portões abertos ao fim duma alameda abandonada.
>
> Colhi para escrevê-lo a alma de todas as flores e dos momentos efêmeros de todos os cantos de todas as aves, teci eternidade e estagnação. Tece-

deira..., sentei à janela da minha vida e esqueci que habitava e era, tecendo mortalhas para o meu tédio amortalhar as toalhas de linho casto para os altares do meu silêncio.[10]

Tributário de um estilo que o próprio pessoa denominaria paúlico, o poeta fala do livro que escreve e do contexto que o origina: a matéria que o compõe e que qualificará em seguida de "belo e inútil" é "a alma de todas as flores e dos momentos efêmeros de todos os cantos", enfim: "eternidade e estagnação".

O significado desse ato parece paradoxal: o *Livro* é o de *desassossego*, mas a matéria, eternidade e estagnação, é o seu oposto: sossego, eternidade e paralisia. É justamente a tensão entre esses estados que parece comandar todos os escritos deste Vicente Guedes e parece comandá-lo ao extremo de condenar ao silêncio o próprio livro: "E porque este livro é absurdo, eu o amo; porque é inútil, eu o quero dar: e porque de nada serve querer to dar, eu to dou...".[11]

Como se percebe neste texto, ou em vários outros da mesma natureza, três entidades constituem sua base: o sujeito, a interlocutora e o livro que se está escrevendo. O entendimento da natureza dessa obra imaginada exige um exame da relação entre os três. Entremeando o sujeito, o livro e a interlocutora deste e de outros textos, possivelmente esteja um conceito de existência que tudo pode explicar. É o que vou tentar fazer.

Nesse mesmo segmento, ao falar à sua interlocutora, ele pergunta: "Em que ponto ondeado da dança estacas e o tempo contigo, para do teu parar fazeres ponte até minha alma e do teu sorriso púrpura do meu fausto?".[12]

Retenhamos do que foi dito até agora as atribuições que o livro recebe: do desassossego, absurdo, livro cuja matéria é a eternidade e a estagnação.

A forma mais condescendente com que o poeta parece ter nos franqueado os estreitos e confusos caminhos que nos conduzem ao âmago do livro em processo talvez seja o significado ou a natureza da sua interlocutora, figura insistente que perpassa os textos fundamentais desse primeiro conjunto.

Tomemos de partida que ela, no dizer do poeta, não existe: "Tu não existes, eu bem sei, mas sei eu ao certo se existo? Eu que te existo em mim, terei mais vida real do que tu, do que a vida morta que te vive?".[13]

Mas é justamente desta antivida que o autor tira ou quer tirar a relação entre criador e criatura, por força do sonho:"farei do sonhar-te o ser forte". E conferindo existência a essa "mulher", confere a arte ao que "dela" resulta. Dirá ele em seguida:

> Do teu corpo de ânfora inútil saiba eu tirar a corola esquecida de novos versos, e ao teu ritmo lento de onda efêmera, saibam meus dedos ir buscar as linhas pérfidas de uma prosa virgem de a terem ouvido [...] E tu que não és ninguém, serás para sempre e, ó suprema, a arte querida dos deuses que nunca foram e a mãe virgem e estéril dos deuses que nunca serão.[14]

Eu diria que essa figura é a mesma que comanda o primeiro texto dedicado ao *Livro do desassossego* e que foi publicado em 1913 e que só uma leitura apressada pode entender como a companheira amorosa do sujeito pelo trajeto na floresta do alheamento. Veja-se o trecho:

> Passeávamos às vezes, braço dado, sob os cedros e as olaias e nenhum de nós pensava em viver. A nossa carne era-nos um perfume vago e nossa vida um eco de som de fonte. Dávamo-nos as mãos e nossos olhares perguntavam-se o que seria ser sensual e o querer realizar em carne a ilusão do amor.[15]

Mas a seguir o sujeito afirma: "Desenganemo-nos, meu amor, da vida e dos seus modos. Fujamos a sermos nós. Não tiremos do dedo o anel mágico que chama, mexendo-se-lhe, pelas fadas do silêncio e pelos elfos da sombra e pelos gnomos do esquecimento..."[16]. Essa fala conduz o leitor a outro lugar que não a floresta amorosa, e sim a floresta da sombra e do esquecimento. Como se seu o passeio com a "amada" não fosse mais do que sua inserção numa paisagem vazia, embora desalentadoramente bela. É por isso que ao final desse significativo texto o sujeito afirmará:

> Desenganemo-nos da esperança, porque trai, do amor porque cansa, da vida, porque farta e não sacia, e até da morte porque traz mais do que se quer e menos do que se espera.
>
> Desenganemos-nos, ó Velada, do nosso próprio tédio, porque se envelhece de si próprio e não ousa ser toda a angústia que é.
>
> Não choremos, não odiemos, não desejemos...
>
> Cubramos, ó Silenciosa, com um lençol de linho fino o perfil hirto e morto de nossa Imperfeição...[17]

De fato, as denominações de Velada, Silenciosa, confinam a figura da interlocutora no plano da indefinição. Figura mítica com certeza, mas, mais do que isso, por enquanto inominável.

E será só no grande texto "Nossa Senhora do Silêncio" que essa figura de mulher começará a definir-se, a sair da zona do limbo em que nada se nomeia. E, por isso mesmo, ela serve para nos orientar de modo mais preciso na compreensão desse intrigante livro.

Citando:

> só posso ter como sonho o pensar nos meus sonhos, folheio-os então, como a um livro que se folheia e se torna a folhear sem ler mais que palavras inevitáveis. É então que me interrogo sobre quem tu és, figura que atravessa todas as minhas visões demoradas de paisagens lentas e de interiores antigos e de cerimoniais faustosos de silêncio...[18]

> Visito contigo regiões que são talvez sonhos teus, terras que são talvez corpos teus de ausência e desumanidade, o teu corpo essencial descontornado para a planície calma e monte de perfil frio em jardim de palácio oculto.[19]

> O teu corpo é todo ele carne-alma, mas não é alma é corpo. A matéria da tua carne, não é espírito mas é espiritual. És a mulher anterior à Queda, escultura ainda daquele barro que [...] do paraíso [...] Pura só tu, Senhora dos Sonhos, que eu posso conceber amante sem conceber mácula porque és irreal. A ti posso-te conceber mãe, adorando-o, porque nunca te manchaste nem do horror de seres fecundada, nem do horror de parires.[20]

Esses fragmentos extraídos quase ao acaso permitem apreender uma figura que, dita no feminino, nega porém sua condição biológica de mulher. A seqüência que melhor a expressa é "Mulher anterior à queda", anterior ao pecado, e sobretudo anterior aos horrores da própria condição de fêmea. Em frases que beiram ao escândalo no mesmo texto o poeta vilipendia as mulheres reais: "as que têm sexo". Diz ele: "Quem não se enoja de ter mãe por ter sido tão vulvar na sua origem, tão nojentamente expelido para luz? Que nojo de nós não punge a idéia da origem carnal da nossa alma...".[21] Justamente por isso ela, imaterial, imóvel, é a única pura a quem o sujeito pede: "Sê o dia eterno. Sê a noite total".

"Nossa Senhora do Silêncio", esse texto que é auto-exposição mais escancarada do possível Vicente Guedes, constitui, desse modo, não só um monumento à antivida, glorioso e belo, mas explicita a matéria por quem e sobre quem está sendo gestado esse primeiro *Livro do desassossego*.

Assim, eu ousaria afirmar que o propósito inicial desse *Livro do desassossego* de Fernando Pessoa, atribuível a si na figura de seu outro, Vicente Guedes, que mal existiu, é um livro que se "delineia" e se perde na sua própria evanescência à medida que vai sendo escrito e que não se fecha, justamente pelo fato de que sua matriz geradora, essa Nossa Senhora do Silêncio, por natureza, nunca se lhe conforma às suas palavras nem se confina às linhas do livro. Desse fato, decorre que o próprio autor entenda a precariedade de seu empreendimento:

> Que santificados de Absurdo os artistas que queimaram uma obra muito bela, daqueles que, podendo fazer uma obra bela, de propósito a fizeram imperfeita, daqueles poetas máximos do Silêncio que, reconhecendo que poderiam fazer obra de todo perfeita, preferiram ousá-la de nunca a fazer.... Por que eu escrevo este livro? Porque o reconheço imperfeito. Calado seria a perfeição, escrito, imperfeiçoa-se. Por isso o escrevo.[22]

Passamos agora ao sujeito de que afirmei ser ele um esboço embaçado do próprio Pessoa projetado em Vicente Guedes, ou este, editado e também encarnado por Pessoa. Vamos partir de algumas indicações. Os trechos em que fala da amada, da interlocutora, fazem-nos crer processo obviamente causal da relação realidade–sonho. Na verdade a coisa não é assim tão simples. Num dado momento ele mesmo afirma: "Tu não existes, eu bem sei, mas sei ao certo se eu existo? Eu que, te existo em mim, terei mais vida real do que tu, do que a vida morta que te existe?".

Estamos aqui num dos pontos nucleares da criação pessoana, cuja realização máxima no período anterior a 1914, quando nascem os heterônimos, está na peça teatral *O marinheiro*. Nela, lembremos, justamente o que faz as conhecidas veladoras tremerem é a possibilidade de que sejam seres criados pelo sonho do marinheiro. Inúmeras são as passagens desse conjunto de textos em que fica ambivalente a relação entre o sonhador e a coisa sonhada. Mas, nesse caso, com uma diferença fundamental: se a mulher matricial é, como se viu, "a eternizada", "esplendor do nada, nome do abismo, sossego do além" e, enfim, "tudo o que a vida não é", se ela é tudo isto, o sujeito não será o seu contrário, mas estará mergulhado na vida vivente, naquilo que nega essa condição de "nada". É como se, sendo símile dessa mulher, o sujeito se tensionasse contra a existência que o conforma e o oprime. O desassossego será o traço essencial dessa existência: será tudo aquilo que se agita, se move e aflige. E o livro, conseqüentemente, será não tanto o registro desse desassossego, mas sobretudo um modo particular e paradoxal de *desubstanciação* da realidade, constituindo-se numa tentativa de criar pela escrita tudo aquilo que nega o desassossego, como afirmação de uma antivida. Alguns textos demonstram cabalmente o que acabo de afirmar: "Na floresta do alheamento", "Muito longe", e "Viagem nunca feita".

O primeiro texto começa com uma alusão a um estado de vigília ou semivigília, que é uma sombra de sonhar "onde vislumbra a figura da mulher que comigo veste de observada essa floresta alheia". O texto todo é um percurso por essa paisagem e até a metade se assemelha a um sonho amoroso, mas vai-se desvendando como o avesso disso: um sonho oco de sentir, sem enleios de amor, impessoalizando-se ambos os sujeitos como que entregues a um estado de vacuidade: "não tínhamos vida que a morte precisasse matar... Não tínhamos época nem propósito".

Desperto do sonho dirá o sujeito:

> A manhã rompeu, como uma queda, do ciclo pálido da hora...
>
> [...]
>
> Cubramos, ó silenciosa, com um lençol de linho fino o perfil hirto e morto de nossa imperfeição.[23]

Se de fato este é um dos primeiros textos que o poeta teria atribuído ao *Livro* dá para entender que este teria sido pensado como um repositório dos escritos que na linha das construções oníricas comporiam o mundo fundado sobre o ato de "nulificar" o desassossego em que está mergulhado.

Em "Viagem nunca feita" a paisagem é outra, digamos, mais concreta:

> Passei pelas margens dos rios cujo nome me encontrei ignorando. As mesas dos cafés de cidades visitadas descobri-me a perceber que tudo me sabia a sonho, a vago. Cheguei a Ter às vezes a dúvida senão continuava sentado à mesa da nossa casa antiga, imóvel e deslumbrado por sonhos! Não lhe posso afirmar que isso não aconteça, que não esteja lá agora ainda, que tudo isto, incluindo esta conversa consigo, não seja falso e suposto.[24]

E exatamente por ser mais concreta ou de contornos mais definidos é que, ao contrário de "Na floresta do alheamento", esse sonho carrega marcas da indesejável realidade. É o que o texto diz: "Levei de um lado para outro o cansaço de Ter tido um passado, o desassossego de estar vivendo um presente, e o tédio de Ter que Ter um futuro".[25]

O final esclarece:

> E assim escondo-me atrás da porta, para que a Realidade, quando entra não me veja. Escondo-me debaixo da mesa, onde subitamente prego sustos à Possibilidade. De modo que desligo de mim, como aos dois braços de um amplexo, os dois grandes tédios que me cingem — o tédio de poder viver só o Real e o tédio de poder conceber só o possível.[26]

E o *Livro* de Vicente Guedes, o primeiro desassossego de Fernando Pessoa, será aquilo mesmo: manifestação de uma carga espantosa da recusa da vida e da espantosa impossibilidade de conceber outra vida possível. É paradigmática a seguinte passagem da "Educação sentimental":

> Escrevo, porque esse é o fim lógico, requinte supremo, o requinte temperamentalmente ilógico da minha cultura de estados de alma. Se pego uma sensação minha e a desfio até poder com ela tecer-lhe a realidade interior a que eu chamo ou "A Floresta do Alheamento" ou "Viagem Nunca Feita", acreditai que o faço não para que a prosa soe lúcida e trêmula, ou mesmo para que o eu goze com a prosa — ainda que mais isso quero, mais esse requinte final ajunto, como um cair belo de pano sobre meus cenários sonhados — mas para que dê completa exterioridade ao que é interior, para que assim realize o irrealizável, conjugue o contraditório e, tornando o sonho exterior, lhe dê o seu poder máximo poder de puro sonho, estagnador de vida que sou, burilador de inexatidões, pajem doente da minha alma Rainha, lendo-lhe ao crepúsculo não os poemas que estão no livro, aberto sobre meus joelhos, da minha Vida, mas os poemas que vou construindo e fingindo que leio, e ela fingindo que ouve, enquanto a Tarde, lá fora não sei como ou onde, dulcifica sobre esta metáfora erguida dentro de mim em Realidade Absoluta a luz tênue e última dum misterioso dia espiritual.[27]

Daí que ele mesmo, Pessoa, "condene" o *Livro* ao fracasso já que toda a sua verdade só poderia ser o silêncio. Esse primeiro *Livro do desassossego* dissolve-se assim na própria impossiblidade de construir-se como estagnação plena fazendo o reverso do desassossego. Não registra o desassossego, como o título poderia fazer esperar, mas tenta formular uma vida sem ele, um sonho de um mundo sem brisa que movimente, sem rios que corram, sem tempo que envelheça. Um mundo mudo e definitivamente estanque.

De tudo isso resultam textos notáveis de especulação estético-filosófica, como a Estética do Artifício, a Estética da Abdicação, textos definitivos de quem levou ao extremo a arte da decadência assumindo-a em seu limite com a célebre frase: "ser é abdicar".

E, nesse sentido, não se poderia deixar de registrar aqui a mais notável página que esse Pessoa-Guedes nos legou e que, não por acaso, é dedicada a um dos ícones do decadentismo, o rei Luís II da Baviera, e que se inicia com um relato da visita da figura da Morte ao próprio rei. Não a morte mórbida, esquelética, mas a opulenta, aquela que lhe oferece o reino que ele não teve na terra. Diria ela, a Morte:

"Mas no meu domínio, onde só a noite reina, terás a consolação, porque não terás a esperança; terás o esquecimento, porque não terás saudade; terás o repouso, porque não terás a vida".[28] E conclui:

> *Rei virgem que desprezaste o amor,*
> *Rei-sombra que desdenhaste a luz,*
> *Rei-sonho que não quiseste a vida!*
> *Entre o estrépito surdo de címbalos e atabales, a Sombra te aclama imperador.*[29]

Esta página que consideraria uma das maiores do poeta e um dos documentos mais radicais da arte decadentista leva adiante a configuração da interlocutora dos textos: a Silenciosa, a Veladora, Nossa Senhora do Silêncio, citada anteriormente, e acaba por nomeá-la a Morte, a esplendorosa soberana de um reino sem desassossego, porque vazio.

3

Quinze anos se passam entre este primeiro livro ao qual Pessoa parece ter renunciado, ou pelo menos colocado no limbo, sobretudo como veremos adiante, com o impacto fulminante da presença do mundo heteronímico, mormente de Alberto Caeiro e suas lições de uma objetividade fundada na natureza. Quinze anos se passam até que sinais mais claros de sua retomada apontam não só para um novo autor, Bernardo Soares, mas também para um novo universo quase oposto ao de Vicente Guedes.

Mas, à semelhança de si próprio e do próprio Vicente Guedes, Bernardo Soares também é funcionário de comércio. Ao contrário, porém, do perfil difuso de Guedes, ele tem com o mundo uma relação, pelo menos em aparência, muito mais palpável, sensível. Sua morada, num quarto andar da rua dos Douradores na Baixa lisboeta, é vizinha do escritório em que trabalha. Sua Lisboa situa-se próxima aos armazéns, ao Terreiro do Paço, à igreja de São Domingos, ao Cais do Sodré. Ao contrário de Guedes, o livro que está escrevendo são páginas soltas cujo nome lhe foi conferido por herança pelo próprio Fernando Pessoa, que, a partir de 1929, começa a atribuir-lhe o que seria autoria definitiva do projeto aparentemente interrompido. Talvez essa seja a razão pela qual, herdeiro de uma obra até certo ponto iniciada, desdobrada e transformada, Bernardo Soares ocupe-se menos em justificar e explicar seu livro, sem deixar de continuar indagando pelo seu significado:

> Pergunto ao que me resta de mim a que vêm estas páginas inúteis, consagradas ao lixo e ao desvio, perdidas antes de ser, entre os papéis rasgados do Destino.
>
> Pergunto e prossigo. Escrevo a pergunta, embrulho-a em novas frases, desmado-a de novas emoções. E amanhã tornarei a escrever, na seqüência do meu livro estúpido, as impressões diárias do meu desconvencimento com frio.[30]

Uma primeira observação deve ser feita: a afirmação do caráter diarístico do livro, característica que já vinha sendo definida antes mesmo de a nova autoria ser atribuída ao novo autor. Em segundo lugar, a formulação de Bernardo Soares, apesar de aparentada ao seu antecessor quanto às observações sobre a inutilidade do próprio livro, é bastante diferente. Para Guedes, lembremos, o livro será sempre imperfeito, porque o verdadeiro livro é o que se cala, nada diz e se realiza com o silêncio. Imperfeito que se sente, Guedes conforma-se nos desenhos de paisagens em que tentaria a tarefa de chegar àquela espécie de silêncio primordial, o avesso do desassossego visceral da vida.

Nesse sentido pode-se dizer que Vicente Guedes, de alguma forma, "resolve" seu desassossego, criando pela escrita o sonho de quietude absoluta ao qual seu olhar decadentista tinge de roxos crepusculares, paisagens palidamente douradas e lagos estagnados.

O caso de Bernardo Soares é diferente e ele aparentemente não encontra uma solução salvadora para sua inquietude. Páginas de intensa angústia, tédio, cansaço e vontade de morte formam grande parte de seus escritos, e delas só citaria exemplificativamente algumas linhas, extraídas de uma das últimas páginas datadas do livro:

> Só quando vem a noite de algum modo sinto, não uma alegria, mas um repouso que, por outros repousos serem contentes, se sente contente por analogia dos sentidos. Então o sono passa, a confusão do lusco-fusco mental que esse sono dera esbate-se, esclarece-se, quase se ilumina. Vem um momento a esperança de outras coisas. Mas essa esperança é breve. O que sobrevém é um tédio sem sono nem esperança, o mau despertar de quem não chegou a dormir. E da janela do meu quarto fito, pobre alma cansada do corpo, muitas estrelas; muitas estrelas, nada, o nada, mas muitas estrelas.[31]

Na formulação de uma tipologia extraída do naturalismo de Alberto Caeiro, Bernardo Soares é um doente de sentimentalismos e de metafísica, parecendo fadado a dissolver-se no prosaísmo de seu cotidiano, na banalidade dos problemas do escritório.

No entanto, e é aqui que reside sua grande particularidade, é exatamente dos limites de seu mundo tão restrito que Bernardo Soares irá tirar partido para iluminar a possibilidade de resolver-se na sua inquietação.

Em primeiro lugar, porque é justamente o limite estreito daquele mundo que o leva a descobrir que aquele universo não é nem limitado nem estreito. Num texto em que se imagina um dia estar livre da rua dos Douradores e do escritório ele diz:

> Senti em sonho a minha libertação [...] Seria então o repouso, a arte conseguida, o cumprimento intelectual do meu ser.
>
> Mas de repente, e no próprio imaginar, que fazia num café no feriado modesto do meio dia, uma impressão de desagrado me assaltou o sonho: senti que teria pena. Sim, digo-o como se o dissesse circunstancialmente: teria pena. O patrão Vasques, o guarda livros Moreira, o caixa Borges, os bons rapazes todos, o garoto alegre que leva cartas ao correio, [...] tudo isso se tornou a parte da minha vida [...] Aliás, se amanhã me apartasse deles todos, e despisse este traje da rua dos Douradores, a que outra coisa me chegaria — porque a outra me haveria de chegar? De que outro traje me vestiria — por que de outro me haveria de vestir?[32]

E em outro trecho mais significativo ainda ele dirá:

> mais vale, na verdade o patrão Vasques que os Reis de Sonho; mais vale, na verdade, o escritório da Rua dos Douradores do que as grandes áleas dos parques impossíveis. Tendo o patrão Vasques, posso gozar o sonho dos Reis de Sonho; tendo o escritório da rua dos Douradores, posso gozar a visão interior das paisagens que não existem.[33]

E aqui se afirma o traço maior desse semi-heterônimo e que acaba transformando por completo o significado que um possível *Livro do desassossego* tivesse até então. É sobre esse ponto que nos concentraremos agora.

Há uma insistência de Bernardo Soares em falar da vida prosaica de auxiliar de guarda-livros nesse escritório cujo patrão, como vimos, é Vasques, cujo guarda-livros é o Moreira e onde trabalha um moço sem nome e um garoto que leva encomendas. Trata-se, como já sugerira o próprio Soares, de um universo aplastado. E dentro desse universo vê-se ele diante de seu instrumento de trabalho: um grande livro. Não aquele, do *Desassossego*, noturno repositório freqüente ou cotidiano de suas angústias, mas sim o livro em que registra as contas da empresa, os lucros e as dívidas de Vasques. É exatamente sobre esse repositório de escrituras contábeis, todavia, que Bernardo Soares cria aquilo que em madrugadas insones não consegue formular em seu solitário quarto andar. Assim ele nos escreve:

> Tenho diante de mim as duas páginas grandes do livro pesado; ergo de sua inclinação na carteira velha, com os olhos cansados, uma alma mais cansada do que os olhos [...]
>
> Baixo olhos novos sobre as duas páginas brancas, em que números cuidados puseram resultados da sociedade. E, com um sorriso que guardo para meu, lembro que a vida, que tem estas páginas com nomes de fazendas e dinheiros, com os seus brancos, e os seus traços à régua e de letra, inclui também os grandes navegadores, os grandes santos, os poetas de todas as eras, todos eles sem escrita, a vasta prole expulsa dos que fazem a valia do mundo.[34]

A passagem é clara e espetacular: o ajudante de guarda-livros registra, por sob os números e cifras, o mundo que vai desde nomes de fazendas e dinheiros até os grandes santos, poetas e navegadores. Escreve o mundo no seu livro de contas e, mais do que isso, registra nele a aura misteriosamente viva que recobre o escritório, seus habitantes, seu patrão. Um modesto ato demiúrgico, como se escrevesse e não apenas descobrisse sob o registro do livro as coisas essenciais que este parece ocultar, mas que compõem a grandeza de seu universo. É assim que descobre quando afirma:

> Ah! Compreendo... O patrão Vasques é a Vida. A vida, monótona e necessária, mandante e desconhecida. Este homem banal representa a banalidade da Vida. Ele é tudo para mim, por fora, porque a Vida é tudo para mim por fora.[35]

E o milagre da transmutação se processa aí, no prosaísmo de seu escritório em que finalmente constitui, por detrás da materialidade mais restritiva, o significado das coisas e de si. Há pelo menos duas páginas notáveis nesse sentido: a primeira delas é aquela em que descreve um dia em que um temporal com relâmpagos e trovões turva e ameaça o escritório: um relâmpago, como diz o texto, "um formidável dia estilhaçou-se. Uma luz de inferno frio visitara o conteúdo de tudo e enchera os cérebros e recantos". O resultado do impacto dessa explosão da natureza ele o diria mais adiante: "Uma vaga religião formara-se no escritório. Ninguém estava quem era...".[36]

A segunda página que eu citaria aqui é datada de 1931 e relata a partida do funcionário apenas nomeado como o "moço do escritório":

> Cada coisa que foi nossa, ainda que só pelos acidentes do convívio ou da visão, porque foi nossa se torna nós. O que se partiu hoje, pois, para uma terra galega que ignoro, não foi, para mim, o moço do escritório: foi uma parte vital, porque visual e humana, da substância da minha vida. Fui hoje diminuído. Já não sou bem o mesmo. O moço do escritório foi embora.[37]

Longe estamos daquelas lúgubres e requintadas passagens do primeiro *Livro do desassossego*, e também longe estamos do solitário Bernardo Soares trancado em seu quarto andar. Na verdade, a função de guarda-livros, imersa na convivência banal com os companheiros e os objetos de escritório, tem no contato sensível com esse mundo a indicação de uma via possível de vida:

> Devo ao ser guarda-livros grande parte do que posso sentir e pensar como a negação e a fuga do cargo.
>
> Se houvese de inscrever [...] a que influências literárias estava grata a formação do meu espírito, abriria o espaço ponteado com o nome de Cesário Verde, mas não o fecharia sem nele inscrever os nomes do patrão Vasques, do Guarda livros Moreira, do Vieira caixeiro de praça e do António, moço do escritório. E a todos poria, em letras magnas, o endereço chave: LISBOA.[38]

Em outro trecho escreve:

> Escrevo atentamente, curvado sobre o livro em que faço a lançamentos a história inútil de uma firma obscura: e, ao mesmo tempo, meu pensamento segue com igual atenção, a rota de um navio inexistente por paisagens de um oriente que não há. As duas coisas estão igualmente nítidas, igualmente visíveis perante mim: a folha onde escrevo com cuidado, nas linhas pautadas, os versos da epopéia comercial de Vasques e Cia., e o convés, onde vejo com cuidado, um pouco ao lado da pauta alcatroada dos interstícios das tábuas, as cadeiras longas alinhadas, e as pernas saídas dos que sossegam na viagem.[39]

Do que foi dito até este momento, sobra-nos a impressão da existência de pelo menos dois Bernardo Soares: o primeiro, aparentado a Álvaro de Campos, angustiado e sentimental, sedento de metafísica; o outro capaz de constituir um mundo viável, oculto por detrás da prosaica e materialista Baixa lisboeta, e que ele registra cripticamente no grande livro de contas. O desassossego, com certeza, fica por conta do habitante solitário do quarto andar da rua dos Douradores, ao passo que a percepção salvadora, mesmo que momentânea, fica por conta do ajudante de guarda-livros. A relação entre ambos parece explicar-se na contraposição que eles têm com o ambiente que os cerca. O Bernardo Soares tedioso não guarda nem sobre pessoas nem sobre coisas quaisquer relações relevantes. É autor de uma prosa tendente a uma especulação existencial quase sempre voltada para a afirmação da falta de significado da própria vida.

Nesse sentido, suas páginas compactas constituem uma pesada tarefa ao crítico, em primeiro lugar pelo peso das especulações, e em segundo lugar pela insistência e aparente persistência de temas. Na verdade, a prosa de Soares acaba sendo muito mais difícil de ser enfrentada do que a de Vicente Guedes. Neste, o *décor* decadentista alivia o fundo niilista que em Soares se escancara num discurso menos alusivo e mais analítico.

Entre a obra desses dois presumíveis autores do *Livro do desassossego* — Vicente Guedes, o aristocrata decadente, aquele que faz a apologia da existência como vazio, e Soares, o prosaico habitante da Baixa lisboeta — há uma enormidade de textos de difícil atribuição, correspondentes a um período aproximado de quinze anos, a partir de 1916, ano da morte de Sá Carneiro, o grande amigo de Fernando Pessoa. É um ano que parece ter sido decisivo no encerramento de uma primeira fase do *Livro*. Sobre isso diria a pesquisadora Teresa Sobral Cunha:

> Talvez nesse ano de tantas provações o artifício daquela literatura falisse pelo seu mesmo excesso, e o autor, de novo em sua própria voz, aspirasse a uma outra capacidade de compreender a realidade e o mundo, com os sentidos não já em mediação metafísica e idealista, mas em percepção sensível e racional.[40]

Acredito que essa hipótese — bastante viável — que explica a "morte" do primeiro autor e a construção lenta do segundo pode ser mais bem entendida se pensarmos no seguinte: o próprio Fernando Pessoa, co-autor e editor do primeiro livro, teria sentido o impacto das lições que Alberto Caeiro, depois de 1914, iria imprimir à sua obra como um todo, até mesmo à sua prosa. E nada mais contrário ao gozo da infinitude e da imprecisão característico de Vicente Guedes do que as lições do mestre quando afirma com doce severidade:

O mundo não se fez para pensarmos nele
(Pensar é estar doente dos olhos)
Mas para olharmos para ele e estarmos de acordo...

Eu não tenho filosofia: tenho sentidos...
Se falo na Natureza não é porque saiba o que ela é,
Mas porque a amo, e amo-a por isso,
Porque quem ama nunca sabe o que ama
Nem sabe por que ama, nem o que é amar...

Amar é a eterna inocência,
E a única inocência não pensar...[41]

Assim, quando finalmente a partir de 1929, Pessoa concede autoria e cidadania ao autor "definitivo" do seu livro, vamos reconhecer nele as marcas das lições de seus dois mestres: Cesário Verde, a quem Caeiro já reverenciara pela inteligência sensível ao mundo das coisas ("Ele era um camponês/ Que andava preso em liberdade pela cidade. Mas o modo como reparava nas ruas/ É o de quem olha para as árvores/ E de quem desce os olhos pela estrada por onde vai andando/ E anda a reparar que há flores pelos campos"),[42] e sobretudo ao próprio Caeiro, sobre quem afirma:

> Releio passivamente, recebendo o que sinto como uma inspiração e um livramento, aquelas frases simples de Caeiro, na referência natural ao que resulta do pequeno tamanho de sua aldeia. Dali, diz ele, porque é pequena, pode ver-se mais do mundo do que da cidade; e por isso a aldeia é maior que a cidade...
> Porque eu sou do tamanho do que vejo
> E não do tamanho da minha altura
> Frases como estas, que parecem crescer sem vontade que as houvesse dito, limpam-me de toda a metafísica que espontaneamente acrescento à vida. Depois de as ler, chego à minha janela sobre a rua estreita, olho o grande céu e os muitos astros e sou livre com um esplendor alado cuja vibração me estremece o corpo todo.[43]

A vontade de cumprir a lição do mestre aparece em inúmeras páginas:

> Quem me dera, neste momento o sinto, ser alguém que pudesse ver isto como se não tivesse com ele mais relação que o vê-lo contemplar tudo

como se fora o viajante adulto chegado hoje à superfície da vida! Não Ter aprendido, da nascença em diante a dar sentido dados a estas coisas todas, poder vê-las na expressão que têm separadamente a da expressão que lhes foi imposta.[44]

Não tenho dúvida de que aquele que se assume como ajudante de guarda-livros, debruçado sobre o enorme livro de brancas páginas, é o mesmo que tenta praticar as lições do mestre Caeiro, embora sem estar cercado de rios e prados, mas que é sensível à vida que pulsa em cada habitante do escritório e que, por força da própria inspiração do mestre, sente que um simples relâmpago é capaz de revelar não o mistério dela, mas sua natureza, aquela que seus olhos vêem e que está ao alcance de seus sentidos e por isso é a verdadeira.

No entanto, se Caeiro está presente nos momentos diurnos de Bernardo Soares, nos soturnos momentos de solidão no seu quarto andar, seus companheiros são outros: são os discípulos incompletos, Álvaro de Campos, Ricardo Reis, o próprio Pessoa, aqueles que confessaram jamais poder seguir a lição de translucidez e naturalidade do mestre.

Afinal quem vence o embate em Bernardo Soares: o princípio criador que lhe é insuflado por Caeiro ou a ética corrosiva dos condiscípulos?

As páginas datadas do *Livro* chegam a 1934, um ano antes da morte de Pessoa. E a persistência do tema do tédio leva-me a crer que, apesar de tudo, este seja a constante, o território turvo de onde fala Bernardo Soares. Os momentos luminares que ocorrem como visões são mais raros, mas incisivos. Como se as lições de Caeiro interviessem para transpor o semi-heterônimo, mesmo que momentaneamente, para o fulgor de sua realidade e da realidade dos outros. Caeiro mais uma vez cumpriria sua função de mestre, e sua filosofia estaria por detrás do ato pelo qual o pesado livro de contas da empresa Vasques e Cia. se tornaria o livro da vida que o seu *Livro do desassossego* não teria logrado ser.

Algumas das últimas páginas de Bernardo Soares tendem a insistir no avesso desse desassossego. Falam em "sossego", "suavidade", "repouso", como um desejo de alma cansada a que a referência a Deus confere algum consolo. São páginas densas e reconfortantes, mas que apenas atenuam no leitor a pesada impressão de tristeza e desconsolo.

Eu diria que, quando Alberto Caeiro aparece na cena poética de Fernando Pessoa, uma das finalidades críticas de sua pregação por uma poesia objetiva, modelada sobre a natureza, tem a ver com aquele Pessoa impressionista das "Impressões do crepúsculo", mas também tem a ver com seu êmulo, Vicente Guedes, decadente e incipiente autor de um

Livro cujo significado foi-se esvaindo pela presença incisiva do Mestre, no diálogo com seus discípulos, Ricardo Reis, Álvaro de Campos, o próprio ortônimo. E, após ter sido repositório da mais fulgurante prosa decadentista que nossa língua conheceu, o *Livro do desassossego* terá dessa forma perdido paulatinamente para o autor-editor sua razão de ser. Muito depois, com outro co-autor, mais uma vez, sósia de Fernando Pessoa, é que um novo significado iria trazer o *Livro* para a pauta explícita das preocupações do poeta. Dessa vez, porém, seu novo autor, repito, será alojado entre escritórios e armazéns, dono de uma prosa menos altissonante, mais límpida e mais direta. O mundo que teria gostado de construir nasceria do milagre de criar-se pela própria pena do ajudante de guarda-livros e seria escrito ali mesmo no grande livro do escritório de Vasques e Cia.: recenderia aos dias de chuva no calor e teria a magnitude de todas as coisas e gentes anônimas daquelas ruas barulhentas. Mas, como seus condiscípulos, Bernardo Soares não alcançou a magnitude da lição do mestre, lição impossível para ele, humano, falível, sentimental e com uma sede intermitente de infinitude.

Assim, "dois mundos" se constituem nesse livro. Se as lições de Caeiro condenaram o primeiro ao fracasso e deram as bases para a constituição do segundo, esta é uma hipótese que conjuga a feitura desse livro fragmentário e inconcluso ao processo da criação dos heterônimos. Essa explicação justifica a dimensão humana que o livro foi ganhando: tanto assim que se pode dizer que, das criaturas inventadas pelo "drama em gente" de Pessoa, Bernardo Soares é, apesar de tudo, aquele que habita um mundo mais povoado: solitário de um lado, exercita, no entanto, a prática do convívio que falta a seus companheiros. E nesse exercício povoa, à revelia de sua solidão, toda a Baixa lisboeta de uma grandeza humana onde cabe o mundo todo, até mesmo o seu permanente desassossego. E se os acordes da esplêndida "Marcha fúnebre ao rei Luís Segundo da Baviera" do primeiro autor sempre ameaçam transportar-nos para o abismo, Bernardo Soares, de braços com Caeiro e Cesário Verde, num ponto qualquer da universal rua dos Douradores, indica na sintaxe espantosamente simples de sua linguagem o fascínio de uma vida sem estrépito, a vida possível que Vicente Guedes recusara.

> Mas, enfim, também há universo na Rua dos Douradores. Também aqui Deus concede que não falte o enigma de viver. E por isso, se não pobres, como a paisagem de carroças e caixotes, os sonhos que consigo extrair de entre as rodas e as tábuas, ainda assim são para mim o que tenho e o que posso Ter.[45]

NOTAS

(1) Esta parte I, em que trato das questões relativas às edições, foi retomada de um ensaio anterior, "Os vários livros do desassossego", *DO Leitura*, *7/8*, São Paulo, Imprensa Oficial de São Paulo, julho e agosto de 2000.

(2) *Obras em prosa*, Rio de Janeiro, Nova Aguilar, 1986, p. 50.

(3) Ver Jorge de Sena, *Fernando Pessoa e cia. heterónima*, Lisboa, Edições 70, 1982, vol. I.

(4) Ver Eduardo Lourenço, *Fernando, rei da nossa Baviera* (Lisboa, Imprensa Nacional/Casa da Moeda, 1986) e G. Rudolf Lind, "O *Livro do Desassossego*: um breviário do Decadentismo", em *Persona* 8.

(5) António Quadros, "Introdução" ao *Livro do desassossego por Bernardo Soares*, Lisboa, Europa-América, 1989, vol. I, pp. 27-8.

(6) António Quadros chega mesmo a assumir não haver um mas dois *Livros do desassossego*. Ibidem, p. 26.

(7) Ver nota prévia.

(8) Fernando Pessoa, *Livro do desassossego*, vol. I: *Vicente Guedes*, ed. Teresa Sobral Cunha, Lisboa, Relógio d'Água, 1997, p. 305. (Doravante abreviado LD I.)

(9) LD I, p. 302.

(10) LD I, p. 36.

(11) LD I, p. 306.

(12) LD I, p. 307.

(13) LD I, p. 38.

(14) LD I, p. 39.

(15) LD I, p. 31.

(16) LD I, p. 32.

(17) LD I, p. 34. Impossível não associar essa apologia da inércia com o mesmo tópico tantas vezes visitado por Ricardo Reis: "Desenlacemos as mãos, porque não vale a pena cansarmo-nos... Mais vale saber passar silenciosamente/ E sem desassossegos grandes" (*Obra poética*, Rio de Janeiro, Aguilar, 1983, p. 190).

(18) LD I, pp. 74-5. Aqui também Pessoa parece retomar, pelo menos pelo contexto onírico, a Virgem do célebre soneto de Antero: "Num sonho todo feito de incerteza,/ De noturna e indizível ansiedade/ É que eu vi teu olhar de piedade/ E (mais que piedade) de tristeza...." (*Sonetos* 114, Lisboa, Sá da Costa, 1962).

(19) LD I, p. 75.

(20) LD I, p. 77.

(21) LD I, p. 77.

(22) LD I, p. 44.

(23) LD I, p. 34.

(24) LD I, pp. 61-2.

(25) LD I, p. 61.

(26) LD I, p. 62.

(27) LD I, p. 117 (grifos nossos).

(28) LD I, p. 177.

(29) LD I, p. 178.

(30) Fernando Pessoa, *Livro do desassossego II. Bernardo Soares*, Campinas, Ed. Unicamp, 1994, p. 72. (Doravante abreviado LD II.)

(31) LD II, p. 373.

(32) LD II, p. 40.

(33) LD II, p. 107.

(34) LD II, p. 64.

(35) LD II, p. 103. Note-se aqui uma referência quase textual a Alberto Caeiro: "E fico contente/ Porque sei que compreendo a Natureza por fora/ E não a compreendo por dentro/ Porque a Natureza não tem dentro;/ Se não não era a natureza" (Fernando Pessoa, *Obra poética*, cit., p. 153).

(36) LD II, p. 42.

(37) LD II, p. 303.

(38) LD II, p. 207.

(39) LD II, p. 196.

(40) LD I, p. 14.

(41) Fernando Pessoa, *Obra poética*, cit., p. 139.

(42) Idem.

(43) LD II, p. 95.

(44) LD II, p. 361.

(45) LD II, p. 243.

A POÉTICA DA INDIFERENÇA

Antonio Medina Rodrigues

CANTO VI

Γλαῦκος δ' Ἱππολόχοιο πάϊς καὶ Τυδέος υἱὸς
ἐς μέσον ἀμφοτέρων συνίτην μεμαῶτε μάχεσθαι.
οἳ δ' ὅτε δὴ σχεδὸν ἦσαν ἐπ' ἀλλήλοισιν ἰόντε,
τὸν πρότερος προσέειπε βοὴν ἀγαθὸς Διομήδης·
τίς δὲ σύ ἐσσι φέριστε καταθνητῶν ἀνθρώπων;
οὐ μὲν γάρ ποτ' ὄπωπα μάχῃ ἔνι κυδιανείρῃ
τὸ πρίν· ἀτὰρ μὲν νῦν γε πολὺ προβέβηκας ἁπάντων
σῷ θάρσει, ὅ τ' ἐμὸν δολιχόσκιον ἔγχος ἔμεινας·
δυστήνων δέ τε παῖδες ἐμῷ μένει ἀντιόωσιν.
εἰ δέ τις ἀθανάτων γε κατ' οὐρανοῦ εἰλήλουθας,
οὐκ ἂν ἔγωγε θεοῖσιν ἐπουρανίοισι μαχοίμην.
οὐδὲ γὰρ οὐδὲ Δρύαντος υἱὸς κρατερὸς Λυκόοργος
δὴν ἦν, ὅς ῥα θεοῖσιν ἐπουρανίοισιν ἔριζεν·
ὅς ποτε μαινομένοιο Διωνύσοιο τιθήνας
σεῦε κατ' ἠγάθεον Νυσήϊον· αἳ δ' ἅμα πᾶσαι
θύσθλα χαμαὶ κατέχευαν ὑπ' ἀνδροφόνοιο Λυκούργου
θεινόμεναι βουπλῆγι· Διώνυσος δὲ φοβηθεὶς
δύσεθ' ἁλὸς κατὰ κῦμα, Θέτις δ' ὑπεδέξατο κόλπῳ
δειδιότα· κρατερὸς γὰρ ἔχε τρόμος ἀνδρὸς ὁμοκλῇ.
τῷ μὲν ἔπειτ' ὀδύσαντο θεοὶ ῥεῖα ζώοντες,
καί μιν τυφλὸν ἔθηκε Κρόνου πάϊς· οὐδ' ἄρ' ἔτι δὴν
ἦν, ἐπεὶ ἀθανάτοισιν ἀπήχθετο πᾶσι θεοῖσιν·
οὐδ' ἂν ἐγὼ μακάρεσσι θεοῖς ἐθέλοιμι μάχεσθαι.
εἰ δέ τίς ἐσσι βροτῶν οἳ ἀρούρης καρπὸν ἔδουσιν,
ἆσσον ἴθ' ὥς κεν θᾶσσον ὀλέθρου πείραθ' ἵκηαι.
τὸν δ' αὖθ' Ἱππολόχοιο προσηύδα φαίδιμος υἱός·
Τυδεΐδη μεγάθυμε τί ἢ γενεὴν ἐρεείνεις;
οἵη περ φύλλων γενεὴ τοίη δὲ καὶ ἀνδρῶν.
φύλλα τὰ μέν τ' ἄνεμος χαμάδις χέει, ἄλλα δέ θ' ὕλη
τηλεθόωσα φύει, ἔαρος δ' ἐπιγίγνεται ὥρη·
ὣς ἀνδρῶν γενεὴ ἣ μὲν φύει ἣ δ' ἀπολήγει.
εἰ δ' ἐθέλεις καὶ ταῦτα δαήμεναι ὄφρ' ἐῢ εἰδῇς
ἡμετέρην γενεήν, πολλοὶ δέ μιν ἄνδρες ἴσασιν·
ἔστι πόλις Ἐφύρη μυχῷ Ἄργεος ἱπποβότοιο,
ἔνθα δὲ Σίσυφος ἔσκεν, ὃ κέρδιστος γένετ' ἀνδρῶν,
Σίσυφος Αἰολίδης· ὃ δ' ἄρα Γλαῦκον τέκεθ' υἱόν,
αὐτὰρ Γλαῦκος τίκτεν ἀμύμονα Βελλεροφόντην·
τῷ δὲ θεοὶ κάλλος τε καὶ ἠνορέην ἐρατεινὴν
ὤπασαν· αὐτάρ οἱ Προῖτος κακὰ μήσατο θυμῷ,
ὅς ῥ' ἐκ δήμου ἔλασσεν, ἐπεὶ πολὺ φέρτερος ἦεν,

CANTO VI

Glauco, o filho de Hipóloco, mais o Tidida
Diomedes, cada um do lado oposto, vêm
Para se confrontarem: braço a braço quase
Estando, o bom de berro Diomedes solta
A voz: "Entre os mortais, ó tu quem és, guerreiro?
Vejo: bravura não te falta, e em luta súpera
Jamais te vi aqui: por sobre os maiorais
Estás te revelando, a desafiar-me a lança
Horrenda: pobres filhos de mofinos pais
São os que encaram minha ira, e, entretanto,
Se um imortal tu fores, nunca lutarei
Contigo, ou com divinos outros: um dos filhos
De Drias, o feroz Licurgo, não foi longe
Após ter feito isso: as amas de Dioniso
Este Licurgo insano, em Nisa montanhosa,
Andou caçando: elas o tirso deixam rápidas,
E atrás correu Licurgo irado acicatando-as,
Até que o deus Dioniso então no mar saltou
Estremecente, e ao seio Tétis abrigou-o.
Um arrepio tremendo o percorria, ação
Do vil Licurgo que, por ato assim, os divos
Bem viventes com cegueira castigaram,
Odiado foi ele depressa pelos deuses
Todos! Por isso contra os divos celestiais
Eu nunca lutaria, mas, se um varão fores,
E do que a terra doa te alimentas, pula
Aqui, pois com esguia morte eu te perfuro".
Diz-lhe, no entanto, o lúcido filho de Hipóloco:
"Ó grão Tidida, tu perguntas por meu berço?
Como o brotar das folhas é o nascer dos homens.
Expulsa o vento as amarelas para um lado,
E noutro lado vão nascendo as folhas verdes.
Qual volta a primavera, nasce assim também
E morre a raça nossa, e se, por fim, indagas
De minha ascendência, ouve: ela não foi sem brilho!
Há uma cidade, Efira, em Argos, que é riquíssima
De eqüinos, e lá Sísifo nasceu, um homem
De cartel sem igual, que é filho de Éolo, o pai

᾽Αργείων· Ζεὺς γάρ οἱ ὑπὸ σκήπτρῳ ἐδάμασσε.
τῷ δὲ γυνὴ Προίτου ἐπεμήνατο δῖ᾽ Ἄντεια
κρυπταδίῃ φιλότητι μιγήμεναι· ἀλλὰ τὸν οὔ τι
πεῖθ᾽ ἀγαθὰ φρονέοντα δαΐφρονα Βελλεροφόντην.
ἣ δὲ ψευσαμένη Προῖτον βασιλῆα προσηύδα·
τεθναίης ὦ Προῖτ᾽, ἢ κάκτανε Βελλεροφόντην,
ὅς μ᾽ ἔθελεν φιλότητι μιγήμεναι οὐκ ἐθελούσῃ.
ὣς φάτο, τὸν δὲ ἄνακτα χόλος λάβεν οἷον ἄκουσε·
κτεῖναι μὲν ῥ᾽ ἀλέεινε, σεβάσσατο γὰρ τό γε θυμῷ,
πέμπε δέ μιν Λυκίην δέ, πόρεν δ᾽ ὅ γε σήματα λυγρὰ
γράψας ἐν πίνακι πτυκτῷ θυμοφθόρα πολλά,
δεῖξαι δ᾽ ἠνώγειν ᾧ πενθερῷ ὄφρ᾽ ἀπόλοιτο.
αὐτὰρ ὁ βῆ Λυκίην δὲ θεῶν ὑπ᾽ ἀμύμονι πομπῇ.
ἀλλ᾽ ὅτε δὴ Λυκίην ἷξε Ξάνθόν τε ῥέοντα,
προφρονέως μιν τῖεν ἄναξ Λυκίης εὐρείης·
ἐννῆμαρ ξείνισσε καὶ ἐννέα βοῦς ἱέρευσεν.
ἀλλ᾽ ὅτε δὴ δεκάτη ἐφάνη ῥοδοδάκτυλος Ἠώς
καὶ τότε μιν ἐρέεινε καὶ ᾔτεε σῆμα ἰδέσθαι
ὅττί ῥά οἱ γαμβροῖο πάρα Προίτοιο φέροιτο.
αὐτὰρ ἐπεὶ δὴ σῆμα κακὸν παρεδέξατο γαμβροῦ,
πρῶτον μέν ῥα Χίμαιραν ἀμαιμακέτην ἐκέλευσε
πεφνέμεν· ἣ δ᾽ ἄρ᾽ ἔην θεῖον γένος οὐδ᾽ ἀνθρώπων,
πρόσθε λέων, ὄπιθεν δὲ δράκων, μέσση δὲ χίμαιρα,
δεινὸν ἀποπνείουσα πυρὸς μένος αἰθομένοιο,
καὶ τὴν μὲν κατέπεφνε θεῶν τεράεσσι πιθήσας.
δεύτερον αὖ Σολύμοισι μαχέσσατο κυδαλίμοισι·
καρτίστην δὴ τήν γε μάχην φάτο δύμεναι ἀνδρῶν.
τὸ τρίτον αὖ κατέπεφνεν Ἀμαζόνας ἀντιανείρας.
τῷ δ᾽ ἄρ᾽ ἀνερχομένῳ πυκινὸν δόλον ἄλλον ὕφαινε·
κρίνας ἐκ Λυκίης εὐρείης φῶτας ἀρίστους
εἷσε λόχον· τοὶ δ᾽ οὔ τι πάλιν οἶκον δὲ νέοντο·
πάντας γὰρ κατέπεφνεν ἀμύμων Βελλεροφόντης.
ἀλλ᾽ ὅτε δὴ γίγνωσκε θεοῦ γόνον ἠῢν ἐόντα
αὐτοῦ μιν κατέρυκε, δίδου δ᾽ ὅ γε θυγατέρα ἥν,
δῶκε δέ οἱ τιμῆς βασιληΐδος ἥμισυ πάσης·
καὶ μέν οἱ Λύκιοι τέμενος τάμον ἔξοχον ἄλλων
καλὸν φυταλιῆς καὶ ἀρούρης, ὄφρα νέμοιτο.
ἣ δ᾽ ἔτεκε τρία τέκνα δαΐφρονι Βελλεροφόντῃ
Ἴσανδρόν τε καὶ Ἱππόλοχον καὶ Λαοδάμειαν.
Λαοδαμείῃ μὲν παρελέξατο μητίετα Ζεύς,
ἣ δ᾽ ἔτεκ᾽ ἀντίθεον Σαρπηδόνα χαλκοκορυστήν.
ἀλλ᾽ ὅτε δὴ καὶ κεῖνος ἀπήχθετο πᾶσι θεοῖσιν,
ἤτοι ὃ κὰπ πεδίον τὸ Ἀλήϊον οἶος ἀλᾶτο

De Glauco, por sua vez pai de Belerofonte,
O impecável, para quem deram os divos
O brilho amável e a potência, mas rei Preto
Contra Belerofonte trama uma desgraça,
Escorraçou-o da cidade só por ser
Mais forte que os argivos, a quem governava
Preto, sob apoio de Zeus, e a mulher dele,
Antéia, a diva, ofereceu-se àquele herói.
Recusada, no entanto – ele só tinha em mente
Coisas boas, foi ela a seu marido e diz-lhe
Com petas e perfídias: "Ou tu morres, Preto,
Ou matarás Belerofonte, que tentou
Levar-me à cama, e eu disse não". Falou, e o ódio
O enlouqueceu de ouvir coisas assim, não quis
Porém, matá-lo (admirava-o, muito embora),
E o manda à Lícia: para o sogro em tábua escreve
Dupla, que o recebesse, e então lhe desse a morte.
Mas foi o herói com seu cortejo divinal,
E quando ao Xanto caudaloso enfim chegou,
O rei da Lícia honrou-o com sinceridade,
Nove dias o hospeda, e nove bois lhe sagra,
Porém, na Aurora décima, de dedos róseos,
Especulou-o e lhe pediu mostrasse os signos
Que do genro trouxera, e que já haviam chegado.
E ao decifrar os maus sinais lá registrados,
Mandou o herói logo matar Quimera invicta,
De celestial prosápia, e não humana: à frente
Era leão, serpente atrás, cabrão no meio:
Ira de fogo ardente arfava! O herói, no entanto,
A estraçalhou, confiado em proteções divinas.
Então foi combater contra os Solimos nobres,
Numa batalha que jamais vira outra igual.
E as Amazonas anti-machas, depois disso,
Ele arrasou. Na volta, entanto, um mal teceu-lhe
Preto, apoiado em valentões da ampla Lícia:
Não voltaria jamais, o ardil já estava pronto.
Belerofonte, entanto, a todos massacrou.
E que era então divino entendeu Preto.
Chegou-se a ele e deu-lhe a filha em casamento.
O poder, inclusive, dividiu com ele,
E os Lícios deram-lhe da terra a melhor parte,

ὂν θυμὸν κατέδων, πάτον ἀνθρώπων ἀλεείνων·
Ἴσανδρον δέ οἱ υἱὸν Ἄρης ἆτος πολέμοιο
μαρνάμενον Σολύμοισι κατέκτανε κυδαλίμοισι·
τὴν δὲ χολωσαμένη χρυσήνιος Ἄρτεμις ἔκτα.
Ἱππόλοχος δέ μ' ἔτικτε, καὶ ἐκ τοῦ φημι γενέσθαι·
πέμπε δέ μ' ἐς Τροίην, καί μοι μάλα πόλλ' ἐπέτελλεν
αἰὲν ἀριστεύειν καὶ ὑπείροχον ἔμμεναι ἄλλων,
μηδὲ γένος πατέρων αἰσχυνέμεν, οἳ μέγ' ἄριστοι
ἔν τ' Ἐφύρῃ ἐγένοντο καὶ ἐν Λυκίῃ εὐρείῃ.
ταύτης τοι γενεῆς τε καὶ αἵματος εὔχομαι εἶναι.

Homero,
Ilíada

A fim que em messe ou no plantio cuidasse dela.
Três filhos deu a moça ao grão Belerofonte:
Um Isandro, outro Hipóloco, e por fim Laodâmia.
Zeus penseroso uniu-se a esta, e pariu ela
Então Sarpédon divinal, de elmo de bronze.
Belerofonte, enfim, odiado pelos deuses,
Em planícies do Aleio andou perambulando,
E a via humana ele evitava a condoer-se.
Guloso só de guerra, Ares matou-lhe o filho
Isandro, que enfrentara os varonis Solimos.
Com ira, Ártemis de rédeas áureas, mata
Laodâmia, e digo eu ser quem me gerou Hipóloco.
A Tróia me enviou, e tudo me ensinou:
Ou como ser melhor, e me exceder a todos,
Honrar os pais, pois que excelentes tinham sido
Onde nasceram, na espaçosa Efira fértil.
De sangue e raça tal garanto eu que nasci".

Tradução de Antonio Medina Rodrigues

A QUESTÃO DO EPÍTETO

A poesia de Homero é percorrida por certos pleonásticos (óbvios, mas não inúteis) chamados *epítetos*. Um epíteto faz redundante o nome a que se refere, como em *flores perfumadas*, por exemplo, ou *alto arranha-céu*, ou *fria geleira*. Mas não haverá epíteto em *fria civilização*, uma vez que nem toda civilização pode chamar-se *fria*, de maneira que não se dá nessa frase um cacoete lingüístico, ou enfim, um *clichê*.

Assim, é o epíteto uma qualidade dada a um nome que, por sua vez e de antemão, contém tal qualidade, ou porque já fomos informados dela (caso de *naus negras*, de Homero), ou porque a prática nos mostra o fato como óbvio (*sol claro*, por exemplo). Não haveria, enfim, nova informação no caso dos epítetos. Só haveria redundância. Isto, porém, não pode ser tão seco nem tão certo. Na poesia, por exemplo, a repetição calculada é um recurso essencial, coisa que não teria cabimento num discurso geográfico ou filosófico. Neste, a concisão, a brevidade são sempre requeridas. Na poesia, ao contrário, a palavra sempre realiza várias outras necessidades além da comunicação do conteúdo.

Chamamos o epíteto poético *ornamental* (*epitheton ornans*).[1] Por haver sido o rei do epíteto, Homero nunca se livrou de algumas críticas, feitas de época para época. Estas procediam de duas esferas, a do classicismo latino, com suas premissas de brevidade e concisão, principalmente horacianas, e a do pós-romantismo, que reagindo à prolixidade dos sentimentos, propugnou por uma linguagem mais simples, mais perto da Natureza, em que os sentimentos corressem com "sinceridade". Sincero, no caso, não seria o poeta, mas a expressão do verossímil, a persuasão estrutural — mais que a persuasão discursiva. Enfim, sincera seria a técnica do poeta. Outra coisa que pesou foi o gosto e a moda. O romântico José de Alencar por certo se lembrava disto, ao revisar seus escritos. Cochilava, porém, deixava passar seus epítetos, e, ao querer emendá-los, vacilava, porque no fundo os sentia *necessários* a sua expansão emocional e rítmica.

Mas o que faz, afinal, a necessidade de um epíteto? Há três razões pelo menos.

A primeira, muito antiga, radica no chamado "horror ao vácuo" (*horror vacui*), que é o pavor do vazio, da frouxidão, transformado hoje em mito da linguagem burguesa: assim, ao escrever ou falar, para não perdermos o fio, eliminamos nossas angustiosas pausas (ou vácuos), e no lugar inserimos o adjetivo que nos vier à cabeça, na esperança de que entendam que isso é coisa natural, etc. A segunda razão está na crença de que, no fundo, não há repetições, pois este mundo — todos sabem — é progressista e heraclítico: não existiriam repetições absolutas, pois repetir, de qualquer forma, é já alterar. A terceira razão julga que o uso de um epíteto não é decidido pelo autor, mas pelo gênero e pela estrutura da obra que ele escreve, e a obra é pois a que em alguma medida se escreve a si própria, e assim de dentro para fora ela desdobra seus modos e suas leis.

Estas três razões são encontradas em Homero, com predomínio da terceira. Ver o epíteto como função de uma estrutura que não apenas o solicite mas que o torne obrigatório é a primeira lei da poesia oral e formular. E tanto depende isto da natureza do idioma grego arcaico que as traduções não conseguem reproduzi-lo. Em nossas línguas modernas não há o dispositivo gramatical do grego arcaico de Homero. Nossas traduções podem apenas imitá-lo em parte:

> *Raiando a* dedirrósea *e* matinal *Aurora,*
> *O* caro *filho de Odisseu se levantou,*
> *Trajou-se a roupa, e, gládio* agudo *sobre os ombros,*
> Belas *sandálias calça em seus* brilhantes *pés.*
> (*Odisséia*, I, 1-4)

Vê-se logo que esses epítetos são tais que ocupam quase qualquer posição na frase portuguesa. Aí não há regras sintáticas e versificatórias que preservem o lugar específico dos epítetos. Os versos aí são dodecassílabos, sem dúvida adequados para verter Homero. Mas a diferença entre o verso português e o grego é muito grande, do ponto de vista do potencial de formas. Para começar, as línguas modernas, não conhecendo a oposição entre breves e longas, não podem ter relevância objetivamente musical, como, ao contrário, vem a ser o caso do hexâmetro grego. Esse verso tem seis (*hex-*) pés métricos, com duas ou três sílabas cada um (o sexto tem duas sílabas, e o quinto tem sempre três). As vogais, como se viu, ou são velozes (breves) ou lentas (longas): tal dependerá da posição de cada sílaba no verso. Representemos a vogal lenta por A, e por b a vogal rápida: então teremos o esquema do hexâmetro de Homero:

Abb | Abb | Abb | Abb | Abb | AA
1 2 3 4 5 6

Esse esquema de seis pés (cada um com três ou duas sílabas) pode ser ilustrado em Português usando-se no lugar da longa grega a tônica portuguesa, e, respectivamente, no lugar da breve a nossa átona:

RAI a no | CÉU a cor | Da da a ma | NHÃ de dir | RÓ –sea e bo | NI TA

Supondo-se que um aedo compusesse em grego essa estrutura, o papel dos dois epítetos parecerá bem claro: é o de *preencher* duas lacunas medindo ao todo cinco tempos ou —o que dá na mesma — dois pés e meio, assim:

RAI a no | CÉU a ma | NHÃ ....| .... | ....|..........|

Mas como duas breves equivalem a uma longa, poderemos optar pelo ritmo seguinte (o quinto pé em geral não admite duas longas):

AA | AA | AA | AA | Abb | AA

E refundindo o mesmo verso, podemos reapresentá-lo com seis pés, um deles, que é o quinto, com três sílabas (uma longa e duas breves) e o resto em pés de duas sílabas que por comodidade simulamos como longas:

BELA | NO CÉU | RAIOU | MANHÃ | RÓSEA NOS | DEDOS

Ou menos monotonamente:

Abb | AA | Abb | AA | Abb | AA

etc.

Repare-se na inserção do epíteto *kuâneon* ("sombrio") aplicado a *néphos* ("nuvem"): o clichê ou fórmula *kuâneon néphos* significa "sombria nuvem". O clichê com seu epíteto ocuparão o segundo e o terceiro pés (noutro lugar não caberiam):

Abb | *KU-a-ne* | *ON - ne - phos* | Abb | Abb | AA

Repare-se que o epíteto propriamente dito preenche um pé e meio. Eis o verso em transcrição elementar:

To-de-pi | KU-a-ne | ON-ne-phos | E-ga-gue | PHOI-bos-a | POL - ON

A este, | sombria | nuvem | mandou | deus Febo | Apolo

ANACRONISMO E ACRONIA

Vimos que, do ponto de vista funcional e poético, o epíteto serve para preencher o verso hexâmetro, verso de extensão apreciável, a julgar pela freqüência com que suas lacunas são socorridas, completadas de maneira mais ou menos sôfrega, mais ou menos adventícia, e a ponto de estabelecer-se um certo descompasso ou defasagem de "tempo" entre o que está sendo narrado e o que entra valendo como ornato. Dizemos de "tempo", porque, enfim, as peripécias épicas parecem revestir-se de uma indumentária ornamental muito anterior à época dessas mesmas peripécias. Quer dizer, as naus já se diziam negras bem antes que dissesse Homero serem elas negras. E não apenas não sabemos quando e como foi este "antes" como não sabemos a razão por que eram negras. O que indica que ao longo da epopéia homérica supõem-se muitos "tempos" diversos entre si, e isto nela parece inviabilizar qualquer ostentação de um tempo dominante. Daí a justa notação de Schelling, segundo a qual "uma ação *em si mesma* é sem tempo (*zeitlos*), pois é o tempo inteiramente apenas a diferença entre realidade (*Wirklichkeit*) e possibilidade (*Möglichkeit*) e toda ação aparente é apenas o fracionamento daquela identidade na qual tudo de uma vez está contido. A épica (*epos*) deve, portanto, ser uma imagem dessa ausência do tempo".[2] Mas ausência aqui significa a neutralização do puramente material, ou seja, da referência às coisas, dos objetos, e sobretudo dos mecanismos de sucessão discursiva, de que, aliás, os poemas foram sempre feitos, por se fazerem de discurso e temporalidade. Assim, o tempo de um clichê com seu epíteto é sempre nulo: "A poesia mesma, enquanto tal, tem que estar como que fora do tempo, e pelo tempo permanecer intocada, e por isso ela deve relegar o tempo e toda sucessividade ao objeto, e se manter por meio disso sossegada, e assim pairar sobre a torrente das contradições sem se deixar tocar por ela".[3]

A DIVISÃO DAS ÁGUAS

Mas será tal coisa afinal tão importante para entender-se o poema? Sim, por certo, e por um lado, por outro não. Desde de que a questão seja *entender* o texto, uma sondagem gramatical é relevante na determinação dos conteúdos, especialmente os que, por serem mais abrangentes, envolvem muitos conteúdos, e podem por isso favorecer a uma descrição abstrata da cultura (lineamentos ideológicos etc.). Mas, se a questão não é entender o texto apenas, porém *sentir*, *viver* a poesia, então um tal critério não terá tanta relevância, ficará num outro plano, e a Poética é a que deve assumir o trabalho de relacionar os planos da expressão e do sentido em suas correlações de idéia, ritmo e beleza.

Já sabemos que o verso hexâmetro produz uma poética, toda ela atenta ao caráter quebrado, *descontínuo* das intérminas fragmentações da *Ilíada* e da *Odisséia*, pois, afinal, inventou-se um dialeto para se produzirem essas obras, todo feito de interpolações, gnomos, provérbios e epítetos para se encaixarem nas prescrições do hexâmetro, de maneira a preenchê-lo em cada parte, sendo cada preencher-se privativo de uma forma ou de um padrão. Tudo isso acelera esse hexâmetro de forma a que toda uma legião estrangeira de formas salte, saia de sua esfera racional, e se instale numa sensação de júbilo e beleza. E o que à leitura silenciosa parecia óbvio, frio — agora cai num estranhar, que em nada mais depende de qualquer razão, pois se abre ao espaço da indiferença, que tudo sintetiza em consciência estética. Neutraliza-se toda pergunta ou questão exterior à sensação da poesia viva. "A facilidade para versificar que os epítetos fornecem ao poeta parece constituir o único fator que determina o emprego destes últimos [...] o epíteto fixo em Homero é invariavelmente usado sem relevância de uma ação imediata, qualquer que seja, e, por sua vez, o epíteto genérico não define traço algum que possa diferenciar de um herói outro herói".[4] Com estas palavras, mostra-nos Milman Parry que o salto da abstração para a performance faz emergir por si mesmo um estado de euforia e fruição autônomas. Integrado no ritmo da leitura, o epíteto esquece o que poderia dizer, e estabelece um jogo de espelhos ou marchas e contramarchas com sua vizinhança, e disto afloram os sentidos do poético.

A INDIFERENÇA

Esse conceito fora tratado por Schelling, tanto na sua "filosofia da identidade" como nas páginas de arte e estética, particularmente quando fala de Homero. De acordo com Schelling os poemas de Homero são indiferentes ao tempo, não indiferentes à notação do tempo em dias, meses e anos ou verbos e advérbios, mas o tempo como participante físico e determinativo da estrutura narrativa épica. Schelling, como Hegel, vê no mundo a mediação de uma dialética, e todo fato ou coisa é para ele o produto de forças polarizadas que tendem, ao fim e ao cabo, a produzir —sem se anular — uma espécie de zona neutra, um perfil de equilíbrio, que em princípio conteria de maneira serena e superior aqueles dois pólos em litígio. Esta zona neutra é que ele chama *indiferença*, e este conceito está por um lado muito próximo da suprema elaboração das artes e por outro lado próximo da divindade. De acordo com isso, uma epopéia antiga faz da linguagem o palco daquela luta entre os elementos em polaridade ou em tensão dialética, Ora, essa luta, por um processo de resoluções cada vez mais depuradas da forma e da matéria, vai produzindo uma clarividência, que representa o terceiro elemento, o da indiferença, e neste não há mais luta nenhuma, o que nele existirá será a livre plenitude das formas da beleza, das quais o tempo não mais participará como participara daquela luta real entre as várias polaridades dinâmicas.

As formas essenciais da épica arcaica são no máximo figuras, associáveis umas às outras, de modo que, não havendo subordinação entre elas, cada figura terá seus próprios contornos, simultâneos e co-espaciais, não havendo também entre elas nenhum tipo de ação eficiente e real, desses em que o tempo e a matéria coatuam. Se eu tenho diante de mim uma pintura dona de toda minha concentração, é sua figura, e não eu, a essência de toda a situação corpóreo-temporal em que estou complicado, e que me temporaliza para dentro do destino em que já vivo. A essência da situação corporal ou — o que dá no mesmo — aquela figura em que o corpo nosso se concentra e momentaneamente se deixa esquecer, essa, por ser uma representação, é indiferente à natureza daquilo que representa, tanto que a idéia de tempo em si mesma não é nada temporal, como a idéia de amor não é amorosa nem envelhece. O cinema ilustra isso. Todo aparato com que trabalha essa arte serve para fixar-nos na memória essas essências, e por isso não poucos de nós saímos de um filme em estado de pouca aderência ao real, tocados por aquela indistinta experiência, em que se resolve e se ultima o processo de metabolização do mundo. O cinema, que produz essa *epokhé*, será, portanto, filosófico. Como redução, como *epokhé*, põe o mundo entre parênteses. E o que atribuiríamos à magia, espécie de arte final, não é produção dela mesma, é produção do aparato, que se inventa e se constrói para chegar a ela, e aí chegando se ocultar depressa. Quem assiste a um filme, nessa hora não pensa em quanto custa produzir um filme. Ele próprio, filme, tem partes dentro de si, que são mais outros instrumentos, e não formas daquilo que é produzido no fim e como fim. Pois bem, essas coisas, andaimes ou escadas que se vão numa enxurrada, sem nos perturbar a nós, e que pertencem à efetividade da arte para produzir seus fins e sua essência, tudo isso, mal cumprida sua função e seu destino, desaparece, porém não ao todo: uma parte retorna, por fim, ao silêncio e segredo naquela paisagem final de indiferença, que a tudo contém como em perfil de equilíbrio. Enfim, isto lembra a idéia viva de Deus, que contém pulverizadas, indistintas ou constelares todas as narrativas bíblicas, que hão rumado para ele. Por isso é que fica Ele acima de qualquer destino público ou pessoal. "E tudo por fim a um todo se condensa, e como algo mais alto a poesia ou seu poeta pairam, intocados por qualquer outro elemento. Só dentro do círculo, que o poema circunscreve, é que uma coisa toca e oprime a outra coisa, paixão contra paixão, evento contra evento. Ele mesmo, o poeta, não penetra jamais neste círculo, e, abstendo-se dessa maneira, ele se torna, por fim, um deus, e uma plena imagem da divina natureza. Pois não há nada que o comprima: ele deixa acontecer de tudo, não intervém no curso dos eventos, dos quais nunca se deixa afetar. E estando a salvo, pois, a tudo ele contempla em torno, e absolutamente nada que aconteça tem acesso a ele. De qualquer coisa que seja, ele não sente nada, seja da baixeza ou altivez, ou da maior ninharia ou raridade, ou coisa de comédia ou de tragédia. Paixões, que fiquem por conta do Objeto. Que chore, pois, Aquiles, que se enlute pelo amigo morto, Pátroclo, Ele mesmo — o poeta —tocado ou intocado não se mostrará por nada."[5]

Julgamos em geral a trama de um romance autônoma, porque ela não obedece àquilo que queiramos que ela seja. Este simples fato indica nossa relação com ela. Queremos que ela seja, e ela não é. E notem que há nascido ela por nós ou para nós. Ao contrário da épica, ela nos é, de alguma forma, relativa. Seus caminhos cruzam com os nossos, e vivemos com problemas semelhantes. Vemos os personagens dessa trama agir, viver, envelhecer, de modo que há uma lógica formante, determinada pelo tempo, porque, enfim, onde há discorrer ou discurso, onde há subordinação de partes há sempre uma prossequência lógico-temporal. Ao contrário de tudo isto, Schelling julga a *Ilíada* um poema absoluto, sem fim, sem começo, sem alusão nenhuma a seu leitor, e com um narrador cuja ausência absoluta é garantida por uma linguagem que não faz referência a nada além de si mesma. No entanto, esse absoluto da obra em si mesma só se pode entrever por meio de seu contrário, que está no fato de a linguagem da épica ser também *relativa* a uma situação singular, que é o nosso entroncamento na existência, onde a sensibilidade encontra as letras, a edição, as formas do mundo e das coisas, a temporalidade, enfim, o corpo material da obra, e cuja dialética leva o endereço daquela indiferença, síntese da serenidade e do equilíbrio. Há, pois, uma polaridade aqui entre o singular e o absoluto, que não parece haver nos romances. Temos alguma experiência em relação à *Ilíada* porque conhecemos sua tradição e sua crítica ou porque buscamos conhecer o grego, seus dialetos etc. Somos, portanto, relativos à *Ilíada*. Nós nos propomos para ela, e isto podemos fazer, aliás, a qualquer outra coisa, em relação à qual nos sintamos adotados, tal como, noutro contexto, já se disse que nossa burguesia do século XIX se sentiu adotada pelos grandes ideários europeus, e, não obstante o merecesse pouco ou nada, vestiu a casaca liberal. Da mesma forma, se somos relativos à *Ilíada*, ela não nada relativa a nós, por não ser ela relativa a qualquer coisa fora dela. Daí sua forma absoluta, com componentes também absolutos. Quanto ao relativo, é ele que nos toca, e cada coisa nossa vai buscar seu tempo e sua razão numa outra coisa, e assim por diante. Não vemos causa nenhuma no interior da *Ilíada*: do rapto de Helena fala-se pouco no poema e o narrador tem omissão absoluta: deixa os fatos correrem como são. Heitor e sua mulher Andrômaca são uma cena parada no universo, e não há razão particular que se conheça para um tal encontro, a não ser o próprio encontro sob a forma sentimental que tem. Tanto que a guerra, nessa hora, é superada como se fosse para sempre, embora recomece logo, e com não pouco brilhantismo, porque afinal guerra são outras cenas. A sucessão delas é um encaixar-se de formas de onde saem as possibilidades narrativas, ilusórias também, pois se interpolam noutras, e em cada mudança de uma para a outra, se insinua a ilusão temporal-narrativa. Não há nenhuma astúcia da mão homérica que interpola. A astúcia está no interpolar-se.

ECOS DO PASSADO MAIS PASSADO

Ao empregar a expressão "de belas caneleiras" para falar dos Aqueus — *Akhaious euknémidas* — Homero não quer *informar* uma vez mais o mesmo fato (ele não quer informar nada a ninguém, para não perder a eternidade): ao contrário, quer fazer seu mundo reafirmar-se, por si próprio, por meio de uma imagem viva e para sempre.

Isso é notável nos epítetos de privação de qualidade nos deuses, por exemplo, que são os imortais (*athánatoi*), ou como no mar, onde não cabe a semente (*atrúgetos*) ou no varão *aptólemos*, sem bravura. É preciso repetir estas coisa para que o mundo não termine. Aliás, sem essas três que mencionamos não haveria mundo homérico. Aqui, os três adjetivos, por sua abrangência ou generalidade, abrem-se pois para uma pequena geografia, pois representam as três dimensões da ideologia indo-européia (já esfacelada em tempos gregos) e que representam as classes religiosa, agrícola e guerreira, estudadas por Georges Dumézil durante décadas. E se estes três pólos se unificam numa imagem de produção razoada da vida, a imagem final e uma é sem explicação, por ser a última. Com ela começa aquela zona obscura do passado que retorna ao menos fragmentariamente.

Mas como Homero trabalhava com material já feito, ao qual impunha uma medida rítmica e uma inflexão que lhe valesse no presente, nem por isso a filologia estacará seu passo. Ao contrário, ela terá seu bom ofício na sondagem destes e de outros estratos. Pode ir assim até onde Homero não fora, como foi o caso dos arqueólogos, que vieram a saber da Grécia coisas que nem Aristóteles suspeitaria.

FÓRMULA E ORALIDADE

"Esse tipo de poesia", diz Page, "que ocorre na épica de muitas línguas além do grego, só pode ser composto, só pode ser preservado, se o poeta tiver a sua disposição um estoque de frases tradicionais —

metade de versos, versos inteiros e estrofes, já prontos para quase todas as finalidades concebíveis. O poeta compõe enquanto recita; não pode parar para pensar como continuar; deve ter pronta toda a história, antes de começar, e deve ter na memória a totalidade — ou quase totalidade — das frases de que precisará para contá-la. Os poemas homéricos são, na verdade, compostos dessa forma — não em palavras, mas em seqüências de frases feitas".[67]

Por outro lado, as descobertas arqueológicas confirmaram que a língua de Homero cada vez mais se revela convencional, artificial, feita para os cantores de meios aristocráticos. Trata-se, pois, de uma tecnologia poética, e, no caso, feita por finos *fazedores*. E porque feita em frases feitas hão de combinar-se como num quebra-cabeça de regras definidas, e que se realizam por afinidade, semelhança, hábito. Tal como num quebra-cabeça, Homero justapõe as frases, de onde brota o sentido, pleno e expansivo, dando conta de tudo e sem deixar suposições. Tal como no cinema, nós percebemos, por baixo da unidade fílmica, toda uma traumatologia das composições e recomposições da matéria forçada a levar vida em comum. Lido por linearidade um epíteto é banal, mas como imagem visual surpreende, porque se desgarra, e revela-se como perturbação do linear. A própria origem da epopéia indica isso. Homero deu forma à sua língua por meio do jônico, do eólico, do arcado-cipriota. Ornou os rudimentos do que houvera antes, não para esconder alguma coisa, mas para dar a ela uma expansão sempre distinta e multiplicadora.

ZEUS EM VISITA

Mais do que na guerra, o sexto canto da *Ilíada* põe toda sua tensão na paz. Suposto, porém, que nas guerras de Homero não haja *destino*, porque efetividade real lá não existe, o fato é um destino irromperá em algumas cenas deste sexto canto. Na maioria dialogadas, estas assumem os contornos da tragédia, que é do real o gênero por excelência. E não por estas cenas sejam dolorosas, tristes, mas porque a tristeza e a dor, em vez de relatadas, são demonstradas, elas falam por si próprias. Aí, pois, encontramos — e falando por própria boca Heitor e Andrômaca, mais Belerofonte — enclausurado em pequena épica particular — e por fim Gláucon e Diomedes, à beira de um ataque mútuo. Mas, por que não ver na épica a engendradora do destino? Porque seria uma aparência tal destino. Tal como ocorre às crianças que brincam com soldadinhos ou que olhando na parede de seu quarto engendram ali figuras, e destas vão formando uma fantasiosa história. Mas só tenho um destino quando alguém comigo.

Hegel, na *Fenomenologia do Espírito*, na parte dedicada à religião da arte, mostra que esse irrisório destino épico, feito de impressões, vanglória, só se viria a revelar no palco trágico. Com Ésquilo, Sófocles, Eurípides é que as personagens garantem sua vida ou sua morte por meio de sua própria fala, esta fala que saia outrora da boca do aedo narrador já com os destinos prontos, inclusive o dos deuses.

O diálogo, portanto, e sua insurgência na *Aufklaerung* ateniense, materializou o destino em sua tremenda seriedade. Mas, se agora o ser humano assume-se, e assume aos outros, se na passagem desta fala épica para a proliferação das falas individuais se representa um avanço dos humanos contra a divindade autoritária, então é esta divindade que ao entrar no duro espaço do palco e da platéia irá perdendo autoridade. Essa trágica conversão, como se disse, antecipa-se no sexto canto. Dentro da cidade troiana é que se dão esses diálogos. A narrativa se abre em precedências mítico-lendárias (como a perseguição de Licurgo a Dioniso e suas mulheres, ou como as aventuras de Belerofonte), não são de todo indiferentes ao combate, que aí fala baixinho, minucioso, tramando contra a momentânea paz. Entre a guerra lá fora e o interior da cidade a mudança de clima é tão natural que mal pode ser narrada. Basta dizer que nos dá uma impressão mais real que todas as outras. O deslizar, o palpitar vai ao fundo daquela invisível existência, a que engravida o futuro, e com base na qual todas as coisas ganham seu destino e seu formato. A guerra contém no fundo de si mesma, e como seu pórtico ou limite o terreno indefinível por onde a morte e o sangue buscam seu atalho para respirar, e por fim expirar, e reassumir-se noutra coisa. E a este pólo negativo responde o fúnebre pólo positivo. Mas o que vale é o que fica entre os dois pólos. Se estes pólos imanentes ao homem são também forças divinais, então o lugar mais próximo da divindade é o próprio meio. Como o homem e a mulher, que ao máximo se afasta para enfim se aproximarem, e determinarem no fruto seu contínuo renascer, também a temporária suspensão da guerra e ela própria geram a melhor poesia que há na *Ilíada*. Traduzida em sua final essência, paira a poesia sobre tudo que lhe dera origem. Ou tal como se dá no Espírito e na Natureza, que aproximados até um grau ultrafísico e supermental acabam dando a mesma coisa, são o mesmo. E assim também Gláucon e Diomedes, um, culto aristocrata, e o outro, bárbaro matador, aristocrata embora. Um é Tróia, outro é a Hélade. Ambos vão sintetizar a luta em paz definitiva, feita para os dois apenas, porque Zeus visitador assim queria.

Diomedes, após admirar a coragem de Gláucon diz-lhe que não lutaria com ele se ele fosse acaso algum dos divinais. Licurgo — disse — ousou enfrentar a deus Dioniso, e na carne padeceu a represália dos divinos. Por isso, com um deus não lutaria.

Contudo, fosse Gláucon com certeza algum mortal, que viesse à lança ter com ele, Diomedes, e saberia, por fim, da morte:

Então, entre os mortais, ó tu quem és, guerreiro?
Audácia não te falta, eu vejo, e em luta súpera
Nunca te vi jamais: por sobre os maiorais
Estás a desafiar-me a lança de longuíssima
Sombra, estás a mostrar-te: filhos de pais trágicos
São os que enfrentam minha ira, e, apesar disso,
Se tu és um imortal, jamais eu lutarei
Contigo, ou com divinos outros: um dos filhos
De Drias, o feroz Licurgo, não foi longe
Após ter feito isso: as amas de Dioniso
Em Nisa montanhosa, insano, andou Licurgo
Perseguindo, e o tirso elas largaram rápidas,
E atrás corria Licurgo irado a acicatá-las,
Até que enfim Dioniso mergulhou no mar
Estremecente, e ao seio Tétis abrigou-o.
Um arrepio o percorria horrível, fruto
Vil de Licurgo que, por ato assim, os divos
Bem viventes com cegueira castigaram,
Pois logo irado veio a ser pelos divinos
Todos! Por isso contra os divos celestiais
Nunca jamais me atiraria, mas se és homem,
E do que a terra serve te alimentas, salta
Aqui, pois penetrar-te vou com morte esguia.

Sendo um menino, o deus das mulheres e dos líquidos, Dioniso é uma figura lábil, que pode encarnar a vida e a morte simultânea ou separadamente. Sendo infinitamente mais forte do que seu perseguidor, mesmo assim se deixa perseguir. Ou talvez para fingir que está fugindo (quando pode estar vingando-se), ele se atira no mar, e é amparado por Tétis, mãe de Aquiles, o mais forte lutador dos gregos, e que, no entanto, chorava como Dioniso. Um chorou na praia, outro chorou no mar. Tétis abrigou a ambos, humilhados. Um por Licurgo, outro por Agamenon, figuras parecidas, pois igualmente repudiadoras do sagrado. Ora, note-se, de Aquiles se passa fácil a Dioniso, e vice-versa. E de ambos se passam mais fácil ainda à ambiência feminina (talvez o "eterno feminino" antecipado), que é um dos pilares deste sexto canto. Tal como, por fim, o fino Glaucon e o furente Diomedes são a mesma pessoa dividida em dois rivais:

Glauco, que está para enfrentar Diomedes, tem de responder a este sobre sua família, sua identidade:

"Ó grão Tidida, tu perguntas qual meu berço?
Tal o brotar das folhas é o nascer dos homens.
O vento expulsa as amarelas para um lado,
E de outro lado logo surgem folhas verdes.
Tal qual a primavera em seu retorno, assim
A nossa raça nasce e vai-se, e se tu indagas
De minha ascendência, ela não foi sem brilho, ouve!"

Ambos trazem à luz o gosto da palavra mútua, e o prazer do mútuo reconhecimento, manifestado na alusão aos parentes de um e outro que se haviam visitado em tempos idos, e se tornado hóspedes transcendentais por isso. Eram tão sagradas essas leis hospitais que diante delas tudo devia curvar-se, inclusive a guerra. Suas armas de ouro e prata Gláucon trocou-as pelas armas brônzeas de Diomedes. Pois era tudo a mesma coisa, tudo por fim retornava àquela indiferença de onde vinham e aonde depois voltavam todas coisas, e que era Zeus visitador.

NOTAS

(1) Ressalvem-se casos como em "Engoliu as flores perfumadas", onde não se ornamenta nada. Os epítetos não são predicativos, são adjuntos: "mar salgado", "negras naus", "veloz Aquiles" etc.

(2) *Philosophie der Kunst* (1802/1803). *Ausgewählte Schriften in 6 Bänden.* Frankfurt, Suhrkamp, II, 476.

(3) Idem. "Die Poesie selbst als solche muss wie ausser der Zeit, von der Zeit unberührt sein, sie muss daher alle Zeit, alles Sukkessiv rein in den Gegenstand legen und dadurch sich selbst ruhig erhalten und unbewegt von dem Strom der Auseinanderfolge über ihm schweben."

(4) Em *The making of homeric verse,* Adam Parry (ed.), Nova York, Oxford University Press, 1987. "[...] the facility of versification which they afford the poet appeared the only factor determining their use [...] the fixed epithet in Homer is invariably used *without relevance to the immediate action whatever it may be,* and second, that the generic epithet does not define any characteristic that distinguishes one hero from another."

(5) Schelling, idem, p. 476.

(6) Denys Page, "O mundo homérico" em *O mundo grego*, trad. Waltensir Dutra, Rio de Janeiro, Zahar, 1977, pp. 13-25.

(7) Em "O mundo homérico", *O mundo grego*, Denys Page, Waltensir Dutra (trad.), Rio de Janeiro, Zahar, 1977, pp. 13-25.

ÍNDICE ONOMÁSTICO

SOBRE OS AUTORES

NEWTON BIGNOTTO é doutor em filosofia pela École des Hautes Études en Sciences Sociales (Paris) e professor do Departamento de Filosofia da Universidade Federal de Minas Gerais. Publicou *Maquiavel republicano* (São Paulo: Loyola, 1991), *O tirano e a cidade* (São Paulo: Discurso Editorial, 1998), *Origens do republicanismo moderno* (Belo Horizonte: UFMG, 2001) e ensaios em *Tempo e história*, *Ética*, *A crise da razão*, *A descoberta do homem e do mundo* e *O avesso da liberdade*, todos da Companhia das Letras.

CARLOS ANTÔNIO LEITE BRANDÃO é professor de teoria e história da arte e de arquitetura e urbanismo na Escola de Arquitetura da Universidade Federal de Minas Gerais. Especialista em cultura e arte barroca, mestre e doutor em filosofia (UFMG, 1987), é autor, dentre outros, de *A formação do homem moderno vista através da arquitetura* (Belo Horizonte: UFMG, 1999) e de *Quid tum? O combate da arte em Leon Battista Alberti* (Belo Horizonte: UFMG, 2000).

ANTONIO CICERO, poeta e ensaísta, é autor de inúmeros ensaios filosóficos, dentre os quais *O mundo desde o fim* (Rio de Janeiro: Francisco Alves, 1995), e dos livros de poemas *Guardar* (Rio de Janeiro: Record, 1996) e *A cidade e os livros* (Rio de Janeiro: Record, 2002). Organizador, junto com o poeta Waly Salomão, da coletânea de ensaios filosóficos *O relativismo enquanto visão do mundo* (Rio de Janeiro: Francisco Alves, 1995), participou de diversas antologias de poemas e é autor de inúmeras letras de música popular, tendo como parceiros compositores e cantores como Marina Lima, Adriana Calcanhoto, João Bosco e Caetano Veloso.

MARCELO COELHO é mestre em sociologia pela Universidade de São Paulo, professor de jornalismo cultural na Faculdade Cásper Líbero e membro do conselho editorial da *Folha de S.Paulo*, jornal em que escreve regularmente. Publicou *Noturno* (São Paulo: Iluminuras, 1992), *Gosto se discute* (São Paulo: Ática, 1994), *A professora de desenho* (São Paulo: Companhia das Letrinhas, 1995), *Trivial variado* (Rio de Janeiro: Renavan, 1997), *Montaigne* (São Paulo: Publifolha, 2001), além de ensaio para *A crise da razão*, da Companhia das Letras.

JORGE COLI é professor de história da arte no Departamento de História da Unicamp. Publicou *Van Gogh, a noite estrelada* (1985) e *O que é arte* (1981), ambos pela Brasiliense. Participou dos livros *A descoberta do homem e do mundo*, *Libertinos libertários*, *Artepensamento*, *O avesso da liberdade* e *O homem máquina*, da Companhia das Letras, e de *Muito além do espetáculo* (São Paulo: Senac, 2005).

MICHEL DÉGUY é filósofo, poeta e ensaísta. Professor de literatura francesa na Universidade de Paris VIII, é também redator-chefe da revista *Poésie* (Éditions Belin), membro do comitê de leitura da Editora Gallimard, da comissão de redação das revistas *Critique* e *Temps modernes*, assim como do periódico *Temps de réflexion* (Gallimard). Desde 1990 é diretor do programa Collège International de Philosophie e fundou *La Revue de Poésie*, que dirigiu de 1964 a 1968 e na qual publicou, em colaboração, traduções de Dante, Gôngora, Hölderlin, Kleist, entre outros.

JOÃO ADOLFO HANSEN é professor de literatura brasileira na Universidade de São Paulo. É formado em letras anglo-germânicas (Pontifícia Universidade Católica de Campinas, 1964), mestre em literatura brasileira (USP, 1983), com um trabalho sobre Guimarães Rosa, e doutor em literatura brasileira (USP, 1988). Publicou: *Alegoria — construção e interpretação da metáfora* (São Paulo: Atual, 1986), *A sátira e o engenho: Gregório de Matos e a Bahia do século XVII* (São Paulo: Ateliê Editorial, 2ª ed., 2004), e ensaios em *Libertinos libertários*, *A crise da razão*, *Brasil 500 anos: a descoberta do homem e do mundo*, todos pela Companhia das Letras.

OLGÁRIA MATOS é professora de filosofia política na Universidade de São Paulo. Publicou *Rousseau: uma arqueologia da desigualdade* (São Paulo: MG Editores Associados); *Paris 1968, as barricadas do desejo e Revolução* (São Paulo: Brasiliense, 3ª ed., 1989), além de ensaios em *Os sentidos da paixão, O desejo, A crise da razão, Rede imaginária* e *O avesso da liberdade*, todos pela Companhia das Letras, e no livro *Muito além do espetáculo* (São Paulo: Senac, 2005).

ANTONIO MEDINA RODRIGUES professor titular de língua e literatura grega da Universidade de São Paulo. Foi várias vezes professor do curso de pós-graduação em comunicação e semiótica da Pontifícia Universidade Católica de São Paulo. Dedica-se à pesquisa do pensamento e da literatura grega e tem artigos publicados em algumas das principais revistas do país (*Vozes, Revista USP, Revista de Estudos Clássicos* etc.). Desenvolveu ao longo dos anos interesse pelas atividades pedagógicas e atualmente é professor dos *Grandes Cursos Cultura*, realizados pela TV Cultura, na área de cultura antiga. Traduziu poesia alemã, sobretudo a de Hölderlin. Entre seus trabalhos, está *As utopias gregas — o canto do destino e outros cantos*, e, com introdução e notas, editou a *Odisséia*, de Homero (trad. Manuel de Odorico Mendes, São Paulo: Edusp/Ars Poética, 1992).

ADAUTO NOVAES foi jornalista e professor. Estudou filosofia na França. Foi diretor, durante 20 anos, do Centro de Estudos e Pesquisas da Fundação Nacional de Arte/Ministério da Cultura. Organizou, entre outros, os seguintes ciclos de conferência, que depois viraram livros, nos quais publicou ensaios: *Os sentidos da paixão, O olhar, O desejo, Ética, Tempo e História* (Prêmio Jabuti), *Rede imaginária — televisão e democracia, Artepensamento, A crise da razão, Libertinos libertários, A descoberta do homem e do mundo, A outra margem do Ocidente, O avesso da liberdade, O homem máquina* e *Civilização e barbárie*, todos editados pela Companhia das Letras. Organizou e apresentou ainda os livros *A crise do Estado-nação* (Rio de Janeiro, Record, 2003) e *Muito além do espetáculo* (São Paulo: Senac, 2005).

BENEDITO NUNES já publicou, individualmente, 19 livros. Entre eles, *Introdução à filosofia da arte* (São Paulo: Dominus-Edusp, 1966), *O dorso do tigre* (São Paulo: Perspectiva, 1969, 2ª ed. 1976), *Leitura de Clarice Lispector* (São Paulo: Quíron, 1973), *Oswald canibal* (São Paulo: Perspectiva, 1978), *No tempo do niilismo e outros ensaios* (São Paulo: Ática, 1993), *O Nietzsche de Heidegger* (Rio de Janeiro: Pazulim, 2000).

HAQUIRA OSAKABE é professor de lingüística e de literatura portuguesa, aposentado da Unicamp, lecionou como professor visitante nas universidades americanas de Georgetown e de Berkeley. Publicou *Argumentação e discurso político* (São Paulo: Martins Fontes, 2ª ed. 1999) e *Fernando Pessoa — Resposta à decadência* (Curitiba: Criar Edições, 2002), organizou uma antologia da poesia mística em língua portuguesa (São Paulo: Iluminuras, no prelo) e realiza atualmente uma pesquisa sobre os escritores católicos brasileiros na década de 1930.

MARCELIN PLEYNET é romancista, poeta, ensaísta e historiador da arte. Professor visitante nas universidades de Chicago, Columbia e Nova York, foi diretor e secretário da revista *Tel Quel*, de 1962 a 1983. Publicou *La vie à deux ou trois* (romance), *Plaisir à la tempete, L'enseignement de la peinture, Art e littérature, Giotto* e *Qui êtes vous Henri Matisse.*

MÁRCIO SUZUKI é professor de estética do Departamento de Filosofia da Universidade de São Paulo. Publicou, dentre outros, *O gênio romântico* (São Paulo: Iluminuras, 1998), sobre as idéias de Friedrich Schlegel. É ainda tradutor de outros autores importantes do período como Friedrich Schiller, Schelling e Heinrich Heine.

JOSÉ MIGUEL WISNIK é professor de literatura na Universidade de São Paulo. Publicou *Coro dos contrários — A música em torno da Semana de 22* (São Paulo: Duas Cidades, 1978), *O nacional e o popular na cultura brasileira — Música*, com Ênio Squeff (São Paulo: Brasiliense, 1982) e *Sem Receita — ensaios e canções* (São Paulo: Publifolha, 2004). Pela Companhia das Letras, lançou *O som e o sentido* (1989; reeditado com CD em 1999) e teve ensaios publicados em *Os sentidos da paixão, O olhar* e *Ética.*

FRANCIS WOLFF é professor de filosofia da Universidade de Paris X e da Escola Normal Superior (Paris). Foi também professor da Universidade de São Paulo. É autor de numerosos artigos e obras, quase sempre dedicados à filosofia antiga, entre os quais: *Socrate* (edição portuguesa: *Sócrates*. Lisboa: Teorema, 1987), *Aristote et la politique* (edição brasileira: *Aristóteles e a política*. São Paulo: Discurso Editorial, 1999), *Dire le monde* (edição brasileira: *Dizer o mundo*. São Paulo: Discurso Editorial, 1999) e *L'être, l'homme, le disciple* (Paris: PUF, 2001). Participou dos livros *A crise da razão* e *O avesso da liberdade*, da Companhia das Letras, e de *Muito além do espetáculo* (São Paulo: Senac, 2005).

ESTA OBRA FOI COMPOSTA PELA PÁGINA VIVA
EM GARAMOND E IMPRESSA PELA GEOGRÁFICA EM OFSETE
SOBRE PAPEL PÓLEN SOFT DA SUZANO BAHIA SUL
PARA A EDITORA SCHWARCZ EM AGOSTO DE 2005